DIEGO SALVADOR CONEJO

Vettones

Arqueología, historia y cultura de un pueblo prerromano de la meseta norte

ALMUZARA

Primera edición: marzo de 2024

Editorial Almuzara • Colección Arqueología
Director editorial: Antonio Cuesta
Editora: Ángeles López
Corrección: Mónica Hernández
Maquetación: Joaquín Treviño

www.editorialalmuzara.com
pedidos@almuzaralibros.com - info@almuzaralibros.com

Editorial Almuzara
Parque Logístico de Córdoba. Ctra. Palma del Río, km 4
C/8, Nave L2, nº 3. 14005 - Córdoba

Imprime: Liberdúplex
ISBN: 978-84-10520-78-3
Depósito legal: CO-96-2024
Hecho e impreso en España - *Made and printed in Spain*

A Raquel.

A mis padres.

A Alejandro y Olga.

Índice

Introducción 9

¿Quiénes fueron los vettones? 17
Etnogénesis de los vettones 19
Vettón como etnónimo 31
La lengua vettona 35
Historia de la arqueología vettona 39
El celtismo de los vettones 47
El lusitanismo de los vettones 49
El iberismo de los vettones 53
La orientalización de los vettones 61
Lo que decían griegos y romanos sobre los vettones 69
El territorio vettón 83
El urbanismo vettón 95
Las ciudades romanas en territorio vettón 153
Vertebración del territorio 189
La cultura de los verracos 199
Las insculturas 219
Religiosidad y creencias 229
Los cementerios 259
El entorno natural 275
La sociedad 279
La economía 291
Cultura material 317
De armas tomar 325
La conquista púnica 335
La conquista romana 343
La romanización 357

Fuentes clásicas 363
Bibliografía 365
Recursos digitales 381

Introducción

Hace ya unos cuantos años que me dio por atacar el escabroso tema de los carpetanos, una peligrosa *fuga* que se plasmó en un minucioso (o al menos yo creo que lo es) estudio publicado en forma de un denso trabajo llamado *Tierra de carpetanos* (Ediciones La Librería, 2016). Años después, sentí de nuevo la imperiosa necesidad de acometer otro estudio similar, al menos igual de minucioso, y que tiene como protagonista de nuevo la Edad del Hierro, pero en este caso, la protohistoria y romanización en las regiones vecinas a la de los carpetanos. Me refiero al pueblo que junto al carpetano compone ese rancio y recio tándem que comparte sustantivo y adjetivo a la vez. Carpetovetónico. Claro, los vettones. Los primos mesetarios de los carpetanos. El complemento natural e ideal de *Tierra de carpetanos*. Su continuación o segunda parte. Aunque he de llamar la atención de que, en el caso de los vettones, el patrimonio arqueológico es mucho más contundente y monumental que los modestos vestigios que conocemos de los carpetanos. Los vettones son una cultura significativamente más familiar para el gran público (o a quien le interese), que observa cómo los grandes emplazamientos vettones satisfacen con agrado y suficiencia su necesidad de conocimiento, que en el caso carpetano queda bastante corto. Podemos decir sin temor a equivocarnos que lo vettón eclipsa a lo carpetano, al menos desde la óptica actual, pues nada tiene que ver la monumentalidad de los objetos (esas armas deslumbrantes que dibujó con encanto y detalle Encarnación Cabré, sobre todo) y poblados vettones con los humildes restos carpetanos. Es posible que, en algunos momentos de la historia, el pueblo carpetano pudiese ser más poderoso que el vettón y tuviese más cosas que decir. Pero a día de hoy, la arqueología vettona supera en varios cuerpos a la carpetana. Y es ella, la arqueología, la que manda. Aunque en honor a la verdad, en las fuentes clásicas tampoco es que haya demasiadas referencias a ambos pueblos. El honor se lo llevan casi a partes iguales, lusitanos y celtíberos, con permiso de los cántabros. ¿Y todo por qué? Porque a los cronistas grecolatinos les llamaba mucho más la atención aquellos pueblos que opusieron férrea y feroz resistencia a la invasión romana. Vendía más... Más y mejor propaganda para las armas romanas y sus comandantes, que en ocasiones llevaban sus propios cronistas a los que pagaban con variable generosidad para que hablasen bien de sus hechos de armas para una ignorada, ignota e incierta posteridad. Pero ahí quedaban esos escritos de los cronistas militares, para aquellos que tuviesen interés en descifrarlos y en recoger la información o desinformación que contuviesen. No olvide el lector que Marco Terencio Varrón fue cronista (y compañero de armas) de los hechos de Pompeyo el Grande, o el griego Polibio[1], que de cautivo pasó a ser amigo y cronista de Escipión Emiliano. Sirvan como botón de muestra estos dos cronistas militares que fueron mucho más que eso: fueron grandes historiadores.

En el trabajo de campo, y una vez comparadas las huellas de poblados que restan en la actualidad de una y otra cultura, se puede comprobar la monumentalidad del imponente aparataje defensivo de emplazamientos vettones como Ulaca, Mesa de Miranda, Las Cogotas, Yecla de Yeltes, Las Merchanas o Saldeana con lo único visible en territorio carpetano, las paupérrimas murallas (o lo que queda de ellas) de la Dehesa de la Oliva. Las magníficas armas encontradas en las necrópolis vettonas no son en nada comparables a los cuchillos afalcatados de lugares emblemáticos carpetanos como el Llano de la Horca. Pero, en contrapartida, los carpetanos nos maravillan con piezas (de clara influencia ibérica, indudablemente) como el plato de Medusa o el orientalizante bajorrelieve del Cerrón de Illescas. Y ya. Pare usted de contar. Pero todos estos elementos son complementos formidables de dos culturas primas hermanas. Pues tanto es así que la palabra «carpetovetónico» viene a definir el carácter del español más rancio. No celtíbero, ni vacceo, ni turdetano, ni vascón, ni ilergete ni edetano. No. Carpetovetónico es la palabra que

1 Rehén de los romanos durante las guerras macedónicas.

define el nacionalismo español más rancio, para bien o para mal. Y la palabreja procede de dos pueblos mesetarios que mantuvieron sus contactillos en la protohistoria más lejana. Pueblos que seguramente hunden sus similitudes culturales más allá, puesto que numerosos autores hablan de una cultura general en la Meseta, con distintos matices, pero con un poso común, que tiene mucho que ver con la cultura céltica incrustada sobre un sustrato cultural anterior.

Como en trabajos anteriores, he tratado de dar un punto de vista divulgativo, que sea más del agrado del gran público que las grises memorias de excavación, los farragosos artículos de arqueólogos profesionales y de los graves miembros de la comunidad investigadora, aunque a veces, a juzgar por la propia temática troncal de esta obra, en ocasiones árida, no sea todo lo divertida que me hubiese gustado. Ciertamente estas modestas páginas dedicadas a los vettones mantienen una estructura de manual, un manual didáctico sobre este pueblo mesetario prerromano, que incorpora diferentes aspectos de la cultura vettona: historiográficos, arqueológicos, turísticos, económicos, romanizadores, urbanísticos, religiosos, termalistas, materiales, sociales, funerarios, geográficos y alguna que otra traza que se me escapa en este momento, pero que el lector irá desgranando a medida que avance por este virginal campo. Paso a paso, pero con decisión.

Para documentarme he visitado personalmente algunos de los más importantes castros vettones, esos que nos maravillan con sus imponentes murallas, algunos, es cierto, emplazados en lugares de incómodo acceso, como Ulaca. Toda una lista de monumentales recintos: Ulaca, Las Cogotas, Las Merchanas, Saldeana o la espectacular Yecla la Vieja, de impresionantes y completas murallas plagadas de insculturas o grabados en sus graníticos sillares. He obtenido una sólida bibliografía en las bibliotecas de instituciones especializadas en protohistoria y he buceado en páginas y más páginas de Internet, en donde he conseguido acceder a artículos digitalizados de revistas científicas de solera con publicaciones de autores en cierto modo pioneros que profundizaron en los estudios sobre los vettones, como Juan Cabré o Juan Maluquer, y a tesis doctorales básicas en el asunto que me atañe, como las de Montero Vitores o Álvarez-Sanchís. En ocasiones he adquirido por medios económicos o por intercambio con otros investigadores bibliografía muy especializada, publicada por instituciones como el Museo de Cáceres, el Museo Arqueológico Regional de Madrid o el propio Museo Arqueológico Nacional.

Sigo considerando imprescindible, como cuando abordé el estudio de los carpetanos, la necesidad de obras accesibles de carácter divulgativo que acerquen al público interesado los diferentes aspectos de los pueblos prerromanos, esas poblaciones de la Edad del Hierro, que, de la mano de los autores clásicos grecorromanos irrumpieron con violencia variable en la historia. Al fin y al cabo, son nuestros primeros antepasados conocidos, individualizados al entrar en contacto por las buenas o por las malas, con los invasores itálicos. Y anteriormente con los púnicos, que llegaron a Salmantica en una lejana época en la que los autores clásicos no se terminan de poner de acuerdo si era de adscripción vaccea o vettona. También soy consciente de que la época tratada es difícil de incrustar en la mollera de la mayoría, dada la pertinaz aridez de un tema que nunca ha sido del gusto de la gente común. ¡Qué le vamos a hacer! Molan más las pelis de romanos que de vettones, por la sencilla razón de que películas de vettones no hay, no forman un subgénero del cine de Hollywood. Ni del cine autóctono tampoco, por supuesto. Es difícil. Aunque los bárbaros aparezcan de vez en cuando en las pelis de romanos, generalmente haciendo el papel de eso, de bárbaros, de los malos, los brutos de la peli, salvo honrosas excepciones. Y esos bárbaros suelen ser galos, germanos, britanos, pero no hispanos, o al menos, yo no he visto ninguna, excepto una serie televisiva española sobre el personaje de Viriato, de hace unos cuantos años, y que perdónenme ustedes, era bastante flojita y dejaba bastante que desear. Aunque, por otro lado, casi es preferible así. Pues de esta manera los vetustos vestigios vettones se ven libres de la asfixiante lacra del turismo masivo que se anda cargando desde hace ya años destinos clásicos como ciudades poseedoras de un casco histórico de calidad patrimonial y cultural. Por no hablar del turismo de sol y playa. No, dejémoslo así. Minoritario. No obstante, para esa exquisita minoría a la que gusta el turismo arqueológico, las obras de divulgación sobre la protohistoria son fundamentales para hacer más fácil la digestión de una Edad del Hierro ya de por sí difícil de digerir. Más difícil de asimilar, si me apuran ustedes, que el Paleolítico, más popular, que de la mano de las suntuosas cuevas y abrigos con sus pinturas y grabados rupestres y de grandes especialistas en el tema, algunos excelentes divulgadores (como el caso de Juan Luis Arsuaga), interesa bastante más al público. No me imagino yo el *oppidum* de Yecla de Yeltes o el de Las Cogotas abarrotados de turistas ansiosos por mandar el *selfie* preceptivo a los *coleguitas* urbanitas. Pero Altamira, sí. U otras cuevas con representaciones pictóricas que deben restringir el acceso por el previsible deterioro de sus tesoros a causa de la masificación. No. Dejemos el tema prerromano minoritario y para aquellos que gusten de disfrutar de la arqueología rural. Paseo y mochila en un itinerario arqueológico al aire libre que haga las delicias de los amantes de la tranquilidad, del sosiego. Bastante sufren ya los pobres, célebres y vettónicos Toros de Guisando el ataque de los que pasan por allí (están junto a la carretera y llaman mucho la atención), que se suben a sus grupas para efectuar la fotito de marras encima del resignado y silencioso verraco de granito. Y allí continúan desde hace la tira de siglos, mudos testigos de acontecimientos históricos como el Pacto de Guisando, entre una joven princesa Isabel (posteriormente conocida como la Católica) y su hermano, el rey Enrique IV, allá a mediados del siglo XV, cuando no se estilaba desde las instituciones del momento la defensa del patrimonio arqueológico. Vamos, que no sabían ni lo que era, por muy humanistas que fuesen algunos. Aunque imaginaban para ellos una antigüedad inconcebible. Casi, casi, de tiempo de moros... No es guasa. Para nuestros antepasados, aquello que les parecía muy vetusto, lo calificaban «de tiempo de moros», o «de los romanos».

Pero hay otros verracos que han tenido más suerte que los Toros de Guisando, pues han sido ubicados por las autoridades en pedestales elevados que, al menos, dificultan desmanes por parte de algunos *perlitas* ansiosos de gamberradas y notoriedad grabadas en el correspondiente *smartphone* y la subida preceptiva a las ansiosas redes sociales, para solaz diversión de elementos de su mismo pelaje cultural. Y desde allí contemplan estas esculturas, impertérritas, el lento transcurrir de la historia, la cotidiana y la de las letras mayúsculas, que es la que, al fin y al cabo, suele pasar a engrosar los libros de Historia. Y eso a pesar de corrientes historiográficas que premian las minúsculas historias y que están de moda. Historia de la vida privada, de las pequeñas cosas, de anécdotas varias y modalidades similares, mucho más cercanas al gran público que los graves tomos repletos de batallas, de fechas y tratados internacionales. Aunque no sea siempre así, es lo que tiene en mente la mayoría de las personas cuando les hablamos de historia. Guerras, fechas. Un ladrillo infumable, un auténtico «thick as a brick»... Porque es lo que se les (nos) ha enseñado en las escuelas y se sigue haciendo. La Historia continúa sufriendo la losa (y penosa lacra) de ser la asignatura memorística por excelencia. Y es que los planes de estudio de Humanidades que cada gobierno, sea del color que sea, perpetra, no ayudan a su difusión en modo alguno. Historia tergiversada, manipulada según la orientación de los mandamases, en detrimento de la historia objetiva, que es la que debería mandar. Por otro lado, la divulgación de la historia debe tratarse como si fuese un cuento. Difícil, sí, tanto, que sólo lo consiguen algunos afortunados capaces de transmitir conceptos, unos farragosos, otros no, con una fluidez que ya me gustaría a mí. En fin, uno hace lo que puede y les garantizo que esta obra que tienen en sus manos contiene un amplio caudal de información sobre los vettones. ¿Que podría haberme documentado más? Sí. ¿Que podría haber metido menos rollo y haber escrito un texto más liviano? También, pero está en mi natural la cantidad y quizás mi capacidad de síntesis no es la suficiente para que *Vettones* se convierta en un *best seller* de la Edad del Hierro. Ni tampoco lo pretendo. *Vettones* es un compendio, quizás demasiado positivista, de datos recogidos aquí y allá y reelaborados como buenamente he sido capaz dadas mis limitaciones (uno no es Tácito ni Tito Livio ni Jenofonte, ni mucho menos Herodoto) para proporcionar un sesgo amable y amigable para el lector.

Siempre se ha oído por ahí que una imagen vale más que mil palabras. Corroboro tal afirmación, así que he incluido imágenes que me han parecido ilustrativas del mundo vettón. Y es lógico hacerlo así en este mundo donde las ilustraciones transmiten mucho más a la población que los textos, empobrecidos desde la irrupción de determinadas herramientas de gran popularidad en nuestros *smartphones*, por aquello del ahorro de espacio. O simplemente porque, en realidad cada vez escribimos peor, a pesar de la RAE, muchas veces acusada de trasnochada desde diferentes medios de toda índole. Será el signo de los tiempos, donde todo el mundo opina incluso de temas que no conoce ni por asomo. La democratización de las herramientas de la web 2.0 proporciona a cada uno su pequeño minuto de gloria. O al menos eso cree el usuario. Pero, no nos desviemos del tema que nos atañe. Las ilustraciones apoyan con firmeza afirmaciones categóricas, si no están manipuladas, que también puede ser. Aseveraciones o asertos que pueden no ser tan rotundos, pues en muchas ocasiones son meras hipótesis que pueden ser perfectamente argumentadas y criticadas por estudios posteriores. En todo caso, las imágenes contribuyen, sin duda, a atravesar el desierto literario, pues hacen las veces de necesario líquido elemento que nos ayudan a subsistir en ese turbulento océano de letras y símbolos auxiliares, que en ocasiones pueden hacerse poco menos que insufribles. Dependiendo de la habilidad del autor para penetrar en las profundidades abisales del complejo cerebro humano. En otras palabras, menos retorcidas, que de cuando en cuando me voy por los cerros de Úbeda y las imágenes ayudan al lector a superar la modorra invasiva que a veces provoca la lectura. Prueben ustedes a leer un libro, aunque sea la novela más intensa, tumbado en un buen silloncito y delante de un ventilador y verán cómo a pesar de todo, el sopor se adueñará de nuestro ser. Sobre todo, en las tardecitas de los ya largos y cada vez más cálidos estíos. Una buena imagen levanta el ánimo, lo conserva y ayuda a recuperar el sendero extraviado. O no. Pero personalmente considero necesaria su inclusión en estos textos divulgativos. Hacen la misma función que las ilustraciones en los libros de texto de primaria y secundaria, sobre todo. No aburrir al lector y ayudar a fijar conceptos. Así que, ¡ilustraciones al poder! Aunque sean fotos realizadas por el propio autor, que no es que sea un fotógrafo profesional... pero que al menos lo intenta.

Y ahora, les invito a sumergirse en la época de los vettones, en su mundo, y en su forma de pensar. A distancia, obviamente, pues no es posible ponerse en la piel de un vettón, por mucha capacidad de abstracción que tengamos. Un tiempo que nos parece tan inadmisible e inconcebiblemente lejano, pero que desde la óptica geológica no deja de ser un leve suspiro... Al fin y al cabo, 2500 años no son nada en la escala casi infinita de los eones.

¿Quiénes fueron los vettones?

Decía Julio Caro Baroja que los vettones (como sus vecinos carpetanos), en opinión muy generalizada en los tiempos del erudito vasco, poseían un porcentaje menor de elementos célticos que los celtíberos, pero también que ofrecen «rasgos celtas muy marcados», al menos en cuanto a ritos funerarios y otros elementos culturales.

El caso es que hace la friolera de 25 siglos, centuria arriba, centuria abajo, los habitantes de la meseta occidental de la península ibérica, que sentaban sus reales en el territorio de las actuales provincias de Ávila, Salamanca, el sur de Zamora, el oeste de Toledo y el norte de Cáceres, habían ido adquiriendo una serie de rasgos culturales particulares que los romanos y griegos identificaron como propios de estos indígenas concretos. Sus cronistas, historiadores y geógrafos reconocieron este terruño como la Vettonia o región de los pueblos vettones. Esos rasgos culturales eran la lengua, las costumbres, la organización social y económica, la cultura material, las ideas y las creencias. Y el aspecto físico de sus hombres y mujeres, que no debía ser muy diferente del de sus primos mesetarios. Y, sin embargo, algo debían tener estas buenas gentes que los diferenciaban de otros colectivos humanos similares de la Meseta a los sibilinos ojos de águila de los avezados cronistas grecorromanos.

Una de las características esenciales de estos pueblos eran sus elevados poblados preparados para la defensa, con sus murallas, sus torres, sus baluartes, sus fosos y sus piedras hincadas. Algunos de estos castros son Sanchorreja, Las Cogotas, La Mesa de Miranda, Ulaca, El Freíllo, Las Merchanas, Yecla de Yeltes, Saldeana o Salmantica. Algunos de estos lugares se construyeron sobre lugares elevados y de relativamente difícil acceso, en la confluencia de dos o tres cauces fluviales y junto a vías de comunicación. Y con una vista para controlar el terreno circundante por si se acercaba algún despistado con aviesas intenciones. Sus difuntos de mayor categoría eran incinerados y las cenizas resultantes, introducidas en urnas cerámicas que enterraban bajo tumbas junto con sus ajuares, compuestos por vasos alfareros que contenían ofrendas alimentarias, objetos personales de bronce y armas de hierro. Aunque la mayoría de las tumbas son mucho más humildes: cenizas del finado en modestas vasijas de barro.

Tradicionalmente se ha dado a estos pueblos preferencias ganaderas sobre las actividades agrícolas. Aunque evidentemente también se dedicaron a estas últimas labores, como sociedad productiva primitiva que fue. La importancia del ganado bovino y suido en estas sociedades guerreras parece indiscutible, como también lo es su relación con las esculturas conocidas como verracos, representaciones estilizadas de aquellos animales, que debieron ser iconos para estas gentes. Para Ruiz Zapatero y Álvarez-Sanchís, los elementos fundamentales que caracterizan étnicamente a los vettones son precisamente los verracos y las denominadas cerámicas con decoración a peine y sus monumentales murallas.

Etnogénesis de los vettones

Si nos internamos dentro del territorio que suele asignarse comúnmente a los vettones prerromanos, ese que está vertebrado por el río Tajo y las sierras de Francia, de Gredos y de Gata, y extendido por la mayor parte de las actuales provincias de Ávila, Salamanca y Cáceres, y algunas áreas de Zamora, Badajoz y Toledo (comarca de la Jara), intentemos ver qué se cocía en esta región desde la Edad del Bronce Pleno. La etnogénesis[2] es el proceso de formación de un pueblo como tal pueblo, mediante el cual un grupo humano pasa a diferenciarse étnicamente o ser considerado de etnia distinta a la de sus vecinos. Esa conciencia de pueblo surge de ese pueblo mismo, o aparece en las discusiones de taberna de los vecinos o de percepciones y observaciones de perspicaces miembros de linajes extraños y foráneos, como los fenicios, cartagineses, griegos y romanos.

La historiografía actual atribuye a una etnia, a un pueblo, a una tribu, una serie de elementos que le caracteriza: una cultura material, una estructura socioeconómica, una lengua, unas creencias y formas de pensar. Y un territorio donde desarrollar sus maneras de vivir.

En la actualidad y desde sus inicios como ciencia, la arqueología estudia viviendas, poblados, instrumental utilizado en tareas agropecuarias y bélicas y, en general, los elementos de cultura material que nos van saliendo al paso y vamos descubriendo con infinita paciencia, desenterrándolos las más de las veces, con el peligro de destrucción del vestigio en cuestión que eso entraña. Pero, al contrario que antaño, cuando estos elementos sólo eran objeto de

2 Del griego: etnia (nación) + génesis (nacimiento), griego: Εθνογένεσις.

enumeración y descripción (positivismo se llamaba a esa línea de investigación), más o menos minuciosa, hoy en día el resultado de la investigación de los objetos desenterrados se interpreta dentro del entorno social de la etnia, no como elementos independientes y fuera de contexto.

Respecto a la lengua hablada por una etnia determinada, se puede obtener información a través de inscripciones y topónimos de la zona, que fosilizan un viejo idioma. Pero también se logra a través de las crónicas, si las hubiere. De las costumbres ancestrales prehistóricas o protohistóricas de una etnia (o de una *protoetnia*) podemos conocer algo en función de tradiciones que todavía estaban en vigor en época histórica. Y del folklore de nuestros pueblos que todavía permanece intacto, que tienen en su raíz más profunda rituales agrarios y de fertilidad surgidos en el Neolítico y en los primeros tiempos de la Edad de los Metales, relacionados siempre con los ciclos de la tierra, siembra, maduración, recolección, fertilidad de los animales domesticados…

Los elementos étnicos así recogidos permiten conocer sus orígenes, pero también su evolución y el contacto con otros pueblos. Las características específicas de las etnias se conforman a lo largo del tiempo en un proceso que ya hemos denominado antes, etnogénesis, y que puede durar siglos.

EL CALCOLÍTICO Y LOS INICIOS DE LA EDAD DEL BRONCE

En la noche de los tiempos, el sustrato étnico base de lo que después sería el pueblo vettón se considera «protocéltico». Obviamente, pues todavía no habían aparecido elementos considerados célticos —los Campos de Urnas— en la península ibérica. Las raíces culturales procedían del Bronce Atlántico, una cultura que proliferó durante la Edad del Bronce en el oeste de la Península, poseedora de una cultura material similar a la encontrada en las costas occidentales atlánticas de Europa, lo que denota más contactos directos —marítimos— entre esos pueblos costeros, de los que a primera vista pudiese sospecharse. La navegación ya era un arte que cultivaban con cierto entusiasmo estos pueblos añejos. Si nos vamos todavía más atrás, este sustrato que hemos denominado «protocéltico», hunde sus raíces en una cultura anterior, que llamamos del Vaso Campaniforme, llamada así por el aspecto físico de su fósil director[3], que aparece en Europa occidental a fines del III milenio a. C. Esta cultura se encuadra en la Edad del Cobre o Calcolítico y dentro del frondoso tronco de lo indoeuropeo[4]. A estos pueblos peninsulares los consideramos «protocélticos» para distinguirlos de los celtas de Europa central, esos que evolucionan desde la cultura de los Campos de Urnas hasta las culturas de Hallstatt y La Tène. Estos últimos son los pueblos que aparecen en los textos griegos y romanos como celtas o galos. En la península ibérica, la penetración de la cultura de los Campos de Urnas a través de los Pirineos cala hondo en las gentes de la meseta oriental, esos que con el tiempo conoceremos con el nombre de celtíberos.

LA EDAD DEL BRONCE PLENO Y TARDÍO: LA CULTURA COGOTAS I

En la segunda mitad del II milenio a. C., los prehistoriadores han incluido a los protoceltas del epígrafe anterior en la cultura de Cogotas I[5]. En Las Cogotas, los elementos más arcaicos encontrados son instrumentos y armas de bronce, y una serie de tipos cerámicos característicos del período, con ornamentación incisa y excisa. Elementos materiales similares se han encontrado también en otros yacimientos, donde además se hallan restos de edificios construidos en grandes rocas, conocidos como «saunas» y «altares rupestres» (Ulaca, en Solosancho, Ávila).

3 Un **fósil director** es un resto, objeto o elemento paleontológico o arqueológico que sirve para diagnosticar la unidad estratigráfica en la que se encuentra, debido a que son particulares o exclusivos de una determinada época de la historia geológica, o de una época o comunidad prehistórica o protohistórica.

4 El concepto «indoeuropeo» es lingüístico y se refiere a un abigarrado grupo de lenguas emparentadas entre sí, que hablaban grupos humanos que habitaron los extensos territorios existentes entre las planicies del Irán hasta el occidente de Europa.

5 Nombre en honor al yacimiento abulense en el que se documentaron los primeros elementos materiales relacionados con la misma, dentro del término municipal de Cardeñosa, provincia de Ávila.

En las campiñas salmantinas y abulenses, y además en el valle de Amblés, abundan relativamente los yacimientos correspondientes a este horizonte cultural *cogotero*. Forman el área nuclear de la cultura, ya que muestran una continuidad persistente de comportamientos humanos a lo largo de los siglos: pastoreo de ganado ovino, caprino y bovino. Pero, además, se adivina un régimen de cultivos alternos de varios tipos de cereales. Esta continua actividad terminó por degradar un paisaje en origen boscoso a otro adehesado, a consecuencia de la actividad humana.

Otra de las características de la cultura Cogotas I es la práctica funeraria de sepulturas de inhumación realizadas en fosas simples, carentes de ajuar. La tipología de cerámicas llamadas de Cogotas I representa en toda la zona la persistencia de grupos humanos de comportamientos cotidianos similares, aunque en el sur de esta región, aparecen alfares más típicos del grupo denominado Bronce del Suroeste. Este hecho señala la importancia de una vía de comunicación que, procedente del sur, alcanza el norte, y que más tarde se convertirá en una calzada romana que enlace Emerita Augusta (Mérida) con Asturica Augusta (Astorga). Estos grupos humanos tienden a ocupar las llanuras y parecen gustar poco de los lugares elevados, al contrario que sus inmediatos descendientes.

EL FINAL DE LA EDAD DEL BRONCE Y EL INICIO DE LA EDAD DEL HIERRO

Avanzamos un poco más en el tiempo. Así en la etapa del Bronce Final, los grupos humanos de la Vettonia se sedentarizan. Su economía continúa siendo de subsistencia y de ligazón al territorio que ahora ocupan por mucho más tiempo. Esta fijación obsesiva por el terruño les hace replantearse su presencia en el mismo, construyendo referencias bien visibles en el paisaje, que advierten a los posibles intrusos de que entran en tierra hostil. Un ejemplo de estas referencias son las murallas (Benet y López). En estos momentos, comienza a atisbarse la denominada cultura castreña, y las comunidades protovettonas buscan lugares elevados, próximos a cursos fluviales, de fácil defensa, aprovechando la topografía del terreno. Pero estos asentamientos todavía son de discretas superficies, en torno a 1 ha.

Si en la etapa anterior, al final del Bronce, advertíamos homogeneidad cultural, según nos vamos internando en el primer milenio a. C., se van diferenciando dos ambientes culturales muy diferentes, que se desarrollan en dos geografías distintas: la penillanura cacereña y las tierras al norte del Sistema Central. Entre los siglos VIII y VII a. C., van surgiendo las aldeas campesinas típicas de la I Edad del Hierro, todavía pequeños asentamientos que controlan, al menos visualmente, los territorios de su alrededor.

En la penillanura cacereña, durante el Bronce Final (entre los años 900 y 650 a. C.), encontramos poca gente viviendo en la zona. Poblados en altura como La Cabeza (Araya), Sierra del Aljibe (Aliseda), La Muralla (Alcántara) o El Risco (Sierra de Fuentes) cuentan con una fortificación simple, de andar por casa, un sistema defensivo que combina la construcción humana y la topografía del terreno. Además, estos núcleos controlan vastas extensiones de terreno. Sus viviendas son muy sencillas, de planta circular, cabañas de zócalo de piedra y recrecimiento vegetal y de barro, un espacio doméstico que carece de compartimentación. La presencia de estaño, galena argentífera y oro, aseguran, al menos *a priori*, cierta actividad minera en los poblados, pues se han encontrado crisoles y moldes para la creación de instrumental metálico. Las cerámicas encontradas en estos yacimientos revelan relaciones con el suroeste peninsular.

En estos poblados se han hallado elementos de bronce, como hachas, puntas de lanza, espadas y puñales, fíbulas de codo, cuya tipología enlaza con coherencia con culturas atlánticas, pero también con culturas orientalizantes. Aparecen además joyas de oro y otros metales menos preciosos que apuntan hacia la existencia de un grupo jerárquico. Los torques y brazaletes pudieron constituir la dote de algunas mujeres, dentro de oscuras alianzas entre grupos de muy diferente condición étnica y/o cultural caracterizadas por los matrimonios y los intercambios de objetos de oro, según Esparza y Blanco.

Otro elemento arqueológico típico de la época y de la zona son las llamadas «estelas» extremeñas. Algunas son «de guerreros» y se trata de lajas de piedra en las que grabaron en su día un monigote, una lanza, una espada y un escudo. Y a veces, hasta un carro de cuatro ruedas visto desde una posición cenital. De estos personajes esquemáticos se ha dicho que eran «señores de la guerra», aunque algunos autores prefieren tratarlos como una suerte de aristocracia local, engalanados de forma militar. Posiblemente estos personajes de las estelas extremeñas controlaban la explotación y el tráfico de minerales, sobre todo estaño, de donde procedería su teórico poder. Otras estelas son consideradas «de mujeres» y en ellas se representan figuras aparentemente femeninas adornadas con diademas, collares y broches de cinturón. Algunos autores sugieren para estas estelas de diademas una representación-homenaje a las damas venidas desde el sur para casarse con indígenas de estas tierras. Pero puede tratarse simplemente de las esposas indígenas de oligarcas también indígenas. En el Museo Arqueológico Nacional se pueden admirar algunas de estas estelas.

Si bien el paso del tiempo en la penillanura cacereña sugiere continuidad, también aparecen cerámicas fabricadas a torno, algunas de los cuales proceden de hornos fenicios del sur. Va cambiando el ritual funerario y comienza a aparecer la incineración con ricos ajuares, una actividad cultual (sí, de culto, pero religioso), posiblemente reservada para las altas jerarquías. Los sectores más elevados de la población parecen haberse *orientalizado* a juzgar por los objetos que utilizan, exhiben o con los que se entierran: exóticos objetos de bronce, como jarros y aguamaniles o braserillos y los timaterios, utilizados en ceremonias solemnes. Estos grupos de mandamases utilizan una joyería de oro, como sus antepasados, pero de una orfebrería mucho más finolis, que denota la novedosa influencia orientalizante: técnicas de filigrana, granulado y repujado de gran calidad técnica y nuevos motivos de decoración orientalizante como leones, palmetas, rosetas o flores de loto. La desigualdad social aparece pues, evidentemente, no todos los miembros del poblado poseen esta riqueza y este *modus vivendi*.

Si el Bronce Pleno había sido más o menos homogéneo culturalmente, también en las tierras del suroeste de la cuenca del río Duero, al norte del Sistema Central, en los períodos siguientes del Bronce Final y la I Edad del Hierro, las culturas se van diferenciando a ojos vista. Los arqueólogos, distinguen en el Bronce Final tres tipos de asentamientos:

a) Los caracterizados por cerámicas sucesoras de las del grupo Cogotas I. Dentro de este tipo de yacimientos destacan el elevado Cerro del Berrueco. Existen no obstante otros poblados que, aun teniendo la misma tipología cerámica, son bastante menos elevados, como Peña Blanca (Bóveda del Río Almar, Salamanca) o Las Cogotas (Cardeñosa, Ávila). Incluso hay algunos poblados surgidos en llano, posiblemente tributarios de los poblados en altura, y que serían las granjas y alquerías que suministrasen alimentos a los habitantes del poblado amurallado en altura, el preponderante de la zona. Pero es posible también que los asentamientos secundarios de la llanura fuesen segundas residencias de los habitantes del asentamiento principal, en donde podrían guardar aperos de labranza y otro tipo de instrumental para sus actividades económicas relacionadas con la ganadería, y no ser lugares de residencia. O ser residencias temporales, al menos.

b) Los que corresponden a los inicios de la llamada *facies* o cultura del Soto de la Medinilla (llamada así por Romero Carnicero por el topónimo del yacimiento vallisoletano principal), extendida en gran parte por el valle del Duero. Esta cultura eclosionará durante la I Edad del Hierro y se constituirá en la cultura dominante de la zona. En esta zona de depresión entre los ríos Tormes y Adaja, abundan los yacimientos junto a las corrientes de agua y charcas, como el poblado de Guaya en Berrocalejo de Aragona, donde se han documentado materiales característicos de la transición entre el Bronce Final y el Hierro I. Las gentes de la cultura Soto de Medinilla vivían en casas de adobe de planta circular, cocinan y almacenan sus excedentes sobre cerámicas lisas, y el material metalúrgico de bronce que utilizan procede en general de los propios crisoles y moldes de fundición locales, al contrario que las tipologías de Las Cogotas, muy arcaicas e imbricadas en el Bronce Atlántico.

c) Los poblados relacionados con tierras portuguesas (como la Beira Interior) y extremeñas. En este grupo sobresalen los poblados salmantinos de Las Fraguas (Linares de Riofrío) o Castil de Cabras (San Miguel de Valero), en las estribaciones de la sierra de Francia.

En los tres grupos de asentamientos señalados estará presente, en distinto grado, la influencia orientalizante, patente en el diseño de objetos como adornos personales y de toréutica[6] importados, una influencia que tendrá mucho que ver en la cristalización del pueblo vettón como pueblo diferenciado de sus vecinos.

La siguiente etapa detectada supone la aparición de novedades tan importantes, que por ello los arqueólogos la denominan ya de otra manera: Edad del Hierro. Los utensilios de hierro eran más eficaces para tareas agropecuarias y bélicas, y se comenzaron a relegar los objetos de bronce como elementos suntuarios. Esas modificaciones profundas tienen que ver con el aumento del número de asentamientos autosuficientes y de hábitat prolongado. Se impone definitivamente el sedentarismo. Los poblados duran más tiempo en el mismo sitio y además se fundan nuevos asentamientos, posible origen de los castros del Hierro pleno, característicos de los vettones protohistóricos. Estos poblados de la Edad del Hierro I están relacionados con la explotación de yacimientos minerales de cobre, estaño y plata de la zona, y de alguna pequeña veta de hierro.

Los yacimientos más importantes de la Edad del Hierro I en la zona son los de Ledesma (provincia de Salamanca), el cerro de San Vicente (Salamanca capital) y los Castillejos de Sanchorreja (provincia de Ávila). Los objetos cotidianos de estas bizarras gentes son novedosos y se apartan ya un tanto de los vetustos cachivaches cogotenses. Destacan las primeras vasijas con decoración a peine, que posteriormente caracterizará lo vettón, pero también aparecen cerámicas a torno de importación, vestidos vistosos con adornos de oro y pasta vítrea, perfumes en alabastrones de pasta vítrea también importados, timaterios y otros recipientes para libaciones y banquetes, procedentes del mundo fenicio occidental.

Pero hay más novedades que hacen que los investigadores propongan un cambio de época inexcusable. La inhumación en fosa se esfuma y aparece en su lugar la incineración. Al menos la cremación de adultos, pues los niños siguen siendo enterrados bajo el suelo de las viviendas, posiblemente porque todavía no eran considerados miembros plenos de la sociedad y no tenían derecho a disfrutar del camposanto junto a sus mayores. En definitiva, se ha producido un

6 La toréutica es una actividad artesanal que implica la confección de relieves sobre pequeñas piezas de metal.

cambio paulatino que afecta a todos los órdenes de la vida. Cogotas I puede darse en principio por superado. No obstante, es muy posible también que en Cogotas I se practicasen ritos funerarios que no dejasen huella, junto con las incineraciones, que posiblemente fuesen características de personas que perduraban en la memoria colectiva de estos grupos por su relevancia social. Estamos hablando ya de jerarquías dentro de los poblados a consecuencia de los hallazgos en ambientes necrológicos. De todas formas, es muy probable que durante muchas décadas conviviesen diferentes tipos de rituales mortuorios hasta que se impusiese aparentemente la incineración (y digo aparentemente, porque ha quedado registro fehaciente), sin que desapareciesen del todo otros ritos.

¿Pero, se puede hablar ya de vettones? Sebastián Celestino se pregunta si se puede llamar así ya a los habitantes del solar vettón en los siglos VI-V a. C. (esto es, en la I Edad del Hierro) o si sólo se puede hablar de vettones propiamente dichos a partir del siglo III a. C. Celestino opina que sí, que ya se les puede denominar vettones en la I Edad del Hierro sin temor a confusión, ya que, de no ser así, se debería producir un cambio demasiado profundo que justificara el paso de la Edad de Hierro I a II. Y no es así. En la II Edad del Hierro, las novedades apuntadas en la primera fase se afianzan, extienden, mejoran y generalizan. En fechas tan tempranas de la Edad del Hierro como los siglos VI-V a. C. encontramos en todo el terruño vettón, características materiales que nos remiten constantemente a la presencia de *lo vettón*: lugares elevados amurallados y tumbas con ajuares en los que destacan las armas.

NOS ADENTRAMOS EN LA II EDAD DEL HIERRO

Según Almagro Gorbea, las gentes de la cultura de Soto de Medinilla evolucionan, y sobre su solar se generalizaron por el valle del Duero un nuevo tipo de cerámicas decoradas a peine, y que a partir del siglo V a. C., distingue a estos pueblos de la meseta occidental, de los de la meseta oriental. Los occidentales forman el conglomerado de pueblos vacceo-vettón y los orientales son los celtíberos. Los protovacceos-vettones, desde este siglo V a. C. se fueron diferenciando muy claramente, de forma que cuando los romanos penetran en la meseta, en el siglo II a. C., ya consideran diferentes a los vacceos de las llanuras del Duero, muy avezados en el cultivo de cereales, de los vettones, hábiles ganaderos de las dehesas abulenses y salmantinas. Aunque seguramente unos y otros practicarían una economía mixta agrícola y ganadera, con un peso diferente según el territorio ocupado por una etnia u otra. Incluso el diferente peso de la economía agrícola o ganadera también podría ser distinto dentro de la misma etnia según el asentamiento. Pero en general, se relaciona a los vacceos con el cultivo de cereales y, a los vettones, Álvarez-Sanchís los denomina «señores del ganado».

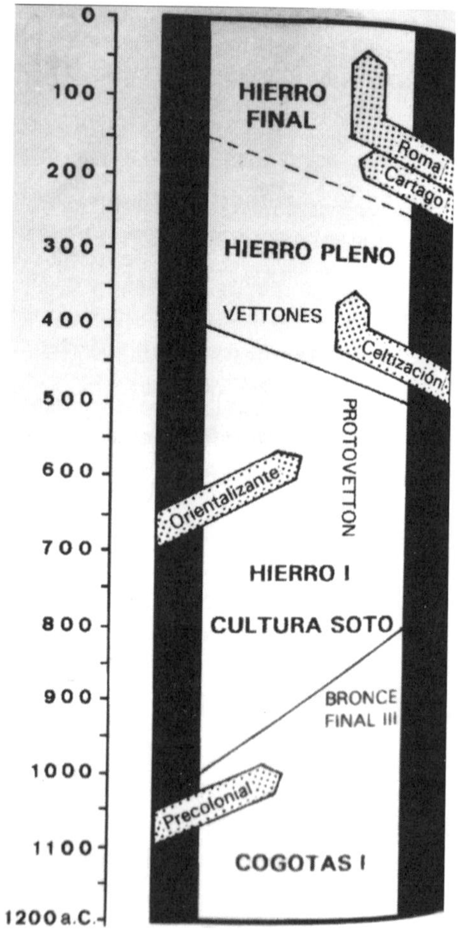

El proceso de etnogénesis vettón, según Álvarez-Sanchís.

Según algunos autores, los vettones reciben desde el siglo v a. C. nuevos influjos, esta vez celtibéricos, que se concretan en la cremación de los cadáveres y el depósito ulterior de las cenizas del finado en urnas funerarias. Además, aparecen nuevos antropónimos (Ambatus y Celtius, por ejemplo) y nuevos dioses celtibéricos (como Vaelico y Toga). Los vettones se *celtizan* un poco más de la mano de sus vecinos celtíberos. Pero en los últimos estudios sobre este tema se ha dado mucha más importancia a la propia evolución intrínseca de las poblaciones del occidente mesetario, de forma que estos grupos poseerían una fuerte personalidad propia, sin necesidad de aportes culturales procedentes de la meseta oriental.

Por otro lado, la organización gentilicia se acentúa en esta etapa, evolucionando hacia clientelas estables y muy potentes. A juicio de Almagro este hecho se constata en la aparición en el solar vettón de las fíbulas de caballito, probablemente propiedad de élites ecuestres gentilicias.

Vettón *como etnónimo*

Como bien dice Untermann (1992), un etnónimo «es el nombre propio de un *etnos*, de una agrupación étnica, de una tribu o de un pueblo». Pero, el mismo autor alemán señala también que «la definición de etnónimo es tan imprecisa y tan vacilante como lo son las definiciones de *etnos*[7], tribu[8], pueblo[9]».

Este autor define además la unidad étnica como un grupo humano de nombre común, que convive en un territorio que constituye una *comunidad económica*, que comparte una serie de elementos, resumidos en dos:

1. rasgos geográficos: «la forma y la extensión del domicilio» o «una condición natural que delimite el espacio».
2. rasgos sociales: una «comunidad de origen», una «comunidad religiosa» o una «comunidad política».

Vettones es un etnónimo latino, que corresponde a la palabra griega *'Ouéttones*. Pero el origen de ambas es probablemente de un término céltico.

Según García Alonso, *vettones* se ha relacionado con la raíz indoeuropea **wegh–*, que significa «mover», «tirar», «viajar», de la que procede el latín *veho*, del que deriva a su vez nuestro «vehículo». En lengua céltica está atestiguado en el antropónimo galo *Vecti-(rix)*;

7 Grupo racial humano con comunidad de tradiciones, cultura y lengua.

8 Agrupación o asociación social y política propia de pueblos primitivos e integrada por un conjunto de personas que comparten un origen, una lengua, unas costumbres y unas creencias y que obedecen a un mismo jefe.

9 Conjunto de personas de un lugar, región o país.

en galés como *gweith* y en irlandés antiguo como *fetch*, significando en ambas lenguas «viaje, tiempo, vez». Asimismo, y como derivado semántico, tenemos la raíz, como **weik–* «combatir», y **wink–* «vencer», de donde procede el latín *vinco*. Así el céltico **wectis*, «saqueo, batalla, hazaña», parece englobar los campos semánticos de estas raíces.

García Alonso, considera céltico el etnónimo *vettones*, por paralelismo con otras formas, como las irlandesas, galesas y galas, todas ellas celtas. Entonces los vettones serian, «los guerreros», «los luchadores», «los saqueadores», que tiene toda la pinta de ser un etnónimo que se dieron a sí mismos estos pueblos. Pero, ¿el concepto que tenían los vettones de sí mismos coincidía con lo que nos transmitieron los cronistas clásicos? Un ejemplo. Estrabón, muy probablemente basándose en Posidonio, cita una jugosa anécdota respecto a los vettones: lo único útil que podía hacer un hombre era luchar o dormir. Con esta rotunda premisa, parece claro que la relación entre el etnónimo *vettones* y su significado relacionado con el combate, el saqueo, el mercenariado, el botín, estaría más que justificada. Pero, ¿es eso lo que pensaban los vettones de sí mismos? Pues posiblemente no. Para ellos la vida que llevaban es la única que conocían y habían conocido a lo largo de muchas generaciones y si los romanos los veían como una pandilla de salvajes dedicados al saqueo, al combate y a la siesta, era problema suyo. De hecho, es muy probable que la sociedad vettona, como tantas otras de la Edad del Hierro europea, fuera un «sistema de prestigio que descansaba en la perpetuación de los conflictos, dando lugar a una inestabilidad permanente» (Romero Carnicero, Sanz Mínguez, Álvarez-Sanchís).

J. Gómez Pantoja llama a los vettones «los viajeros», un concepto quizás relacionado con la movilidad de este pueblo fuera de su territorio solariego, como saqueadores o mercenarios. Para Almagro Gorbea el término vettones significaría «los que se mueven» o «los nómadas». Para Tito Livio, el término vettones procedería de *vectonibus*, lo que hace suponer que el etnónimo originario fuera *vectones*, derivado de la raíz **vek-ti–*, **uikt?*, «lucha» y **veik–*, «fuerza hostil», «energía hostil», **uoik?*, «fuerza vital». Todo nos conduce a lo mismo: lucha, combate, movimiento… Dinamismo, agresividad, en suma.

En Hispania, *vetto*, un cognomen hasta ahora considerado latino, aparece en la epigrafía de Extremadura, en concreto en Oliva de

Plasencia y Herguijuela (cacereñas ambas), pero también en Mérida y en Malpartida de la Serena (Badajoz). Existe también un *vettonianus* en Beja y una Vettila en Mérida. La frecuencia relativa de la raíz *vett-* en Extremadura señala que, bajo un nombre aparentemente romano, se esconde uno indígena con la misma raíz aparente que el etnónimo vettones.

Posiblemente el etnónimo vettones se debió imponer a otros etnónimos de pueblos del conglomerado vettón. La etnia vettona se compondría de una amalgama: un substrato originario del Bronce Atlántico (lusitano o protocelta), impregnado de orientalismo y al que se añade una pincelada céltica provocada por una oleada de gentes célticas o celtíberos.

La lengua vettona

Para estudiar una lengua indígena contamos con inscripciones epigráficas en dicha lengua, difíciles de encontrar. Es más fácil basarnos en los nombres propios que aparecen en las fuentes grecolatinas. Pero también en los teónimos, topónimos y etnónimos. Palabras fosilizadas. Ulaca tiene toda la pinta de ser un topónimo originariamente vettón fosilizado que no parece haber cambiado nada de aspecto en 2000 años.

En realidad, nada sabemos de la lengua que hablaban los vettones. En las provincias de Ávila y Salamanca no se han encontrado, al menos de momento, textos en ninguna lengua prerromana. Los celtíberos, en cambio, aprendieron la escritura de sus vecinos íberos, adaptando su conjunto de signos. Pero, en gran parte de la meseta occidental y el oeste peninsular, los pueblos indígenas aprendieron a escribir cuando contactaron con los romanos. El caso es que no se ha encontrado —todavía— ningún escrito vettónico prerromano. Gracias a la información proporcionada por la onomástica, es decir, los nombres de ciudades, ríos, montañas y de persona, se pueden conocer los aportes lingüísticos a la lengua vettona. Para la mayoría de especialistas e investigadores, en el oeste peninsular hay testimonios de la presencia de una o varias lenguas indoeuropeas que no proceden del celta, una de las cuales sería la lusitana. Pero también hay ciertos indicios de gentes que hablaban dialectos célticos en esta zona, aunque no podemos asegurarlo debido a la ausencia de textos y epigrafías al respecto. No sabemos tampoco si su habla se parecía mucho o poco al celtibérico del este de la meseta, que sí que está documentado. Tampoco sabemos si los vettones hablaban algo parecido a la lengua lusitana[10], pero sí es cierto que a mediados del primer milenio a. C. se vieron afectados por la influencia céltica, que se extendió por todo el occidente peninsular. Tampoco podemos descartar que el contacto con el mundo tartésico y sus sucesores turdetanos, o con los fenicios y púnicos, aportase palabras y conceptos que los vettones incorporaron a su lengua. Ruiz Entrecanales cita algunos antropónimos vettones que podrían estar emparentados con la lengua lusitana: Albonius, Cilius, Sunua…

Según García-Osuna Rodríguez, los rasgos más característicos de la lengua lusitana, que podría ser la base de la supuesta lengua que hablaron los vettones, serían el mantenimiento en posición inicial de la «p» indoeuropea, la conjunción copulativa «indi» o «y» frente al «cue» de los pueblos célticos de la meseta oriental, nominativo plural en «o» con desinencia pronominal «oi». Lo cierto es que la frontera entre la lengua lusitana y las orientales célticas, como el celtíbero y sus derivadas (como el carpetano) permanece difusa y no conocemos ni semejanzas ni diferencias. Pero sí que se conocen íntimas conexiones entre los pueblos occidentales de la meseta, lusitanos y vettones. Como algunos teónimos son comunes a ambos pueblos, se pueden colegir que posiblemente los vettones hablasen algún dialecto del lusitano.

Según García Alonso, los etnónimos son términos más cercanos en el tiempo a la gente que los usan. Según un trabajo clásico de Tovar, entre los vettones aparecía una vieja lengua precéltica indoeuropea en topónimos como Salmantica (Salamanca) y Salamanti (río Tormes), apareciendo en ambos casos el sufijo –nt–, similar al de algunos ríos indios e iranios y que hacía sugerir a este autor la tremenda antigüedad de la presencia de los vettones en la península ibérica como grupo diferenciado. En cambio, los rasgos célticos, como –briga, se dan en otros topónimos vettones: Augustóbriga, Deobriga, Cottaeobriga o Miróbriga. Tovar también recogió un genitivo de plural en –on, en la epigrafía de Yecla de Yeltes, considerado perteneciente a los vettones. Este y otros genitivos supondrían una posible variante latinizada de antropónimos indígenas. Tovar

10 Untermann afirma que «los vettones y las tribus de Galicia y Asturias hablaban la misma lengua que los lusitanos».

ya había señalado en sus trabajos que las gentilidades correspondían a pueblos procedentes de las primeras oleadas indoeuropeas, entre los que se encontrarían los vettones, pero también los carpetanos, astures, cántabros y pelendones, que habrían sido arrinconados en lugares montañosos y de difícil acceso por las subsiguientes migraciones. Los miembros de estos pueblos teóricamente arrinconados también hablarían lenguas indoeuropeas, pero algo más evolucionadas, y que habrían sustituido los genitivos de plural en –on/–om por –un/–um. M. C. González, en su tesis doctoral publicada en 1986, encontraba otro genitivo de plural en Cerralbo (Salamanca), que también atribuyó al pueblo vettón, Leovasico (n). Años después, también González fue quien incorporó al *corpus* de genitivos de plural de la región vettona uno de Ávila, Letondiquom y otro posible derivado de un antropónimo escrito en un verraco de Paredes de Beira (Portugal), Ateroecon, con la duda de su posible pertenencia al espacio lusitano. En resumen, el genitivo de plural es una forma de aludir al parentesco entre estos pueblos de la Meseta.

Historia de la arqueología vettona

EN LA NOCHE DE LOS TIEMPOS

Un tal Diego Rodríguez de Almela[11] publicó allá por 1487 una obra llamada *Compilación de las batallas campales*, de temática obvia a juzgar por el título. Pero lo importante aquí es la mención, un tanto fantasiosa[12], eso sí, que realiza por primera vez de los Toros de Guisando, unas esculturas que llevaban en su sitio la torta de años y que nadie se había molestado al parecer, hasta el momento, en detallar. En los Toros aparecían algunas inscripciones latinas, posiblemente garabateadas en época de Isabel la Católica, cuya intención era reforzar la legitimidad de los famosos Pactos de Guisando entre ella y su hermanastro el rey Enrique IV, por los que este la reconocía como princesa y heredera legítima.

En 1596 a la gente de la zona les chocaba un poco aquello de las toscas figuras de animales, los famosos verracos, y a un vecino de Salamanca, algo más erudito, más letrado, más imaginativo o simplemente más inquieto intelectualmente que los demás, le dio por escribir una relación de esculturas. Contó 39 en total y los llamó «toros». El vecino en cuestión era Gil González Dávila, y el inventario se publicó con el pomposo título de *Declaración de antigüedad*

---

11 Sacerdote, historiador, capellán de Isabel la Católica.

12 «Fue después que Cipion el mancebo llamado africano fue partido a Roma y después de su muerte. Los españoles se revelaron contra los romanos E por esta causa enviaron los romanos contra España un capitan que avia no(m)bre Guisando. Este peleo con los españoles en tierra de Toledo acerca de un lugar que dicen Cadalso venciolos e por memoria desta victoria fizo q(ua)tro estatuas de piedra en figura de toros do agora dicen los toros de Guisando».

del toro de piedra de la puente de Salamanca y de otros que se hallan en otras ciudades de Castilla. Poco a poco se iba escribiendo sobre el tema.

Los mismos toros de Guisando aparecen también en la pintura. En concreto hay una muy curiosa y poco realista obra del barón francés Louis-François Lejeune[13] (fechada en 1830), titulada *Combate de Guisando, 11 de abril de 1811*, que no está entre sus obras más afamadas. En ella, el autor representa cómo una partida de guerrilleros españoles, embosca, desnuda y despanzurra a un grupo de soldados

Combate de Guisando, 11 de abril de 1811, obra de Lejeune. Imagen en ÁLVAREZ-SANCHÍS, J., (2008): «El descubrimiento de los vettones. Las Cogotas y la cultura de los Verracos», en Jesús Álvarez-Sanchís (ed.): Arqueología vettona. La Meseta Occidental en la Edad del Hierro, Zona arqueológica, 12. Museo Arqueológico Regional de la Comunidad de Madrid, pp. 14-42.

13 Lejeune estuvo en 1808, en España, batiéndose en la batalla de Somosierra, tras lo cual entró en Madrid. Participó en el Segundo Sitio de Zaragoza, donde fue herido, y ascendido a coronel de Ingenieros el 10 de marzo de 1809. El 6 de abril de 1811, fue capturado cerca de Toledo por los guerrilleros. Estuvo cautivo en Cádiz. Conocía España bastante bien.

franceses despistados, mientras el morlaco en cuestión presencia indiferente la violenta escena. Lejeune estuvo en España durante la guerra de la Independencia, pero no sabemos si conoció de primera mano las dichosas esculturas.

Pero no sólo de verracos vive el hombre. El conocimiento del origen de la toponimia de las poblaciones de la región y su historia también fueron materia de interés para algunos próceres locales, que se pusieron a buscar en su pasado más remoto. Ya en el siglo XIX, todas estas actividades de búsqueda de antiguallas, al principio algo anárquicas y alocadas, comenzaron a encontrar cierta sistematización. Las fuerzas vivas locales veían en la incipiente *arqueología* una buena manera de gastar sus dineros en algo que intuían podría ser provechoso y revertir dinero a sus bolsillos. O simplemente por altruismo. Se crearon las Comisiones provinciales de Monumentos Históricos y Artísticos allá por 1844, a fin de intentar proteger los vestigios de otros tiempos en cada provincia. Son la base, muy incipiente y frágil todavía, de las Cartas Arqueológicas y los museos provinciales.

En 1876, el coronel Pedro de la Garza, realiza unas cuantas láminas de verracos abulenses y las envía a la Academia de la Historia. A partir de entonces, diversos eruditos se lanzan a aventurar hipótesis sobre el significado de dichas esculturas.

En 1879, Joaquín Rodríguez publicó un estudio llamado *La Vettonia*, basándose en las fuentes clásicas, delimitando el solar vettón en las provincias de Ávila, Cáceres, Salamanca y algunas regiones limítrofes. En 1896, Enrique Ballesteros se fija especialmente en el poblado de Ulaca, del que detalla murallas, viviendas y el altar, en su obra *Estudio Histórico de Ávila y su territorio.*

A comienzos de siglo XX, la arqueología comienza por fin a transitar por la senda de lo científico y abandona la senda de los aficionados.

Se considera a Manuel Gómez Moreno el primer científico real en la arqueología de la meseta occidental. Fue el encargado de realizar el Catálogo Monumental de Ávila, Salamanca, Zamora y León entre 1901 y 1907. Reunió pacientemente información ya existente sobre yacimientos como Villalcampo, Yecla la Vieja, Saldeana, El Berrueco, Las Cogotas, Ulaca, o el Tiemblo, ampliadas con dibujos, mapas, fotografías y descripciones. Su obra favoreció la arqueología local de la zona, y su labor causó gran impacto, de forma que su enumeración de yacimientos y verracos sentó cátedra y fue referente ineludible durante décadas en el estudio de la Edad del Bronce y del Hierro en la Meseta y el noroeste. Todavía hoy nos remitimos en ocasiones a Gómez Moreno.

Hasta el majestuoso emplazamiento de Ulaca (Solosancho, Ávila) llegaron pesos pesados de los estudios prehistóricos y arqueológicos franceses como Pierre Paris, Raymond Lantier o el ilustre abate Henri Breuil. Martín Jiménez estudió el portentoso yacimiento de Yecla de Yeltes.

Esta etapa pionera finaliza con el exhaustivo trabajo, en la provincia de Salamanca, del monje agustino César Morán.

LA EDAD DE ORO: LOS DOS JUANES, CABRÉ Y MALUQUER

Tras los sufridos pioneros, llegan los investigadores de postín, que comienzan a interesarse por temas vettones a fines de los años 20 y durante la década de los 30 del siglo XX, y recogen en parte los frutos del período anterior. Además, pegan un empujón enorme a los estudios arqueológicos vettones. Este renovado interés procede del estudio de dos grandes yacimientos de la Edad del Hierro: el *oppidum* de Las Cogotas y la necrópolis de La Osera. El arqueólogo Juan Cabré (1882-1947) publicó entre 1930 y 1932 la memoria de investigación del castro y la necrópolis de Las Cogotas. Aunque ahora parezca una perogrullada, por obvio, Cabré planteó que la cronología de los materiales recogidos en el poblado y en el cementerio anejo entraba dentro de la Edad del Hierro. Insinuó que la destrucción del castro tuvo lugar en la época en la que Aníbal realizó su famosa expedición de prestigio a la meseta norte, llegando a Helmantiké (Salamanca), hacia el año 220 a. C. Además, señaló que los verracos encontrados en Las Cogotas también correspondían cronológicamente a la II Edad del Hierro. Cabré planteó, como hipótesis de trabajo, que estas rústicas esculturas de animales fueran esculpidas por los vettones con la idea de proteger su ganado y que, posiblemente, estarían relacionadas con la fecundidad, ya que en los ejemplares de Las Cogotas se hallan claramente representados los órganos sexuales de los bichos.

Tan importante fue el trabajo de Juan Cabré en este yacimiento, que se dio el nombre de cultura de Cogotas a la *facies* arqueológica caracterizada por los castros fortificados, cementerios de incineración, armamento específico que formaba parte del ajuar de muchas tumbas, cerámicas a peine y estampilladas y los célebres verracos. La información recogida por Cabré continúa siendo en la actualidad la base para el estudio de la arqueología vettona.

Tras Juan Cabré, el otro investigador que apuntaló definitivamente los estudios arqueológicos vettones fue el profesor de la Universidad de Salamanca Juan Maluquer de Motes (1915-1988). Maluquer creó en 1950 el Seminario de Arqueología de la Universidad de Salamanca y la revista *Zephyrus*. Además, confeccionó la *Carta Arqueológica de España. Salamanca* en 1956, basándose en los trabajos anteriores de Gómez Moreno y de César Morán. También publicó en 1958 las memorias de excavación de los castros de Los Castillejos de Sanchorreja y El Berrueco. Maluquer sugería en sus trabajos identificar la cultura de Cogotas I con los protovettones de la I Edad del Hierro. Propuso una segunda *facies* denominándola Cogotas II, que equiparó con la II Edad del Hierro, pero al contrario que Cabré, supuso que la destrucción y abandono del poblado fue debido a una *razzia* vaccea y no a los pérfidos púnicos. Maluquer era de la opinión de que la expansión celtibérica del siglo III empujó a los vacceos del curso medio del río Duero contra los vettones del occidente.

A finales de los años 60 se realizaron breves intervenciones arqueológicas en Ciudad Rodrigo y, en Yecla de Yeltes a comienzos de los 70. En 1969, Schüle realizó una recopilación sobre objetos metálicos de las necrópolis de la Meseta.

FINALES DEL SIGLO XX

A comienzos de los años 70, el profesor Martín Valls, de la Universidad de Valladolid, comenzó la elaboración de la *Carta Arqueológica de Zamora* y pronto contó con la colaboración del profesor Delibes. Ambos arqueólogos dieron un nuevo impulso a los estudios arqueológicos vettones.

Desde el inicio de los años 80, parece abandonarse la hipótesis «invasionista» como explicativa del desarrollo cultural de los grupos humanos del Bronce y del Hierro, que coincide en Europa con el cuestionamiento y rechazo del concepto arqueológico de los celtas. Ahora los grupos locales tienen mucho que decir acerca de su propia evolución y no siempre se debe a la invasión foránea centroeuropea (teoría invasionista).

En 1984 se celebró en la Universidad de Salamanca, el Coloquio Internacional sobre la Edad del Hierro en la Meseta Norte, que actualizó el estudio sobre la protohistoria de la Meseta. Los trabajos se centraron sobre todo en las esculturas de los verracos, el armamento de los cementerios de incineración, los materiales hallados en ambientes domésticos, como las cerámicas decoradas a peine, y los sistemas defensivos de los poblados.

Entre 1985 y 1987, Martín Valls estableció la regionalización de los grupos humanos durante la protohistoria de la meseta norte, es decir, aproximadamente, durante los siglos IV y III a. C. Según este autor, el grupo Cogotas IIb, al sur de río Duero, es el que se denomina también «cultura de los verracos», y es el identificado con los protovettones e incluso con los vettones históricos (los que aparecen en las fuentes clásicas).

En esos años, la administración pública creó la figura del arqueólogo territorial, que propicia el incremento de las prospecciones y las excavaciones de yacimientos encuadrados en la Edad del Hierro. Y se han producido significativos avances en el conocimiento de la historia de poblaciones que tienen su origen último en castros vettones. Además, los museos y diputaciones provinciales han favorecido la creación de cartas e inventarios arqueológicos. Se inicia la revisión y reinterpretación de los datos recopilados en décadas anteriores sobre yacimientos tan importantes como Sanchorreja, Las Cogotas, La Osera o Ulaca, realizándose también campañas arqueológicas en lugares como Raso de Candeleda, El Berrueco, Alcántara, Aldeacentenera y La Mesa.

En 1989 los especialistas en la Edad del Hierro se reunieron en la Universidad Complutense de Madrid a fin de intentar abordar de una vez por todas la relación entre las características arqueológicas asignadas a cada pueblo prerromano mesetario y los pueblos que aparecen en las fuentes clásicas.

EL SIGLO XXI

En el inicio del siglo XXI, el gran público conoce algo sobre los vettones y siente cierto interés en conocer el pasado de las gentes que vivieron en el solar que ahora habitamos nosotros. El conocimiento del patrimonio significa un nuevo turismo cultural que, a diferencia del masificado turismo de sol y playa, comienza a emerger con fuerza de la mano de nuevos intereses culturales.

La arqueología sale de las universidades y de los profesionales que la ejercen libremente, para extender su manto a cada vez más amplios sectores de la sociedad. Se hace necesario traducir el farragoso lenguaje científico a un lenguaje comprensible por la gente de la calle interesada en la arqueología. Se hace imprescindible la figura del arqueólogo-investigador-divulgador, a fin de explicar a la gente corriente una serie de conceptos complejos de una forma sencilla y coloquial, pero no exenta de rigor científico.

El proyecto europeo Interreg III-A, Castros y Verracos Célticos (2003-2005), desarrollado en Ávila, Salamanca y regiones portuguesas como Miranda do Douro, Mogadouro o Penafiel, ha servido para activar una ruta turística cultural que tiene como objetivo la divulgación de los castros y los verracos vettones. Este proyecto ha restaurado y reconstruido algunos yacimientos y los ha puesto en valor para el acceso del público. Un ejemplo de esta novedosa iniciativa es el castro de Las Merchanas (Salamanca).

El arqueoturismo está en boga (pero afortunadamente sin ser masivo), como demuestran ideas y proyectos como los Cuadernos de Patrimonio Abulense, publicados por la Diputación de Ávila (desde 2005), que incorporan una completa y revisada información sobre castros, verracos e intervenciones arqueológicas.

El celtismo de los vettones

Forman parte de la Hispania céltica vettones, lusitanos, galaicos, vacceos, astures, carpetanos y celtíberos. Los vettones están muy emparentados por cultura con vacceos y celtíberos, formando una especie de supercultura mesetaria común a todos ellos, pero también, y debido al arcaico sustrato del Bronce Atlántico que pesa sobre los pueblos occidentales peninsulares, conforman un conglomerado de pueblos con ciertas similitudes junto a lusitanos y galaicos.

¿Por qué se consideran celtas a los vettones? A fines del II milenio o comienzos del I milenio a. C., parecen llegar al occidente de la Meseta grupos celtas o protoceltas que habían atravesado los pasos pirenaicos (familias enteras con carromatos repletos de cachivaches, sus ganados...) y que en pocas generaciones se asientan en las estribaciones occidentales del Sistema Central, contactando con los grupos indígenas que habitan la región, con los que en muchos casos llegarán a fusionarse. Estos grupos de recién llegados son portadores de la llamada cultura de los Campos de Urnas, originaria del centro de Europa, que derivó posteriormente en las culturas de Hallstat y de La Tène allende la cordillera pirenaica. Estos últimos fueron los celtas o galos que describieron historiadores y cronistas, desde Herodoto a César.

La expansión celtibérica a partir de los siglos VI y V a. C. originó una *receltización* de origen celtibérico de la población existente en la Vettonia, posterior al contacto con las gentes de los Campos de Urnas, con quienes se relacionaban en los años bisagra del II y el I milenio a. C.

Después de estas dos oleadas de celtización sobre el primitivo núcleo del Bronce Atlántico, los vettones habían perdido parte de las tradiciones atlánticas que los emparentaban originariamente con lusitanos y galaicos, aunque conservaban algunas como las saunas rituales o las piedras de los responsos. Además de las influencias orientalizantes que procedían del mundo tartésico. De este modo la cultura vettona parece ser una especie de revoltijo del vetusto Bronce Atlántico, la cultura de los Campos de Urnas, la cultura celtibérica y los influjos orientalizantes.

Fíbula en forma de pájaro (necrópolis de La Osera, Ávila).
Museo Arqueológico Nacional. Foto del Museo.

El lusitanismo de los vettones

Pues sí, estimado lector, lusitanos y vettones tienen algo en común: habitaban las tierras centro occidentales de la península ibérica. Pero si bien se ha encontrado alguna que otra inscripción escrita lusitana, en cambio de los vettones no se ha encontrado ni rastro de ninguna manifestación gráfica, por lo que se cree que era una cultura ágrafa.

La Vía de la Plata es la columna vertebral que parece ser la línea de demarcación étnica y cultural de dos pueblos que no debieron ser tan distintos en el fondo. Los lusitanos aparecen más frecuentemente que los vettones en las fuentes clásicas, por haber dado bastante guerra a las legiones romanas. Sobre los lusitanos, Diodoro Sículo (V,34,6) decía: «hay una costumbre muy propia de los iberos, mas sobre todo de los lusitanos, y es que cuando alcanzan la edad adulta, aquellos que se encuentran más apurados de recursos, pero destacan por el vigor de sus cuerpos y su denuedo, proveyéndose de valor y de armas, van a reunirse en las asperezas de los montes; allí forman bandas considerables que recorren Iberia, acumulando riquezas con el robo, y ello lo hacen con el más completo desprecio a todo». Estrabón (III, 3, 5) trata directamente de «ladrones» a las tribus lusitanas: «las que habitan un suelo pobre y carente de lo más necesario, habían de desear los bienes de los otros... La mayor parte de estas tribus han renunciado a vivir de la tierra para medrar con el bandidaje, en luchas continuas mantenidas entre ellas mismas o, atravesando el Tajo, con las provocadas contra las tribus vecinas... Como estas tenían que abandonar sus propias labores para rechazar a los de las montañas, hubieron de cambiar el cuidado de los campos por la milicia, y, en consecuencia, la tierra no sólo dejó de producir incluso aquellos frutos que crecían espontáneos, sino que además se pobló de ladrones». Según parece desprenderse de este texto, el latrocinio lusitano a su vez generaba más latrocinio en los pueblos víctimas de sus *razzias*, en una espiral que parecía no tener fin hasta que los romanos controlaron la situación, no sin gran esfuerzo, que se tradujo en décadas de guerra casi continuada en ambas mesetas.

¿Y de los vettones, qué? O no opusieron tanta resistencia al invasor, o quizás en ocasiones aparecían incluidos en la nómina de los pueblos lusitanos en esas mismas crónicas, colaborando con estos en *razzias* y algaradas. Pero muy sosegados y apacibles no parece que fuesen los vettones a juzgar por la observación de Estrabón sobre que los vettones o bien sesteaban o bien luchaban, sin aparente término medio.

Según Almagro Gorbea, los lusitanos (sus caudillos son de sobra conocidos a través de las fuentes: Púnico, Cesáreo, Viriato...) presionaron lo suyo en el siglo II a. C. sobre los vettones y otros pueblos vecinos, como los carpetanos, lo que explica la inestabilidad en la zona y los frecuentes choques con los romanos. Como en el caso de los lusitanos, los vettones se dividían en comunidades o *populi* que habitaban diversas comarcas desde la Edad del Bronce y controladas por *oppida* que surgieron en la siguiente etapa, la Edad del Hierro. Los vettones se extendieron por occidente hacia la penillanura cacereña, en donde trabaron contacto con los pueblos lusitanos, con quienes, al menos en esta zona, no existirían apenas diferencias culturales y étnicas. En Arroyo de la Luz[14], se han documentado dos inscripciones lusitanas, pero también un característico verraco vettón.

Según Almagro, vettones y lusitanos proceden, como ya hemos visto, de un substrato humano común. Por ello, en ocasiones la separación de los límites entre una y otra etnia se complica. Se han atestiguado cerámicas a peine, también típicas de ambientes vettones en las inmediaciones del río Almonte, afluente del río Tajo que transcurre por la provincia de Cáceres, y verracos hasta el río Salor, otro afluente del Tajo que atraviesa Extremadura. Este tipo de cerámicas y los verracos son dos de las características materiales fundamentales asignadas por los investigadores a los pueblos vettones.

Entre los vettones existen elementos culturales propios de los lusitanos, fosilizados en topónimos y *civitates*, pero también de los

14 En la comarca y mancomunidad de Tajo-Salor, y limitante con el extenso término municipal de Cáceres capital.

celtíberos. Los elementos culturales celtíberos con los que se relaciona el mundo vettón son la incineración en urna, los genitivos de plural (gentilicios), las tipologías de las armas, las fíbulas de caballito y dioses como Vaelicus y Ataecina. En cuanto a la onomástica, existen entre los vettones antropónimos lusitanos como Albinus, Albura, Boutius, Camalus, Vegetus. Otros nombres como Doviterus, Pintamus, Reburrus, Turiaus o Vironus, los relacionan con astures y vacceos. Y Ambatius y Celtius, con los celtíberos.

Vettones y lusitanos chapurrearon un dialecto precedente de la lengua lusitana, esa que se adivina en las escasísimas inscripciones mencionadas más arriba. Aunque en el caso vettón, es posible que su lengua se viese inundada de elementos célticos desde el siglo v a. C.

No obstante su origen común, cuando los pueblos occidentales recibieron influencias mediterráneas por la Vía de la Plata, se diferenciaron étnicamente en lusitanos y vettones, estos últimos más avanzados culturalmente por los directos influjos orientalizantes. Podemos decir que en la Meseta existió un substrato común, que procede del Bronce Atlántico, y del que emergen paulatinamente vettones, vacceos, astures y lusitanos, suficientemente diferenciados culturalmente para que los romanos distingan entre unos y otros. En estos pueblos procedentes del viejo Bronce Atlántico también habría que incluir a los galaicos del norte del Duero, que Estrabón relacionaba con la Lusitania. Todos estos pueblos formaban sociedades guerreras con tradiciones indoeuropeas, como las saunas y ritos diversos que aparecen tanto entre los lusitanos como entre los vettones y los galaicos.

Para algunos lingüistas, el lusitano o lengua similar que hablarían los vettones, estaría separado de la lengua celta, aunque sería muy próxima a ella y formaría por tanto parte del frondoso árbol indoeuropeo. Otros autores, como Untermann, consideran la lengua lusitana, directamente celta.

Pero todavía hay más muestras de lusitanismo entre los vettones. Nombres de dioses, como Bandua, Cossus, Navia, Reve, Treburana, y rituales ancestrales relacionados con altares como el de Ulaca, similar al de Rocha da Mina (Evora, Portugal), las saunas rupestres[15]

15 Como las de Tongobriga —Freixo-Marco de Canaveses, Portugal— y la de Ulaca.

o las «piedras de responso»[16]. Los baños secos de sudor descritos por Estrabón formaban parte de los rituales de paso a la edad adulta y tienen sus paralelos en las *pedras fermosas*, desde Gallaecia hasta la Vettonia.

En resumen, estamos en condiciones de proponer que los vettones formaron parte de un conglomerado de pueblos considerados protoceltas, al igual que sus vecinos lusitanos. A pesar del mayor celtismo de los vettones, atenuado por la tradición orientalizante meridional, todos estos pueblos conservaron parte de las tradiciones protoceltas. A este mismo substrato atlántico protocelta corresponderían otras costumbres, como el ritual de arrojar armas a las aguas, como ajuar de unos muertos previamente incinerados y que veían cómo sus cenizas eran esparcidas también en el agua, pues creían que facilitaba su viaje al más allá. Este hecho podría explicar la presencia de necrópolis vettonas en áreas inundables muy cercanas a los ríos.

No obstante, en los últimos siglos de etnogénesis de lusitanos y vettones, se va produciendo una evidente diferenciación en cuanto a la evolución de ambos pueblos, cuando los vettones asimilaron en mucha mayor proporción que sus parientes del oeste la cultura orientalizante y la celtibérica.

16 Rocha das Enamorados, en Reguengos, en Evora y el «canto de los responsos», otra vez en Ulaca, que semejaba una sucursal lusitana, o viceversa.

El iberismo de los vettones

La llegada de los fenicios marca convencionalmente el inicio de la Edad del Hierro en la península ibérica. Las influencias ibéricas llegan a territorio vettón, pero sin demasiada importancia aparente en la natural evolución cultural vettona. En sentido contrario, apenas hay constancia de elementos vettones en territorio ibérico, con la excepción de un pequeño verraco de piedra, un exvoto localizado en el santuario ibérico del Cerro de los Santos. Pero aun así, hay paralelos en territorio ibérico de objetos encontrados en necrópolis vettonas, que nos indican que existieron contactos directos o indirectos a través de intermediarios: mercenarios, comerciantes, mensajeros, viajeros de todo pelaje. La vía de contacto más importante entre los mundos ibérico y occidental peninsulares debió ser un prolongado camino que partía desde los enclaves levantinos hacia las colonias onubenses y gaditanas (ya fuese por tierra o por mar) que, a su vez y a través de la Vía de la Plata, conectaban con las zonas mineras de oro, plata y estaño del cuadrante noroccidental de la Península. Sin embargo, algunos autores prefieren hablar de contactos más transversales y directos desde el Levante, aunque mucho más peligrosos *a priori* por la presencia de pueblos poco civilizados y muy belicosos en ambas mesetas.

En la necrópolis de La Osera, Juan Cabré, su hija Encarnación y Antonio Molinero encontraron una coraza y una placa en la tumba 350, que procedían indudablemente del mundo mediterráneo ibérico, y muy similares en su aspecto a objetos hallados en la sepultura 400 del cementerio ibérico del Cabecico del Tesoro, en la localidad murciana de Verdolay. En todo caso la escasez de contactos entre ambas sociedades es notable.

Muchos de estos elementos ibéricos procedían de la reelaboración que en las tierras levantinas se hizo de unas influencias todavía más orientales: las griegas. Los griegos prestaron mitos, creencias y conceptos que los iberos pasaron por su peculiar tamiz.

De todos es sabido que los vettones eran un pueblo de la Céltica peninsular, ya lo he repetido hasta la saciedad. Esta zona de la península ibérica era la que el geógrafo griego Hecateo de Mileto veía como la opuesta a aquella donde habitaban los iberos.

La presencia de objetos ibéricos en ambientes funerarios vettones está muy enraizada con una colonización comercial, alentada por la exploración de recursos mineros y agrícolas, según Rubí Sanz y Eduardo Galán. Por ejemplo, en la tumba de El Carpio (Belvís de la Jara, occidente de la provincia de Toledo), se descubrió una placa en forma de lingote originaria de la lejana Chipre. Antes hablábamos de que la existencia de la Vía de la Plata podía explicar estos escasos contactos, pero también la Vía Heraclea y el río Segura. Estas vías arrancaban del suroeste peninsular, y a partir de aquí se difundieron elementos orientalizantes, hacia las zonas ibéricas y hacia el occidente mesetario. A partir del siglo v a. C. se pusieron en funcionamiento cauces comerciales de origen griego, que alcanzan el occidente: cerámicas áticas en Cancho Roano[17] o en El Raso y La Osera. No sólo griegas. También aparecen cerámicas ibéricas en Sanchorreja (Ávila). Y excepcionales son las cerámicas que sugieren tipologías turdetanas de la alta Andalucía encontradas en el castro de Villasviejas del Tamuja (Cáceres).

El comercio es uno de los aspectos que parecen justificar las relaciones entre la meseta occidental y el mundo ibérico, pues estos últimos aportaban cerámicas y armas a cambio de ganado y lana, y quizás algún porcentaje de beneficios sobre las extracciones de mineral de hierro de la sierra de Gredos.

Además de los caminos a los que nos hemos referido someramente, debieron existir otras rutas, como ya adelantábamos. Maluquer detectó en su día una vía transversal entre Levante y Extremadura, aunque otros investigadores han apostado por un camino a través de la oretana Cástulo (Linares, Jaén) o Despeñaperros. El

17 Yacimiento arqueológico situado en el término municipal de Zalamea de la Serena, en la provincia de Badajoz.

camino de Cástulo se documenta *a priori* por la presencia de cerámicas griegas en el yacimiento oretano de Alarcos, en una relación comercial que también alcanzaba la Carpetania, vieja conocida. Esta vía oretano-carpetana pudo influir de alguna manera en el espacio vettón a través de Toledo, aunque las piezas áticas de Cancho Roano también remiten a la hipótesis de Maluquer del camino transversal este-oeste.

Es cierto que el número de cerámicas áticas es escaso, pero lo suficientemente relevante para llamar nuestra atención. Se encuentran en mayor proporción en el ámbito cacereño (zona meridional del mundo vettón) con los citados hallazgos de Villasviejas del Tamuja, El Castillejo de la Orden de Alcántara, La Aliseda y el Castro de la Burra. En cambio, al norte de la sierra de Gredos, la zona vettona más conocida y notoria, el núcleo duro del territorio vettón, las piezas escasean aún más. Parece como si la sierra hubiese ejercido de barrera casi infranqueable para este refinado tipo de comercio heleno.

ARMAS Y MERCENARIOS IBÉRICOS

Las famosas placas de bronce que representan un águila y posiblemente una paloma, halladas en La Osera, han sido consideradas placas de cinturón, y probablemente, más que proceder del Levante ibérico, son producciones de origen griego. En La Osera, El Raso y otros yacimientos vettones son relativamente frecuentes armas de tipología y procedencia ibéricas, muy excepcionales en cambio en la meseta oriental. Dentro de este grupo incluimos manillas de escudo de aletas, falcatas, espadas de frontón, discos-coraza o placas de cinturón cuadradas con decoración damasquinada. Este último conjunto de objetos metálicos de La Osera es muy similar al encontrado en una tumba ibérica de El Cabecico del Tesoro (Verdolay, Murcia). Respecto a la coincidencia entre ambos conjuntos, Magdalena Barril aventuró en su día que los dos procederían de un mismo taller ibérico o del Mediterráneo central, o bien que su ubicación en ambos lugares sea consecuencia de un intercambio de bienes de prestigio entre dos jefes de pueblos diferentes o que existiese algún centro de redistribución de objetos de lujo.

¿Cómo es posible que este tipo de elementos metálicos sean más corrientes y habituales en la meseta occidental que en la oriental, más próxima al mundo ibérico? Pues es posible que se deba a la presencia de mercenarios ibéricos en el ámbito vettón. ¿Por qué tanta falcata ibérica pululando en territorio vettón, cuando en toda la meseta oriental tan sólo se han documentado nueve elementos de esta arma tan característicamente ibérica? ¿Era más fluido el comercio por la ruta que bordeaba las costas de Levante y Meridión peninsulares y más rentable redistribuir estas piezas desde centros comerciales tan especializados como las factorías fenicias del sur? ¿Más fácil que atravesar de forma transversal y por tierra el centro de la Península de este a oeste? Pero tampoco se puede descartar que los vettones, armeros muy estimados y diestros, fueran capaces de copiar este tipo de armas curvas a partir de los pocos ejemplares que pudiesen llegar a sus manos. Estos materiales llegarían como resultado de «regalos diplomáticos», «lotes comerciales», «dotes de boda», «botines de guerra» o incluso de «intercambios de equipos militares». Ninguno de estos objetos aparece en el período convulso de la II Guerra Púnica, donde quedarían plenamente justificados. Es cierto que los grandes movimientos de tropas podrían haber justificado la presencia de estas armas en suelo vettón, pero los fríos datos arqueológicos nos informan de que las falcatas sólo

Broches de cinturón. La Osera. Museo Arqueológico Nacional. Foto del Museo.

se hacen presentes durante el siglo IV a. C. y hasta mediados del siglo III a. C., es decir, justo antes de la masiva presencia militar púnica y romana en la zona.

Según Fernando Quesada parece posible un canal comercial de armamento ibérico desde el este hacia algunos castros vettones. Quizás la aparición de estas armas ibéricas en territorio vettón pueda explicarse por alianzas militares o la presencia de mercenarios ibéricos. Este autor cree que la presencia de armamento ibérico entre los vettones procede del mercenariado ibérico a su servicio. O viceversa, debidas a la presencia de mercenarios vettones en regiones ibéricas, donde pudieron adquirir este armamento como botín de guerra o como pago a sus servicios. Dentro de lo duro que era el oficio de mercenario, parecía más fácil retornar a casa desde las escaramuzas del levante peninsular que si se enrolaban en las sangrientas guerras sicilianas, donde griegos y púnicos dirimían sus diferencias de forma cruentísima. Si los mercenarios sobrevivían a estas campañas del centro del Mediterráneo, el viaje de vuelta (y el de ida) por mar tampoco estaba exento de riesgos. Para Quesada, en todo caso, estas armas no eran resultado del botín, sino que formaban parte del equipo regular del mercenario, tanto si este era vettón en territorio ibérico o ibérico en territorio vettón.

Falcatas ibéricas. Museo Arqueológico Nacional. Foto del Museo.

INFLUENCIAS IBÉRICAS EN LAS CREENCIAS VETTONAS

La cultura ibérica y la vettona, en el fondo se parecen en algunos aspectos. Los pueblos de la meseta occidental adoptaron en ocasiones parte de la sugestiva iconografía mediterránea, sobre todo la que se refiere a cultos relativos a la fuerza de la naturaleza, fuerzas que se concretan en diversos animales como aves, caballos e incluso lobos. Entre los vettones destaca una diosa femenina vinculada con la fecundidad (Ataecina) y divinidades infernales. Y a todas ellas se les hacían ofrendas votivas, como en El Freíllo (Raso de Candeleda). Es lógico pensar que la relación entre los mundos vettón e ibérico existía cuando aparecen elementos de esta cultura en santuarios

La Señora de los Caballos. Museo Arqueológico Nacional. Foto del Museo.

vettones. Según Trinidad Tortosa, algunas estructuras arqueológicas muy específicas conforman lo que ella denomina «arqueología de culto», lo cual no quiere decir que conozcamos las creencias de estos pueblos. Por ejemplo, podemos deducir de forma indirecta la existencia de rituales de libación (ofrendas líquidas a los dioses) en Ulaca a través de determinadas concavidades y plataformas en su famosa ara de sacrificios.

La huella mediterránea en aspectos divinos puede rastrearse indirectamente en algunos ambientes vettones reelaborada por los pueblos ibéricos meridionales y levantinos. Esta huella sagrada la podemos ver en objetos de uso cotidiano, como el *oenochoe* de Las Cogotas, en cuya asa encontramos una *Potnia theron* o Señora de los Animales, de iconografía *egiptizante*, o la imagen de Astarté en un timaterio de El Raso. Respecto a la Señora de los Animales, otras propuestas apuestan por una representación de Epona, diosa de la fertilidad en el mundo celta, al dios Bes o a una imagen solar. La distribución peninsular de este tipo de representaciones hacia el siglo IV a. C. sugiere relaciones de intercambio entre la Meseta y el mundo ibérico, en especial con el área contestana[18].

Un colgante con el tema «domador de caballos» apareció en una tumba de La Osera, similar a ejemplos del mundo ibérico del sureste. Una muestra más de los ecos del Mediterráneo en la cultura vettona. En el santuario de Postoloboso (cerca de Raso de Candeleda), la relación del hombre con la naturaleza se establece a través de lo que Trinidad Tortosa llama arquitectura del paisaje. La misma investigadora relaciona este santuario vettón con otro ibérico, El Pajarillo (Huelma, Jaén). ¿Cuál es el nexo de unión entre ambos? La presencia del lobo, que en el caso vettón se concreta en epígrafes vinculados a Vaelicus o Endovaelicus, divinidad masculina indígena. En el caso ibérico se presenta en forma de esculturas que representan a un personaje masculino, falcata en ristre, presto a luchar contra el lobo, elemento que identifica a la cultura ibérica, puesto que es uno de los animales más importantes que aparecen en las pinturas que decoran los vasos cerámicos ibéricos (siglos IV-III a. C.)

---

18 Contestania, la tierra del pueblo ibérico de los contestanos, abarcaba el territorio de la actual provincia de Alicante y parte de las provincias de Murcia, Albacete y Valencia.

La representación de aves en soporte cerámico o metálico, tanto en la cultura mediterránea como la céltica, parece relacionado indisolublemente con ritos de fertilidad o de paso al más allá. Ejemplos como el vaso ornitomorfo de la necrópolis de Las Cogotas, que sigue modelos púnicos. Posiblemente represente una paloma y se asociase al culto de alguna divinidad femenina, aunque en el mundo céltico se les otorgaban propiedades curativas.

Exvoto de bronce. Colección particular de Virgilio Blázquez, vecino de El Raso de Candeleda.

La orientalización *de los vettones*

Los protovettones del Bronce Atlántico sufrieron dos oleadas celtas, pero también influencias procedentes del Mediterráneo. Desde el sur a través de la Vía de la Plata, y también, como la primera oleada céltica en los años de transición entre el II y I milenio. La tradicional Vía de la Plata (no la calzada romana que unía Emerita y Asturica, Augustas ambas) vertebraba el occidente de la península ibérica y llegaba desde el golfo de Cádiz hasta Asturias y Galicia. Por este gran eje de comunicación viaria llegó a la Vettonia la influencia tartésica. Tan importante fue la citada vía en la prehistoria, que los romanos después la convirtieron en una de sus rutas principales en la jerarquización caminera peninsular. Es posible que los contactos de los vettones con el mundo tartésico expliquen su aparente mayor evolución cultural respecto a sus vecinos vacceos, galaicos y lusitanos.

Algunos autores opinan que Tartessos fue la antigua Tarshish[19] mencionada en la Biblia. En todo caso, la riqueza material, plasmada en una gran ganadería (véase como botón de muestra la leyenda de Gerión[20]) y en la abundancia de oro y plata (Argantonios, otro rey tartésico, fue llamado así por su riqueza en plata), hizo que los

19 Algunas referencias bíblicas (hay unas cuantas más) a Tarshish son las que aparecen en Reyes 10, 21: «No había nada de plata, no se hacía caso alguno de ésta en tiempos de Salomón, porque el rey tenía en el mar naves de Tarshish con las de Hiram y cada tres años llegaban las naves de Tarshish trayendo oro, plata, marfil, monos y pavos reales»; Reyes 22, 49: «Josafat construyó naves de Tarshish para ir a Ofir en busca de oro, pero no fueron porque las naves se destrozaron en Asiongaber»; o Salmos 72, 10: «Las naves de Tarshish y de las islas le ofrecerán sus dones y los reyes de Sabá le pagarán tributo».

20 Gerión fue en la mitología griega un monstruoso gigante de tres cuerpos y tres cabezas, a quien se enfrentó Hércules.

astutos fenicios fundasen el emporio gaditano. Por la Vía de la Plata, los productos resultantes del comercio fenicio y tartésico, llegaban en gran medida a las poblaciones vettonas o protovettonas. La influencia de la Vía de la Plata, que perdura de alguna manera en la Cañada Leonesa actualmente, explica en cierto modo una peculiaridad de la cultura vettona con respecto a sus vecinos célticos, ya que metales y ganado suponen intercambio y movilidad. Por este camino se alcanzaba el territorio vettón en 10-15 días desde focos culturales tan importantes como el tartésico, como ya hemos explicado, por lo que este influjo orientalizante alcanzaba con relativa facilidad el entorno vettón.

Hablamos muy alegremente de lo *orientalizante*, pero ¿qué es lo que denominamos orientalizante? Habrá que retrotraerse unos cuantos siglos antes del momento protohistórico que estamos tratando. Tras la brutal tempestad que sobrevino sobre las costas orientales del Mediterráneo a fines del II milenio a. C., acontecimientos de gran violencia en los que estuvieron involucrados los misteriosos Pueblos del Mar[21], se instaló en nuestro particular mar interior una relativa calma. Después de la crisis, la costa sirio-fenicia se convirtió en receptora de influencias de las grandes civilizaciones orientales (Egipto, Mesopotamia, la propia Siria, la Anatolia posthitita, fundamentalmente), y fueron sus habitantes fenicios quienes redistribuyeron por aquí y por allá estos elementos culturales orientalizantes a través del comercio, pues fueron grandes comerciantes y navegantes. El caso es que los fenicios transportaron en sus naves la cultura oriental tradicional, de forma refundida, por todo el Mediterráneo. Y fue esta corriente cultural la que alcanzó el suelo vettón, antes incluso del período colonial, antes del asentamiento estable de factorías fenicias en las costas ibéricas.

Estos contactos se producen en épocas muy remotas, a fines del II milenio y comienzos del I milenio a. C., y desembocan en la aparición de productos manufacturados a la usanza de las poblaciones del Mediterráneo oriental en el occidente peninsular. En la Vettonia aparecen en esta época tan antigua objetos como fíbulas de arco «de

21 Los Pueblos del Mar es la denominación con la que se conoce a un grupo de pueblos de la Edad del Bronce que migraron hacia Oriente Próximo durante el 1200 a. C.

lira» y de codo en el Cerro de El Berrueco de Salamanca, azuelas[22] o escoplos. Incluso el primer elemento de hierro conocido en el occidente de la península ibérica: una navaja de afeitar.

Pero estos primeros contactos entre el solar protovettón y el mundo tartésico se intensifican según nos adentramos en el primer milenio a. C., llegando a su cenit durante el Período Orientalizante (siglo VIII a.C.), irradiando desde la cuenca del Guadiana hacia el norte, a la cuenca del Tajo. Ejemplos son la estela de Almoroqui y los enterramientos femeninos en Aliseda, sierra de Santa Cruz y Talavera la Vieja (todas estaciones cacereñas), o en Casa del Carpio y las Fraguas (Toledo), donde se han encontrado también cadáveres femeninos supuestamente tartésicos. Según Almagro Gorbea la presencia de estos enterramientos denota matrimonios de indígenas con mujeres tartésicas. Los «braserillos con asas de manos» de Las Fraguas, El Berrueco y Sanchorreja y el quemaperfumes de las Fraguas forman el conjunto más rico de la toréutica[23] orientalizante peninsular. En Sanchorreja se encontró un broche de cinturón tartésico decorado con un grifo[24] alado.

Los yacimientos de Augustóbriga (Talavera la Vieja, Cáceres) y el Cerro de la Mesa (Puente del Arzobispo, Toledo) fueron posiblemente en origen colonias «orientalizantes», según Almagro Gorbea, fundadas por gentes tartésicas venidas de la región del Guadiana. Como vemos, esta influencia orientalizante pretendidamente tartésica es más notable al sur del Sistema Central que al norte, seguramente debido a las dificultades que entrañaba atravesar la barrera orográfica. A pesar de todo, aparecen algunas piezas orientalizantes aisladas al norte de esta cordillera, como el vaso fenicio de bronce de Coca (Segovia).

Más ejemplos de cultura material orientalizante en la meseta occidental lo constituyen piezas tales como las fíbulas de doble resorte o cerámicas orientalizantes, como las del Cerro de San Pelayo y

22 Herramienta para trabajar la madera. Es un tipo de hacha de mango corto y con la hoja dispuesta perpendicularmente a dicho mango.

23 La toréutica es cualquier trabajo que comporta relieves sobre pequeñas piezas de metal (medallas, etc.) sea positivo o negativo este relieve.

24 Criatura mitológica, cuya parte superior es la de un águila gigante, con plumas doradas, afilado pico y poderosas garras. La parte inferior es la de un león, con pelaje amarillo, musculosas patas y rabo.

Ledesma, en Salamanca, y en La Aldehuela, Zamora. Además de los primeros objetos de hierro que llegaron a la Vettonia a través de la Vía de la Plata. Las poblaciones que recibían estos productos manufacturados, las cambiaban por oro y estaño, esclavos, vacas, ovejas, carnes, pieles y probablemente también mercenarios.

Pero, siguiendo la Vía de la Plata también llegaban ideas, a través del intermediario Tartessos, y procedentes de Gadir (Cádiz). Estas novedades cristalizaron entre los vettones, que se desarrollaron culturalmente más que los lusitanos, vacceos, los pueblos de la meseta oriental o del valle del Ebro. Probablemente durante el período orientalizante se amurallaron y construyeron grandes recintos fortificados del tipo *oppidum*, más similares a la estructura urbana de los centros del sur. Había que resguardar los tesoros orientalizantes.

Almagro Gorbea opina que, a través de estos contactos con el sur, los vettones adoptaron su célebre tipología escultórica animal (los verracos, para entendernos), desde un prisma más tosco, pero parece que indudablemente inspirados en modelos más evolucionados, según Teresa Chapa. Las ranuras de los cuellos y la disposición frontal de los toros vettones más antiguos tienen su origen en la escultura zoomorfa ibérica y tartésica. Pero todavía hay más. La introducción

Tesoro orientalizante de La Aliseda. Museo Arqueológico Nacional. Foto del Museo.

Toro ibérico. Museo Arqueológico Nacional. Foto del autor.

Diosa alada oriental en bronce (Cerro de El Berrueco). Museo del Instituto del Conde de Valencia de Don Juan. Foto de T. Antelo.

Pieza de diadema de oro. El Freíllo (Raso de Candeleda).
Museo de Ávila. Foto del Museo.

desde áreas meridionales de navajas de afeitar, broches de cinturón y fíbulas indican nuevos modos de vestir y asearse. Los cuchillos afalcatados, los asadores, jarros y braserillos de bronce señalan nuevos ritos asociados al fuego, pero también a ceremonias de participación colectiva, como el banquete y el sacrificio. Estos nuevos elementos nos transmiten que en el solar vettón, se comienzan a formar nuevas jerarquías sociales, posiblemente ecuestres, cuyo modelo es tartésico.

Dentro de las ideas y creencias que viajan desde el mediodía peninsular, destaca una nueva religiosidad, a juzgar por las figuras de bronce aparecidas en El Berrueco que representan una diosa alada, posiblemente la fenicia Astarté. Esta diosa era muy venerada en el mundo tartésico, y posiblemente identificada por los vettones con una de sus diosas, Ataecina, lo que atestiguaría un alto grado de aculturación. La misma diosa aparece en una placa de oro del tesoro cacereño de Serradilla. Y esto nos trae a colación el porqué de la existencia de enterramientos de mujeres tartésicas tan al norte de su tierra nativa: matrimonios que sellaban alianzas entre diferentes grupos de gente, un tipo de acuerdos que favorecían los contactos comerciales. Estos intercambios beneficiaban la aparición de nuevas ideas en el solar vettón. Pero también las influencias iban en sentido inverso, como así parece demostrarlo la existencia de bolas de arcilla típicas vettonas en la necrópolis tartésica de Medellín. Posiblemente un indicativo de la presencia de mercenarios vettones en el sur.

En necrópolis vettonas, como la de la Cañada de Pajares (Villanueva de la Vera, Cáceres), se han encontrado objetos en los ajuares que llaman la atención por la tradición orientalizante de su fabricación, como cuentas de pasta vítrea o restos de ungüentarios policromados, e incluso una figura etrusca de bronce. También se han desenterrado placas de oro con decoración orientalizante y jarras de bronce tartésico. Se han documentado en el mismo yacimiento placas de oro en forma de rostro humano, delimitado por una decoración de gránulos; un hecho muy interesante, ya que su contexto habitual son los ambientes orientalizantes del suroeste peninsular, el mundo tartésico y fenicio. Este tipo de material áureo de decoración granulada está relacionado con el tesoro tartésico de La Aliseda (Cáceres). La cronología de las piezas de Cañada de Pajares se remonta a los años finales del siglo v y comienzos del iv a. C. Las placas de oro encontradas en este yacimiento son indicio de una cosmogonía indígena que se plasmó durante el siglo v a. C. y que supone la pervivencia de técnicas orfebres de tradición orientalizante, pero abierta a novedades iconográficas. Todo dentro de los límites de la orfebrería local, más pobre que aquella de donde procedían los modelos que servían de inspiración.

En Belvís de la Jara (Toledo), en la cuenca occidental del Tajo, se encontró una tumba con un cadáver, que frecuentemente se ha interpretado como el de una princesa tartésica, casada con algún gerifalte vettón de la zona.

En la necrópolis de El Freíllo (Raso de Candeleda, Ávila) se encontraron vasos de pasta de vidrio para perfumes. Este proceso orientalizante se interrumpe bruscamente cuando Tartessos desaparece de la historia hacia el siglo v a. C., por colapso interno o propiciado de alguna manera por la presión cartaginesa, momento en que estas tierras vuelven a *celtizarse*.

Lo que decían griegos y romanos sobre los vettones

Desde luego las fuentes mencionan en bastantes más ocasiones a celtíberos y lusitanos, que eran los que dieron verdaderos quebraderos de cabeza a las legiones romanas. Por esta razón, como los escritores grecorromanos contaron poco sobre los vettones, sus opiniones no reflejan de ningún modo la realidad cultural de esta etnia, bastante más rica de lo que aparece en las crónicas, a juzgar por lo que la arqueología nos ha desvelado y continúa revelando. A pesar de todo, hay que tomar en consideración los datos que nos transmiten los eruditos griegos y romanos. Y esto es así, porque estos autores son cercanos, unos más que otros, en espacio y tiempo, a los pueblos vettones, aunque fuese en su última etapa de desarrollo cultural, en el siglo III-II a. C., que es cuando los geógrafos e historiadores helenos, púnicos y romanos comienzan a mostrarse interesados por lo que sucedía en la península ibérica. Además, esos mismos cronistas se muestran interesados en dar a conocer las costumbres de los pueblos *bárbaros*. Eso sí, informaciones lógicamente muy sesgadas, parciales y subjetivas. Las noticias que nuestros cronistas nos contaron siempre reflejaron la compleja oposición civilización-barbarie, considerándose civilizados a sí mismos griegos y romanos, y bárbaros el resto de la progenie humana. Un apunte: los griegos también consideraban bárbaros a los propios romanos.

Pero la arqueología nos dice muchas cosas. Por ejemplo, que antes del siglo III a. C., por lo menos desde el siglo VII a. C., los vettones o protovettones habían contactado ya con los que se llamaban a sí mismos *civilizados*. Al menos en las crónicas griegas y romanas no han quedado referencias. Aunque sí es posible que algo hubiese en las fuentes fenicias. El problema es que los textos fenicios sobre el temita de marras no existen, o al menos, no han sido encontrados…

Ya hemos visto cómo entra dentro de lo probable que los vettones se relacionasen en época remota con las factorías fenicias localizadas en las riberas de ríos que desembocan en el océano Atlántico, con los tartésicos del cuadrante suroccidental de la Península, con pueblos ibéricos del levante peninsular, con otras comunidades mesetarias y con áreas marítimas donde fenicios y griegos campaban a sus anchas. Pero, por el momento, ninguno de los pueblos que eran capaces de escribir en aquella época y que merodeaban por estos pagos, han dejado testimonios acerca de los pueblos teóricamente ágrafos que habitaban el interior. Y de literatura fenicia, ni hablamos, pues ni siquiera la conocemos.

Los testimonios griegos más antiguos sobre la península ibérica son los *periplos*, relatos de viajes que describen sucintamente los accidentes geográficos costeros que más llamaban la atención de estos atrevidos navegantes, más que nada para poder reconocer la zona en viajes sucesivos. Un autor latino del siglo IV d. C., Rufo Festo Avieno, recopiló información sobre estos arcaicos *periplos* y los incluyó en un largo poema, la *Ora Marítima*, que describe solamente costas. Pero ni una palabra sobre territorios interiores, los que estaban más allá de las playas y acantilados. Aunque en la época de Avieno, ya se conocía bastante mejor todo el Mediterráneo, pues no en vano era el mar de la romanidad.

Es en el ámbito griego donde nace la geografía como ciencia aplicada, un arte que incluía la confección de imágenes o mapas a partir de los imaginativos relatos de los marinos, no siempre realistas. El geógrafo Hecateo de Mileto, a finales del siglo VI a. C., fue el primero que denominó Keltiké o Céltica a las regiones occidentales y noroccidentales del mundo mediterráneo más allá de la región de Massalia y Narbona, ciudades meridionales de la actual Francia y bañadas por el Mediterráneo. Las costas al sur de estos emporios ya eran conocidas en conjunto como Iberia, las tierras por donde transcurría el río Iber (Ebro). Unos años después el padre de la historia, Herodoto, aseguraba que el río Istro (Danubio) tenía sus fuentes en el territorio de los Celtas, que eran junto con los cinetes (o conios, un pueblo que habitaba el actual Algarve portugués), los habitantes más occidentales de Europa.

No obstante, en los siglos VI y V a. C., los griegos todavía no sabían nada del interior de la Península, a pesar de que desde sus emporios costeros ya habían contactado con algunos pueblos del interior con casi total seguridad, seguramente para comerciar. Pero no sólo de comercio vivía el hombre. Por desgracia, también de la guerra, que no dejaba (ni deja) de ser un lucrativo negocio para algunos. Es más que probable que mercenarios vettones sirvieran en los ejércitos de las potencias colonizadoras, sobre todo de Cartago, ya en los tiempos de Herodoto. Seguramente fenicios y púnicos conocían por entonces bastante más sobre los pueblos mesetarios que los griegos, pero eso es algo que posiblemente jamás conoceremos, habida cuenta de la ausencia de textos fenicios y púnicos, muchos de los cuales fueron destruidos por los romanos al final de la III Guerra Púnica. Es muy probable que algunos autores grecorromanos manejaran textos púnicos, adecuándolos a su propia mentalidad y a la de sus lectores.

Si bien no conocemos por las fuentes esa pretendida presencia vettona como mercenarios en los ejércitos mediterráneos, según Adolfo J. Domínguez, los datos que transmite la arqueología son inequívocos, pero también es muy probable que sirviesen en ejércitos autóctonos peninsulares, como los de las rudimentarias ciudades-estado ibéricas y turdetanas. Pero como no conocemos textos ibéricos o turdetanos que podamos traducir, tampoco sabemos nada de los vettones por esta vía.

Y volviendo a los griegos, el mismo Aristóteles seguía considerando en el siglo IV a. C. a la Céltica como la región más allá y por encima de Iberia. Éforo de Cime divide el mundo en cuatro partes, y en él, los celtas están ubicados en la zona noroccidental, a continuación de los tartesios. Como podemos comprobar, ningún griego tenía muy claro cómo era el interior peninsular ni en qué punto cardinal realmente se hallaba, hasta que acompañaron a las legiones romanas cuando estas se adentraron en el incierto interior de la meseta, después de la victoria sobre los cartagineses en la II Guerra Púnica. Y hablando de los cartagineses, los pérfidos púnicos eran los que mejor conocían la meseta, pues a partir de la presencia de Amílcar Barca desde el año 237 a. C., muchos mercenarios ibéricos del interior se habían integrado en los ejércitos púnicos, bajo la jugosa promesa de botín y esclavos. Amílcar el Rayo (pues eso significaba en púnico el sobrenombre Barca) y su familia, Aníbal entre ellos, estaban fuertemente imbuidos de cultura helénica y seguramente hablaban griego con fluidez, además de alguna que otra lengua ibérica[25]. Aníbal tuvo como preceptor al historiador griego Sosilo. En aquellos días, todos querían ser como Alejandro Magno, la figura del momento, y para ello necesitaban leer todas las obras que cayesen en sus manos y que contasen la maravillosa historia del conquistador macedonio; textos escritos en griego. Y como deseaban emular sobre todas las cosas al genial macedonio, lo querían hacer en todos sus aspectos, no solamente en el guerrero. Así, el hijo del Rayo se hizo acompañar en sus campañas por el maestro espartano Sosilo y el historiador siciliano Sileno de Caleacte, no siempre bien valorados. Vemos cómo Polibio pone verde a Sosilo, del que aseguraba que sus crónicas valían menos que los cuentos de los charlatanes. El mismo Polibio posiblemente se sirvió, sin citarle expresamente, del propio Sileno, para escribir sobre Aníbal y sus andanzas.

La primera vez que aparecen los vettones en las fuentes es en un texto del romano Cornelio Nepote, quien asegura que Amílcar falleció en combate contra los vettones. Aunque Diodoro Sículo cuenta que murió al caerse del caballo mientras huía tras ser derrotado por el rey de los oretanos. Y Diodoro tiene un caché como historiador muy superior al de Cornelio Nepote. También se refieren a este combate otros cronistas como Apiano, Frontino y Justino. Polibio también comenta algo al respecto y Tito Livio sitúa su muerte en un lugar que denomina Castrum Album. Aníbal y Asdrúbal, los hijos mayores de Amílcar, también las pasaron canutas en el mismo episodio, pero lograron salvar la vida en la emboscada en la que, según versión de Justino, el caudillo púnico cayó muerto. Los oretanos a los que se refiere esta noticia debían tener buenas relaciones con los vettones, pues aparecen como aliados durante la famosa expedición de Aníbal a Helmantiké. A inicios del siglo II a. C., ambos pueblos se enfrentan juntos al general romano Fulvio Nobilior.

Durante los años de la II Guerra Púnica no hay datos referidos a los vettones, aunque posiblemente estuviesen implicados en la guerra generalizada en el solar ibérico, como mercenarios de púnicos y/o romanos. El poeta altoimperial Silio Itálico menciona la presencia de tropas de caballería, a las que denomina *alas vettonas*, mandadas por

25 Aníbal se casó con Himilce, princesa oretana.

un tal Bálaro[26], e integradas en el ejército de Aníbal. Muchos autores consideran un trolero a Silio que era más poeta que otra cosa. Lo más lógico es pensar que jinetes vettones sirvieron en las filas romanas. De lo que no cabe duda es que el caballo jugó un papel primordial en las sociedades vettonas, como buenos mesetarios, habida cuenta de las citas en las fuentes clásicas. Y del hallazgo en ambientes vettones de representaciones equinas en bronce, cerámica pintada, en piedra, o de espuelas y bocados de caballo.

Después de la derrota cartaginesa, la primera noticia referida a los vettones corresponde a Tito Livio, el historiador áulico de Augusto, que relata cómo el pretor de la provincia Ulterior hispana, Marco Fulvio Nobilior sitia Toletum, ciudad carpetana, socorrida por sus vecinos vacceos, vettones y celtíberos, dirigidos por un rey llamado Hilerno, de quien no se conoce etnia. Estos hechos transcurren en el año 193 a. C. y en esta campaña la ciudad carpetana resiste como puede el asedio romano. Al año siguiente, Nobilior volvió a intentarlo, aunque en esta ocasión fue atacado por un «gran ejército vettón» que, ahora sí, es vencido por las legiones. ¿Qué hacían los vettones en territorio carpetano? Un misterio, desde luego, aunque pudieron ser llamados en su ayuda nuevamente por los carpetanos, muy debilitados tras el dominio cartaginés de la zona. Y no menos misterioso parece el hecho de que hacia el año 155 a. C., los vemos junto a los temibles lusitanos y a su caudillo Púnico (de sugerente nombre, que denota el probable origen de sus ancestros), que vencen una y otra vez a los romanos, antes incluso de la irrupción de Viriato, el otro gran jefe lusitano. Estas noticias las incluye Apiano en su obra *Iberia*. Según Adolfo J. Domínguez, en campañas sucesivas, los vettones, junto a Púnico, atacan a los blastofenicios[27], aliados de Roma. Hacia 153 a. C., los romanos firman pactos con los lusitanos y algunos pueblos vettones, vecinos de los lusitanos, según Apiano. Pero la paz no dura mucho en la zona, pues Viriato, vejado por los romanos

26 Este individuo sólo aparece en un párrafo de la obra de Silio, por lo que puede ser un personaje imaginario, que sirviese para apoyar la estructura poética.

27 También conocidos en las fuentes como libiofenicios. Apiano los denominaba blastofenicios y afirmaba que habían sido trasladados a esa región procedentes de Libia por Aníbal. Ptolomeo los llama bástulo-púnicos. Muy probablemente se tratarían de los descendientes de la población colonial fenicia instalada en el sur de la península ibérica.

nada menos que en su propia boda, se pone al frente de los lusitanos en campañas en las que se habla poco de los vettones. Según Apiano, el pretor Servilio Cepión arrasó el territorio vettón al dirigirse contra los galaicos, en una acción militar del año 139 a. C.

Tras la paliza asestada por Cepión a los vettones, la Vettonia (como la Carpetania) comenzó a formar parte de los cuarteles de invierno de los romanos en sus luchas contra los celtíberos, y quizás contra los lusitanos, al menos hasta la caída en el año 133 a. C. de Numancia.

Durante el siglo II a. C., los romanos conquistan con gran esfuerzo la Meseta, que ya es menos *terra incognita*. Polibio, buen conocedor del interior peninsular, dice que esas tierras no tienen todavía una denominación común, en contraposición con las costas peninsulares mediterráneas, conocidas desde tiempo inmemorial como Iberia. Para Polibio, la Céltica está situada al este de los Pirineos, y esto, aunque parezca extraño, es así porque Polibio sigue pensando que esta cadena montañosa tiene una orientación norte-sur. Si bien Polibio, como Estrabón y otros pensadores, continúan describiendo aspectos geográficos de la Península, como hicieron sus antecesores, los cronistas romanos describen otros aspectos de la conquista, carentes de las preocupaciones geográficas y etnográficas de los cronistas helenos. Cayo Sempronio Graco, Sempronio Aselio, Claudio Cuadrigario o Valerio Antias son cronistas militares, pero sus obras se han perdido. Sus impresiones fueron recogidas por autores griegos como Polibio o Estrabón, que las adornaron con sus típicas percepciones helénicas, referidas a geografía y al conocimiento del modo de vida de los pueblos que los romanos iban conquistando.

Consecuencia del conocimiento del interior según avanzaba la conquista romana, se va diluyendo la imprecisa Céltica de tiempos pasados y los pueblos del interior se van diferenciando a ojos de los invasores. Ya no son sólo celtas, sino que estos pueblos misteriosos se transforman en celtíberos, vacceos, carpetanos, vettones o lusitanos, cada cual con sus características culturales propias. Parece existir una etnonimia doble, que procede de los nombres que dan los griegos, por un lado, y los romanos por otro, al mismo pueblo: orosios/oretanos; carpesios/carpetanos; bástulos/bastetanos; túrdulos/turdetanos.

El llamado Bronce de Alcántara, que data de alrededor del año 104 a. C., sugiere algún tipo de conflicto entre Roma y una comunidad vettona, según Domínguez, aunque no parece claro del todo si el documento se refiere a vettones o lusitanos. El texto se refiere a la rendición (*deditio*, en latín) de esta misteriosa comunidad a los romanos.

Nuevamente son mencionados los vettones durante las guerras civiles que enfrentan a César y a los pompeyanos. La Vettonia aparece como una región controlada por un lugarteniente de Pompeyo, Petreyo. Hablamos del año 49 a. C. y el solar vettón era zona de paso para enlazar las tropas de Petreyo con las de Afranio, otro general pompeyano. Estas noticias son recogidas por Cayo Julio César, en sus *Comentarios a las guerras civiles*. Y por Lucano sabemos que los vettones fueron tropas auxiliares del ejército de Pompeyo.

Existen otras noticias de carácter geográfico. Estrabón sitúa el solar vettón en la zona comprendida entre los ríos Tajo y Guadiana, una referencia muy tibia, desde luego, pues también la zona descrita tan vagamente es hogar de carpetanos y oretanos. Después, Estrabón matiza esta primera referencia y asegura que el Tajo nace en territorio celtíbero y atraviesa el territorio de carpetanos, vettones y lusitanos en su discurrir hacia occidente. Y además nos cuenta que en el interior del territorio que da a la fachada atlántica de la península ibérica, habitan, de sur a norte, oretanos, carpetanos, vettones y vacceos, que el río Tajo es frontera sur de los lusitanos, y que al este limitan con carpetanos, vettones, vacceos y galaicos. Además, según el mismo Estrabón, los vettones limitan con la Celtiberia al este. El mismo Estrabón cuenta una anécdota harto significativa. Resulta que la primera vez que los vettones entraron en un campamento romano, se extrañaron al ver a los soldados paseando o jugando a los dados en sus ratos libres, cuando para ellos lo habitual era o estar sentados o echándose la siesta o combatiendo. Nada de medias tintas, desde luego.

Plinio también se refiere a los vettones, emplazándoles de forma relativa respecto a la posición de otros pueblos hispanos: bástulos en la costa, y al norte de estos, los mensetanos y los oretanos, y ya junto al Tajo, los carpetanos, y próximos a estos, vacceos, vettones y arévacos (que son celtíberos). Para Plinio, el río Duero es el límite entre vettones y astures, y ubica a los vettones también en el valle occidental del Tajo, antes de entrar en territorio lusitano. Otra alusión pliniana se refiere a la denominada *hierba vettónica*, una especie de panacea universal pues era utilizada como remedio para las mordeduras de serpientes, contra los dolores de pecho y costado, como bebida digestiva, contra las hemorragias nasales...

El geógrafo alejandrino Claudio Ptolomeo también referencia a los vettones en su obra *Geografía*, y dice que son el pueblo más oriental de la Lusitania. Además, nombra las ciudades que él considera vettonas en el siglo II d. C.: Lancia Oppidana, Cottaeobriga, Salmantica, Augustóbriga, Ocelum, Capara, Manliana, Laconinurgi, Deobriga, Obila y Lama. En la época de Ptolomeo, la provincia lusitana se habría dividido en dos circunscripciones, la Lusitania y la Vettonia, por lo que su información es importante para conocer el sistema administrativo altoimperial romano.

En realidad, podemos comprobar cómo en las fuentes clásicas se habla muy poco de los vettones, al contrario que de celtíberos y lusitanos, que dieron bastante más guerra al conquistador romano. Esa parquedad informativa se relaciona directamente con la escasa resistencia que, sobre el papel, opusieron los vettones al invasor romano. Es probable que autores como Polibio resumiese mucho o distorsionase la información que recogió de otras fuentes, algo que también parece sucederles a Estrabón y a Ptolomeo. Así que, para profundizar en el pasado vettón hay que seguir recurriendo a la arqueología, pero también a la epigrafía y a la numismática. Como ya hemos visto de forma muy resumida las fuentes clásicas escritas, vamos a describir someramente las fuentes epigráficas y numismáticas.

OTRAS FUENTES QUE NOS HABLAN DE ROMANIZACIÓN

Fuentes epigráficas

Según Roldán Hervás, las epigrafías nos retrotraen a la figura del procurador. Los *procuratores* tenían a su cargo «una serie de auxiliares, tanto militares para coaccionar a la recaudación del impuesto, como civiles para la labor de contabilidad en las oficinas» (Roldán

Hervás). A continuación, he aquí una ristra de epigrafías que se refieren directa o indirectamente a los vettones o a la Vettonia, cuando ya formaba parte como región administrativa de una entidad superior, la provincia Lusitana, y recogidas en el *corpus* hispano epigráfico. Vemos que se refieren al procurador provincial de la Lusitania y la Vettonia.

C.I.L. II 484. Mérida. Actualmente desaparecida. Posterior a Septimio Severo.
C. Titio C. f. Cl. Simili Agrip [p] inensi, proc. prov. / Lusitaniae et Vettoniae et curatori reipu/blicae Emerit., proc. prov. M [y] siae inferio/ris eiusdem provinciae ius gladii, prae/posito vexill. e r Asiam, Lyciam, / Pamphyliam et Phrygiam; [p] rimipilo leg. / III Aug. Piae Vindicis, principi peregrin. / centurioni, frumentar. centurioni le/gion. X

C.I.L. II 1178. Sevilla.
M. Galpurnio M. f. / Gal. Senecáe Fabio / Turpióni Sentinatiano / praef. classis Misenen /sis, praef. classis praétoriáe Ra/vennatis, proc. provinciae / Lusitaniae et Vettoniae, p. p. leg. / I Adiutricis. Ordo c. c. R. / M. Galpurnius Seneca honore / usus impensam remisit.

G.I.L. II 1267. Villalba del Alcor.
Iunoni reginae, M. Calpurnius / M. f. Gal. Seneca Fabius Turpio / Sentinatianus, primus pilus / legionis Primae Adiutricis, / procurator provinciae Lusitaniae / et Vettoniae, praefectus classis / pretoriae Ravennatis, ex /argenti libris centum, d. d. / Succonia C. filia Rustica uxor, / epulo dato utriusque sexus, dedicat.

G.I.L. VI 31856. Roma. Base de mármol encontrada en el Tiber, hoy en las termas de Diocleciano.
L. Iulio Veh[il]lo Grfato] / Iuliano, pra[ef] pr., praef. / *(con letras más pequeñas)* ann. á. rationib., praef. c[lassis] p]raet. Misenat., pr[aef.] / classis praet. Raven[nat. proc] Aug. et praep. vexi[lla]/tion. tempore belli [britannici pr]óc. Aug. provinc[iae] / Lusit[aniae] et Vett[oniae, proc.] a]ug. et praeposit. / vexillationis per próc. Aúg. / etc.

C.I.L. II 485. Mérida.
D. M. s. / P. Aelio Vitali / Aug. lib. tabul. / provinc. Lusitan/iae et Vettoniae. / Stephanus lib. / et heres patro/no fecit.

Las siguientes epigrafías atestiguan la presencia de un cuerpo de caballería compuesto casi con toda seguridad, exclusivamente por jinetes vettones. La excelencia y destreza de estos guerreros a caballo determinó la creación de un ala de caballería específicamente vettón, que operaba fuera de Hispania. En Britania y África, a juzgar por los lugares donde se han encontrado las inscripciones.

C.I.L. I l l p. 864 = p. 1972 = C.I.L. VII 1193. Londres. En el diploma militar, cara primera interior de un Traianus Reburro. Año 103.
… (ala) His/panorum Vettonum c. R

C.I.L. VII 52. Bath (Inglaterra).
(Caballero pisando bajo los pies del caballo a un enemigo acurrucado) L. Vitellius *(hederá)* Ma/ntai f. Tanc[i]nus / cives *(hederá)* Hisp. *(hederá)* Cauriensis, / eq. alae *(hederá)* Vettonum c. R. /Ann. *(hederá)* XXXXVI *(hederá)* stip. *(hederá)* XXVI / h. *(hederá)* s. *(hederá)* e. *(hederá)*.

G.I.L. VII 273. Bowes. Richmondshire (Inglaterra).
Dae *(sic)* Fortunae / Virius Lupus / leg. Aug. pr. pr., / balineum vi / ignis exus/tum, coh. I Thr/acum rest[i]/tuit curan/te Val. Fron/tone, praef. / eq. alae Vetto.

Eph. Epigr. 4 p. 198, n.° 670. Junto a Brecon - South Wales (Inglaterra)7.
Dis M[anib(us) C. Iuli] Gand[idi, Tanci]ni fil(ii), Caur(iensis), eq(uitis) al(ae) Hisp(anorum) Vett[onum c(ivium) R(omanorum)].

Eph. Epigr. 7 p. 311 n.° 979. Binchester (Inglaterra).
[Pro salu]te alae Vettonum] c(ivium) R(omanorum).

Eph Epigr. 7 p. 312 n.° 980. Binchester (Inglaterra).
…Vett(onum) c(ivium) R(omanorum)…

B.S.A.F. 1905 p. 178. R A 4.a s., t. 6 (1905) p. 478. Segermes (Africa). f equiti] Rom[ano?...], trib(uno) coh(ortis) XX [c(ivium) R(omanorum) volunta]rior(um), trib(uno) leg(ionis] XIII... praef(ecto) eq(uitum) alae Vetton(um), [praef(ecto)] eq(uitum) alae II. Flaviae miliar[iae], cur(atori) viae Pedanae, procuratori Augufs]tor(um) provine (iae) Pannoniae sup(erioris), proc(uratori) Augustor(um) reg(ionis) Hadrumentin(ae). D(ecreto) d(ecurionum) p(ecunia) p(ublica).

En las siguientes epigrafías, el nombre del pueblo vettón dio lugar a *cognomina* derivados de él, según Roldán Hervás. Primero en su forma original, Vetto, y excepcionalmente, escritos como Beto o Betto en una grafía tardía. Vetto se correspondía con Vettonia en las fuentes antiguas y Beto/Betto con Betonici en referencias a partir del siglo v.

Concil. Cabilonense a. 639-654 p. 213, 25 M.:
Betto episcopus ecclesiae Trecastininsis...Betto episcopus ecclesiae de Iuliobona... Betto abba ad vicem Latino episcopo ecclesiae Toronice.

Concil. Burdigalense a. 663-675 p. 216, 31:
Beto Caturcino urbis episcopus.

C.I.L. I 1490 = C.I.L. XII 4190. Murviel, junto a Montpellier.
Sex. Vetto C. Pedo aed. viam lacuna ex d. d. rene. coer.

C.I.L. II 201. Lisboa.
Afrae an. XXVI h. s. e. Vet[t]o maritus.

C.I.L. II 529. Mérida.
Alfius Veto hic s[i]t. in[f]r. XII, in agr. V i l i.

C.I.L. II 823. La Oliva.
L. Publicius L. f. Pap(iria) Thiamus Emerit. an. XXVII h. s. e., s. t. t. 1. Caecilius Vetto sodali cippum d. s. f.

C.I.L. II 829. La Oliva.
L. Domitius T. f. Gal(eria) Vetto Otobesani h. s. e., s. 1.1.1. Domitius Fortunat. patron, d. s. f.

C.I.L. II 1074. Villanueva del Rio.
L. Attius Quir(ina) Vetto flamen II vir m(unicipii) Flav. I Ganam(ensis).

C.I.L. II 1075. Villanueva del Rio.
[L. Attjius Vetto.

C.I.L. II 3844. Sagunto.
Sergiae M. f. Peregrinae M. Sergius Vetto amitae.

Eph. Epigr. 9 n.º 258 p. 96. Malpartida de la Serena.
Norbana Lucilia L. Norbani Vettonis f (ilia) an. XV h(ic) s(ita) e(st), s(it) t(ibi) t(erra) líevis). Semproni(u)s lib. et si d. s. f. e.

C.I.L. VI 3333. Roma.
Amandinio Severo fr. leg. I Minerviae Iulius Betto.

C.I.L. VII 1092. Rough Castle.
Victoria [e] coh(ors) VI Nerviorum e… e… Fl(avius) Betto (centuno) leg(ionis) XX V(aleriae) v(ictricis) v(otum) s(olvit) l(ibens) l(aetus) m (erito).

Fuentes numismáticas

Sobre fuentes numismáticas, monedas, en suma, poco le puedo contar al paciente lector. Lo más probable es que los vettones no acuñasen moneda, y los únicos ejemplares encontrados refiriéndose a la ceca de Tamusia (Villasviejas del Tamuja, Botija, Cáceres) parecen tener un carácter celtibérico, pues así lo define su escritura, metrología e iconografía. Leandre Villaronga, el gran experto en numismática prefiere pensar en Tamusia como una ceca celtíbera situada en algún lugar de la Celtiberia oriental. Fuese donde fuese que se ubicase el lugar, lo cierto es que esta ceca emitió dos series a comienzos del siglo I a. C. Según Blázquez (1995), sólo se han encontrado un ejemplar en Castra Caecilia y varios en Tamuja. En los anversos, la cabeza masculina con delfines y en los reversos, jinete con lanza. En cambio, la tercera emisión presenta en el reverso una gran embarcación a remo. Es el famoso As de bronce de Tamusia. Posiblemente la escena de este reverso sea la referencia a algún ignoto mito fundacional y que el personaje principal, el patrón de la barca, de mayor tamaño que los remeros, fuese un héroe fundador. Esta emisión incorpora en su parte superior la leyenda latina *TAMVSIENS*. El peso estimado es de unos 23 g y 31 mm de diámetro.

El territorio vettón

Los vettones habitaban las regiones del suroeste de la meseta norte y occidentales de la meseta sur y del este de Extremadura, a caballo del Sistema Central. Sus tierras incluyeron desde el límite septentrional en el río Duero hasta las sierras extremeñas de Guadalupe al sur. El río Tajo vertebra su territorio, como hace con la tierra de los carpetanos. El río Duero separaba a vettones de vacceos, astures y celtíberos arévacos. El río Côa, ya en Portugal, señalaría el límite occidental y la céntrica sierra de Guadarrama entre las actuales provincias de Madrid y Ávila, el confín oriental de la tierra de los vettones. Basándose en los textos clásicos, las epigrafías y los datos arqueológicos, Roldán Hervás propuso esta frontera occidental entre lusitanos y vettones fijada en el río Côa. Hay documentados verracos en territorio portugués, como en Castelo Mendo y Paredes da Beira, en la ribera occidental del citado río Côa. Pero es que también hay entidades gentilicias en genitivo del plural, típicas del mundo vettón, en Teixoso y Castelo Branco. En esta región habitaba el *populus* Lancienses Oppidani, cuya ciudad epónima era Lancia Oppidana, que Ptolomeo incorporó a las ciudades vettonas, y que Roldán Hervás, Ruiz Zapatero y Álvarez-Sanchís sitúan en la Serra da Estrela. Aunque estos no eran los únicos *lancienses,* como veremos.

Pero esta es la Vettonia de las fuentes clásicas, la que encontramos en los textos grecolatinos a partir del siglo II a. C., la que conocieron los romanos cuando comenzaron la conquista de la Meseta. Aunque los descubrimientos arqueológicos confirman en general y en gran parte lo que dicen los cronistas, no cabe duda de que el territorio vettón debió sufrir variaciones a lo largo de los años. Y esta circunstancia se acentúa en los siglos anteriores a la conquista romana, cuando no había conocimiento escrito de aquellas tierras y debemos fijarnos exclusivamente en los datos arqueológicos, en el lenguaje de las piedras y en su simbología, y a partir de ahí tratar de atar cabos. A este respecto, en opinión de Roldán Hervás, el territorio vettón, que en época imprecisa pareció extenso, se vio reducido por los belicosos vacceos y lusitanos, que terminaron por arrinconar a los vettones en la zona montañosa que se abre al norte de Extremadura, más allá de la penillanura cacereña.

En todo caso, para los autores clásicos, como Estrabón, sólo las corrientes de agua más caudalosas y los sistemas montañosos ejercían de verdaderas fronteras entre los pueblos de la vieja Hispania, elementos naturales difíciles de atravesar, que terminaban por separar comunidades de pueblos, pero que evolucionaban de forma dispar, con diversas y variadas influencias atenuadas o acentuadas según su cercanía al foco influyente.

El geógrafo Estrabón se hace un lío al hablar de límites geográficos, mezclando incluso vettones y lusitanos. Pues a veces habla de que el Tajo cruza entre los vettones, carpetanos y lusitanos (Str. 111,

La península ibérica según Estrabón.

3, 2); otras, que el límite meridional de la Lusitania coincide justamente en el Tajo (Str. 111, 3.3) y, otras, en cambio, incluye a Emerita Augusta dentro del territorio lusitano (Str. III, 4, 20), ampliando el territorio vettón hasta el Guadiana. Y es que la dualidad lusitano-vettona es difícil documentarla arqueológicamente en esta zona extremeña. Analizando las fuentes literarias podemos señalar que los vettones ocupaban la parte oriental de la provincia de Cáceres, y el resto lo habitaban los lusitanos. Incluso parece más fácil asignar la zona nordeste de Cáceres a las peculiaridades vettonas. Pues parece que no, ya que los que límites occidentales vettones van más allá, según María Joao Santos. En Sabugal Velho (Beira Interior, Portugal) se ha hallado la típica cerámica impresa de sabor mesetario, viviendas de planta rectangular y murallas muy similares a las vettonas.

Según Ana M. Martín Bravo, lo más probable es que los accidentes geográficos montañosos separasen estos territorios de dudosa adscripción étnica: la sierra de Gata-Hurdes por el occidente y sierras de Montánchez, Guadalupe y Altamira por el oriente. Pero más que en fronteras en el sentido actual, hay que pensar en zonas de contacto en las que se daban simultáneamente manifestaciones culturales lusitanas y vettonas. Aplicamos aquí la ley del *continuum*: cuanto más al este de la provincia de Cáceres, más *vettonizados* estarían los paisanos, y en cambio, cuanto más al oeste, más *lusitanizados* estarían los lugareños que habitaban esas feroces regiones. Parece claro que ambas culturas se influían mutuamente en estas zonas de *frontera*, o mejor, de marca, que implica un concepto zonal y amplio más adecuado para estas épocas y estos lugares habitados por los pueblos de la Edad del Hierro. Posiblemente los habitantes de una zona no tenían la conciencia colectiva de pertenecer a unos supuestos pueblos vettones o lusitanos, a pesar de lo que nos quieren transmitir las fuentes antiguas, que tienden a simplificar un asunto que ha ido adquiriendo complejidad según han avanzado los estudios arqueológicos. Lo que sí parece claro, al menos para algunos arqueólogos, es que la diferencia de tamaño entre los *oppida* de las provincias de Salamanca y Ávila y los pequeños castros de Cáceres, evidencian modelos diferentes de ocupación del territorio. Es probable que los diversos modelos sociopolíticos coincidan con las etnias diferentes que habitaban los territorios de los que nos hablan las fuentes clásicas.

La lista de ciudades vettonas del geógrafo alejandrino Ptolomeo (siglo II d. C.) y las mansiones que aparecen en los *Itinerarios de Antonino*[28] y el *Ravenate* o *Anónimo de Rávena*[29] permiten delimitar el solar vettón. Las poblaciones señaladas eran las siguientes: Ocelon (¿Ocelo Duri, Zamora?), Cottaeobriga (¿junto al río Côa?), Salmantica (Salamanca), Bletisa (¿Ledesma?), Miróbriga (¿Ciudad Rodrigo?), Lancia Oppidana (¿en las estribaciones occidentales de la Sierra de Gata?), Capara (Ventas de Cáparra), Turgalium (Trujillo), Cauria (Coria), Manliana (¿Santibañez el Bajo?), Lama (entre Baños de Montemayor y Plasencia), Augustóbriga (Talavera la Vieja), Laconimurgi (Navalvillar de Pela), Alea (¿Alia, cerca de Guadalupe?), Deobriga (¿Ulaca?) y Obila (¿Ávila?). La Vettonia, a su vez, estaría incluida en la provincia Lusitania. Ptolomeo la delimita al norte por el río Duero desde su desembocadura en el océano Atlántico hasta el contacto con la provincia Tarraconense; por el oeste, el océano limita la provincia occidental; por el sur, el río Guadiana desde su punto límite con la provincia Bética hasta su desembocadura; y por el este, por la recta que resulta de unir las coordenadas de los puntos limítrofes de los ríos Duero, Tajo y Guadiana con las provincias Tarraconense y Bética, según la transcripción que hace Gómez Fraile. Ptolomeo coincide con Plinio en la descripción de estos límites de la Lusitania, excepto en el este, que Plinio delimita con los montes Oretanos, Carpetanos y Astures. Estrabón y Orosio amplían, en cambio, la provincia lusitana hacia el norte hasta el mar Septentrional (Cantábrico), incluyendo a los pueblos galaicos en ella.

Esto es lo que nos dice Plinio en su *Naturalis Historia* (*NH*, 4,19) sobre el territorio vettón:

> Los primeros, en la costa, son los BASTULOS; detrás de ellos, en el orden en que se enumerarán, alejándose tierra adentro, están

---

28 Documento de la Roma antigua que se supone redactado en el siglo III en el que aparecen recopiladas las rutas del Imperio romano. De este itinerario sólo se conserva una copia procedente de la época de Diocleciano (a comienzos del siglo IV).

29 Se trata de la compilación realizada por un cosmógrafo cristiano hacia el año 670, manejando documentación de siglos anteriores (siglo III ó IV), con muchas corrupciones y variantes introducidas luego por los sucesivos copistas medievales, en el que se describen itinerarios romanos.

los MENTESANOS, los ORETANOS y. a orillas del Tago, los CARPETANOS; junto a ellos los VACCEOS, los VETONES y los CELTIBEROS AREVACOS.

Y esto lo que dice Estrabón al respecto (Str. m, 3,2):

> Los pueblos que se encuentran al interior de las regiones mencionadas [Bética y Lusitania] son los ORETANOS, que son los más meridionales [...], más allá hacia el Norte los CARPETANOS, a continuación, VETONES y VACCEOS [...] y en último lugar los GALAICOS.

Ptolomeo utiliza accidentes geográficos para separar las etnias definidas, pero que posiblemente no respondía a la realidad en algunos casos. El río Dorio (Duero) separa a los galaicos brácaros de vettones y lusitanos. Ptolomeo suele utilizar estos elementos geográficos para aislar unas etnias de otras, y no sólo eso, sino que distorsiona las coordenadas de ríos y montañas para ajustarlos a su conveniencia al territorio de una etnia determinada, según Gómez Fraile. Los estudios ptolemaicos no recrean tampoco un momento cronológico concreto.

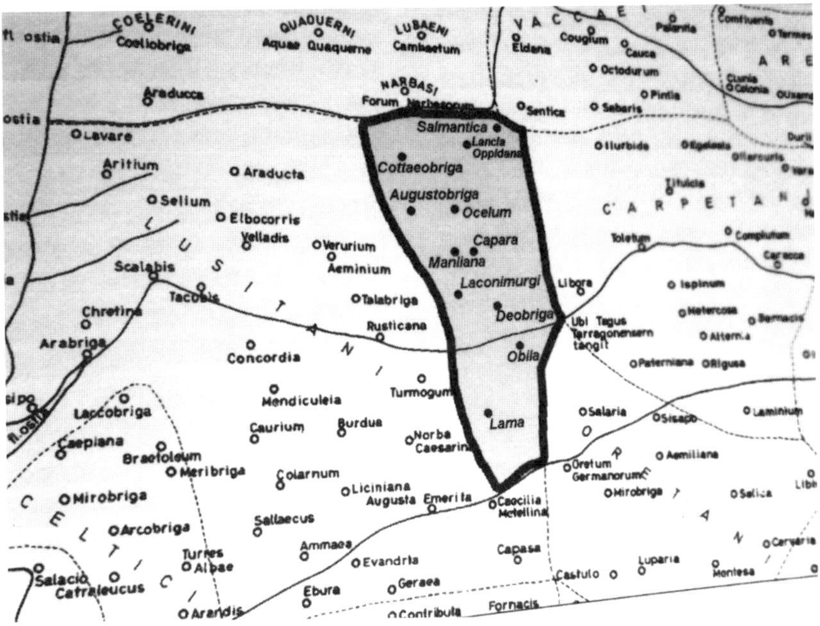

La Vettonia según Ptolomeo.

Los historiadores actuales distinguen incluso hasta tres *pueblos* vettones diferenciados: los vettones septentrionales, muy relacionados con los vacceos, y situados al norte del Sistema Central; los vettones meridionales, afines a lusitanos y conios; y los vettones de las actuales tierras abulenses.

Las poblaciones habitadas por los vettones septentrionales serían: Miróbriga (¿Ciudad Rodrigo?) y Urunia (Irueña, en Fuenteguinaldo), en el valle del Águeda y el Campo de Argañán, Sentice (¿Dueña de Abajo, Pedrosillo de los Aires, al sur de Salamanca?), Salmantica (aunque Livio la considera vaccea), y, quizás, La Armuña, y Bletissama (o Bletissa), probablemente cabeza del Campo de Ledesma. Además, existían más *populi,* como los Polibedenses (en Salamanca occidental,) los Lancienses Trascudani, (valle del Côa), los Lancienses Oppidani (quizás en las estribaciones occidentales de la sierra de Gata o en la sierra de la Estrella, ya en Portugal).

En la zona oriental del terruño asignado a los vettones de Ávila, con una fuerte personalidad propia, ocupaban el Valle del Amblés, con los *oppida* de Sanchorreja, Ulaca (¿Deobriga?) y Obila (¿Ávila?). Dentro de esta área caben también los *oppida* de la sierra de Ávila, fronterizos con los llamados vettones septentrionales y los vacceos del campo de Arévalo.

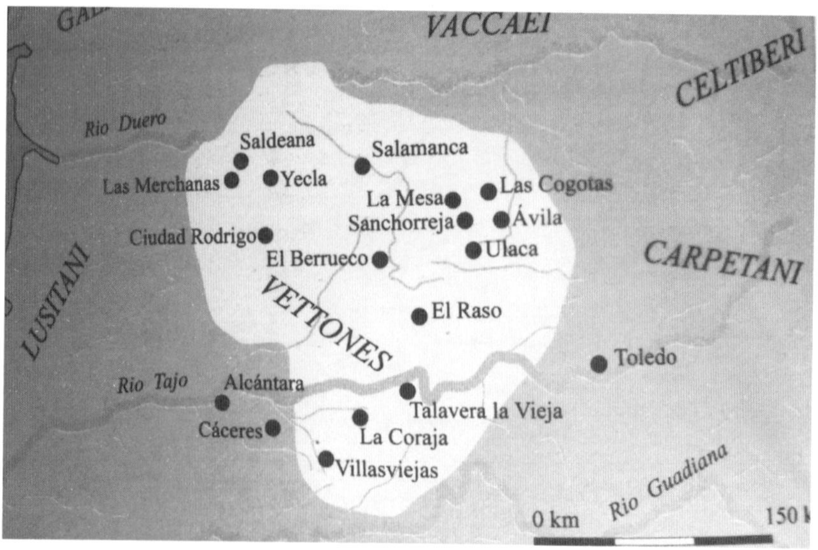

El territorio vettón según Álvarez-Sanchís.

Los vettones meridionales habitaron Capara, población que debió controlar el Alto Alagón y la penillanura al norte del Tajo, Cauria (Coria), que controlaría el Bajo Alagón y las Hurdes (comarca quizás lusitana y no vettona), Turgalium (Trujillo), que controlaba la penillanura cacereña, Lama (entre Baños de Montemayor y Plasencia), el Castro del Berrocalillo (que pudo controlar la Vía de la Plata a su paso por el valle del Jerte y el puerto hacia la comarca de la Vera); el *oppidum* de El Freíllo (Raso de Candeleda, sin nombre prerromano conocido, pero que podía controlar la Vera y el valle del Tiétar y los pastos del Sistema Central); Augustóbriga (Talavera la Vieja, que controlaría el Campo Arañuelo); Caesarobriga (Talavera de la Reina, vigilaba las vegas del Tajo); Alea (Alía, Guadalupe); Lacimurgi (Navalvillar de Pela, que controlaría Las Villuercas y el camino del Guadiana hacia los oretanos).

Hacia occidente no cabe duda que conectaron con los lusitanos en la zona centro occidental de la provincia de Cáceres.

Para Roldán, hay una correspondencia bastante fidedigna entre la actual frontera entre España y Portugal y la vieja diferenciación entre los pueblos lusitanos y vettones. O en su defecto dicha *frontera* o *marca* seguiría el río Côa hacia el sur hasta el Sistema Central. Al suroeste, Ptolomeo cita la ciudad de Capera o Capara (identificada con Ventas de Cáparra, Oliva de Plasencia) como vettona. Hacia el sur, esta línea supuestamente fronteriza, llega hasta Trujillo (Turgalium), según este mismo autor. Al oeste de Trujillo se encuentra Norba (Cáceres), ciudad que Ptolomeo atribuía a los lusitanos. Para Salinas la demarcación entre ambos pueblos pudo estar en la misma Norba, una colonia que este autor cree que pudo haber sido fundada para controlar a ambos pueblos, lusitanos y vettones. Para Juan Carlos Olivares, la presencia epigráfica de una lista de dioses, que considera exclusivamente lusitanos, señalaría las diferencias étnicas entre lusitanos y vettones, muy difíciles de obtener en más ocasiones de las que quisiéramos. Para este autor los dioses Bandua, Reue, la pareja Arentius-Arentia, Quangeius, Trebaruna y Nabia son lusitanos y donde aparecen referencias a ellos, es territorio lusitano, algo difícil de aceptar al 100%, ya que han sido encontradas referencias epigráficas a algunos de ellos en ambientes vettones, como se especifica en el capítulo correspondiente a los dioses vettones. En cambio, Olivares considera a la diosa Ilurbeda[30] de origen específicamente vettón, a pesar de haber sido encontrada también en estaciones consideradas lusitanas, como Covas dos Ladrões (Góis, Coimbra), aunque el principal hallazgo al respecto está en Segoyuela de Cornejos (Salamanca). Para Olivares, el centro del culto a Ilurbeda pudo estar en los alrededores de la Peña de Francia, y los vestigios epigráficos aparecidos en Góis podrían pertenecer a emigrantes vettones en la Lusitania. Otro elemento de diferenciación en la zona es la aparición de un epígrafe dedicado a la diosa Toga en el área lusitana, muy cerca de la teórica frontera lusitano-vettona, y considerada una divinidad vettona teniendo en cuenta las inscripciones halladas en la sierra de Gata y en Salamanca, y la dedicación a Togoti en Talavera de la Reina.

Los verracos, las famosas esculturas zoomorfas, han servido también para delimitar el territorio vettón y separarlo, por poner un ejemplo, de los carpetanos, aposentados al este de nuestros protagonistas. Este hecho se hace más patente porque en época romana en estos límites prácticos entre poblaciones étnicas diferentes, también se encontraban los límites entre las provincias Tarraconense y Lusitania. La Lusitania albergaba así dentro de su administración el viejo solar vettón y la Tarraconense, la tierra de los carpetanos.

Por el noroeste, los vettones pudieron ocupar regiones portuguesas de tras-os-Montes. Por el sureste, debieron alcanzar el río Guadiana, donde serían vecinos de los oretanos, habitando las tierras más occidentales de la provincia de Toledo, desde la sierra de San Vicente. Por este lado serían vecinos de los carpetanos. Pilar González-Conde diferencia claramente vettones y carpetanos. Considera vettonas aquellas regiones donde se han encontrado verracos e inscripciones epigráficas en latín donde se hace referencia a dioses indígenas, circunstancias que entre los carpetanos no se producen, ya que referencias al respecto no existen en las fuentes clásicas. Además, en la epigrafía se hace referencia a diferentes onomásticas que permiten sugerir diferentes particularidades culturales entre unos y otros. El problema es establecer en la región accidentes geográficos de relevancia que separen ambas culturas, porque no los hay, si exceptuamos que la sierra de Guadarrama separa por el norte

30 El prefijo Il- podría tener connotaciones ibéricas.

de Madrid los valles carpetanos de los ríos Henares y Guadarrama de los vettones abulenses.

En fin, el extremo occidental de la Carpetania se situaría entre las ciudades de Toledo y Talavera de la Reina, con algún problemilla de adscripción étnica de esta última ciudad, identificada con la Caesarobriga romana. Según Plinio, Caesarobriga se incluyó en la provincia lusitana romana. Ptolomeo cita a los vettones como el pueblo más oriental de la provincia romana de Lusitania, por lo que parece que es en Caesarobriga o en sus inmediaciones donde se situarían los límites entre las antiguas Carpetania y Vettonia, dos conceptos territoriales que no tenían por qué coincidir exactamente en la época de la conquista romana de la Meseta con las divisiones administrativas posteriores, hechas a la medida de los burócratas romanos, quienes en numerosas ocasiones dividían los territorios no por motivos étnicos, sino económicos y políticos, de forma que su explotación pudiese ser más eficaz. De hecho, el hallazgo de esculturas de toros en los alrededores de Talavera de la Reina parece confirmar su pertenencia a la cultura vettona. González-Conde establece una línea en el occidente de la provincia toledana donde se han hallado verracos. De sur a norte, los hallazgos de Torrecilla de la Jara, Alcaudete de la Jara, Las Herencias, Talavera de la Reina, Castillo de Bayuela, enlazando con la población abulense de El Tiemblo. Según esta autora, al occidente de esta línea, los vettones, y al oriente, los carpetanos.

En cuanto a otro elemento clave para diferenciar los territorios carpetanos de los vettones en la provincia de Toledo, podemos encontrar en las inscripciones epigráficas de Talavera de la Reina referencias fidedignas a divinidades indígenas, como la dedicación de un tal L. Vibius Priscus a Togotus, o las dedicaciones a Aricona *y* Ataecina, cosas que no se ven ni por asomo en tierras carpetanas. Según González-Conde este hecho sería debido a que los carpetanos asimilaron la nueva religión romana sin problemas, quizás por haber sido romanizados de forma más temprana y seguramente sin la violencia con que se produjo en otros lugares, como precisamente en la Lusitania y la Vettonia. Los nombres indígenas se repiten con frecuencia en la epigrafía asignada a ambos pueblos.

En resumen, las evidencias arqueológicas han permitido delimitar un territorio con entidad propia entre las cuencas del Tormes/Duero y el Tajo: el solar vettón en la II Edad del Hierro.

NI LUSITANOS NI VETTONES

Al hilo del asunto de los que algunos autores como Álvarez-Sanchís denominan «vettones meridionales» con todas sus consecuencias a los habitantes de los castros de la Alta Extremadura en la cuenca del Tajo, existen puntualizaciones que enriquecen profusamente tan escabroso asunto. Ana María Martín Bravo en cambio considera que en esta región habitaron pueblos cuyos restos arqueológicos son radicalmente diferentes de los vestigios estrictamente vettones. A mi juicio esta zona bisagra sería el solar donde vivían comunidades que formarían un *continuum*, una gradación cultural de norte a sur con los lusitanos, de forma que cuanto más al norte, más características vettonas y cuanto más al sur, mayor lusitanismo. En todo caso, Martín Bravo los califica de pueblos bisagra entre lusitanos y vettones y no los encuadra en ninguna de estos dos grandes grupos. Este rol de pueblos bisagra estaría fomentado por las características geográficas que delimitan la penillanura cacereña: al norte las estribaciones de la sierra de Gredos, al este las Villuercas y al sur la sierra de San Pedro, que sin ser ninguna infranqueable, sí que obstaculizan las comunicaciones. Y más en aquellos tiempos crueles.

Ya durante el Bronce Final y la primera fase de la Edad del Hierro, en esta zona cacereña, el registro arqueológico encontrado es absolutamente diferente del de Cogotas I, que corresponde a las gentes que derivaron posteriormente en los vettones históricos.

En estos tiempos, los pueblos de la Alta Extremadura posiblemente recibieron influjos culturales desde el centro de Portugal y el sur peninsular. Los bronces hallados en la zona recuerdan incluso los de la ría de Huelva, pero según avanza el primer milenio a. C., esas influencias del Bronce Atlántico se irán retirando en beneficio de la cultura tartésica, mucho más potente y novedosa, en detrimento del viejo y caduco Bronce Atlántico. Ya en una época tan temprana, la región va adquiriendo un rol de zona de paso entre la región del Guadiana, orientalizante, y las bizarras tierras del norte de la sierra de Gredos.

Durante la II Edad del Hierro aparecen entonces los murallones que caracterizan la segunda etapa del Hierro, un fenómeno que se relaciona con asentamientos cada vez más estables, según Martín Bravo. Los castros se convierten así en elementos dominadores de un territorio. Ya no son sólo fisgones vigilantes de la región como en períodos anteriores, lo que nos lleva a pensar en procesos de diferenciación jerárquica con otros colectivos humanos cercanos. El castro, el poblado más poderoso de la zona, simbolizado por la erección de sus potentes murallas, domina así a sus vecinos menos afortunados y débiles.

La forma, el tamaño y la dispersión de estos humildes castros extremeños, son harto diferentes de los grandes *oppida* del norte de Gredos. Suponen un hábitat diferente. En torno a la red hidrográfica del río Tajo existen pequeños poblados de exigua superficie, de entre 1-2 ha, que forman una tupida malla en un espacio determinado, quedando en cambio grandes espacios de penillanura completamente exentos de población, verdaderos desiertos humanos. Otro rasgo que diferencia los pequeños castros extremeños de los situados al norte de Gredos es la ausencia de campos de piedras hincadas en los primeros.

Tampoco se observan cerámicas a peine, uno de los estandartes de la cultura vettona. Además, los verracos son bastante raros en esta área. Para Martín Bravo, la ausencia de cerámicas a peine y la escasez de verracos en la cuenca del Tajo, son motivos suficientes para no considerar la zona parte integrante y contratante del solar vettón. No serían pues vettones meridionales, sino otra cosa: pueblos bisagra entre culturas de rasgos muy acusados, como la lusitana y vettona. Pues eso, ni lusitanos ni vettones.

Hacia el siglo III a. C., ha desaparecido de la zona cacereña cualquier vestigio de cultura ibérica, que en cierto modo ha sido sustituida por elementos culturales de raigambre celtibérica, como las fíbulas de caballito, los puñales biglobulares, la espada de La Tène de Villasviejas del Tamuja o los vasos de plata con inscripciones celtibéricas en la portuguesa Castelo Branco. Según Burillo Mozota, debió existir un aporte humano celtibérico directo en Extremadura, grupos celtibéricos desplazados hasta aquí, seguramente en busca de recursos mineros, que explotarían *in situ*. Según algunos autores, Villasviejas del Tamuja parece ser el centro emisor de las monedas de la ceca de Tamusia, que aumentan con la presencia de tropas romanas en la zona. Para otros sería una ceca ignota en la Celtiberia oriental. Sea como sea, las piezas monetales más antiguas halladas están relacionadas con la leva de tropas durante la II Guerra Púnica, y tras un período de retroceso, el número de monedas vuelve a incrementarse durante los años 120-100 a. C., fechas en las que se produjo la conquista efectiva del territorio por los romanos y en los años 70 del siglo I a. C., que coincide con otro período bélico de gran intensidad, como son las guerras sertorianas.

Para los cronistas grecorromanos, los habitantes de esta zona bisagra no eran ni lusitanos ni vettones, eran *populi* de los que Estrabón afirmaba que «no eran dignos de mención por su pequeñez y poca importancia» (Str. III, 3, 3).

El urbanismo vettón

EN EL PRINCIPIO FUERON LOS CASTROS...

Los castros eran emplazamientos en altura, generalmente de superficie reducida, difícilmente accesibles, con defensas naturales y artificiales donde las naturales no eran suficientemente disuasorias. Generalmente se ubicaba en un terreno granítico muy visible en los alrededores y su tosco urbanismo se adaptaba a la topografía del terreno. Generalmente existían grandes espacios sin urbanizar en su interior. Según Álvarez-Sanchís hay cuatro tipos de castros vettones: los que se ubicaron sobre espigones fluviales, sobre cerros o acrópolis, en meandro y en ladera.

Organización interna de los castros

Dentro de los poblados hay cierta organización que responde a necesidades jerárquicas y condicionada también en ocasiones por la propia topografía del terreno que ocupa el emplazamiento. En función de los ajuares domésticos encontrados en cada zona del castro, podemos deducir que un barrio era habitado por las élites, otro por artesanos, y en fin existían unos barrios *más pobres*, ocupados por el resto de la población, la mayoría de los habitantes del castro. Dentro del recinto amurallado se ha atestiguado, desde los tiempos de Juan Cabré, incluso la existencia de cercados para ganado. Sí que es cierto que los castros no tenían ningún tipo de urbanismo organizado, pues las viviendas se solían construir sin orden ni concierto, sin rastro de calles o manzanas de casas. Existían barrios residenciales dentro del recinto amurallado y viviendas extramuros, ocupadas en muchos casos por artesanos, por los más desfavorecidos, o por los que se dedicaban a tareas agrícolas. Dentro del recinto defensivo habitaban casi siempre las altas y medias jerarquías. Puede que la existencia de murallas no indique siempre la presencia de inestabilidad política, sino tan sólo una cierta diferenciación política y social, un signo de prestigio del emplazamiento fortificado, un núcleo central dirigente de una zona determinada. Aunque bien es cierto que, en momentos de apuro, los habitantes del extrarradio y de las aldeas de alrededor se refugiaban en el interior del poblado amurallado. Puede ser que la presencia de núcleos amurallados rodeados de enclaves de menor tamaño implicase la existencia de ciertas relaciones de clientelismo de estos últimos respecto al *patrono* residente en la fortaleza. Todo apunta a relaciones de dependencia, pero no se conoce bien.

Fortificaciones y defensas artificiales

Ya hemos visto cómo los castros solían asentarse en lugares bien defendidos simplemente en función de la topografía del terreno. En los lugares más accesibles, había que completar las defensas con una variedad de fortificaciones artificiales, como murallas, torres, fosos y piedras hincadas.

La muralla se construía sobre el suelo, sin cimientos, a lo bruto, con piedras de mampostería sin ningún tipo de cimentación, generalmente en dos filas paralelas, con un espacio intermedio que se rellenaba de piedras y grava. Posteriormente las murallas mejorarían considerablemente sus estructuras y aspecto. Se remataba con una empalizada de madera o postes entrelazados de palos y ramajes a modo de adarve. Quizás las noticias sobre incendios en las murallas de algunos poblados se refieren a problemas en defensas de este tipo. Pero también es posible que algunas murallas estuviesen coronadas por bloques de adobe y barro, más consistentes que las defensas vegetales, pero también más costosas de construir. El perímetro de la muralla se adapta al relieve topográfico y en ocasiones se refuerza con bastiones, sobre todo en los accesos principales. No se tenía por costumbre nivelar el terreno para levantar defensas. Era demasiado costoso y, la tecnología, modesta.

Las puertas de los recintos suelen ser en general de dos tipos:

- Puertas en embudo: abertura que ofrecen los dos lienzos de la muralla al incurvarse hacia el interior, formando un callejón en forma de embudo.
- Puerta en esviaje: los dos lienzos adoptaban en la entrada una posición paralela dejando un espacio libre entre ambos para pasar.

Estas defensas artificiales, reflejo de aquellos tiempos de tecnología precaria pero eficaz, son complementadas por fosos que circundan la muralla en su parte exterior. Debido a los emplazamientos generalmente ubicados en zonas elevadas, son mucho más habituales los campos de piedras hincadas, dispuestos en zonas vulnerables y accesibles de los poblados, y seguramente más fáciles de construir que cavar fosos. Algunos investigadores opinan que los campos de piedras servían para dificultar las cargas de caballería, pero otros, como Álvarez-Sanchís y Gonzalo Ruiz Zapatero, creen que dificultaban también, y mucho, el ataque de la infantería. En aquellos tiempos lejanos, cuando no había ni cartagineses ni romanos en el horizonte, la única forma de tomar un poblado fortificado era apoyar escalas de madera o troncos en la muralla y subir como buenamente se pudiese. Para ejecutar esta peliaguda maniobra había que lanzar guerreros a pie en tromba y esos campos de piedras dificultaban su ataque. Por no hablar de que esa acción se ejecutaba a las bravas bajo una lluvia de flechas y pedruscos procedentes del poblado. Y es que la guerra siempre ha sido un *deporte* muy peligroso. Cuando aparecieron las máquinas de asedio, supongo que las piedras hincadas, por muy agudas y puntiagudas que fuesen, no debían oponer mucha dificultad a los ejércitos que poseían tan avanzada tecnología.

Vamos a profundizar un poco más en este espinoso tema de las fortificaciones y para ello nos acercaremos al mundo de la poliorcética[31] castreña. Durante los siglos IV-III a. C., las técnicas defensivas indígenas del occidente peninsular se apoyaban en tradiciones constructivas locales a las que se van añadiendo en ocasiones elementos

31 Según la RAE, es el arte de atacar y defender las plazas fuertes.

mediterráneos más sofisticados. A los elementos esenciales de la poliorcética indígena occidental se suma el uso de torres y bastiones macizos. Esta poliorcética mediterránea, más desarrollada que la indígena, simple y de escasa calidad, se concreta en la presencia en las murallas de *cajones* y *casamatas*[32]. Estos elementos defensivos se vinculan con la influencia cartaginesa en el interior peninsular, que carecían de asentamientos estables en estas inhóspitas regiones. Se debían contentar con ejecutar de vez en cuando expediciones de prestigio y/o de castigo, como la de Aníbal del año 220 a. C.

Durante la primera mitad del siglo II a. C., tras la derrota cartaginesa en la II Guerra Púnica, los romanos aparecen sigilosamente en la meseta occidental, aunque no hay restos de presencia romana estable ni en las tierras de los beturios, ni de los lusitanos, ni de los vettones. Posiblemente en esos primeros momentos, los romanos no tenían la intención de dominar nuevas tierras, sino consolidar el dominio sobre las ya conquistadas, como el sur y el levante peninsulares. Pero había que dejar sentado ante los pueblos bárbaros del interior que ahí estaban y que mucho ojito, que los siguientes eran ellos. Pero el contacto con la nueva potencia dominante romana sí que se deja notar en los sistemas defensivos de las poblaciones locales. Un síntoma que coincide con el alarmante incremento de actividad militar en la zona, y frente a la necesidad imperiosa de ofrecer la mayor resistencia posible a la potente artillería legionaria, de una capacidad de destrucción inesperada e impensable hasta el momento. Las ballestas romanas barrían sin mayor problema las endebles defensas de los poblados, que tuvieron que atarse los machos y proporcionar una eficacia adicional a sus defensas, ya fuese controlando con más vigor y efectividad los accesos a los enclaves, impidiendo aproximaciones del enemigo, aplicando planimetrías de origen helenístico... o utilizando aparejos ciclópeos, usados en ciudades levantinas y meridionales de la Península. Como el «sistema defensivo ampuritano», una especie de plataforma maciza conformada como una fortaleza y que se puso en marcha en la colonia griega de Ampurias ya en el siglo IV a. C. A juicio de Luis Berrocal-Rangel, el cambio en el

32 En terminología militar, es cualquier construcción sólida que alberga tropas y armas defensivas. En la época que estamos estudiando, puede estar hecho en piedra, ladrillo o tierra.

tipo de fortificación consistía básicamente en utilizar el espacio ocupado por los antiguos fosos como camino de ronda exterior, protegidos por un muro exterior que se cierra sobre la puerta principal gracias a la prolongación de esta última hasta la muralla externa a través del alargamiento de los bastiones que la flanquean. Estos bastiones comienzan a construirse macizos, al contrario que en la etapa anterior.

Esta novedosa poliorcética de origen mediterráneo ha sido documentada en asentamientos vettones cacereños como Villasviejas del Tamuja o El Berrocalillo (Plasencia) por Martín Bravo. En cualquier caso, existen varios ejemplos de poliorcética castreña de origen helenístico entre los ríos Tajo y Guadiana. Y no sólo en el área delimitada por ambos, sino incluso en las estribaciones de la sierra de Gredos. Por ejemplo, en la fase III de El Freíllo (Raso de Candeleda), un tipo de estructuras defensivas evolucionadas que Berrocal-Rangel denomina «fortalezas de entrada». Otro ejemplo de este tipo defensivo es La Mesa de Miranda, al norte de Gredos. Es la estructura que Juan Cabré denominó «cuerpo de guardia». Las «fortalezas de entrada» son construcciones que se diferencian de la muralla, emplazadas junto al acceso principal del castro, que la mayoría de investigadores interpreta como un lugar para albergar tropas y almacenar armas.

Hasta aquí hemos tratado de construcciones defensivas indígenas mejoradas o matizadas con elementos ajenos. Desde el año 49 a. C. comienzan a proliferar en territorio vettón verdaderos asentamientos romanos, ciudades *ex novo*, de planimetría regular y planificada concretamente en el característico urbanismo regular de tipo romano, cuya aparición supone un punto de inflexión y ruptura con el tradicional urbanismo castreño indígena. Los castros en altura van siendo abandonados progresivamente para trasladar a la población al llano, por decisión directa de Cayo Julio César. Las técnicas edilicias romanas van progresivamente sustituyendo a las indígenas: plantas regulares, alzados con sillarejos en lugar de la vieja mampostería irregular, *opus caementicum*[33], hábitats domésticos

33 El *opus caementicium* u hormigón romano, (del latín = *caementum*: escombros, piedra en bruto) es un tipo de obra hecha de mortero y de piedras de todo tipo y tiene la apariencia del hormigón.

más adaptados a la comodidad de sus moradores y menos a la topografía del terreno, casas con patio interior en lugar de las casas de planta rectangular tricompartimentadas (típicas de las sociedades mesetarias), calles y manzanas regulares... En resumen, un nuevo urbanismo más evolucionado se superpone a la tradición indígena. Renovarse o morir.

...Y DESPUÉS LOS *OPPIDA*[34]

El mundo que se constituye en la II Edad del Hierro es la base demográfica donde surgen los *oppida*, poblaciones que podemos calificar de urbanas, ciudades en cierto modo que pudiesen albergar cientos e incluso, excepcionalmente, miles de personas. Estas aglomeraciones urbanas son el primer intento serio de ordenación sociopolítica del territorio vettón y supera la anterior organización en poblados autárquicos. Posiblemente las ciudades vettonas son el resultado de la evolución de algunas granjas y pequeñas aldeas, a cuyos habitantes, una vez superada la fase de subsistencia pura y dura, les dio por salir fuera de sus límites primigenios y controlar los territorios adyacentes.

Para Jesús Álvarez-Sanchís, los poblados de antes de mediados del I milenio a. C. poseían las siguientes características: superficies pequeñas habitados por un número de personas que oscilaba entre algunas decenas y unos pocos centenares; dentro del recinto amurallado, el caserío se organizaba junto a la muralla (que utilizaban como pared de la vivienda) o formando pequeñas manzanas de casas separadas entre sí por muros medianeros; algunos de estos primitivos emplazamientos estaban fortificados de manera precaria con empalizadas de madera, aunque otras defensas eran más poderosas, constituidas con piedras, fosos y estacas hincadas en el suelo. Entre los años finales del siglo VI a. C. y el siglo IV a. C., época en la que algunos asentamientos importantes del período anterior fueron abandonados, surgieron paulatinamente nuevas aldeas fortificadas.

34 *Oppida* es el término latino utilizado por Julio César para referirse a las ciudades galas en sus *Comentarios de la Guerra de las Galias*.

Estas aldehuelas inundaron gran parte de la Meseta y comenzaron a contar con cementerios de incineración y donde se han hallado ajuares de respetable tamaño, entre los que encontramos un buen puñado de armas. Este nuevo sistema de poblamiento alcanzará hasta la época de la conquista romana. Pero no se conoce por qué se modificó el tipo de urbanismo. ¿Cambios meteorológicos? ¿Catástrofes naturales? ¿Cambio de costumbres? Pues no lo sabemos.

En el centro de la provincia abulense destacan el valle de Amblés, con un buen número de castros fortificados (Las Cogotas, Mesa de Miranda, Ulaca y Sanchorreja) y las llanuras del río Adaja, provistas de diminutos asentamientos sin murallas. De la misma época son los castros del sur de la sierra de Gredos, próximos al río Tiétar: Escarabajosa (Santa María del Tiétar), Castillejo de Chillida (Candeleda) o Berrocal (Arenas de San Pedro). En el valle del Tajo están: El Carpio (Belvís de la Jara), Talavera la Vieja, Arroyo Manzanas (Las Herencias), Calera de Fuentidueña (Azután) y Cerro de la Mesa (Alcolea del Tajo). En el oeste de la provincia de Cáceres los asentamientos existentes se localizan en torno a los ríos: Castillejo de la Orden y La Muralla (Alcántara), El Zamarril (Portaje) y Sansueña (Cáceres). En el valle del río Tormes encontramos los restos de los poblados de San Vicente (Salamanca), Ledesma o Las Paredejas, al pie del Berrueco (Medinilla). Los grandes *oppida* salmantinos, los más conocidos, como Yecla la Vieja o Las Merchanas, aparecerían más tarde, en plena Edad del Hierro.

El amplio número de poblados conocidos demuestra indudablemente un importante crecimiento demográfico. Ese incremento en el número de habitantes en la zona se traduce en la diversificación de sus actividades económicas. Se fabrican más instrumentos de hierro y se roturan nuevas tierras para tratar de producir más alimentos, lo que favorece la expansión de una comunidad que, con el tiempo, obedece a alguna forma de autoridad, según Álvarez-Sanchís. A partir del siglo IV a. C., según ha demostrado la arqueología, estos sitios de ocupación humana se van haciendo más complejos y aparecen estructuras visibles a simple vista: murallas, fosos, necrópolis, parcelas... En suma, los límites de un territorio fuertemente antropizado.

No todos los grandes *oppida* más conocidos se fundaron en la época de las guerras púnicas y de la posterior acometida romana a consecuencia de la debacle cartaginesa[35]. De nuevo la arqueología ha demostrado que ya en los siglos IV y III a. C. existían importantes asentamientos, de los cuales no queda nada visible en la actualidad. Por poner un ejemplo, el *oppidum* de La Mesa de Miranda poseía tres recintos, dos de los cuales fueron construidos durante los siglos IV y III a. C. En cambio, el tercer recinto, construido con técnicas muy diferentes, parece relacionarse con el período de la conquista romana del siglo II a. C. En Las Cogotas ocurre otro tanto: un primer momento de ocupación que se remonta a los siglos IV y III a. C., y una segunda etapa de amurallamiento que corresponde al siglo II a. C., que delimita un recinto de estructuras urbanas relacionadas con actividades artesanales especializadas. Estos y otros ejemplos similares nos proporcionan evidencias de que las actividades manufactureras y productivas agrícolas habían alcanzado altas cotas, nunca conocidas hasta ese momento, poco antes de la conquista romana. Este incremento productivo es para Álvarez-Sanchís, consecuencia de la existencia de un comercio interregional que ya en los susodichos siglos IV y III a. C. tenía lugar entre estas comunidades vettonas y otros colectivos mesetarios, pero también con los avanzados pueblos de Andalucía y Levante. Aumentan los excedentes agropecuarios (la manduca sobrante se puede intercambiar por otros productos o guardarlos para los años de hambruna y/o sequía) y los productos manufacturados, lo que permitió a estos pueblos acceder a las grandes redes de comercio peninsulares, una situación que cristalizaría en la consolidación de una clase artesanal especializada y que habitaría dentro de los grandes centros distribuidores. Una clase artesanal que tendría la ocasión de vender sus productos a las élites capaces de adquirirlas, porque generalmente la gente en aquella época no compraba ni ropa ni recipientes cerámicos, sino que solía ser autosuficiente y se fomentaba el autoconsumo sostenible. Estas élites querían diferenciarse de la morralla del poblado, por lo

35 En mi humilde opinión, en la debacle cartaginesa ante la potencia romana tuvo bastante que ver el uso abusivo del mercenariado, mientras que el ejército romano era una fuerza de ciudadanos. En la contratación de mercenarios el dinero de la urbe norteafricana se escabullía con excepcional rapidez en el bolsillo de los guerreros a sueldo y había que acabar con rebeliones (algunas excepcionalmente crueles) cuando estos exigían un aumento. Amílcar Barca lo supo muy bien.

que pedían cachivaches especiales a los artesanos, cuya fabricación revertía en la mejora de su modo de vida. Determinados artesanos pasaban a poseer cierto estatus en el poblado, por encima del campesino. Los armeros debieron alcanzar un nivel más que aceptable para lo que se estilaba por aquellos remotos días. Imagino que los alfareros no tanto, porque los gerifaltes solían gustar para sus objetos de lujo de vajillas de importación, esos *kylix* áticos tan monos.

Así, en el sector abulense, los *oppida* estarían en la cúspide del sistema sociopolítico, bastante jerarquizado. De estos centros principales dependían las aldeas, granjas y alquerías, cuyos habitantes suministraban vituallas a los del castro. Este tipo de población diseminada y rural sería mayoritaria en el engranaje vettón de la época, y se encontrarían *a disposición* de los pobladores de los *oppida*. En justa correspondencia, los habitantes del campo se refugiaban en los *oppida* cuando las cosas venían mal dadas. Es probable que los *oppida* tuviesen tantos espacios abiertos en su interior para dar cabida a hombres y animales cuando había alguna emergencia. En cambio, las pequeñas aldeas y granjas aisladas tenían una función agrícola exclusiva, pues se ubican en el fondo de los valles junto a los ríos, como ocurría en el valle Amblés. En cambio, los alrededores controlados por los *oppida*, revelan el predominio de la actividad ganadera. Las actividades industriales y religiosas, cuya variedad ha demostrado una vez más la arqueología, se propagan en centros como Las Cogotas, con su barrio alfarero o Ulaca, importante centro religioso a juzgar por la existencia de su fastuoso altar de sacrificios y su no menos importante edificio de sauna ritual. Es probable que existiese una cierta especialización de cada *oppidum*. Estos grandes centros se encargaban de introducir a sus conciudadanos en las complejas redes comerciales peninsulares. Y para hacer un papel digno en ellas, las altas jerarquías del lugar necesitaban objetos de prestigio que fuese la admiración de aquellos con los que contactaban, para generar rudimentarias redes sociales. Ahora bien, hay autores, como Reher Díez, que son de la opinión de que un castro de gran tamaño no tiene que significar a la fuerza una jerarquía política-administrativa en el territorio acorde con su tamaño, aunque el sentido común así parece indicarlo.

En la propia capital salmantina, la Helmantiké de las fuentes clásicas la arqueología ha conseguido demostrar que su núcleo originario es el cerro de San Vicente, según C. Macarro. A juicio de este investigador, a comienzos de la Edad de Hierro ocupaba una superficie de una hectárea y media, pero en el siglo IV a. C. ya se había extendido hasta la vecina colina de Las Catedrales. Plutarco se refiere a este asentamiento primigenio salmantino como «ciudad grande» y Tito Livio asegura que fue tomada al asalto. En la misma provincia de Salamanca se han encontrado asentamientos con materiales similares a los abulenses, pero de una superficie bastante más reducida: Irueña (9 ha), Las Merchanas y Yecla la Vieja (de unas 5 ha cada uno). Al igual que sucede con sus *hermanas* abulenses, las aglomeraciones urbanas salmantinas también están orientadas a la explotación del ganado y carecen de suministradores de material agrícola. Álvarez-Sanchís relaciona estos *oppida* salmantinos con redes de intercambio de minerales, hipótesis forjada en la existencia de afloramientos minerales en la divisoria entre el río Duero y la vieja Vía de la Plata tartésica.

La fortificación de los poblados antes de la aparición de las legiones, evidencian que antes de pegarse con el conquistador romano foráneo, extraño a la idiosincrasia mesetaria indígena de los vettones, una de las cosas que más les gustaba (y no sólo a los vettones, sino a todos los pueblos de la Meseta), era andar a guantazos con el vecino más próximo. Si procedía, o con otro más lejano si no.

EVOLUCIÓN DE LOS *OPPIDA*

Las transacciones comerciales con los romanos significaron un hecho fundamental para el desarrollo de la economía vettona y mesetaria en general, y estos intercambios se solían realizar en los *oppida*, que resultaban un poderoso foco de atracción para los mercaderes itálicos. Los romanos demandaban materias primas y mano de obra: trigo, metales y esclavos fundamentalmente. Los dirigentes de los *oppida* se dieron cuenta de ello y allí que se apresuraron a ofrecer lo que el enemigo necesitaba, aumentando la producción local y los precios. Este negocio, que en numerosas ocasiones aparecía íntimamente relacionado con la guerra, era una actividad muy lucrativa para las jerarquías de la Edad del Hierro. La expansión de la actividad comercial supuso el subsiguiente crecimiento de los *oppida*, hacia donde fluían monedas de plata y bronce, a cambio de esclavos (mano de obra más barata, imposible), metales (que muchas veces retornaba a su origen, pero convenientemente encarecidos, monetizados), ganado, trigo, vino, aceite, perfumes, telas, cerámicas, baratijas a porrillo... La conquista de la Meseta por los romanos y el posterior proceso romanizador supuso un fastuoso cambio en el comercio tradicional de la región. Aunque más que de comercio, podemos hablar de formas de intercambio, que es un concepto más general, pues incluye además de comercio, otras formas por las que todos los productos descritos más arriba cambiaban de mano: transacciones diplomáticas de regalos o dotes y los tradicionales saqueos y pillajes, resultado de actividades militares de indígenas y romanos. Todo el mundo quería algo, lo que fuese, para poder vendérselo a los romanos. La adquisición del material se hacía a veces a través de métodos pacíficos y otras no tanto. Dependía del día que tuviese el general de turno y de la presión ambiental. Se dice que César pagaba a los indígenas por las necesidades de sus legiones. Otras veces se dejaban llevar por la pasión y saqueaban a diestro y siniestro, llevándose todo lo que podían y más.

En resumen, el tradicional mundo vettón cambió de golpe y porrazo ante la intervención romana, un hecho que se reconoce arqueológicamente por la intensificación de los patrones de producción y en la jerarquización del territorio.

La cerámica a torno acabó imponiéndose en casi todos los centros importantes, al igual que la metalurgia del hierro produjo nuevas y eficaces herramientas, como las hoces y la reja del arado. La vieja economía de subsistencia se estaba transformando en una economía de mercado y consumo sin dejar de ser en esencia de subsistencia, sujeta a los crueles caprichos de la naturaleza. Pero algo estaba cambiando merced al incremento de los excedentes alimentarios. Aunque numerosos campesinos continuaron con sus características actividades agropecuarias y artesanales domésticas, que eran para consumo propio, a veces podían incluso sobrar alimentos. La producción cerámica de autoabastecimiento de un campesino no pudo competir ni en calidad ni en cantidad con los alfareros especializados que habitaban los barrios artesanos de Las Cogotas. La vieja economía de toda la vida, la de trueque, comenzaba a convivir con una nueva economía de corte monetario, que venía de la mano de los romanos y que traía nuevas desigualdades entre la población indígena, pues la posesión de monedas itálicas pasó a considerarse un lujo. La presencia del ejército romano generó mercado. Necesitaban productos locales y se avituallaban sobre el terreno. Si estaban a buenas con una comunidad, adquirían lo necesario para su mantenimiento y pagaban con monedas, y si no estaban de humor, lo tomaban por la fuerza, como han hecho y hacen todos los ejércitos del mundo cuando ocupan un territorio. Lo preferible era la adquisición de productos de forma pacífica, pues la táctica de tierra quemada podría resultar perjudicial para el ejército invasor a largo plazo. De una u otra forma, las necesidades de los romanos crearon nuevos puestos de trabajo más especializados: alfareros, herreros, astutos mercaderes, y claro está, incrementó la existencia del viejo mercenariado, cuyos miembros se aseguraban un buen salario y un buen pellizco del producto del saqueo. Por no hablar de la prostitución que solía acompañar a los ejércitos. Los alfareros se dedican en estos momentos en cuerpo y alma a fabricar contenedores cerámicos para el transporte de los alimentos y las materias primas que precisaban los romanos. Este tipo de cerámicas «de batalla» se hacían de forma, tamaño y decoración casi estándar, productos alfareros dedicados a una amplia distribución fuera (y dentro) de los *oppida*. Los campesinos, como no estarían en disposición de adquirir estos nuevos productos industriales, continuaron haciendo sus propias vajillas a mano y decoradas de forma tradicional. Pasaría tiempo antes de que entrasen en los circuitos comerciales. Yo creo que hasta los años 60 del siglo XX, la gente de los pueblos solía confeccionar sus productos en función de sus necesidades. La feroz sociedad de consumo tardó en llegar a ese mundo rural, pero cuando lo hizo ya no hubo vuelta atrás.

Estos *oppida* de los que hablamos son ya verdaderos centros urbanos, tanto por su propia estructura interna y jerarquía externa, como por la existencia de extensos vertederos descubiertos en sus alrededores, una ingente acumulación de huesos, escorias, adobes y cerámicas que denotan una presencia humana prolongada en un mismo lugar. Lo bueno de estos *basureros* o escombreras es que tienen una fecha de inicio, consignada a partir de la primera mitad del siglo II a. C. Justo cuando aparecieron los romanos, y que debieron ser resultado de la cada vez más creciente actividad industrial para satisfacer las necesidades del cliente-invasor. Según Sacristán *et alii*, estos lugares eran escombreras donde se arrojaban restos procedentes de las reformas efectuadas sobre viviendas y talleres, que se expandían para hacer frente a la creciente demanda. A más demanda, la riqueza generada y el comercio atraían cada vez a un mayor número de habitantes. La acumulación de gente generaba cada vez más desperdicios. En Las Cogotas existen estructuras similares a las que describe Sacristán para poblados celtibéricos, donde se acumulan fragmentos de huesos de animales en cenizales, según Ruiz Zapatero y Álvarez-Sanchís. En Salamanca también se han excavado restos de cerámicas, adobes, huesos y otros residuos. Este es uno de los rasgos que define a la ciudad del Tormes como un importante centro comercial y productor en la Edad del Hierro, algo normal si comprobamos su situación privilegiada respecto a las vías de comunicación: el propio río Tormes y la ruta terrestre que desde época tartésica pasaba por sus proximidades. Sí, efectivamente, ya la conoce el lector: la Vía de la Plata.

Es muy probable que este doble factor comercial y productivo en la compleja evolución de los *oppida*, tuviese mucho que ver con las murallas levantadas con grandes sillares y sofisticados sistemas de acceso durante la conquista romana. Ya sabemos lo que protegían: las novedades industriales. Este tipo de nuevos recintos amurallados aparecen en los *oppida* ya existentes, como en La Mesa de Miranda, en Ulaca, Las Cogotas y Salamanca, e incluso en ciudades surgidas *ex novo* durante la conquista de la Meseta por los romanos, como el caso de Raso de Candeleda, cuyas fortificaciones datan de inicios del siglo II a. C. La presencia romana es, desde luego, un factor fundamental en la mejora de las fortificaciones de los *oppida*, pues las legiones disponían de formidables máquinas de asedio y asalto.

Según Álvarez-Sanchís, la organización interna de los *oppida* posee lógica urbanística: barrios residenciales distribuidos en razón de la distinta riqueza de sus moradores, viviendas extramuros para los habitantes más desfavorecidos, cercados intramuros para el ganado, áreas artesanales perfectamente delimitadas (alfareras, metalúrgicas, canteras...), vertederos, lugares para el comercio, para el descanso eterno, zonas de culto, santuarios... Más que suficiente para numerosos investigadores como para considerar estos *oppida* como ciudades. Aunque no al modo romano. Eso vendría después.

IRRUPCIÓN DEL URBANISMO ROMANO

Durante el siglo I a. C. los *oppida* vettones ya habían crecido en tamaño y complejidad. Debido en gran medida a que las demandas romanas de todo tipo habían acelerado el aumento de la producción y el consiguiente desarrollo de los incipientes centros urbanos, que poco a poco atrajeron a numerosos pobladores procedentes fundamentalmente de las comarcas más próximas. Las relaciones sociales de los *oppida*, al sufrir el impacto de personal foráneo, se transforman, y las diferencias sociales terminan siendo visibles en las zonas residenciales de los asentamientos urbanos, más que en los cementerios, como sí ocurría en cambio en épocas anteriores, cuando el ajuar de un muerto mostraba su importancia social en vida. En algunas casas se han encontrado enterrados tesorillos compuestos por joyas y monedas. Quizás debido al estado de inseguridad que recorrió la Península durante el primer cuarto del siglo I a. C., con motivo de las guerras sertorianas, conflicto civil romano que involucró a numerosos pueblos indígenas, que tomaron partido por uno u otro bando. Este clima de violencia tuvo réplicas posteriores, como a mediados del siglo I a. C., con la guerra civil entre César y Pompeyo. De esta última época es el hallazgo de un conjunto de denarios y ases republicanos en una vivienda de Raso de Candeleda.

Según Almagro Gorbea, el crecimiento y el desarrollo de algunos asentamientos se deben a fenómenos de *sinecismo*, la llegada a estos centros de población foránea. Los mismos *oppida* de Las Cogotas y La Mesa de Miranda, en pleno auge durante el siglo II a. C., sufren importantes procesos de despoblación durante el siglo I a. C. Mucha gente pudo desplazarse hasta Ulaca, donde se han encontrado restos materiales de comienzos del siglo I a. C. Un ejemplo clarísimo de estos movimientos de población lo tenemos en el castro de Villasviejas del Tamuja (Botija, Cáceres), donde se ha detectado la presencia de la ceca celtibérica de Tamusia, que acuñaba moneda durante el primer cuarto del siglo I a. C. Este hecho, junto con la presencia en la necrópolis del poblado de puñales biglobulares y otras armas características de la meseta oriental, confirma la migración de personal celtíbero hacia el sur.

Este fue el canto del cisne de la Edad de Hierro. En la segunda mitad del siglo I a. C., las formas de vida indígenas parecen ir desapareciendo paulatinamente, con honrosas persistencias, desplazadas por las maneras de vivir romanas. Se crean ciudades de nuevo cuño donde habitarán a partir de ahora los indígenas vettones que vivían en los *oppida* de los cerros; se construyen campamentos para albergar a las legiones, alguno de los cuales se convirtió en una auténtica ciudad, como León o Medellín; calzadas de piedra y puentes sobre los ríos para facilitar el tráfico de personas y de mercancías. El territorio se va estructurando al modo romano. Las ciudades abandonan las colinas y ocupan los valles, lugares de fácil cultivo de cereales, próximas a zonas de extracción de minerales, demandados por los nuevos habitantes romanos. La población tradicional vettona se va convirtiendo paulatinamente así en vettón-romanos, y de forma más genérica, en hispanorromanos. Pero no todos los primitivos *oppida* se despoblaron. Muchos han sobrevivido hasta nuestros días, primero como ciudades romanas, después medievales, modernas, contemporáneas, aunque otras se quedaron en el camino y hoy sólo podemos ver sus orgullosas (en ocasiones) ruinas: Salmantica (Salamanca), Obila (Ávila)[36], Bletisama (Ledesma), Miróbriga (Ciudad Rodrigo), Caesarobriga (Talavera de la Reina), Turgallium (Trujillo) entre las primeras y Augustóbriga (Talavera la Vieja) entre las segundas. En cualquier caso, todas estas ciudades son mencionadas por Ptolomeo, el geógrafo alejandrino del siglo II d. C. para delimitar la Vettonia de la época altoimperial, una circunscripción que formaba parte de una división administrativa mayor, la provincia Lusitania. Algunos se convirtieron en municipios latinos con el *Edicto Latii* de los emperadores Flavios. En cambio, otros *oppida* de los que hablamos largamente en esta obra no sobrevivieron a la romanización: Las Cogotas, Mesa de Miranda, El Raso, Ulaca…

36 El actual recinto amurallado de Ávila es un claro ejemplo de ciudad romana con estructura urbana basada en los campamentos militares romanos.

El Berrocalillo, un castro plasentino

Es un poblado situado en la margen izquierda del río Jerte, dentro del término municipal de Plasencia (Cáceres). Al estar situado sobre una elevación, desde la posición se controla al norte la confluencia de los arroyos de las Berrozanas y de Oliva de Plasencia en el río Jerte, al sur la sierra de Merengue, al oeste la Ribera de los Palacios, y al este la propia ciudad de Plasencia. En este castro de la II Edad del Hierro se sucedieron dos fases de poblamiento. Durante la primera (siglos IV-III a. C.), el poblado ocupó la zona suroriental del emplazamiento, junto al río Jerte. A partir del siglo II a. C., la primitiva zona de fortificaciones se abandona, por la construcción de una nueva muralla en zonas más altas del cerro. Se supone que este cambio de hábitat se corresponde con el proceso de conquista de la zona por los romanos que, a la postre, acabarían con este tipo de poblamiento castreño en altura, para llevar a estas poblaciones al llano, donde eran más fácilmente controlables. O porque el urbanismo cambiaba con el paso de los años.

El primer recinto amurallado de El Berrocalilo, el correspondiente a los siglos IV-III a. C., está delimitado por una línea de fortificación cuya característica principal es la existencia de largos tramos longitudinales con pocos ángulos, para adaptarse a la topografía del terreno, poco abrupto por encontrarse a escasa altura. Este recinto más antiguo tuvo dos puertas de acceso. Apenas hay restos de hábitat doméstico. Se han encontrado fragmentos alfareros realizados a torno, de pastas anaranjadas-amarronadas. En el Museo Provincial de Cáceres se hallan algunos utensilios de hierro para tareas agrícolas, como piquetas, picos y azadas, encontrados en este asentamiento. Además, se encontró una placa de cinturón y algunas fíbulas de bronce. También se han hallado lingotes de bronce y plata que sugieren intercambios culturales con otras regiones, algunas más cercanas, pero también un comercio de larga distancia.

El segundo recinto amurallado es bastante más amplio que el anterior y se sitúa en una zona más elevada y escarpada. Como al sur hay una zona de berrocales graníticos, el área doméstica hubo de establecerse hacia el norte, donde existen laderas y llanos más accesibles al hábitat humano y para un ganado estabulado en recintos adecuados dentro del poblado. Los vestigios de viviendas no responden a ningún tipo de urbanismo ordenado, sino que parecen construirse según las necesidades de cada familia en un determinado momento. Las viviendas tienen planta circular unas, y otras, rectangular. El recinto amurallado posee grandes espacios vacíos, como el de Ulaca, por ejemplo, para poder albergar población residente extramuros y ganado en caso de inestabilidad política y militar. Según J. Rio-Miranda Alcón y Mª. Gª. Iglesias Domínguez, pudieron albergar hasta 700 personas, por lo que fue un castro de gran tamaño.

El perímetro total de muralla, uniendo los de los dos recintos, podría rondar los 6000 m. En El Berrocalillo, la muralla fue construida en ocasiones por mampostería en seco y en otras por bloques grandes. Se desconoce la altura media de la fortificación, pero sí que conocemos que la anchura varía entre 3 m y los casi 7 de la puerta suroeste. El tipo de construcción de la muralla es característico de la Meseta: un paramento exterior y otro interior paralelo de piedras más grandes, y con un espacio intermedio simplemente relleno de guijarros.

Existe una puerta en la zona noroeste, con una anchura de 2,5 m y cuyo acceso empedrado tiene más de 25 m de longitud. Además, se han encontrado tres verracos, dos de los cuales apenas presentan rasgos morfológicos por estar muy desgastados.

El Castillejo, un pequeño asentamiento cacereño en Santiago del Campo

En el término municipal de Santiago del Campo (Cáceres) se encuentran los restos de un pequeño castro. Como ocurre con otros castros extremeños que no están ni en la onda de lusitanos ni de vettones, el poblado corona una exigua elevación del terreno que quedaba oculta. El emplazamiento está circunvalado por el río Almonte y un arroyo que desemboca en este afluente del río Tajo. La erosión fluvial a lo largo de millones de años ha recortado el relieve del otero creando cortes verticales que facilitaron la previsible defensa de la posición por sus moradores. Como dije antes, posiblemente sus habitantes sean esas gentes sin nombre en las fuentes clásicas, pueblos bisagra entre lusitanos y vettones. No obstante, las piezas más comunes encontradas aquí formaban parte de la vajilla de cocina de uso cotidiano y de los recipientes de mayor tamaño para almacenar sustancias sólidas y líquidas. Entre estos vestigios tan humildes se ha desenterrado algún que otro denario romano de época republicana. También se han obtenido restos cerámicos de mejor factura de color anaranjado.

Antes he hablado brevemente de las defensas naturales de El Castillejo, que lo convierten en lugar de difícil acceso. En los sitios más accesibles, los avispados habitantes construyeron murallas de tosca factura. Con el paso del tiempo, la inmensa mayoría del recinto amurallado ha ido desapareciendo, pues los paisanos del lugar han ido reaprovechando los pedruscos de las defensas para, entre otras cosas, apuntalar las peanas de los abundantes olivos del emplazamiento.

El acceso al castro se efectuaba por su zona meridional. Curiosamente es en la zona más escarpada del enclave donde se levantaron los muros más sólidos, pues la caprichosa naturaleza creó pequeñas plataformas que pudieron ayudar a los asaltantes a alcanzar la cima de la meseta donde se alza el poblado desde los niveles inferiores. La zona habitada se situaba en la acrópolis. No existe atisbo de urbanismo, sino que las casas se agrupaban en núcleos desordenados. Las viviendas poseen planta irregular, lo que denota gran arcaísmo. La techumbre de las viviendas fue la habitual en los poblados de la Meseta: entramado de ramas y barro.

Su economía se basaba en la ganadería ovicaprina, en la caza, la pesca y la inevitable recolección de frutos, en especial la bellota que triturada servía para fabricar pan. Por otro lado, la escoria de fundición encontrada en la superficie indica la existencia de forjas donde se fabricaron armas y útiles varios para el autoconsumo. Sin embargo, también han aparecido objetos que señalan cierto intercambio con regiones mesetarias, pero también turdetanas a juzgar por los exóticos materiales descubiertos y procedentes de lejanos países al otro lado del mar Mediterráneo: puntas de flecha con forma de arpón y originarias de las estepas que circundan al norte del mar Negro. Esteban Ortega y Salas Martín las consideran de procedencia cimeria.

El Castillo, un promontorio de granito sobre el río Huebra

Este yacimiento se localiza en el término municipal de Saldeana. Saldeana es una localidad salmantina enclavada dentro del Parque Natural de los Arribes del Duero. Para acceder al castro, en mal estado de conservación, se toma un camino que sale de la propia población. En unos 20 minutos de recorrido a pie nos hallaremos delante de lo que queda de muralla del asentamiento.

El poblado de El Castillo, fundado en la II Edad del Hierro, tuvo continuidad durante época romana a juzgar por las estelas funerarias reutilizadas como material constructivo en numerosas viviendas de Saldeana. El castro domina un meandro formado por el río Huebra. La muralla se construyó en las zonas más accesibles, ya que el resto forma parte de un promontorio granítico de difícil acceso. La muralla se adapta a la topografía de terreno, algo típico de la arquitectura indígena de la II Edad de Hierro. Las defensas del poblado se completan con un campo de piedras hincadas exteriores al recinto. Algunos de estos *meños* llegan a medir más de un metro de altura, algo no muy habitual. En su día existieron dos accesos en el este y el

Muralla de Saldeana. Foto del autor.

norte, hoy día cegados. Para acceder al interior del recinto existe un portillo, seguramente abierto en el siglo XX para los pocos interesados que osen acceder al interior. Pero sólo por el paisaje abierto por el río Huebra merece la pena una breve visita al lugar.

Las últimas actuaciones realizadas en El Castillo han corrido a cargo de la Fundación del Patrimonio Histórico de Castilla y León, en el marco del Proyecto Europeo Interreg III A España - Portugal «Patrimonio Fortificado en la Frontera: Origen e Historia», que desarrolla en colaboración con el Instituto Português do Património Arquitectónico, Direcçao Regional de Castelo Branco y con la ayuda financiera de la Unión Europea. Se ha recuperado el tramo oriental de la muralla e instalado algunos paneles explicativos sobre este enclave vettón.

Los Castillejos, un castro de potente estratigrafía

Se encuentra a 22 km de Ávila. El pueblo más cercano es Sanchorreja, a unos 4 km de distancia. Se puede acceder a pie, desde la Dehesa del Cid[37], adonde se llega por la carretera AV-110, que nace en la N-501 dirección Salamanca. El acceso es un pelín fatigoso, dada la recia pendiente que hay desde el lugar donde se puede dejar el coche (en la propia Dehesa del Cid) y el asentamiento. Pero el esfuerzo merece la pena, sin duda.

El yacimiento no se encuentra acondicionado para el público[38] y corona un cerro amesetado, desde donde se domina el paisaje en derredor. En los años 50 fueron excavadas por Maluquer de Motes, siendo las más importantes las posteriores campañas desarrolladas entre los años 1981 y 1988, y dirigidas por F. J. González-Tablas. Se da la paradoja de que, si bien es uno de los castros más conocidos por los científicos, es completamente desconocido para el gran público, pues es de difícil acceso. Para los arqueólogos es importante por su potente secuencia estratigráfica de más de dos metros de sedimentos, lo que significa que fue ocupado durante un prolongado lapso de tiempo.

37 Finca en la que se halla la mayor parte de la superficie que ocupa el yacimiento.

38 Ya ha transcurrido mucho tiempo desde su última excavación. No obstante, como en casi todos los castros, las vistas son magníficas.

Los niveles III y II corresponden al período protovettón y vettón. En estos últimos momentos del asentamiento es cuando aparece una tipología de cerámica emparentada con el sudeste peninsular, que hallamos en este contexto arqueológico debido a los indudables contactos con otras culturas peninsulares. Además, la comunicación con centros culturales más avanzados supone la progresiva implantación de la cerámica a torno, en detrimento de las que se hacían a mano, proceso mucho más costoso y cuyo producto final ofrecía peores calidades. Seguramente el contacto con las regiones del sur peninsular proporcionó a los habitantes de este castro otro tipo de habilidades.

Tuvo su importancia durante los siglos VIII al IV a. C., época en la que se deshabitó. El abandono de Los Castillejos no debió ser especialmente traumático ni violento. Simplemente las condiciones de vida cambiaron y los habitantes buscaron nuevos horizontes. Posiblemente la introducción de ganado vacuno en su precaria economía de subsistencia les hizo buscar pastos en lugares menos elevados.

El asentamiento de Los Castillejos consta de tres recintos adosados unos a otros, circunstancias que podemos apreciar siguiendo pacientemente el derrumbe de las piedras que en tiempos formaron la muralla, de unos 2500 m de longitud, y de una anchura mínima de 4 m y 8-10 de máxima, que coinciden con los accesos. Según González-Tablas la muralla del castro se construyó en forma aterrazada, es decir que tiene un escalón que dificulta el acceso al recinto, y sólo tiene una línea de paramento exterior. Es el precedente de las potentes fortificaciones de los posteriores castros vettones.

La entrada principal es simple, diáfana, sin la complejidad de las puertas en embudo o en esviaje características de los grandes *oppida* vettones posteriores. Existen otras puertas interiores que comunican los recintos, de la misma simplicidad que el acceso principal.

El recinto principal, que según Fabián es el que aparece a mayor altura, ocupa una superficie de algo más de 6 ha y es donde se conserva mejor la muralla. En este recinto se hallan la mayor parte de las viviendas, desperdigadas aquí y allá, sin orden ni concierto y sin atisbo de urbanismo desarrollado, aunque podemos observar cierto agrupamiento en barrios. Muy posiblemente una zonificación por familias o clanes. En el segundo recinto también hubo viviendas, mientras que el tercero se dedicó casi en exclusiva a encerradero de ganado.

Las viviendas son de estructura sencilla, planta rectangular o trapezoidal y de diferentes tamaños (entre 20-60 m^2), y como denominador común, la existencia de un hogar en el centro o en el extremo de la vivienda. Construidas con un zócalo de piedra recrecidas con muro de adobe o tapial y con una techumbre de cobertera vegetal.

La necrópolis no ha sido encontrada, al menos, de momento. Fuera de los recintos, han sido halladas una serie de estructuras formadas por bloques pétreos de tamaño mediano que, según Fabián y González-Tablas, podrían estar relacionadas con el mundo de las creencias y los rituales, funerarios o no, desarrollados por los habitantes del castro. En esta zona han aparecido restos óseos animales, por lo que es de suponer que, en este lugar, podrían realizarse sacrificios de animales.

Los habitantes del castro eran pastores de ganado ovino y caprino, cultivaban cereales, cazaban lo que buenamente podían y recogían frutos silvestres. Por fortuna para ellos, agua no les debió faltar, pues es bien conocida la existencia de bastantes fuentes en las inmediaciones.

En este yacimiento se encontró una pieza muy famosa dentro de la investigación de la Edad del Hierro vetona: una hebilla de cinturón que representa un grifo alado, poderosa criatura mitológica[39], cuyo origen parece estar en Oriente Próximo, bicho extraño muy apreciado por asirios, babilonios y persas. También se ha descubierto una cabecita femenina que representa a la diosa fenicia Astarté. Bueno, más que la cabeza completa, un fragmentillo. Pero, en fin, que ambos tienen todo el delicioso sabor de lo orientalizante, relacionado con Tartessos y las colonias fenicias meridionales. Más piezas exóticas encontradas en Los Castillejos, pero ajenas a lo orientalizante: calderos típicos de las culturas atlánticas; cuentas de ámbar, posiblemente de origen báltico y cerámicas pintadas ibéricas. Y muchos objetos más, pero todos muy fragmentados. Esta diversidad material nos hace sospechar Los Castillejos como una especie de puente entre las culturas del sur peninsular y las de la Meseta y una red comercial algo más que incipiente. Quizás un centro de redistribución.

---

39 La parte superior es la de un águila gigante, con plumas, afilado pico y poderosas garras. La parte inferior es la de un león, con pelaje, patas musculosas y cola larga de reptil. Un auténtico primor.

Las Cogotas, centro cultural de primer orden en la Edad del Bronce

El yacimiento vettón se encuentra en el término municipal de Cardeñosa, a 10 km de la capital abulense. Desde la carretera nacional 501 hay que desviarse a través de la AV-804 hacia Cardeñosa. Antes de llegar a esta población debemos seguir por una pista forestal que indica el acceso al poblado. En 2-3 km transitando por dicha pista, que está en estado aceptable, habremos llegado hasta un panel informativo donde podremos dejar el vehículo y pasear un rato por los alrededores. Merece mucho la pena, de verdad.

Las Cogotas es un poblado que se encuentra en una elevación natural del terreno con una forma característica y que le da nombre: dos berrocales graníticos que son conocidos por aquellos lares como «cogotas».

Se ubica en las estribaciones de la sierra de Ávila, bañado por el río Adaja (que forma un pantano) y el arroyo Romanillos, a una altura de 1156 m en su nivel máximo. La superficie del asentamiento es de 14,5 ha. Está amurallado y dividido en dos recintos, uno superior o

Murallas y acceso a Las Cogotas. Foto del autor.

«acrópolis» (así lo denominó el arqueólogo Juan Cabré), que es donde se encuentran la mayor parte de las viviendas, y otro inferior, tradicionalmente conocido como «recinto de ganados» («encerradero de ganado» lo llamó el propio Cabré), que incluye algunas viviendas y los talleres alfareros. La potente muralla ondulada que sigue la topografía del emplazamiento, está formada por torres y bastiones de considerable anchura. El sistema defensivo se completa con un poderoso campo de piedras hincadas. Las viviendas son de planta rectangular, con un cimiento o zócalo de mampostería, con recrecimiento de paredes de adobe. La construcción de la presa sobre el río Adaja inundó parte del segundo recinto amurallado del castro. En el exterior del recinto, junto al camino de acceso, encontramos una necrópolis de incineración, en funcionamiento entre 1200 a. C. y el siglo I a. C.

Juan Cabré comenzó las primeras excavaciones basadas en un método científico en verano de 1927. A partir de este momento y durante cuatro campañas Cabré documentó las murallas de la acrópolis, 18 viviendas dentro de la misma, las murallas del segundo recinto y las cuatro zonas que él propuso para la necrópolis de Trasguija, en 1932. El lugar no volvió a ser estudiado hasta que en 1983 se aprobó la construcción de un embalse que iba a ocasionar la desaparición de gran parte del «encerradero de ganado» (aproximadamente un 30% del segundo recinto) descubierto por Cabré. Así que había que intentar salvar una parte de aquello que iba a quedar cubierto por las aguas. Y a ello se puso en 1985 Mª Paz García-Gelabert y su equipo, procedentes del departamento de Historia Antigua de la Universidad Complutense de Madrid, quienes prospectaron la zona. En 1986 comenzaron las excavaciones dirigidas por el catedrático de Prehistoria de la UCM, Gonzalo Ruiz Zapatero, en colaboración con el Museo de Ávila, que tuvieron como principales objetivos los siguientes:

1) Documentación y salvado de las estructuras y materiales por medio de excavaciones sistemáticas.
2) Acometer el estudio de las antiguas excavaciones desde perspectivas actualizadas, revisándose también los materiales del Museo Arqueológico Nacional, los excavados en su día por Juan Cabré.

3) Consolidación de las estructuras y puesta en marcha de un proceso de musealización que permitiera el acceso al público.

Los trabajos de González Zapatero y Álvarez-Sanchís, que sacaron a la luz el taller alfarero, un pavimento de piedra y un basurero, permite plantear una organización del poblado bastante más compleja de lo que inicialmente sospechó Cabré. Cabré imaginó el segundo recinto como un lugar para encerrar ganado, principal fuente de riqueza de estas comunidades, pero tampoco puede aparcarse esta idea para otras zonas del asentamiento, puesto que entre las viviendas excavadas existen grandes vacíos, que bien pudiesen servir para este propósito. Lo cierto es que el poblado está zonificado, algo puesto de manifiesto por la diferencia de los ajuares domésticos hallados en la acrópolis y los del recinto inferior. Probablemente el recinto superior fuese el hogar de las élites, y el inferior el espacio donde habitó la mayoría silenciosa de la población, que incluso desbordó los límites amurallados para habitar en viviendas extramuros. El primer recinto correspondería a la primera ocupación del asentamiento. Este momento se ha fechado en el s. IV a. C. El segundo recinto, a partir de los datos extraídos de los alfares, se ha datado en los siglos III-II a. C.

En el exterior del recinto, encontramos varios lugares de canteras. Y curiosos carteles que prohíben cortar piedra del poblado. Por algo será. Pero las canteras y el granito, una roca que aparece por doquier en la zona en forma de afloraciones, dan idea de que esta es una tierra en la que el trabajo de la piedra es una ocupación bastante extendida entre los habitantes de los municipios aledaños. Tanto ayer como hoy.

El sistema defensivo del asentamiento cuenta con una primera línea de «piedras hincadas», que llegan hasta la misma base del muro, carecen de espacios libres y proliferan sobre todo en la línea amurallada septentrional, posiblemente por ser la más frágil defensivamente.

Un potente sistema de murallas y baluartes rodea el primer recinto. Se adivinan los vestigios de una remota separación entre el primero y el segundo recinto. El primer recinto comprende la parte superior del cerro, la acrópolis, que incluye los dos berrocales de orondas formas que dan nombre al yacimiento, las «cogotas» de la cima de la colina. El segundo recinto se prolonga hacia el sur, en busca del actual embalse de Las Cogotas. El segundo recinto alcanza por el oeste el arroyo Romanillos.

La técnica constructiva de las murallas semeja la de otros castros cercanos, como el de Ulaca, pues se compone de una doble hilera de piedras de granito, rellenadas por infinidad de guijarros. El espesor de esta estructura defensiva varía entre 2,5 m y 11 m. El trazado ondulado de la muralla se adecúa a la topografía del terreno y se encuentra reforzado por la existencia de potentes baluartes.

Según entramos por una de las puertas que dan acceso al primer recinto, nos encontramos a la izquierda un camino de ronda que separa el lienzo amurallado de las primeras estructuras domésticas. Este camino de ronda es de suponer que rodearía todo el perímetro de la zona superior del poblado. Como divisoria entre ambos recintos, podemos observar una elevación, al otro lado de un espacio vacío enfrente de las viviendas aterrazadas excavadas. Esta elevación tiene todo el aspecto de ser una muralla o separación interior, cuya funcionalidad es desconocida, pero que, en todo caso, daría acceso por una entrada o varias desde uno a otro recinto.

El sistema constructivo de lienzos de muralla con bastiones tiene un trazado que no sigue las líneas de vaguada, divisorias o límites naturales. La muralla no se interrumpe en los barrancos, sino que se adapta al terreno. En todo caso, la parte superior de la muralla estaría reforzada por una línea de maderos, posiblemente puntiagudos y perpendiculares al roquedo que forma el lienzo de la muralla. Los canchales que rodean el perímetro de fortificaciones no se rodean, sino que permanecen como una manera natural de reforzar el sistema defensivo de Las Cogotas. Estos grandes canchales se ubicarían entre el campo de piedras hincadas y el paramento que rodea el poblado adaptándose al terreno.

El recinto superior tuvo tres accesos, uno en la pendiente oriental, que comunicaba con el segundo recinto. La entrada superior, la más septentrional de las tres, estaba protegida por dos cubos fortificados, y la tercera, la que conocemos como principal, también estaba orientada hacia el norte, y flanqueada por dos bastiones en oblicuo. El camino que conducía a ella estaba delimitado por una cerca de losetas de granito, lo que parece indicar la importancia que le dieron sus habitantes como acceso principal. En el recinto inferior aparecen tres entradas, en una de las cuales y adosada al muro aparece una estructura de planta rectangular, que Cabré interpretó como «cuerpo de vigilancia». Es una entrada situada muy cerca de la principal y orientada también hacia el norte. Las murallas del recinto inferior son mucho más sencillas que las del superior, pues carecen de bastiones y del doble paramento. Es posible que el recinto superior, la acrópolis, hiciese las veces de ciudadela principal, ocupada por los habitantes principales del poblado y los guerreros y que el segundo recinto fuese el hogar de las familias de artesanos y campesinos. Aunque todo esto son hipótesis. En el recinto inferior hay otra entrada al noreste y una tercera, que da al río Adaja, de la que sólo se conservan restos de su empedrado de losas planas.

La única calle de la que tenemos una constancia visible es el camino de ronda que debía rodear el perímetro del primer recinto, si no en su totalidad, al menos en parte. No existe un urbanismo planificado de calles y viviendas, muy característico del hábitat vettón. Las casas se adecúan al terreno y se adosan o no a las murallas tanto exteriores como al muro sin excavar que delimita internamente ambos recintos. Entre las viviendas hay espacios libres, pero no forman calles propiamente dichas, ni plazas. La única estructura parecida a una calle al uso es un camino enlosado que atraviesa el segundo recinto en dirección a las edificaciones consideradas funcionalmente como industriales o artesanales, al sur de dicho recinto y cercanas al actual embalse sobre el río Adaja.

En el recinto norte se documentan y han sido objeto de excavación y consolidación una serie de viviendas aterrazadas de planta rectangular, con un zócalo de bloques de granito, que se supone recrecido con bloques de adobe y cubiertas por una techumbre vegetal compuesta de ramaje, barro y hojas. El aterrazamiento parece haberse construido de forma artificial. Son viviendas de un tamaño respetable, de entre 150 y 200 m^2. El suelo de sus habitaciones, actualmente visible, está compuesto de losas de granito, aunque no podemos descartar que sobre ellas se superpusiese un pavimento de barro prensado, aunque es una hipótesis discutible. Sobre el suelo de cada una de las viviendas en terraza podemos observar piedras de molino, que estarían señalando la zona de la casa donde se realizaban actividades tan cotidianas como la molienda de los cereales que conducía posteriormente a su panificación. En estas viviendas aterrazadas es donde Cabré descubrió los utensilios de mayor valor, por lo que es de suponer que en ellas vivían personas principales dentro del asentamiento, o al menos de mayor estatus social que los habitantes de otras casas de las inmediaciones. Los ajuares de las viviendas detectadas en el segundo recinto han sido considerados más pobres que los encontrados en la acrópolis.

Aunque las plantas de las viviendas son regulares, para su organización interna hay pocos datos. Es de suponer que tendrían la clásica distribución en tres estancias: la primera y que daba acceso al exterior, donde se realizaba la vida diaria (aquí se hallan las piedras de molino antes comentadas). Desde esta estancia principal se accedería a una segunda, que sería la despensa y desde aquí a la última, el dormitorio. La abundancia de adobes en el interior de la planta de las viviendas indicaría, a juicio de Cabré, la existencia de esta distribución tripartita, muy común a la mayoría de los hábitats de la Meseta. En un rincón de la vivienda solía existir un pavimento de barro a modo de hogar. La cubierta vegetal de la que he hablado antes estaría soportada por postes de madera interiores.

Las áreas industriales se interpretaron como tales tras las campañas de excavación de finales del s. XX, cuando se procedió a la construcción del embalse. A unos 100 metros de la puerta sur del segundo recinto, junto a la muralla, se han documentado dos edificios relacionados con actividades artesanales: un alfar y un secadero de adobes. El denominado alfar es un edificio de más de 300 m^2 de superficie, con estancias y hornos de cerámica. El secadero de adobes anexo al taller incluye una dependencia que se ha interpretado como un posible almacén de productos acabados. A esta zona se accedería desde la puerta sureste del segundo recinto sobre un camino de losas, utilizado para la mejor circulación de carros y animales. Posiblemente por este acceso entrasen las materias primas para la elaboración de cerámicas, y por la misma vía saliesen para su distribución fuera del poblado a otros asentamientos más o menos cercanos. Los recipientes hallados en el taller destinado a la fabricación de productos cerámicos, destinado posiblemente a la exportación, como es el caso de cerámicas a torno de pastas anaranjadas con decoración pintada, se relacionan con producciones vacceas y celtibéricas del siglo II a. C.

Se ha documentado en el sector norte de la muralla un gran basurero, en el que se han hallado en sus tres metros de espesor restos óseos de fauna, cerámicas a torno de tipo celtibérico y algunos vestigios de adobes.

Entre el instrumental encontrado en el yacimiento cogotense destacan algunas herramientas de hierro, como azadas, hachas, picos, azuelas, hoces, cuchillos y pequeñas navajas, pero también pesas de telar, fusayolas de las ruecas de hilar, agujas, cadenas o clavos...

En Las Cogotas se han descubierto algunos verracos fuera del recinto amurallado, pero muy próximos al mismo. Uno de ellos es un ejemplar completo que representa un cerdo (ubicado en la actualidad en la plaza del Alcázar, en Ávila), dos más fragmentados, un cerdo y un posible toro (custodiados por el Museo de Ávila) y otro abandonado sin terminar, imposible determinar qué cuadrúpedo representaba.

El Freíllo, un castro muy romanizado

Para acceder al yacimiento desde Candeleda, tomar la carretera comarcal en dirección a Madrigal de la Vera y Plasencia. A 5 km, a la derecha, nace la carretera local a la población de El Raso, bien asfaltada, pero estrecha y con muchas curvas. A 6 km encontramos un cartel que nos indica que hemos llegado a El Raso, y algo más adelante, justo a la entrada del pueblo, hallaremos una desviación a la derecha con la indicación «Castro celta». Al final de esta corta cuesta, se halla un stop, donde dejaremos el coche. A la derecha del mismo nos incorporamos al camino que nos lleva hasta la entrada al yacimiento. Se halla en un lugar privilegiado, prácticamente a los pies del pico del Moro Almanzor.

En las cercanías del castro se han hallado un par de torques de oro, en forma de espiral. La forma de espiral es posiblemente para que ocupase menos espacio al esconder los objetos de lujo.

Seguramente el primer asentamiento de El Raso-El Freíllo, contemporáneo a la necrópolis excavada (ver el capítulo correspondiente a esta necrópolis), fue arrasado durante la expedición de Aníbal. Los supervivientes del primitivo poblado de El Raso que pudieron salir de la ratonera en que convirtieron los cartagineses la aventura, y una vez que la II Guerra Púnica llegó a su fin, bastantes años después, volvieron al lugar y trataron de construir un nuevo poblado. Por tanto, en El Raso hablamos de dos fases de ocupación humana claramente diferenciadas. Visto lo visto, los nuevos habitantes del poblado (o los antiguos retornados) no construyeron el nuevo asentamiento sobre las tristes cenizas del anterior, sino que buscaron un lugar más protegido y mejor defendido, por si de nuevo venían mal dadas. Y se dirigieron al lugar que ahora se llama Cabeza de la Laguna, una pequeña colina al borde de la sierra, desde donde se dominan los alrededores: la sierra de Guadalupe y los montes de Toledo, al sur, los montes denominados Hermanitos de Tejea al norte, y en occidente la Garganta Alardo. Sólo por el lado oriental, el poblado era ciertamente vulnerable y aquí es donde los esforzados vettones de El Freíllo levantaron las más recias fortificaciones, compuestas de muralla, torres y fortines. A los pies de los baluartes se excavó un foso[40] y se dispersaron las ya celebérrimas piedras hincadas. La muralla delimita una superficie de unas 20 ha, y tiene un perímetro de 1800 m. El ancho fluctúa entre los 2,5 y los 4,5 m. Además del recinto amurallado propiamente dicho, existen dos fortines en la zona oriental, la menos protegida por barreras naturales.

De este modo, este asentamiento se encuentra entre montaña y llano, en una zona estratégica. La montaña le protege de los fríos vientos del norte y en el llano se cultivaron productos de regadío y secano.

El nuevo poblado fue planificado desde un principio y las viviendas se construyeron en ese mismo instante. Esto lo sabemos porque se levantaron con la misma técnica: zócalos de mampostería ligada con barro y recrecimientos de tapial. Las casas forman grandes manzanas de viviendas, adosadas unas a otras, lo que parece indicar una estrecha relación entre sus vecinos, posiblemente de la misma familia o del mismo clan, algo que podría estar relacionado con los grupos de tumbas en la necrópolis. Aunque existen otro grupo de viviendas exentas y aisladas de las demás, más próximas al urbanismo de otros tiempos.

---

40 En algunos puntos, el foso alcanza una anchura de 13-14 m y hasta 3 m de profundidad.

Las casas son de planta romboide o trapezoidal, de entre 50 y 150 m^2. La cubierta vegetal de las viviendas estaba apoyada sobre vigas y troncos. Había casas aisladas con techo a dos aguas y otras que formaban manzanas, con techumbre a un agua. Las paredes de tapial se cubrieron con un enlucido de arcilla, que también se aplicó al suelo de la vivienda, previamente nivelada, y se rellenaron los agujeros con tierra apisonada. La cubierta vegetal se realizaba a base de troncos, palos y ramajes. En todas las casas, la cocina y el hogar estaban en el centro de la casa. El hogar era una especie de mesa cuadrada o rectangular de piedra, ligeramente elevada sobre el suelo, y cuya superficie se ha encontrado enrojecida y cuarteada por el calor en los laterales, y completamente ennegrecidas en la zona central, sometida a altas temperaturas. Frente al hogar, adosado al muro de la vivienda, se construía un banco corrido donde se sentaban a comer sus moradores ordenados en razón de su edad. Alrededor de la cocina se disponían el resto de estancias de la vivienda. La habitación de entrada a las casas de El Raso suele ser alargada, donde se ejecutaban las tareas domésticas más cotidianas: moler el grano, hilar, tejer, afilar cuchillos, preparar aperos y arreos, pues es en esta estancia donde los

Viviendas de El Freíllo. Foto del autor.

arqueólogos han encontrado la mayor parte de herramientas y utensilios domésticos. Al exterior de esta especie de zaguán, se ubicaron los porches, y bajo ellos, un banco adosado a la fachada principal. En este espacio se llevaban a cabo actividades domésticas, siempre que el caprichoso tiempo atmosférico lo permitiese. Las mujeres tejían, hilaban, y los hombres molían el trigo y afilaban sus herramientas.

Las viviendas de El Raso-El Freíllo carecían de sótano y pisos superiores, y no sabemos si se abrieron ventanas, aunque es lógico pensar que no, pues restan solidez a la estructura y era fácil que sufriesen derrumbes. Chimeneas parece evidente que no, por resultar innecesarias: el humo del hogar se escapaba a través de la cobertera vegetal, al tiempo que la endurecía y facilitaba su mayor duración. La luz de las viviendas procedía de la que entraba a través de la puerta. La dura vida de esta gente estaba por completo adaptada a las estaciones del año, y era el sol el que regulaba sus actividades cotidianas, ya fuesen de índole artesanal o agropecuaria. Algunas de las viviendas han sido interpretadas como despensas y lugares comunales donde se reuniesen los vecinos a tratar de sus problemas y asuntillos. Algunas de las casas han sido reconstruidas *in situ*, para conocer de primera mano algo de la vida cotidiana de estas gentes vettonas. Estas viviendas funcionan a modo de museo al aire libre y recrean las sencillas condiciones de vida de aquellos días remotos.

En el lugar mejor aireado del poblado, dentro de lo bien aireado que está todo el lugar, estuvo el barrio metalúrgico. Y eso era necesario, pues son actividades generadoras de muchos humos, residuos y malos olores, por lo que debían situarse algo alejados de los vecinos, a fin de ahumarlos y apestarlos lo menos posible.

En El Raso, las diferencias entre los ajuares de las distintas viviendas son escasas, por lo que no parece existir entre sus habitantes diferencias sociales apreciables. Al menos sobre el papel, porque la verdad es que existen casas de diversos tamaños. En la época en que se levantó este poblado, que Fernández Gómez califica de III Edad del Hierro, la totalidad de cerámicas encontradas y datadas en esa época fueron realizadas a torno, por lo que es de suponer que fueron confeccionadas por ceramistas auténticamente profesionales. También se han encontrado fíbulas de bronce anulares, algunas del denominado tipo La Tène y en fin, algunas más romanas. El principal objeto broncíneo encontrado en el poblado es un pequeño candelero, una tosca imitación de los cachivaches orientalizantes característicos del sur peninsular. Se han hallado también objetos de hierro mal conservados, ya que el hierro se oxida fácilmente, que formaron parte de los complementos metálicos de las casas (como, por ejemplo, clavos) y los útiles y herramientas cotidianas. También se han documentado objetos que se han interpretado como elementos de ocio, pues se han encontrado en ambientes domésticos del poblado una serie de fichas o discos de cerámica que parecen relacionados con algún ignoto juego de mesa.

Fernández Gómez opina que, en El Raso, en los mejores momentos de la segunda fase de ocupación pudo haber más de 600 viviendas, que pudieron albergar unas 3000 personas. El castro que podemos contemplar actualmente, representado por sus cimientos, parece que no sufrió destrucción masiva en época romana. No obstante, fue abandonado y sus habitantes obligados a vivir en lugares abiertos, y las murallas desmanteladas. Se han encontrado denarios que datan cronológicamente el poblado y su período de desarrollo: entre los años 155 y 44 a. C. Así que parece que fue César (Cayo Julio) quien dio la orden de abandonar el poblado en altura. Este y muchos más en la Península, como consecuencia de la derrota definitiva de los pompeyanos, al parecer.

No obstante, aunque los habitantes de El Raso abandonaron por el artículo 33 sus casas, no debieron ir muy lejos, ya que continuaron acudiendo al antiguo santuario de Postoloboso, lugar privilegiado y estratégico desde donde se escudriña el macizo central de la sierra de Gredos. Y como ya se han romanizado, hablan y escriben (el que sepa, que ya es mucho saber) en latín, y consagran ofrendas a su dios Vaelico. Los oferentes dicen hacer sus sacrificios o donaciones al dios de manera libre, por propia voluntad, *votum solvit libens animo*, o simplemente *ex voto*. En la epigrafía vettona, en latín, obviamente, leemos los nombres de pila de estas personas: Atta, Fentia, Ulantius, Orundo, Boutio, o pintorescos gentilicios: *caraecicos, pintolacos, mehetoviecos*... Algunos indígenas habían adoptado ya nombres romanos, como Caius Ulantius, de la familia de los *pintolacos*, o Vernaculus, de los *ambáticos*...

El dios Vaelico fue posiblemente asimilado a algún dios romano, según Fernández Gómez, seguramente Hefestos, dios del fuego, muy relacionado con actividades mineras y metalúrgicas, abundantes en la zona, hecho atestiguado por la existencia de escoriales[41] en las casas del castro. Este santuario de Vaelico perpetuó su carácter sagrado, pues tras el proceso de romanización, se cristianizó y en su lugar se alzó una ermita en época visigoda, dedicada a san Juan. Pero no acaba aquí la cosa, pues tras el paréntesis musulmán, cuando la zona pasó a manos cristianas de nuevo, se construyó una nueva ermita, dedicada en esta ocasión a san Bernardo, activa hasta el siglo XIX, a la cual se llevaba a los pobres perros a herrar, y digo pobres, porque mediante este acto, se les marcaba con un hierro candente, con la peregrina idea de que así eran mejor protegidos contra la rabia. Cosas de nuestros antepasados del medievo.

El propio topónimo de Candeleda, término municipal al que pertenece El Raso-El Freíllo, parece enlazar con el culto de los antiguos indígenas vettones, pues en las antiguas lenguas celtas, el prefijo cand– significa «brillar, arder, incandescer», y ha llegado a las lenguas románicas a través de palabras como candeal, cándido, incandescente, adjetivos adecuados para algo que brilla o de un color blanco brillante.

Fernández Gómez defiende la hipótesis de que el poblado de El Raso, que hasta ahora no se ha identificado con ninguna ciudad vettona, fuese la antigua ciudad de Ebora, pero no la portuguesa Evora de la actualidad, no se vayan a confundir. Argumenta este arqueólogo que uno de los fieles de Vaelico se llamaba Evoreinius, hijo de Orundo, de la familia de los Caraecicos. En las inmediaciones de la lusitana Evora, existe una ermita puesta bajo la advocación de san Miguel, en cuyos alrededores se han encontrado aras votivas dedicadas a un dios llamado Endovellico, identificado con el Vaelico de El Raso. Para este autor, estos testimonios parecen más que suficientes para identificar El Raso con la antigua Ebora de las fuentes clásicas y a sus habitantes con los descendientes de los eburones[42], emigrantes que llegaron hasta el occidente de la Meseta tras un largo periplo desde centroeuropa, a finales de la Edad del Bronce.

41 Aparte de ser una población de Madrid, son los lugares de acumulación de escorias, residuos de la actividad metalúrgica.

42 Los eburones son también una tribu belga que aparece en los *Comentarios de la Guerra de las Galias* de Julio César y que dieron bastante guerra a los romanos. Debía existir cierta relación entre unos y otros.

El Gordo, dueño y señor de la sierra de la Oliva

Es un yacimiento prerromano muy poco conocido, ubicado sobre la cima de la sierra de la Oliva, en Oliva de Plasencia (Cáceres). Fernando Carrero Plaza ha dado la voz de alarma sobre el hecho de que está siendo sometido a un expolio continuado de manera impune por buscadores furtivos. Ninguna administración parece ocuparse de su investigación y protección. Carrero se refiere a este yacimiento como El Gordo porque en su interior se encuentra el vértice geodésico de este nombre, punto más elevado de la sierra de la Oliva.

Desde El Gordo, como es habitual en el urbanismo castreño más primitivo, se obtiene un control visual de los alrededores y es de fácil defensa, pues está delimitado por fuertes pendientes. Desde aquí podemos ver la posición topográfica que ocupan otros castros de la zona como Castillo de Cabezabellosa, Riscos de Villavieja, Berrocalillo o Cáparra (bueno, este último es algo más que un castro, la verdad). La posición central respecto a estos otros castros de El Gordo sugiere una jerarquía superior a los demás, posiblemente el centro de una jefatura importante de la zona. Es más que probable que el difícil acceso al asentamiento tenga algo que ver con el desconocimiento que se tiene del mismo.

El Gordo está ubicado sobre terreno granítico, material que los antiguos pobladores del castro debieron utilizar para construir sus viviendas y fortificaciones. En sus alrededores abunda el roble, por lo que es de suponer que sus moradores utilizarían las bellotas de esta especie arbórea para elaborar alimentos, como el pan y la cerveza de bellota, si no tenían una fuente de cereales a mano, pues es bien conocido que la bellota, tanto de roble como de encina, es el sustitutivo natural del común cereal en numerosas comunidades primitivas de la Meseta y de la cornisa cantábrica. Pero es cierto que en sus inmediaciones existe una penillanura susceptible de ser cultivada con cereales. Las tareas agrícolas están documentadas sin duda alguna por la existencia de abundantes molinos de mano a lo largo y ancho del yacimiento, cada uno de los cuales debió ser propiedad de una unidad familiar, que molía los cereales o las bellotas de forma individual y las panificaba de la misma manera. La agricultura serviría de complemento a la actividad económica principal, que sin duda, y como en el resto de comunidades próximas, debió ser la ganadería.

El aporte hídrico nunca debió de ser demasiado problema, pues al cercano río Jerte y la garganta de la Oliva se une un conjunto de manantiales. De un simple vistazo podemos observar pequeños restos cerámicos que nos sugiere la existencia en el subsuelo de más vestigios alfareros y que confirmarían el hábitat de un conjunto de moradores de la Edad del Hierro, pues junto a los pequeños fragmentos cerámicos, Carrero encontró escorias de hierro, indicio inequívoco de actividades metalúrgicas en el interior del castro. Se ha encontrado en este asentamiento un hacha de hierro[43] de talón y aletas laterales.

Los vestigios de zócalos que parecen aflorar de cuando en cuando a la superficie indican la existencia de la clásica vivienda de planta rectangular, muy característica de los pueblos de la Meseta, recrecida por bloques de adobe y cubiertas por un techo vegetal de ramajes. Carrero asimismo ha identificado una serie de estructuras que ha denominado lagaretas[44] que, según este autor, estaría indicando la presencia de parras y de un clima relativamente benigno para estas alturas. Además, nos mostraría que los habitantes de este poblado, amén de consumir cerveza, una bebida alcohólica muy apreciada entre los pueblos de cultura céltica, como el de los vettones, también serían aficionados de alguna manera al vino, un producto clásico mediterráneo que trajeron a la Península los colonizadores griegos y fenicios y que posiblemente fueron conocidos en estas latitudes a mediados del primer milenio a. C. Los romanos extendieron sin duda alguna el cultivo de la uva. El vino, a no ser que uno fuese un *bolinga* impenitente, se solía beber mezclado con agua, para rebajar el grado alcohólico. Tal era la sofisticada costumbre de la época.

Según los comentarios de ancianos habitantes del lugar, en tiempos fueron descubiertas monedas con textos como «Roma» y «Caesar» y con efigies de guerreros, lo que nos indicaría que este poblado todavía estuvo en funcionamiento durante la época romana. La existencia de estos denarios (perdidos, pues han sido objeto de expolio) sugiere la presencia de guerreros vettones que pudieron actuar como mercenarios o auxiliares en los ejércitos romanos, en

43 Actualmente depositado en el Museo Provincial de Cáceres.
44 Diminutivo de lagar, recipientes donde se pisan las uvas para obtener el mosto.

las guerras imperialistas del siglo II a. C. y quizás también en las guerras civiles del siglo I a. C. Y sería durante este siglo cuando se pudo producir el abandono de la posición ante la orden dada por César de bajar al llano. O bien fue más bien el propio sentido común de los moradores del castro el que les impulsó a acercarse a las calzadas romanas, donde crecían florecientes mansiones, que posteriormente se convirtieron en municipios romanos, como Caesarobriga, que Carrero identifica con la actual Oliva de Plasencia o algún otro pueblo de sus inmediaciones. Incluso con Obila, ciudad romana a la que numerosos autores identifican, por mimetismo gramatical con la propia capital de la provincia abulense, pero que no está del todo claro.

La Mesa de Miranda, el castro vivero de la gran necrópolis de La Osera

Para acercarse hasta este castro, hay que llegar hasta Chamartín de la Sierra, distante tan sólo 22 km de Ávila, desde donde podemos partir por la carretera AV-110. Una vez aquí, bajar hasta el cementerio, hasta encontrar una pista forestal a la derecha que lleva directamente al castro de La Mesa de Miranda, a unos 4 kilómetros.

Cuando el grupo de investigación dirigido por Juan Cabré y Antonio Molinero excavó este asentamiento y su necrópolis de La Osera en los años 30 del siglo XX, fue denominado La Mesa de Miranda, por emplazarse sobre una planicie cercana a una finca llamada Casas de Miranda. En el equipo de Cabré destacó su hija veinteañera Encarnación como ayudante, fotógrafa y dibujante. Sus dibujos todavía despiertan admiración por su minuciosidad y detalle.

Este castro vettón está delimitado por tres recintos amurallados anejos, y comunicados entre sí por puertas interiores. La puerta principal de acceso desde el exterior es monumental. Se estima una superficie de unas 30 ha. El primer recinto amurallado se conoce como Castillo Bajero, tiene un perímetro rectangular de unos 1300 m, y se considera el más antiguo. La muralla se adapta a la topografía del terreno y tiene distinta potencia en función de las necesidades defensivas de los habitantes, pues es de menor envergadura donde las condiciones naturales del terreno defienden sobradamente ese punto del asentamiento. Al norte, este y oeste del primer recinto, el fuerte desnivel del terreno ya protegía de forma natural el emplazamiento, pero no así al sur. Por ello, entre este primer recinto y el segundo, existe una zona de fortificación de construcción humana, compuesta por un foso y una zona de piedras hincadas. Dentro del primer recinto se ha excavado un hábitat doméstico, compuesto por varias viviendas.

Adosado a su parte meridional se sitúa un recinto de superficie trapezoidal conocido como Castillo Cimero, con un perímetro de unos 1170 m. Ambos recintos se comunican a través de dos puertas protegidas por torreones. De este segundo recinto se desconoce la función, pero es posible que fuese el barrio donde se asentasen las *industrias* del castro, como la alfarera, los locales de fundición, hornos... Posiblemente este recinto se construyese posteriormente al primero, pues la edificación de algunos puntos de la muralla es diferente a la del primer recinto. Al sur de este segundo recinto y del tercer recinto, encontramos la gran necrópolis de La Osera, yacimiento clave en la arqueología del pueblo vettón.

Campo de piedras hincadas en La Mesa de Miranda. Foto de Jesús Álvarez-Sanchís.

El tercer recinto se abre hacia el este de los dos anteriores y pudo tener como función la de establo o encerradero para el ganado. Es indudablemente posterior a los otros dos e invade parte de la necrópolis. Su acceso principal se halla al sur, constituido por una puerta y un curioso lienzo exento denominado «cuerpo de guardia» por Cabré, una estructura de dudosa función que une el segundo y el tercer recinto. Este tercer recinto pudo ser añadido ya en época romana, durante la conquista de la Meseta (siglo II a. C.) o durante las guerras civiles del siglo I a. C.

Los tres recintos suman en total un perímetro de muralla de 2832 m, con unos 5 m de anchura media. La muralla se construyó a base de sillares graníticos de gran tamaño y data de finales del siglo III a. C. o comienzos del II, que coincide con momentos de gran inestabilidad y violencia causadas por la aparición en el horizonte de Cartago y Roma.

Probablemente el asentamiento comenzó a ser habitado hacia la mitad del I milenio a. C. y fue abandonado a finales del siglo II a. C. o comienzos del siglo I a. C., cuando la conquista romana se hizo efectiva en la zona. Posiblemente el abandono tenga algo que ver con las órdenes de César, pero no lo sabemos.

En este castro se ha atestiguado un sistema de preparación del suelo de una vivienda algo diferente al habitual de apisonar simplemente tierra sobre la roca madre de forma directa. El suelo se constituye a base de troncos de sección circular pegados unos a otros, recubiertos por un manto de barro que adopta la forma de los troncos en la parte inferior, para igualar la superficie. Además, se utilizó ladrillo (y no adobe, más rústico) en la construcción de algunas viviendas. El ladrillo se diferencia del adobe por sufrir una cocción posterior al secado al sol, acción que permite una mayor conservación de las estructuras. Aunque desconocemos si existían ventanucos para permitir la entrada de luz, cabe pensar en su presencia, ya que, si no fuese así, la oscuridad sería absoluta en muchas habitaciones, según cree González-Tablas. Pero hemos visto que otros investigadores opinan que las viviendas en otros castros carecían de ventanas y que la única luz que entraba en el interior era la que procedía de la puerta. Cuanto más avanzados en técnicas constructivas, más probabilidad de abrir huecos a modo de ventanucos en las paredes sin que el chiringuito se viniese abajo.

La Mesa de Miranda fue descubierta en 1930 por el arqueólogo Antonio Molinero[45], que inició las investigaciones científicas en el asentamiento. Los trabajos fueron retomados entre 1932-1934 y 1943-1944 por Juan Cabré, ayudado por su hija Encarnación Cabré y el propio Molinero. Los trabajos de Cabré se centraron en la excavación de la necrópolis de La Osera y de las imponentes murallas. Entre 1999 y 2004, el castro fue puesto en valor y musealizado para su visita por el público.

La vida cotidiana de los habitantes de La Mesa de Miranda se centraba fundamentalmente en tareas agrícolas, pues se han encontrado un elevado número de molinos de mano para la molienda de cereales o bellotas de encina, muy numerosas en los alrededores. Las tareas agrícolas fueron perfectamente factibles al norte del poblado. Pero estamos hablando de un poblado vettón, y por ello es obligado comentar sus actividades ganaderas, que quizás fuesen más importantes incluso que las agrícolas. Entre los vettones, según nos parecen señalar los numerosos verracos representados en piedra, la cría del cerdo y del ganado vacuno fue de lo más popular. Pero también la cría de ovejas y cabras. De hecho, en las inmediaciones de La Mesa de Miranda se han encontrado algunas esculturas zoomorfas, algunos verracos.

Las Merchanas, el castro preferido de Juan Maluquer de Motes

Para acceder al castro de Las Merchanas, desde el pueblo de Lumbrales tomamos la dirección a Bermellar. En el km 4 de esta carretera podemos observar un gran panel indicador del castro de Las Merchanas. En este momento, giramos a la derecha y tomamos un camino que nos llevará a una explanada donde aparcaremos nuestro vehículo. Desde allí seguiremos atentamente por un sendero musealizado con paneles informativos que nos llevará directamente al yacimiento.

45 En agosto de 2011, durante el II Congreso de Arqueología de Chamartín de la Sierra, se le rindió homenaje por su labor investigadora y de conservación del patrimonio arqueológico de las provincias de Ávila y Segovia, donde excavó las necrópolis de Espirdo, Madrona y Duratón.

Fue excavado en 1952, 1953 y 1955 bajo la dirección de Juan Maluquer de Motes. Seguiré fundamentalmente las explicaciones básicas de este arqueólogo, muchas de las cuales todavía son de rabiosa actualidad. Una de las características más sobresalientes de este castro es el hecho de conservar prácticamente íntegro su recinto amurallado más o menos elipsoidal. La muralla tiene una altura media de 2 m, y alcanza 3 en algunos tramos, excepto en un recodo sobre el río Camaces, donde no existe tramo por ser innecesario. La muralla está adaptada al terreno y se construyó directamente sobre la roca superficial, sin cimentación, ni terraplenes ni fosos. Los paramentos de las defensas se construyeron con roca granítica de pequeño tamaño. El grueso del muro defensivo, de época romana, es muy variable, según los sectores, oscilando entre 1,50 y 6 m, e incluso hasta 8 en algunos puntos, que coinciden con las incurvaturas de las puertas de acceso al castro, la meridional y la oriental, que es la principal. Frente al acceso principal, Maluquer documentó una zona de piedras hincadas. La puerta meridional está frente al río Camaces y, en tiempos, debió ser un acceso importante. Frente a ella debió de existir un puente sobre el río, pues existe un viejo camino que finaliza en la orilla opuesta del Camaces.

Acceso principal al castro de Las Merchanas y verraco. Foto del autor.

La puerta oriental, que es la principal, es en forma de embudo, franqueada por incurvaciones en forma de torreones. En el campo de piedras hincadas junto a esta puerta se encontró un granítico verraco. Y ahí continúa vigilante. Al menos lo estaba en agosto de 2017, fecha en que visité el castro. La entrada oriental se interna en el castro y conduce hasta restos de viviendas de época bajorromana. Un portillo de la zona norte comunica con una necrópolis también bajorromana (siglos IV-V).

En el centro del castro, Maluquer excavó un curioso edificio romano, compuesto por tres estancias. En una de ellas aparecieron fragmentos de esculturas de mármol, que habían sufrido en parte los efectos de un incendio, vestigios de tejas y de cerámica de *terra sigillata*[46], y un pequeño bronce del emperador usurpador Magno Máximo[47]. Los suelos de la vivienda fueron pavimentados toscamente con tierra apisonada para igualar las irregularidades de la roca de base. En uno de los extremos apareció un horno de planta ultrasemicircular, como la de un teatro griego.

Tras estudiar la necrópolis de inhumación tardorromana ubicada junto al muro norte, Maluquer estableció que el castro debió ser abandonado definitivamente durante el siglo V. Las inhumaciones encontradas por entonces aparecieron alineadas, generalmente con la cabecera mirando hacia la cercana muralla, pero como denominador común podemos señalar la extrema pobreza de su ajuar, incluso en algunos casos su ausencia. Este rito mortuorio no deja de ser curioso en la región, ya que en otras necrópolis pertenecientes al ámbito vettón, suelen ser de incineración (El Raso, La Mesa de Miranda, Las Cogotas). En el caso de Las Merchanas, al contrario que en otros yacimientos de la zona, Maluquer no encontró estelas funerarias que indicasen la existencia de tumbas. A pesar de todo, Maluquer aventuró que la necrópolis de Las Merchanas tenía una cronología superior al siglo III, lo que parece coincidir con el final de la existencia del asentamiento, en medio de fuertes turbulencias políticas, que el arqueólogo relaciona con los violentos choques entre

46 Expresión latina que significa «tierra (o cerámica) sellada», referida a un característico tipo de cerámica romana de color rojo brillante.

47 De origen hispano, dio muerte al emperador Graciano cerca de Lyon (383) y se erigió augusto de la Galia, Britania y España. Teodosio le derrotó posteriormente.

visigodos y suevos durante el siglo v. En una de las tumbas se halló un cuchillo tipo Simancas, junto con otros enseres de labrar madera, como gubias y formones, un martillo y una azuela, por lo que es de creer que el enterramiento perteneció a algún carpintero. En 2005 aparecieron tres estelas funerarias que se habían reutilizado. La presencia de estas estelas funerarias estaría justificada, no sólo en este poblado, sino en otros, por la incorporación de los vettones a las legiones romanas en calidad de auxiliares o como legionarios de pleno derecho, que no es lo mismo[48].

En 2008 se descubrió la denominada Puerta Romana, constituida por sillares bien cortados, de forma prismática y labrados, una estructura novedosa respecto a las rudimentarias puertas de la Edad del Hierro, pues ahora el ancho del pasillo de acceso se construye reducido, no superando los 4 m, cuando es habitual que los accesos de épocas anteriores superen los 6 m de anchura. También aparecieron restos de cloacas en las excavaciones posteriores.

Pero uno de los hallazgos más enigmáticos de Las Merchanas es una lámina de bronce con una inscripción latina: TES(S)ERA CAURIE(N)SIS MAGISTRATU TURI. Esta tésera se encuentra desaparecida en la actualidad. Es posible que se refiera a un acuerdo entre los mandamases de Las Merchanas y los de Coria, en la provincia de Cáceres, posiblemente referido al paso de ganado trashumante. Toda una incógnita.

Las Paredejas, uno de los asentamientos del Cerro del Berrueco

El Cerro del Berrueco es una atalaya de granito claramente visible desde un entorno muy amplio. Es un lugar con protección del tipo Zona Arqueológica, en el que podemos encontrar hasta seis yacimientos: La Dehesa, La Mariselva, El Berroquillo, Cancho Enamorado,

48 Las tropas auxiliares romanas estaban compuestas por soldados que no eran ciudadanos romanos. Apoyaban a las legiones en combate, compuestas en exclusiva por ciudadanos romanos, e igualmente tuvieron un papel importante en las labores de represión, pillaje y escaramuza que complementaban a las batallas campales en las guerras.

Los Tejares y Las Paredejas. En concreto, Las Paredejas es un emplazamiento situado dentro del término municipal de Medinilla (Ávila).

Se puede llegar al castro de Las Paredejas desde Piedrahíta, tomando la desviación hacia Sorihuela. Pasado El Puente del Congosto, ya en la provincia de Salamanca a unos 30 m a la izquierda, después de rebasado el cruce de la carretera a El Tejado, se toma un camino de tierra dejando el coche en la primera explanada. Desde allí el camino continúa a pie unos 2 km, dirección suroeste, hasta la base del cerro, sin señalización. Vamos, que es fácil perderse si uno no conoce el paraje.

Lo que hoy es agreste campo, fue en su día un humilde poblado vettón que tuvo su apogeo hacia los siglos IV-III a. C. y posiblemente abandonado en las postrimerías del siglo I a. C. o comienzos del siglo I d. C. A partir de ese momento, surgen algunas aldehuelas de época romana altoimperial, que continuarán su existencia durante el período visigodo, en las inmediaciones del Cerro del Berrueco, aunque algo alejadas del mismo.

El origen remoto de Las Paredejas parece relacionado con el abandono de otro poblado, Cancho Enamorado, en la cima del Berrueco, de una cultura inmersa en la Edad del Bronce, cuyos habitantes buscaron un lugar mejor para asentarse, encontrándolo en la base del cerro. Esta aldea campesina mantuvo su particular idiosincrasia a caballo entre el Bronce y el Hierro durante unos 500 años, época en la que contactaron con corrientes culturales procedentes del Mediterráneo y de la Europa continental. En concreto, desde el centro orientalizante de Tartessos llegará su influencia hasta Las Paredejas a través de la ruta natural que une Extremadura con la meseta norte por el oeste, la Vía de la Plata. La proximidad de esta aldea a la ruta argéntea favorecerá su evolución a una estructura urbana mucho más consistente, un verdadero castro de la II Edad del Hierro.

En las cercanías de Las Paredejas se ha encontrado una estatuilla de Astarté, diosa fenicia que puede dar alguna pista sobre las creencias religiosas de los habitantes de este poblado o simplemente la prueba del contacto con los colonizadores fenicios del sur de la península. También se han hallado pequeños frasquitos para perfumes, conocidos como *aryballos*, fabricados en pasta vítrea y decorados con hilos de vidrio en colores vistosos, objetos procedentes del mundo chipriota, llegados hasta aquí desde Extremadura en un flujo comercial de artículos exóticos y de lujo. Este tipo de objetos fue utilizado por las élites. Las Paredejas se construyó sobre una plataforma ligeramente elevada de la base norte del Berrueco, pero no fue el característico lugar de altura y fácil defensa que hemos visto en otros castros. No se conservan indicios, pero este castro debió estar amurallado, como otros poblados de la región.

Las necesarias tareas agrícolas a lo largo de los siglos se han encargado de expandir los restos del primitivo asentamiento y de desmantelar la necrópolis. Posiblemente objetos como la estatuilla de Astarté se encontraron fuera del núcleo por haber sido arrastradas fuera del recinto. El propio nombre del castro procede de los restos que las gentes de los alrededores encontraban al labrar la tierra o encontraban en sus paseos campestres. Muchas de las piedras que componían estas *paredejas* o ruinas se utilizaron para delimitar parcelas de la región.

Fabián cree que el primitivo castro pudo ocupar una superficie de 50 ha (con necrópolis incluida), que haría de este emplazamiento un asentamiento tan importante como La Mesa de Miranda o Ulaca, algo que no parece demasiado plausible a la vista de lo poco que queda.

Ulaca, el gran castro del altar y la buena sauna

Al yacimiento vettón de Ulaca se llega una vez pasado Solosancho y su pedanía Villaviciosa, en la provincia de Ávila. Para llegar hasta aquí, hay que salir de Ávila, que está a 23 km, a través de la N-110 hasta el cruce con la N-502. Tomar esta última carretera hasta Solosancho. Desde aquí, una carretera local le conducirá a Villaviciosa. El acceso al monumental *oppidum* está indicado. Pasado Villaviciosa se toma una pista forestal que nos llevará hasta un aparcamiento a cuya izquierda se encuentra una cancela que hay que abrir. Posteriormente una vereda indicada nos sube en pronunciado ascenso durante unos 30 minutos hasta la primera línea de fortificación del poblado. Un paseíto bastante agradable.

Ulaca es el *oppidum* más grande conocido entre los vettones y uno de los mayores que se han estudiado en la Céltica ibérica. Es posiblemente también el más tardío de los castros abulenses. Domina estratégicamente el valle Amblés[49], desde lo alto de un cerro a 1500 m de altitud, en la sierra de la Paramera, las estribaciones septentrionales de Gredos. La cumbre está amesetada y en ella se han descubierto cimentaciones de casas de planta cuadrada y rectangular, de compartimentación diversa. Las viviendas se distribuyen dispersas por todo el cerro amesetado y no se distingue ninguna estructura de calle. Son viviendas que se adaptan a la topografía del lugar. En sus inmediaciones se han hallado varios verracos. En la plaza de Solosancho junto a la iglesia luce una escultura granítica de un toro, que necesariamente se relaciona con el asentamiento de la Edad del Hierro. En los alrededores de Villaviciosa se han atestiguado otros dos toros. Junto al castillo de Villaviciosa (siglo xv) se halla otro verraco.

El asentamiento es de forma ovalada, protegido por torres y una muralla de piedra de un perímetro de más de 3 km que encierra 70 ha de superficie lo que hacen de Ulaca el núcleo más grande de la comarca y uno de los más grandes de la península ibérica. Pero no estaba ocupado homogéneamente. La zona central revela, con matices, una densa ocupación, pero amplias zonas del asentamiento permanecieron prácticamente desocupadas, aunque también pudo dedicarse esta zona deshabitada a los pastos y el ganado. Además, ese sitio *vacío* se ocuparía por las gentes que vivían en las cercanías en momentos de inestabilidad y conflicto. O simplemente en época de ferias de ganado, que seguro debieron existir, y más teniendo en cuenta que Ulaca seguramente fue un santuario, a juzgar por su altar escalonado.

Las primeras noticias sobre el yacimiento se remontan al siglo xix (Ballesteros, 1896), aunque la primera descripción exhaustiva se debe a Gómez Moreno. Entre 1914 y 1915, reputados arqueólogos como P. Paris, R. Lantier y H. Breuil[50] visitaron el lugar, siendo Lantier y

49 Cubeta sobre la que discurre de oeste a este el río Adaja, que en su curso alto alcanza los 1100-1200 m de altura. El valle está rodeado de elevaciones de diferente altura: al norte, la sierra de Ávila y al sur las sierras de La Serrota y de la Paramera, de mayor altura.

50 Sí, sí, el mismo abate francés que tanto sabía de pinturas rupestres, tema en el que fue una de las máximas autoridades de la época.

Breuil quienes levantaron un plano de las murallas. Sacaron a la luz su poderoso sistema de fortificación, estructuras monumentales y ajuares domésticos que se relacionan con los que excavó Juan Cabré en Las Cogotas desde 1932.

Desde los años 90 ha sido prospectado sistemáticamente, sobre todo por los equipos del departamento de Prehistoria de la Universidad Complutense de Madrid, dirigidos por Gonzalo Ruiz Zapatero y Álvarez-Sanchís. En 2003, ambos investigadores localizaron en la falda norte un sector del cementerio de Ulaca. En 2004, descubrieron que además de los enterramientos, al pie de la ladera existía un conjunto de estructuras artesanales que confirma la extraordinaria importancia del *oppidum* en la región.

El sistema defensivo de Ulaca estaba ligado a la necesidad de disponer de varias entradas al poblado además de las propias de un núcleo urbano que precisaba de fortificaciones. Según la forma de acceder al lugar y orografía de cada puerta, la defensa en ese punto era más o menos compleja. En el punto del poblado por donde accedemos al recinto amurallado, que es aquel donde nos deja el camino

Altar de Ulaca. Foto del autor.

marcado desde el aparcamiento, la defensa se organizó con varias líneas de muros a modo de barbacanas[51] y que tenían como misión desgastar a las tropas atacantes, como los campos de piedras hincadas, si los hubiere. Continuando por el camino más o menos marcado, encontramos unos metros más arriba otra línea de defensa, reforzada por torreones de planta cuadrangular. Según las técnicas propias de la época, las murallas se construyeron utilizando el sistema de doble paramento: dos muros adosados uno a otro, garantizando que, si se producía el derrumbamiento del primero, el segundo o interno quedaría indemne.

La muralla principal, a la que se llega después de atravesar dos fortificaciones exteriores, en forma de barbacanas, como hemos visto, y que rodeaba el asentamiento, tiene un perímetro de 3000 metros. Los dos paramentos están constituidos por bloques grandes y las caras planas vistas al exterior. Se adapta bien a la topografía y tiene 9 entradas o lo que así se ha interpretado después de observar otras tantas interrupciones de la muralla. Murallas y puertas, debieron presentar un imponente aspecto desde el valle. Un sistema defensivo tan espectacular bien pudo ser levantado por razones militares, pero también por razones internas y de prestigio, puesto que se podría haber tratado de controlar mejor a los habitantes de los alrededores y a la vez, exhibir la fuerza de los residentes en el cerro y de sus gerifaltes, ya fuesen guerreros o sacerdotes. Lo de los sacerdotes lo digo porque Ulaca tiene bastante de centro religioso de la zona, a juzgar por la existencia del altar y la sauna ritual.

Se han reconocido más de 250 casas repartidas en distintos puntos del *oppidum*, e incluso el hábitat se extiende extramuros. En algunos lugares observamos piedras hincadas formando hileras. En general, el estado de conservación de las ruinas es aceptable, por no existir reocupaciones anteriores, y la distribución actual de estructuras refleja más o menos la que pudo tener el poblado en la Edad del Hierro. Es posible que Ulaca sea la fosilización superficial de un poblado prerromano. Hasta el propio topónimo evoca una antigüedad casi insoportable.

---

51 Las barbacanas estaban por lo general situadas fuera de la línea principal de defensa y conectadas a los muros de la población por un camino fortificado.

Las viviendas tienen planta cuadrada o rectangular, con una superficie estimada entre 50 y 250 m^2. Se dividen en tres o cuatro estancias. La primera estancia que nos encontramos al acceder a ella era la más importante, donde se hacía la vida cotidiana, provista de un banco corrido adosado a la pared y un hogar. Supone prácticamente la mitad del espacio habitable y se accede desde el exterior. Las otras habitaciones serían la despensa, donde se depositaban los grandes recipientes de cerámica o los aperos de labranza, y el dormitorio. Las puertas de las casas estaban señaladas por dos bloques de mayor tamaño que el resto y suele orientarse hacia el este, por donde sale el sol. Los muros de las viviendas estaban formados por zócalos de piedra granítica, que es la habitual en la zona, y se recrecían o con adobe o a veces, con piedra. Las cubiertas estaban formadas por troncos de árbol recubiertos de barro y paja. En algunos casos se excavó directamente en la piedra, algo a lo que estaban muy habituados sus habitantes. La organización espacial podría reflejar diferencias sociales, pero también distintas funciones.

La práctica de sacrificios humanos o de animales entre los pueblos de la Antigüedad estaba muy extendida, según revelan las fuentes de los autores clásicos. El santuario o altar de sacrificios es la estructura más característica del *oppidum* de Ulaca. Es una estancia rectangular tallada en roca asociada a una gran peña en la que los habitantes excavaron una doble escalera que conduce a una plataforma con dos concavidades comunicadas entre sí. Una de ellas vertía sobre una tercera, la cual se comunica con la parte inferior de la peña a través de un canal. La función sagrada del monumento se ha interpretado a partir de paralelos (como el santuario portugués de Panoias, Vila Real) con inscripciones latinas que informan de sacrificios de animales realizados en el lugar. Próximo al ara de sacrificios se encuentra un espacio bien delimitado por grandes lajas donde los espectadores asistían al ritual. Las entrañas de las víctimas se quemaban en cubetas como las que observamos en esta estructura y la sangre fluía alegremente hacia otras oquedades similares, al tiempo que se rendía culto a las divinidades. La orientación del altar coincide con la cumbre más elevada de la sierra de la Paramera, el «Risco del Sol», algo que no parece casual y que podría estar relacionado con algún fenómeno celeste, ya que el risco es visible desde Ulaca. Parece ser que existieron marcadores astronómicos en el poblado: la pendiente de las dos escaleras del altar apunta a la posición que tiene el Sol en el solsticio de invierno.

Los ritos de iniciación han sido práctica habitual en la historia del hombre. El paso de niño a hombre era objeto de un ritual que ha sido reconocido por todas las culturas y en todas las épocas. Lo digo en masculino porque en las sociedades guerreras de la Edad del Hierro, las mujeres contaban muy poco, por desgracia. Cerca del famoso altar de Ulaca encontramos otra construcción rupestre bien definida, de planta rectangular y dividida en tres habitáculos: antecámara, cámara y horno. Este lugar, excavado laboriosamente en la roca (como el altar, que denota la alta maestría como canteros que alcanzaron los habitantes del *oppidum*), se ha interpretado como una sauna ritual en la que posiblemente los guerreros eran iniciados como tales a una determinada edad o incluso antes de cada combate. Es una estructura habitual en los poblados de Europa occidental de la Edad del Hierro. Su estructura es análoga a saunas de algunos asentamientos del noroeste de la Península. Estrabón hace referencia a funciones termales relacionadas con ritos y baños de carácter

Sauna ritual de Ulaca. Foto del autor.

iniciático, como he dicho antes, frecuentes entre las poblaciones de la meseta norte. Dice así el geógrafo griego: «De algunos de los pueblos que viven en las inmediaciones del Duero se dice que viven a la manera espartana, ungiéndose dos veces con grasas y bañándose de sudor obtenido con piedras candentes, bañándose en agua fría y tomando una vez al día alimentos puros y simples».

La Atalaya o Torreón encontrado en Ulaca es un importante edificio en forma de torre, delimitado por un pequeño recinto amurallado. Parece que funcionó como atalaya para vigilar el tráfico interno de mercancías, función que se desprende del hecho de dominar visualmente desde el sur una enorme extensión del área habitada y por tanto el trasiego de carros y gentes.

El abundante roquedo granítico disperso por todo el recinto fue una importante fuente de materia prima para las construcciones domésticas y defensivas. Las distintas canteras existentes en el asentamiento de Ulaca se abandonaron en el curso de los trabajos de acuñado y cortado. La técnica ha perdurado hasta nuestros días.

En resumen, parece que Ulaca fue un *oppidum* que tuvo en su día una importante jerarquía entre el pueblo vettón y, posiblemente, un gran mercado regional que floreció entre los años 300 y 50 a. C. Se desarrollaron importantes actividades artesanas, como la cantería, la alfarería y la forja de hierro. La organización interna de este enorme asentamiento amurallado y reforzado con un sistema de barbacanas, estaba ordenada a la sombra de una fuerte jerarquía política y religiosa. La población que vivía en este *oppidum* se calcula entre 1000-1500 habitantes, que casaría perfectamente con el número de viviendas conocidas. Es posible que los alrededores del asentamiento fuesen lugar de reunión estacional de mercaderes, pastores con sus rebaños, agricultores de granjas vecinas que comerciaban y concertaban alianzas santificadas por los sacerdotes que ofrecían sacrificios del tipo que fuesen en el altar escalonado a los dioses vettones. Su población originaria pudo trasladarse a la vega con el cambio de era, puede que a Ávila, identificada con la Obila vettona de Ptolomeo, pero sin ninguna certeza. Se han encontrado monedas indígenas con la leyenda indígena de Arekoratas y posiblemente Sekorobices (muy posiblemente Segóbriga). Ulaca no parece estar habitada de forma permanente desde finales del siglo I a. C., sino de forma esporádica. Es posible que las reuniones esporádicas o festivales religiosos se hiciesen en determinadas épocas del año, para acoger ferias de ganado o rituales periódicos relacionados con los ciclos agrícolas y ganaderos por los que se regían las sociedades de aquellos tiempos, encarnados en súplicas o encargos a los dioses.

Villasviejas del Tamuja, un ejemplo de *continuum* entre los pueblos lusitanos y vettones

Villasviejas del Tamuja es, con total seguridad, el castro más emblemático de la cuenca extremeña del Tajo, ya que es el único del que se ha excavado la zona de hábitat y la funeraria.

Es un castro fortificado situado en un abrupto espigón del río Tamuja, habitado desde el siglo IV a. C. y abandonado en los años bisagra del cambio de era. En mesetas cercanas también existió poblamiento contemporáneo, pequeños hábitats domésticos (¿granjas, alquerías?), pero este castro concreto fue el único que se amuralló. El castro y las necrópolis son los lugares que han aportado elementos materiales de prestigio de los que carecen los pequeños núcleos de población que lo rodean. Por eso, parece probable que en ese castro vivían las altas jerarquías de la zona, que acceden con más facilidad a los objetos de lujo, consecuencia del intercambio con regiones lejanas, y por qué no, por el hecho de formar parte de los grupos guerreros que se alquilaban como mercenarios en los ejércitos cartaginés y romano. O en las fuerzas de los régulos iberos o turdetanos. Los habitantes extramuros, en cambio tendrían como función la de abastecer a los de dentro, siendo ellos mismos campesinos y/o artesanos, correspondiendo a los castreños la función bélica. También hay que señalar que sólo el castro tuvo una ocupación continuada a lo largo de cuatro siglos, mientras que los hábitats satélites solían ser habitados temporalmente.

Álvarez-Sanchís lo consideró en 1999 un asentamiento vettón en función de los verracos encontrados, a pesar de los rasgos que le diferencian de los yacimientos abulenses. Los pueblos de la cuenca extremeña del Tajo, como es este caso, poseen personalidad propia según algunos autores y no son vettones ni lusitanos, aunque existieron fluidos contactos con ellos, sobre todo con los vettones del norte de la sierra de Gredos. Abruptas orografías separan a los habitantes de la zona de Villasviejas con ambos pueblos o etnias. Tampoco se les puede relacionar con los túrdulos meridionales de la cuenca media del río Guadiana, al otro lado de la sierra de Montánchez, tan cercana a Villasviejas. Al oeste de la zona habitada por las comunidades de Villasviejas y sus alrededores, se abre una zona sin apenas impedimentos geográficos, que permite su relación con otros pueblos extremeños y portugueses muy similares en cuanto a sus características culturales, como los de la Beira. Más al oeste, las características poblacionales corresponderían a los pueblos lusitanos clásicos.

El castro de Villasviejas del Tamuja ha sido pródigo en hallazgos variopintos, como los verracos de los que nos hemos hecho eco más arriba, que indican una fuerte relación con la cultura vettona, pero también aparecen cerámicas y armas de clara influencia celtibérica, halladas en la necrópolis datada en el siglo II a. C. Pero aún hay más influencias, esta vez procedentes del sur, como los túmulos de la necrópolis del siglo IV a. C. Aun así, el tipo de fortificaciones, el emplazamiento y la cultura material enlazan el asentamiento de Villasviejas con los castros de la cuenca extremeña del Tajo, a caballo entre el mundo lusitano y el vettón. No podemos olvidar el tema de las fronteras en aquella época. No hay fronteras definidas entre un pueblo y otro, y existe una especie de *continuum* entre uno y otro pueblo donde las peculiaridades se van diluyendo y aumentando respectivamente según nos alejamos del núcleo de un pueblo, donde las características son muy acentuadas, y nos acercamos al núcleo del otro. Esto nos lleva a pensar que el poblamiento del occidente peninsular no es tan sencillo como las crónicas de los autores grecorromanos nos quieren hacer creer. Posiblemente, a la luz de las prospecciones de Hernández *et alii* en Villasviejas, todo parece indicar que hay pueblos que beben de las peculiaridades de unos y otros sin ser exactamente unos u otros, sino simplemente pueblos mesetarios con una cultura material similar y general, con algunas características especiales.

En resumen, la cuenca extremeña del Tajo, donde se encuentra el hábitat representado por el castro fortificado de Villasviejas y sus alquerías/granjas satélites, se diferencia culturalmente tanto de las tierras al norte de la sierra de Gredos, consideradas tradicionalmente como vettonas, como de las meridionales de la cuenca del Guadiana, culturalmente herederas de la vieja civilización tartésica, aceptando elementos culturales, ya sean materiales como inmateriales, de ambas zonas, amén de los préstamos lusitanos y aun atlánticos. Pero mantienen una cultura propia, que en las fuentes pueden aparecer indistintamente como lusitana o vettona, pero donde no son identificadas *per sé*. Nos recuerda a las «microcarpetanias» de las que hablaba Dionisio Urbina: cada castro es un mundo diferente e independiente de los cercanos, aunque alguna peculiaridad les hacía pertenecer a un mismo pueblo a ojos de los invasores. Lengua, religión, aspecto físico exterior, abalorios, adornos, armamento, colorido de las prendas, tipo de vestidos, ¿tatuajes?...

Lo que sí parece evidente en el asentamiento de Villasviejas, es que a partir del siglo III a. C., las influencias meridionales y orientales ibéricas se van diluyendo, en favor de las influencias celtibéricas, lo que según Hernández *et alii* indica un ambiente bélico en la zona, con una expansión celtibérica hacia el oeste. Esta situación de inestabilidad pudo llevar aparejada la fortificación del castro.

La última etapa del castro de Villasviejas pertenece ya a la época de la conquista romana de la Meseta (siglo II a. C.) e incluso a las guerras civiles del siglo I a. C., lo que refuerza la tesis de una reforma y mejora de las fortificaciones del castro, adecuándolas a las nuevas técnicas guerreras. Como los paramentos de granito del poblado, documentados en una época tardía de su hábitat. Además, es el centro neurálgico de la zona, el centro comercial, político, militar y hasta nos atreveríamos a decir que religioso.

El emplazamiento en alto y fortificado del poblado, rodeado por el río Tamuja, no destaca especialmente en la penillanura extremeña. El castro tiene dos recintos amurallados respetuosos con la orografía del terreno. Las murallas están formadas por la unión de grandes lajas irregulares de pizarra. En cambio, en el acceso al castro y en algunos bastiones, se utilizaron bloques de granito, tallados de forma regular. Este cambio de técnicas constructivas supone una evolución de la poliorcética castreña, que aborda el uso de paramentos graníticos, más duros y resistentes, aunque haya que transportarlos desde canteras alejadas del poblado. Esto quiere decir que el enemigo ahora parecía un hueso más duro de roer que los anteriores. ¿Celtíberos? ¿Romanos? ¿Cartagineses? Pues no lo sabemos.

En algunas viviendas del denominado recinto A se han documentado ánforas romanas, que parecen relacionar este recinto con su última época de funcionamiento, una época en la que la muralla parece haber perdido casi por completo su carácter defensivo y donde las viviendas se apoyan en el relleno de la muralla. Hablamos de finales del siglo II y comienzos del siglo I a. C. Por lo que respecta a las casas, son de planta rectangular divididas en compartimentos. Los datos de excavación, tanto del poblado como de sus tres necrópolis, han evidenciado cuatro siglos de ocupación continuada, aunque es muy posible que existieran asentamientos anteriores a Villasviejas en la zona. Pero también posteriores.

Según Álvarez-Sanchís, el abandono de este castro por sus habitantes estaría directamente relacionado con la fundación de Norba Caesarina (la actual ciudad de Cáceres) en el año 34 a. C., junto a la Vía de la Plata. Por este motivo, las gentes de Villasviejas y de otros emplazamientos cercanos optaron por arrimarse al sol que más calentaba, porque corrían el riesgo de perder comba al estar aislados de las principales vías de comunicación.

Yecla de Yeltes, el de las imponentes murallas

El castro de Yecla la Vieja se encuentra a 2 km al sur de la población salmantina de Yecla de Yeltes, sobre una plataforma delimitada por dos arroyos. Es un castro de poderosas defensas levantadas por la mano del hombre. Una potente muralla cierra una superficie de 4-5 ha, apuntalada en algunas zonas por piedras hincadas, sobre todo en el lado occidental, menos protegido que los demás. El recinto amurallado consta de cuatro accesos principales y un portillo. La puerta principal, en forma de embudo se ubica al norte de la posición. La puerta meridional también es de embudo. Las otras dos puertas son secundarias, y el portillo es tan sólo una interrupción en el recinto amurallado, una simple apertura para acceder a un manantial. Decir que, en la puerta en esviaje de Yecla, el pasillo supera ampliamente los 6 m de anchura.

Este emplazamiento fue ocupado entre la II Edad del Hierro y la Alta Edad Media. El poblado se celtiberizó[52] intensamente a partir

52 Algo similar a lo que ocurrió en Villasviejas del Tamuja.

del siglo III a. C., un proceso identificado por la aparición de numerosas armas e instrumentos de hierro y la producción de cerámica rojiza a torno y frecuentemente decorada con motivos geométricos en color negro. Lo que no sabemos es si el incremento de cachivaches celtíberos implicó la presencia física de guerreros celtíberos, ya fuese como conquistadores o como mercenarios.

En Yecla se han documentado según González-Tablas dos niveles. Uno caracterizado por cerámicas a torno de tipo celtibérico, con decoración a peine o estampillado, de los siglos III-II a. C. El segundo nivel caracterizado por cerámica *sigillata* tardía pertenece al periodo imperial romano.

La época de mayor *esplendor* fue el período romano bajoimperial y a este corresponden las estelas de la necrópolis y un término (o mojón) que delimita el territorio *mirobrigense* (en las inmediaciones de Ciudad Rodrigo) y el de los *polibedenses*, un pueblo o una *gens* de ubicación desconocida, pero que debió habitar el occidente salmantino. No podemos saber si esta segunda población o *civitates* coincidía con los habitantes del primitivo asentamiento de Yecla de Yeltes.

Muralla y campo de piedras hincadas en Yecla la Vieja. Foto del autor.

En esta época del Bajo Imperio se repara la muralla, lo que parece indicar un período de inestabilidad política. O simplemente se trató de una necesaria reforma.

En los trabajos del año 2004, se reabrió la puerta occidental de la muralla, a través de la cual se accedía a la necrópolis. Este acceso se condenó en su día al no utilizarse el cementerio, quizás a finales del período romano. Pero ni la necrópolis de la Edad del Hierro ni la de época altoimperial se han hallado todavía. En esta campaña de excavación, salieron a la luz varias viviendas de época visigoda y los restos de un individuo que debió morir de forma violenta al derrumbarse la pared de la muralla.

La vida cotidiana del poblado decayó algo en la etapa visigoda, pero según Martín Valls y Romero Carnicero, existieron aún grupos humanos residuales residentes en el lugar hasta fines del siglo XII, fecha en la que la población más irredenta se trasladó por fin al actual emplazamiento de la moderna Yecla de Yeltes. Posiblemente la definitiva despoblación del viejo asentamiento de la Edad del Hierro se produjese cuando el rey Fernando II donó al arzobispo compostelano la villa de Ecla en el año 1184.

Las ciudades romanas en territorio vettón

AUGUSTÓBRIGA

Talavera la Vieja ha sido y es conocida principalmente por dos motivos. El primero es por su evidente importancia en época hispanorromana, reflejada en los restos y monumentos que se conservaban en dicha villa, y el segundo es su triste final bajo las aguas del pantano de Valdecañas. El redescubrimiento de Talavera la Vieja y su transmutación en la Augustóbriga romana se produjeron en los siglos XVIII y XIX, gracias a la labor de hombres de ciencia que empezaron a estudiar los restos romanos para descifrar las claves de su pasado. Así pues, la publicación de los trabajos de estos siglos dio a conocer las ruinas existentes en Talavera la Vieja, pueblo que se beneficiaría de dichas ruinas de modo directo. Algunos autores de la época, entre ellos el muy erudito Pascual Madoz, llegaron a identificarla erróneamente con la Ebura carpetana. Demasiado occidental para ser una ciudad de esta etnia. En todos los grabados que se hicieron durante el siglo XIX, aparece en lugar preeminente las imponentes ruinas del templo de Los Mármoles. El resurgimiento real de Augustóbriga vendrá dado por la epigrafía, puesto que en 1887 se produjo un hallazgo casual en la muralla de Talavera la Vieja. Una inscripción marmórea dedicada al Senado y al pueblo augustobrigense. Con este hallazgo fundamental se resuelve de una vez por todas el problema del origen de las ruinas de Talavera la Vieja: es la Augustóbriga romana sin duda.

En 1963 el pueblo de Talavera la Vieja fue derruido y su emplazamiento inundado por las aguas del pantano de Valdecañas.

Previamente se realizaron algunas excavaciones de urgencia para salvar en la medida de lo posible los vestigios romanos. Parte de sus vecinos se instalaron en el pueblo de colonización de Rosalejo (que posee el rollo jurisdiccional de Talavera la Vieja) o en otras poblaciones cercanas.

Augustóbriga fue un municipio situado en el extremo nororiental de la provincia romana de la Lusitania, construida junto al río Tajo en un solar que ya fue ocupado en tiempos anteriores a la dominación romana. El asentamiento prerromano más importante fue un poblado de época orientalizante, cuya cronología se fija entre los siglos VII y V a. C. El sufijo –briga (este en concreto de origen céltico) es la prueba fehaciente del origen prerromano, aunque las autoridades procuraron romanizar con esta ciudad una región muy alejada de la capital lusitana Emerita Augusta, en la vía que unía esta última con la Toletum carpetana. Si bien en su origen fue una ciudad estipendiaria (tributaria no privilegiada), según aparece en los textos de Plinio el Viejo (siglo I d. C.), en época de Vespasiano alcanzó el rango de municipio con derecho latino. Ptolomeo de Alejandría (siglo II d. C.) incluye Augustóbriga entre las ciudades vettonas.

Augustóbriga tuvo el característico urbanismo ortogonal romano, en donde las calles principales, el cardo y el decumano confluían en

Lo poco que queda de Augustóbriga en la actualidad. Foto del autor.

el foro. Además estuvo amurallada. De los espacios domésticos sólo se excavó una casa con peristilo. La ciudad contaba con una conducción hidráulica, depósitos y fuentes naturales como abastecimiento de aguas. La necrópolis estaba fuera de las murallas y flanqueaba las principales vías de acceso a la localidad.

El foro de Augustóbriga era de planta rectangular y estaba rodeado por un pórtico que incorporaba un conjunto de templos de los que solamente han quedado restos de dos: el templo de Los Mármoles y el de La Cilla. El primero, de planta rectangular, se asienta sobre un podio de bloques de granito. El frente del templo conserva cuatro columnas centrales y dos laterales, asentadas sobre un zócalo de granito, que se interrumpe en el vano de acceso. Las columnas son de orden corintio esquematizado, muy poco trabajado como corresponde al arte provincial, bastante rústico en su ejecución. En su momento inicial, las columnas estuvieron recubiertas de estuco y pintadas de brillantes colores. La parte superior del pronaos[53] presenta un arquitrabe liso sobre el que se apoya una cornisa que sirve de apoyo a un arco de medio punto que corona el frontón.

El templo de La Cilla se denomina así porque se utilizó como almacén de granos en sus últimas fases. De su estructura original, antes de ser anegado el pueblo bajo las aguas del pantano, sólo pudieron trasladarse algunas columnas al lugar donde permanecen en la actualidad. Ambos templos fueron declarados Monumento Histórico-Artístico en 1931, y por ello, trasladados a su emplazamiento actual.

BLETISAMA

A la luz de la información que ofrecen los términos *augustales*[54] y las calzadas que partían desde este enclave, Montero Vítores ubica Bletisama en Ledesma (Salamanca). El término *augustal* aparecido

53 Espacio arquitectónico situado delante del *naos* o *cella* del templo, elemento típico de los templos griegos y romanos.

54 Mojón de piedra, de época romana imperial, que servía para delimitar ciertos territorios, públicos o privados, cuya denominación se expresa mediante una inscripción.

en Ledesma separa las comunidades de Bletisa(ma), Miróbriga y Salmantica, *civitates stipendiariae* que se transformaron en municipios por decreto de los emperadores de la dinastía Flavia:

> *CIL* II, 859: *[I]mp(erator) Caesar Aug(ustus), pontif(ex) / Maxim(us), tribunic(ia) pot(estate) XXVIII, / co(n)s(ul) XIII, pater patr(iae). / Terminus augustalis inter Bletisam et Mirobr(igam) et Salm(anticam).*

El otro término *augustal* referido a Bletisama o mejor, a sus habitantes, se encontró en Ciudad Rodrigo (Salamanca):

> *CIL* II, 858: *[im]p(erator) caesar avgvstvs / pontif(ex) max(imvs) tribvn(icia) potes(tate) / XXVIII co(n)s(vl) XIII pater patr(iae) / terminvs avgvst(alis) inter / mirobr(igenses) valvt(enses) et bletis(amenses).*

Pero hay descubrimientos recientes que pueden echar por tierra la tradicional identificación Bletisama/Ledesma. Alejandro Beltrán en su tesis doctoral de 2016 recoge otra hipótesis. Entre 2009 y 2010 se descubrió un pacto de hospitalidad en el yacimiento de El Picón (el denominado Bronce de El Picón) en Pino de Oro (municipio zamorano), que se refiere al pacto entre un paisano, el Senado y el pueblo de Bletisama. Ya hemos visto cómo tradicionalmente la *civitas* Bletisamensis se ha identificado con la salmantina Ledesma a partir del término *augustal* CIL II 859, pero para Beltrán, «la falta de vestigios arqueológicos romanos de Ledesma, así como el propio sentido del *terminus* como límite del territorio de una *civitas* parecen descartar la idea de esa identificación». El caso es que, según este mismo investigador, existe otro *terminus* (CIL II 5033) que refleja otra situación de delimitación de territorios entre Miróbriga, Salmantica y los Polibedenses. Esta última *civitas* habitaría la región en torno a los ríos Huebra y Yeltes[55] (y quizás el propio asentamiento de Yecla de Yeltes, como hemos visto más arriba), un área territorial propuesta también para los bletisamenses. Para numerosos autores, los polibendenses serían una comunidad menor dentro de la *civitas bletisamensis*. Bletisama incluiría dentro de su territorio el yacimiento de

55 Conocemos el antiguo hidrónimo del río Yeltes gracias a la epigrafía que incluye dedicatoria a las *Aquis Eletesibus* (*Eletes* > *Yeltes, cf.* BLÁZQUEZ, 1975: 28).

Hinojosa de Duero, en el que se hallaron numerosas estelas romanas de granito, curiosamente en un terreno de pizarra.

La transcripción y desarrollo del fragmento conocido como Bronce de El Picón quedaría como sigue:

> *M(arco) Licinio Cr]asso Fr[ugi et] / [L(ucio) Calpurnio Pisone co(n) s(ulibus)] / [// hospitium reno]/vavit cum s[enatu popul]/oq(ue) Bletisam[ensi eum]/que senatus [populusque] / Bletisamen[sis liber]/os posterosq(u)e ei[us in am]/icitiamque su[am receperunt] / ita ut civem / in perpetu[o] / egit ipse A[- - -]/ TONE[- - -].*

Según la interpretación de A. Beltrán: «siendo cónsules Marco Licinio Craso Frugi y Lucio Calpurnio Pisón… se renovó un pacto de hospitalidad con el Senado y el pueblo de Bletisama y el mismo Senado y pueblo de Bletisama le otorgaron para sí mismo y sus descendientes libres su amistad y su ciudadanía…».

Según algunos investigadores, del topónimo originario Bletisama, habría derivado el actual Ledesma. Para Blanca María Prósper, Ledesma es un topónimo muy extendido por la geografía peninsular, y significaría «la más/muy ancha o extensa», procedente del superlativo celta **(p)letisamā*. Según otras hipótesis, Ledesma procedería del antropónimo latino Laetissimus.

Todavía se pueden ver restos de la muralla del castro prerromano, que fue reutilizada en la Ledesma medieval y moderna. Ledesma pudo ser un nudo de comunicaciones secundario que actuaba de nexo de unión con Salamanca, Moraleja de Sayago, Mérida, Ciudad Rodrigo y Aldeadávila de la Ribera.

Los habitantes de Bletisama aparecen en los papeles marcados por ciertas siniestras costumbres que denotan muy *mala leche*. Cuenta Plutarco cómo durante el proconsulado de Publio Craso, en una fecha tan tardía como los años 96-94 a. C., a estos señores todavía les daba por hacer sacrificios humanos. Parece que hicieron la paz con un pueblo vecino y para celebrarlo por todo lo alto sacrificaron un hombre (¿un prisionero de guerra?, ¿un esclavo?, ¿un voluntario?) y un caballo. El gobernador romano en cuanto tuvo noticia de tan bárbara costumbre no sólo les reprendió severa y agriamente, sino que les prohibió continuar con estas poco amables prácticas que, sin duda, eran ancestrales y provenían de la noche de los tiempos.

CAELIONICO

En el siglo XIX se identificó esta mansión ptolemaica con Baños de Montemayor, donde habían sido descubiertos restos de época romana, identificados como un establecimiento termal y fragmentos de calzada. Esta tesis se vino abajo al dilucidarse que las inscripciones votivas se referían a las Ninfas de Cáparra (Nymphae Caparenses), con lo que las ruinas estaban relacionadas con Cáparra y no con Caelionico. Otras inscripciones están dedicadas a Salus[56] y alguna más a la ninfa de la fuente del lugar. Para F. Diez de Velasco, la Salus de Baños de Montemayor se identificaría con la personificación de una fuente.

A raíz del estudio epigráfico, los investigadores buscaron otra localización para esta mansión. Fueron propuestas Casas del Monte y Segura de Toro. Para cuadrar las distancias aparecidas en la *Geografía* de Ptolomeo, Caelionico debería situarse más allá de Baños de Montemayor, quizás en Puerto de Béjar o alrededores, donde se han encontrado restos de calzada. Entre Peñacaballera y Calzada de Béjar se han localizado restos de miliarios, que enmarcan una vía que llegaría hasta otra mansión, Ad Lippos.

En principio, el balneario encontrado en Baños de Montemayor tuvo que depender de una ciudad de cierta importancia. Y la más próxima es Capara. Del antiguo edificio se excavaron una cámara circular rodeada de tres núcleos circulares que abrazaban la piscina central. También se documentaron monedas que pudieron ser ofrendas arrojadas al agua. Por su parte, Roldán Hervás sitúa Caelionico en la Finca de la Vega, entre los términos municipales de Puerto de Béjar y Peñacaballera.

CAESAROBRIGA

Según Plinio (*N.H.* 4,118), Caesarobriga sería una ciudad estipendiaria de Lusitania. El topónimo indica una fundación de época de Augusto, habitada por una población que carecía de ciudadanía

56 Dios romano que, junto con Esculapio, aparece relacionado con las aguas salutíferas.

romana. De ahí el carácter de estipendiaria que le asigna Plinio. Alcanzó la condición de municipio bajo la dinastía Flavia, según está constatado de manera epigráfica. Se identifica con Talavera de la Reina, un centro urbano que parece ser la continuación en el tiempo de la romana Caesarobriga, como prueban epígrafes latinos atestiguados desde el siglo XVI, en opinión de Bendala Galán. Esta población tiene un estatuto municipal reconocido, aunque no se cita en los *Itineraria*. En ocasiones se la ha identificado erróneamente con Augustóbriga.

El posible origen prerromano de la ciudad se ha puesto de manifiesto con la aparición de estelas de guerreros o del suroeste[57] en la propia ciudad y alrededores, lo que a su vez enlaza con una supuesta influencia orientalizante desde la época de Tartessos, encarnados en productos hallados en lugares próximos como Fraguas y Casa del Carpio. Posiblemente la fundación del centro urbano protohistórico sea un ejemplo de aglutinación o sinecismo de otros centros menores muy próximos.

Los restos arqueológicos de esta localidad eran escasos (un mero verraco y huellas de una villa romana) hasta que en 2006 se efectuaron excavaciones arqueológicas en el Centro Cultural Rafael Morales que sacaron a la luz una *domus* (con patio central y vestigios de pinturas murales) y dos templos dedicados a Júpiter y al Emperador. En opinión de Ana Vázquez Hoys, Caesarobriga pudo ser en su etapa romana un importante centro político y económico que controlaba los recursos hídricos, agropecuarios y mineros de la comarca de la Jara. Quizás el mismo topónimo denota esa relevancia, pues se refiere a César (Cayo Julio).

Según Montero Vítores, las referencias de caminos de herradura permiten enlazar este núcleo con la red viaria oriental del solar vettón. La existencia en los alrededores de Talavera de la Reina de vestigios romanos podría estar marcando una línea fronteriza entre la etnia carpetana y los vettones, pero ignoramos su relación con Caesarobriga. En todo caso, parece fuera de toda duda que el lugar donde se fundó Talavera/Caesarobriga obedece a motivos estratégicos, pues fue lugar

57 Según Bendala Galán, «Las estelas figuran entre los elementos más significativos de un temprano contacto, a partir del Bronce Final, entre el ámbito tartésico y la Meseta».

importante en la comunicación a través del río Tajo entre el centro de la Meseta (la Carpetania) y el occidente peninsular: Lusitania y la Vettonia. Su papel de vigía del vado del río Tajo cerca del paso del Alberche sería fundamental en su crecimiento urbano.

La epigrafía de este núcleo asegura la existencia de *duoviros*[58] y cultos urbanos relacionados con la triada capitolina romana (Júpiter, Juno y Minerva) y la onomástica Flavia, que nos induce a pensar que Caesarobriga fue municipio latino ya desde época Flavia.

COTTAEOBRIGA

Es un núcleo urbano que nada tiene que ver con Caesarobriga. No es una deformación de este topónimo. Tiene presencia propia, aunque en ocasiones haya habido confusiones por la similitud fonética. Se ha situado tradicionalmente en Almeida, junto al río Côa. Por el nombre debió ser un castro céltico romanizado. La etimología del topónimo nos hace pensar en primer lugar en un nombre de persona de origen romano o latino, Cotta, pero es una hipótesis que los estudiosos rechazaron hace tiempo. Otras teorías lo hacen derivar de la voz *cotto* (cerro, peñasco), que cuadra mejor con lo del castro fortificado. De hecho, de *cotto* derivan palabras en castellano como cueto (colina aislada de forma cónica) y que según Montero Vítores se utilizan en la toponimia salmantina, sobre todo en la zona occidental, fronteriza con la región portuguesa recorrida por el río Côa.

CAPARA

Se ubica en una de las zonas más fértiles de la provincia de Cáceres, el valle del Ambroz. Las ruinas de Cáparra-Capara han constituido durante siglos motivo de atención por parte de curiosos y eruditos, centrada especialmente en su elemento más atractivo y mejor conservado: el majestuoso arco tetrápilo, sustentado por cuatro

58 Cargo público romano compuesto por dos magistrados que aparece en muy diversos ámbitos de la administración.

pilastras, único en su género en la península ibérica. Ocupa los términos municipales de Oliva de Plasencia y Guijo de Granadilla. Se accede a ella a través de la N-630, en el cruce situado frente a Villar de Plasencia, tomando dirección oeste hacia el pantano de Gabriel y Galán. La ciudad de Cáparra gozó de gran prosperidad por la calzada de la Plata que la atravesaba, por la proximidad del río Ambroz y su posición dominante en un alto del terreno, con el valle agrícola de Ambroz a sus pies. Cáparra debió ejercer de cabeza administrativa y judicial de un vasto territorio: el valle de la Vera, del Jerte, Monte Tras la Sierra, Llanos de Jarilla, Vega de las Granadillas, las Hurdes y la parte más oriental de la Vega del Alagón. Debió ser un núcleo urbano redistribuidor de productos comerciales de larga distancia que llegaban desde Emerita Augusta. Además, fue mansión (lugar de parada y descanso) en el *iter ab Emerita Asturicam*, más conocida como Vía de la Plata.

Según Plinio, Cáparra era en época de Augusto un *oppidum stipediarium*. De los que pagaban al Estado romano por haber opuesto cierta resistencia a las legiones. Pero también se han encontrado inscripciones relativas a un *municipium*, a un *ordo caparensis* e incluso al *cursus honorum* de algún preclaro y honrado ciudadano caparense que permite señalar que este lugar era un asentamiento con estructuras municipales que permitan calificarla de ciudad. El ascenso de *oppidum* a municipio debió tener lugar en época Flavia, en las décadas finales del siglo I d. C., como otros muchos núcleos urbanos hispanos. En la etapa de mayor auge de la ciudad, a finales del siglo I (dinastía Flavia) y principios del siglo II, bajo el gobierno de los primeros emperadores Antoninos, Cáparra adquirió un importante estatus jurídico, administrativo y económico en una zona escasamente urbanizada como era la Lusitania central. Además de ser un importante nudo de comunicaciones, funcionaría como la auténtica *capital* de un extenso territorio, a pesar del pequeño tamaño de la ciudad. La mayor parte de los edificios que se pueden ver todavía en ruinas en la actualidad son de aquella época.

Cáparra debió abandonarse pronto. En el siglo XII, cuando las tropas castellano-leonesas ocupan el territorio, no aparece como entidad urbana destinada a la repoblación. Curiosamente de la ruina progresiva en que se fue convirtiendo la ciudad sólo se salvó el espectacular arco tetrápilo o *tetrapylo*, que sigue siendo el símbolo del yacimiento arqueológico hoy en día. El *tetrapylo* constituye el eje del foro, que se halla en una disposición central dentro del espacio urbano. Este monumento representa la preeminencia que tuvo la ciudad en su época.

El foro carece casi en su totalidad de pavimentación. Existe cierta disimetría en la composición arquitectónica de los edificios que cierran lateralmente la plaza que constituye el foro. Esta disimetría podría estar ocasionada por un edificio lateral construido como bloque cerrado con sus correspondientes vanos de iluminación y acceso, enfrente del cual existiría una galería porticada. Floriano, el primer excavador de Cáparra en la década de los 40 del siglo XX, interpretó este edificio del foro como un templo dedicado a Júpiter,

El impresionante arco tetrápilo de Capara. Foto del autor.

ya que anteriormente se había descubierto una inscripción que hacía referencia al padre de los dioses romanos. En 1998, Enrique Cerrillo Martín de Cáceres interpretó el edificio rectangular como *curia*[59] *ordinis caparensis*, en razón a la posición principal de este espacio, menos elevado que los templos, pero en situación pareja a la de la galería. Y en segundo lugar, porque la morfología del edificio encaja con otros semejantes del mundo romano (Palmira, Leptis Magna, Verona, Sabratha...), identificados como curias. En el caso de Cáparra, la curia está incluida en un conjunto de edificios públicos del foro de los cuales no se diferencia, al menos exteriormente.

Al sur del foro caparense se abría un espacio porticado construido en diferentes épocas. Esta galería podría haber servido como *ambulacrum* (lugar para pasear), pero también, según Cerrillo, como basílica, una vez convertido en municipio Flavio, en cuyo caso sería la sede del tribunal edilicio.

En el frente del foro se construyeron tres templos muy próximos entre sí, que podían formar una suerte de Capitolio en miniatura en el eje del *tetrapylo*, sin dudar la zona más importante del mismo. El *tetrapylo* podría ser el centro geométrico de la ciudad, y sin duda, el símbolo máximo del urbanismo caparense. El foro de Cáparra es similar a los foros de otras ciudades próximas enclavadas en la Lusitania, como Conimbriga, de idéntico diseño y dimensiones.

En las cercanías de la ciudad existen dos puentes de época romana, el puente de Cáparra (datado en el siglo II, en época de Trajano) y el Pontón del Guijo (que, dadas sus condiciones actuales, lo mismo puede ser romano, que medieval, que moderno), que posiblemente diesen servicio a una vía subsidiaria de la Vía de la Plata que se desgajaba de esta a la altura de Cáparra. De esta vía secundaria sólo se conoce el inicio, en la propia ciudad caparense. Cáparra debió ser un importante nudo de comunicaciones, representado sin duda por ese *tetrapylo*, que podría simbolizar los cuatro puntos cardinales hacia los que partían los caminos que se iniciaban en Cáparra o la atravesaban.

Tanto el arco tetrápilo, como el puente y la ciudad de Cáparra fueron declarados en 1931 Monumento Histórico-Artístico Nacional.

59 La curia por antonomasia era la Curia Hostilia de Roma, el edificio donde el Senado romano se reunía de forma más frecuente. En general, la Curia era el lugar donde se reunía y discutía sus asuntos una tribu o un pueblo.

DEOBRIGA

Aunque a veces se la identifica sin argumentaciones plausibles con Ulaca, muy poco sabemos de esta ciudad, sólo citada por Ptolomeo para ubicarla en el solar vettón. J. Rodríguez la sitúa en el valle del Tiétar, en torno a Torremenga. La terminación –briga la asemeja a otras del mismo territorio. Ptolomeo menciona una ciudad de toponimia semejante entre el pueblo de los autrigones, y una Deobrigula entre los Turmogi. Montero Vítores piensa en un lugar de culto céltico, a tenor del nombre. Para Leonard Curchin el topónimo Deobriga es completamente céltico, compuesto por las partículas **deivo* (dios) y -briga, lugar fortificado. La ciudad de Dios, nada menos. Si fuese así, debería haber sido un santuario, como se piensa que fue Ulaca. De ahí la identificación con este gran *oppidum*.

Y poco más puedo decir de la Deobriga vettona, exceptuando la cita de una fuente decimonónica correspondiente a Miguel Cortés y López[60] y que dice así:

> *Deobriga Vettonum*. El mismo Tolomeo nos presenta esta otra Deobriga en la provincia lusitana y en la región de los vettones; la más oriental de dicha región, tocando ya con lo occidental de la Carpetania y con la raya de la España tarraconense. Ningún otro documento queda que pueda darnos luz para atinar con su correspondencia. Mas como la villa de Béjar está en la posición topográfica y corográfica que Tolomeo señala a Deobriga, está situada en una altura y conserva indicios de antigüedad romana... (Cortés, M. (1836). Dicc. t. II).

LACIMURGA/LACIMURGI

Otra localización dudosa. Se ha identificado con Lacimurga, la Constantina Iulia que Plinio cita como núcleo de los Celtici de la Baeturia (N.H., III, 14). En Ptolomeo en cambio es una población vettona que nada tiene que ver con los Celtici (G.II, 4, 11). Ambas

60 Miguel Cortés y López (1777-1854). Canónigo, diputado, senador y anticuario aragonés.

comunidades están muy distantes entre sí. Según Montero Vítores, esta distancia es excesiva y cabría pensar en un error de Plinio o en una trasposición del núcleo de Laconimurgi. Para Curchin, el topónimo deriva de **lakuo*, lago. O es que a los vettones (a la parte de la provincia Lusitana que los romanos llamaban Vettonia, que no tiene por qué corresponderse exactamente con el solar vettón prerromano) les correspondía en época de Ptolomeo un amplio territorio. Si no, no cuadra que Lacimurga sea vettona de verdad.

Algunos autores ubican la Lacimurga de Ptolomeo en Navalvillar de Pela (Badajoz), teórico límite de los vettones y frontera entre las provincias de Lusitania y Bética. El nombre exacto es el que proporciona la referencia epigráfica dedicada el genio de Lacimurga C.I.L. II Supp. 5550: *Genio / Lacimurgiae (hederá) / Norbana I Q. f. Quintilla I Nor [b]ensis,* hallada en el término municipal de Navalvillar de Pela, en el despoblado de Villavieja, fuera por tanto del territorio de la Bética. Esta hipótesis, llamémosla *ptolemaica* (que Navalvillar de Pela sea la ciudad romana de Lacimurga citada por Ptolomeo) se apoya poderosamente en los hitos de Valdecaballeros (población pacense a 25 km del Cerro del Cogolludo), que delimitan los territorios de dos *civitas* o comunidades de la región, los *lacinimurgensis* y los *ucubitani* (CIL II2/7,870). Esta población del Cerro del Cogolludo (Lacimurga) alcanzaría el rango de municipio con la dinastía Flavia.

Otros en cambio, apuestan por dos poblaciones diferentes, el citado por Plinio y el que aparece en Ptolomeo, y que ni Plinio ni Ptolomeo metieron la pata al situar sus ciudades, sino que ambos lo tenían muy claro. El motivo que lleva a esta hipótesis está en los textos del propio Plinio, pues al incluir esta ciudad entre los Celtici de la Baeturia, dice así (PL III, 13): «Celticos a Celticis ex Lusitania advenisse numifestum est sacris, lingua, offidorum vocabulis quae cognominíbus in Baetica distinguntur. Seriae adicitur Fama lulia... Lacimurgi Constantia Iulia...». Y después, al mencionar las ciudades estipendiarías de la Lusitania dice (PL IV, 118): «Stifendiariorum, quos nominare non figeat, fraeter iam dictos in Baeticae cognominibus Augustobricenses, Aeminienses...».

Plinio da a entender que en la Lusitania existen ciudades homónimas a las que va a nombrar en otros lugares, como la Bética en este caso, y que hay que diferenciarlas, precisamente con un apelativo. Por ello, según esta hipótesis, son dos ciudades distintas: una

Lacimurga en el país de los vettones, en la provincia Lusitana, fronteriza con la Bética. La otra Lacimurga tiene el cognomen Constantia lulia, está en la provincia de la Bética y se ha venido identificando tradicionalmente con la Constantina sevillana.

Y para terminar de rizar el rizo, los arqueólogos que han excavado el Cerro del Cogolludo, A. Aguilar Sáenz y P. Guichard, sostienen que los restos desenterrados por ellos corresponden a la Lacimurga Constantia Iulia de Plinio el Viejo, que de esta forma no estaría en la Bética, sino en la Lusitania. Además, defienden la tesis de que esta Lacimurga, la que han excavado ambos investigadores, no promocionó a municipio en época Flavia, sino que ya lo hizo en la época anterior, la julio-claudio, por una razón muy simple: la Constantia Iulia ya tiene el apodo *julio* y ninguna de las ciudades de Hispania que pasaron a poseer el estatus de municipio durante los Flavios, lo poseen.

La situación de las dos ciudades, la de Ptolomeo y la Plinio ya fue debatida en la I Mesa Redonda Internacional sobre Lusitania Romana (Gorges y Salinas de Frías, 1990), congreso en el que muchos investigadores aceptaron que la ciudad del Cerro del Cogolludo era la misma que aparecía en los textos de Plinio y Ptolomeo, sólo que, en época de Plinio, estaba incorporada en la provincia Bética, mientras que la citada por Ptolomeo estaba en la Lusitania, en el antiguo territorio vettón. El lugar era el mismo. Lo único que cambiaba era la frontera entre provincias. Lo que pudo ocurrir es que el límite entre ambas provincias se desplazó al sur del río Guadiana, por razones que desconocemos, pero que debieron ser de índole puramente administrativa: la Lusitania ganaba terreno a costa de la Bética.

LACIPEA

Otra vez nos referimos a Navalvillar de Pela (Badajoz). Pues esta población pacense fue identificada como la mansión ptolemaica de Lacipea en el siglo XIX por Eduardo Saavedra. Había ganas de identificarla de alguna manera, pues alguien vio en esta localidad también la ubicación de la Lacimurga de Ptolomeo. Para Leonard Curchin, el topónimo podría derivar de **lakuo*, lago, como en el caso de Lacimurga. El topónimo del *oppidum* podría estar relacionado con

Lacedemonia (Grecia) y con soldados de caballería (*hippeys*). Así, Lacipea podría evocar de alguna forma a los jinetes lacedemonios. El Pela de la actual población podría relacionarse con la Pella macedonia, capital de los monarcas macedonios, donde se encontraron numerosas monedas con la silueta de Filipo II, rey de Macedonia y padre de Alejandro Magno. Este tipo de simbología numismática está en el origen del famoso jinete de las monedas hispánicas prerromanas. No deja de ser una hipótesis bastante peregrina y cogida con alfileres, pero no tengo otra más a mano.

Pero sí que hay una posible referencia a esta mansión. En Albalá del Caudillo se encontró un ara con la inscripción GIPEIECVS LACIBAEA V S L M, que puede referirse o bien a un voto de un tal Gipeiecvs a la diosa Lacipea, o el de la ciudad de Lacipea a un posible dios llamado Gipeiecvs. De cualquier modo, este epígrafe indica la presencia de la mansión Lacipea entre Emerita y Turgalium.

LANCIA OPPIDANA

Lancia Oppidana, que aparece en la *Geografía* de Ptolomeo como ciudad vettona, ha podido ser más o menos identificada como un asentamiento próximo al río Côa, al norte de la sierra de Béjar y la Estrella, considerado la frontera entre vettones y lusitanos, y según Montero Vitores, gracias a una inscripción *(CIL II, 760)* que incorpora una referencia a los *lancienses transcudani*, un topónimo que hace referencia a este río portugués (más allá del Côa). Plinio asocia este núcleo con el Conventus Emeritensis (N.H.IV, 118).

«Lancia» debe tener algo que ver con **lonka/Lanka*, valle del río, en opinión de Curchin, y de ahí la posible situación junto al río Côa, en Portugal, aunque Almagro Gorbea relaciona esta voz con la lanza[61] (*lancea*), como arma ofensiva. Marco Terencio Varrón consideraba la palabra *lancea* de origen hispano. Y relacionados con

61 Según Almagro Gorbea: «su menor coste y alta eficacia hizo que la lanza fuera el arma característica de los guerreros preurbanos y, por tanto, de las fratrías guerreras existentes en diversos pueblos indoeuropeos antes de la formación del sistema gentilicio a inicios de la Edad del Hierro, con los que los *lancienses* pudieran compararse» (Almagro Gorbea, 2016).

ella, el topónimo Lancia, el etnónimo *lancienses* y el antropónimo Lancius, todos procedentes de la Hispania prerromana, y en concreto, muy presentes en la Lusitania y sus regiones adláteres, como es el caso del territorio vettón.

A su vez, el topónimo y apellido Oppidana denota que fue una comunidad fortificada y que se formó en torno a un castro, convirtiéndose de ciudad estipendiaria de Emerita Augusta en municipio Flavio, como atestigua una inscripción epigráfica del Puente de Alcántara (CIL II, 760), que se refiere, entre otros a la ciudad de los *lancienses oppidani*. El *oppidum* de los *lancienses* se encuentra indicado en la inscripción por detrás de los *igaeditani*, una comunidad relacionada con la actual localidad portuguesa de Idanha-a-Velha. Tras los *lancienses oppidani* aparecen en el susodicho documento epigráfico los *tapori*, los *interannienses* y los *colami*, indudablemente otros *populi* de la región. Estas cinco entidades debían habitar a lo largo de la vía romana que atravesaba el río Tajo, cruzaba después el río Erges en Segura, atravesaba Idanha-a-Velha, y continuaba cerca de la Torre dos Namorados, Capinha, y después por Centum Celas, Famalicão da Serra, Linhares, Alcafache, hasta Viseu, *civitas* sede de los *interannienses*, nudo de comunicaciones entre la Serra da Estrela y el río Duero. Esta ruta atravesaba el territorio de los *colami* y era la vía más directa entre las grandes ciudades de Emerita Augusta y Braccara Augusta. Según Amílcar Guerra, el territorio de los *lancienses oppidani* era extenso y se situaba al sur de la Serra da Estrela. Pero hay más *lancienses* por esos pagos, como los *lancienses ocelenses*[62] (de los que no vamos a mencionar nada más que el nombre) y que, según Guerra, son el mismo *populus* que los *lancienses oppidani*. Según este autor, los *lancienses ocelenses* u *oppidani* serían dueños del territorio entre las localidades de Salvador y Penamacor hasta la Cova da Beira y el sureste de la Serra de la Estrela hasta el Altar de Trivim.

Amílcar Guerra y Thomas G. Schattner propusieron en 2010 que las ruinas de Centum Celas (Belmonte, Portugal) se corresponden con el foro de la Lancia Oppidana citada por Ptolomeo. Estos autores han llegado a la conclusión de que la estructura denominada «la

---

62 O los *lancienses transcudani*.

torre», de la que se mantienen en pie tres plantas, en excelente estado de conservación[63], es el antiguo templo del foro, ubicado en una disposición principal de una extensión que, según Guerra y Schattner, no puede tratarse más que del espacio público romano por excelencia, el foro. Este tipo de edificios, constituidos por una torre central, terrazas y galerías cubiertos por techos tienen paralelismos en los denominados *umgangstempel* (que no quiere decir nada más que templos con galería circundante), muy conocidos en el viejo Imperio romano, con representantes relevantes en la Germania, la Galia y Britania. No obstante, este de Centum Celas y el de Autun (Francia), son sin duda alguna, los mejor conservados de esta tipología arquitectónica concreta.

El foro de Centum Celas pudo ser diseñado y construido de una sola tacada, entre el período del gobierno de Nerón y el final de la dinastía Flavia. Otros autores ya intuyeron que este edificio debió formar parte de una estructura urbana mayor, cuyos vestigios han sido destruidos a lo largo de los siglos, gracias a las tareas agrícolas de roturación.

LAMA

Montero Vítores ubica esta mansión o núcleo poblacional, y basándose en la epigrafía, en las proximidades de Baños de Montemayor. K. Miller ha relacionado el topónimo de Lama con la sierra Jalama, junto a Lagunilla, también en torno al Puerto de Béjar y Baños de Montemayor. En las inscripciones de Baños (CIL II, 885)[64], Capara (CIL, II, 513)[65], Plasencia y Galisteo (con referencias a las ninfas de Capara) aparece el término *lamesis* o *lamensis*. Según este autor, la influencia de Capara se extendería hasta el sur de la provincia de Salamanca, incluyendo Baños de Montemayor. En esta última se

63 La razón es la constante reutilización del edificio a lo largo de los siglos, que ha permitido su restauración cuando las circunstancias así lo requerían: torre vigía, prisión, templo, corral de ovejas etc.

64 *Is. a... / vitia. A/mmira / Lamesis / v. 1. a. s.*

65 *M. s. L. Attius / Natalis / Lamensis / an. XVIII / h. s. e.; s. t. t. 1. / L. Attius / Avitianus j fratti pìissvmì.*

han encontrado restos termales que podrían ser dependientes de Capara. Lama se encontraría algo hacia el norte de Capara.

Para Ptolomeo, Lama es la ciudad más al sur del territorio vettón, entre Tourmogon (G. II, 5, 6) (junto al Tajo) y Norba Caesarina (G. II, 5, 6) (la ciudad de Cáceres).

AD LIPPOS

Montero Vítores y Roldán Hervás ubican esta mansión en Valverde de Valdelacasa (comarca de la sierra de Béjar, Salamanca), pero el emplazamiento no las tiene todas consigo, pues el acusativo *ad* puede referir el emplazamiento en otros lugares cercanos. Las mansiones mencionadas por Ptolomeo y que aparecen también, tanto en el *Ravenate* como en el *Itinerario de Antonino*, reciben en ocasiones un nombre relacionado con una característica relevante del lugar donde se construían, pero en acusativo y precedidos por la preposición latina *ad*. Como pudo ser el caso de Ad Lippos, que Roldán Hervás denomina «Mansión en los Tilos». Curchin comenta curiosamente que esta mansión aludía «adonde los que tienen ojos legañosos», en referencia a los clientes que bebían más de la cuenta en la posada. Vamos, que Ad Lippos parece relacionado con la juerga y el consumo de exceso de alcohol.

Miguel Cortés y López expresa sus dudas sobre si el nombre de la mansión era realmente Ad Lippos o simplemente Alippos, según se podría desprender de una determinada interpretación del *Ravenate*.

LEUCIANA

Para Miguel Cortés y López el topónimo aparece solamente en el *Itinerario de Antonino*, como mansión entre Mérida y Zaragoza en la vía XXV. La primera mansión de esta importante vía era Lacipea, que Cortés sitúa en Talarrubia o Puebla de Alcocer. Desde aquí a Leuciana supone una distancia de 24 millas, que la sitúan en Castilblanco. Algunos autores hacen coincidir esta Leuciana con la Liciniana de Ptolomeo. Para Cortés esto no es correcto y argumenta de esta manera: la región entre Mérida y Lacipea estaba habitada por los túrdulos y entre esta última y Leuciana y Augustóbriga habitaban los vettones. Si Leuciana fuese la Liciniana propuesta por Ptolomeo, el geógrafo alejandrino la hubiese situado entre las ciudades vettonas y no entre las lusitanas. Cortés asimila la Ciciliana del *Itinerario* con la Liciniana de Ptolomeo. E. Saavedra opinaba que Leuciana estaba ubicada en un despoblado próximo a Valdecaballeros.

Según Montero Vítores, la mansión de Leuciana se sitúa próxima a Navalmoral de la Mata. Estaba en el tramo de calzada entre Lacipea y Augustóbriga. K. Miller la ubicó en Santa Cruz de la Sierra (Cáceres) y otros autores en Villamesias (Cáceres).

Según Casildo Rodríguez, a la luz de excavaciones arqueológicas realizadas en la primera y segunda década del siglo XXI, se situaría en la finca La Sevillana, junto al río Zújar.

MANLIANA

Mansión vettona mencionada por Ptolomeo, pero hasta el momento, de ubicación desconocida, para variar. Posiblemente el nombre de la localidad proceda de campamentos romanos de la época de la conquista de la Meseta, y en concreto de las guerras lusitanas, del tipo de Castra Caepiana o Castra Caeciliana. J. M. Roldán relaciona estos nombres, incluida Manliana, con el sufijo –anus, calificativo que podría derivar de un antropónimo. Miguel Cortés y López sitúa esta mansión en la villa de Monleón (Salamanca).

Manliana haría referencia a Manlius, igual que los nombres anteriores hacían referencia a Cepión y Cecilio, miembros de nobles familias romanas que condujeron legiones invasoras en la Meseta. Según Montero Vítores, el topónimo correcto sería Castra Manliana. Respecto a los Manlius hay tres referencias que pueden dar la denominación definitiva a esta mansión. En primer lugar, un pretor de la provincia Citerior, P. Manlius, que acompañó a Catón el Censor cuando fue cónsul y aplastó la gran sublevación generalizada de tribus hispanas a comienzos del siglo II a. C. En las guerras sertorianas, un individuo de los Manlio, L. Manlius, fue pretor de la Galia Narbonensis y se estuvo pegando a gusto con el general sertoriano Hirtuleyo en combates que tuvieron lugar cerca de Ilerda (Lérida) en el año 78 a. C. Otro célebre Manlio fue Manlius Torquatus, legado de

Pompeyo, quien vigiló las costas peninsulares donde arribaban los piratas cilicios, supuestos aliados de Sertorio. Se dice que Mitrídates, el enemigo público *number one* de Roma en aquellas fechas, también fue aliado del disconforme senador Quinto Sertorio, pero no parece documentado.

La última mención a Manlio aparece en el *saltus Manlianus*, montes atravesados por el río Jalón, opción que planteó K. Miller, basándose en una cita de Tito Livio (Liv. XL,30). Para Montero Vítores esta opción de situar Manliana en un accidente geográfico como el citado por Livio no es correcta, pues queda fuera de la *Geografía* de Ptolomeo, que es una mera lista de núcleos de población.

MIRÓBRIGA

No confundir esta Miróbriga, que es la vettona, con la que se ha identificado por las excavaciones arqueológicas del Cerro del Cabezo, en la localidad de Capilla (Badajoz), de origen túrdulo.

Miróbriga se identificó tradicionalmente con Ciudad Rodrigo (Salamanca) con el nombre de Miróbriga Vettonum, desde que el erudito y político Pascual Madoz[66] en su *Diccionario Geográfico-estadístico-histórico de España y sus posesiones de ultramar* (1845) se basara en datos de cronistas del siglo XVI. Pero Montero Vítores piensa que no es así, ya que los restos urbanos hallados en Ciudad Rodrigo son prácticamente inexistentes, pues se limitan a varias monedas romanas halladas cerca de las murallas de la localidad y varias inscripciones dudosas.

En cambio, en poblaciones de los alrededores de Ciudad Rodrigo, como Fuenteguinaldo, Lerilla o Margarida, sí que se han documentado numerosos restos de época romana, que según Montero serían el resultado de la adecuación a los nuevos tiempos de viejos poblados vettones. Alguno de estos pudo ser la verdadera Miróbriga. En todo caso, las excavaciones de las últimas décadas realizadas en el

66 Nacido en Pamplona en 1806 y fallecido en Génova en 1870, Pascual Madoz fue un político vinculado al Partido Progresista. Se le recuerda por la desamortización de 1855, a la que dio nombre, y por su majestuosa obra *Diccionario geográfico-estadístico-histórico de España y sus posesiones de Ultramar.*

casco antiguo de Ciudad Rodrigo han arrojado vestigios de época prerromana y romana que garantizan ocupación en el lugar desde los siglos I al V d. C., pero ningún resto desenterrado asegura que Ciudad Rodrigo sea la Miróbriga romana.

Se han analizado las inscripciones epigráficas de los términos *augustales* recogidos en Ledesma, en Yecla de Yeltes y en Ciudad Rodrigo, a los que ya he aludido más arriba. De su estudio se deduce la relación existente entre Miróbriga y Bletisa(ma) (que, como recordamos, es una población tradicionalmente situada en Ledesma) y con una comunidad no identificada, los *polibedenses*. Los términos hallados en Ciudad Rodrigo separaban el territorio municipal de las *civitates* de Miróbriga y Bletisa(ma)[67], por lo que, según Montero, Miróbriga no puede hallarse en Ciudad Rodrigo. La abreviación VALVT o VAL.VT. de los términos *augustales* de Ciudad Rodrigo ofrece más dudas que certezas. Para J. Mangas esta abreviatura recoge el nombre incompleto de una *civitas* o comunidad prerromana implantada entre los territorios de Miróbriga, Bletisama y Salmantica. En algún momento, esa misteriosa comunidad fue dividida por la autoridad romana entre los territorios de Miróbriga y Bletisama. Sus habitantes pasarían a ser mirobrigenses valut(¿enses?) y bletisenses valut(¿enses?)

El término de Ledesma separa a los mirobrigenses de los bletisenses y de los de Salmantica. Por esto, Montero piensa que la ubicación real de Miróbriga se encontraría al norte de Ciudad Rodrigo, en algún lugar perdido entre Ledesma, Yecla y Salamanca. Para Alejandro Beltrán, el yacimiento de Saldeana se encontraría dentro del territorio de los mirobrigenses.

En Alconétar (Cáceres) se encontró una inscripción latina en la que se menciona a un individuo con nombre latino, hijo de indígena y perteneciente a la *civitas* mirobrigense: *Flaccus / Argantoni / Magilanicum / Mirobrigensis, / an(norum XXXV, / h(ic) s(itus) e(st). S(it) t(ibi) t(erra) l(evis).*

67 CIL II, 857: Caesar Augustus, pont(ifex) max(imus), trib(unicia) potest(ate) XXVIII, co(n)s(ul), / pater patr(iae). Terminus august(alis) inter Mirob(...) valut(...) et Salm(...); CIL II, 858: Imperator Caesar Aug(ustus), pont(ifex) max(imus), potest(ate) / XXVIII, co(n)s(ul) XIII, pater patr(iae). Terminus int(er) Mirob("...) valut... et Bletis(...) val(...)

OBILA

K. Miller identificó Obila, por trasposición de términos, con Abula. Ávila, en definitiva. Albertini discutió esta localización al estudiar los límites administrativos de los vettones, y se muestra más favorable a identificar esta Obila con la de los berones (G. II, 6, 54). Según Montero Vítores, Ávila estuvo en territorio vettón y no sólo eso, sino que además la provincia abulense es el núcleo duro de la cultura vettona y donde se encuentran las bases de la cultura castreña, como demuestra el descubrimiento de numerosos verracos en sus cercanías. Según el mismo autor, con los cambios fronterizos, que implicó la reducción del solar vettón en época imperial a los entornos de las sierras de Béjar y Gredos, Ávila pudo pasar a formar parte de administraciones relacionadas con el mundo celtibérico, según parece reflejar la *Geografía* de Ptolomeo. Cuando se realizaron las divisiones eclesiásticas, basadas en las divisiones administrativas imperiales romanas, la ciudad de Ávila se incluyó dentro de la Lusitania, que incorporaba el viejo territorio vettón.

Verraco en una plaza de Ávila. Foto del autor.

Según Fabián y Roldán Hervás, Ávila se fundó a comienzos del siglo I de nuestra era. En la zona del arco de San Vicente, se hallaron restos de época romana, conocidos como Jardín Arqueológico de Prisciliano, en alusión al obispo hereje Prisciliano[68] (siglo IV d. C.), que ejerció su ministerio en Abula. En el lienzo oriental de la muralla de Ávila se han documentado vestigios de la necrópolis romana, desmantelada cuando se erigió la muralla medieval, y cuyas lápidas fueron en muchos casos reutilizadas para reforzar dicha muralla. Para Mariné, la ciudad amurallada abulense tiene la estructura urbana de un campamento militar romano.

En cualquier caso, no está demostrado arqueológicamente que Obila/Abula fuese un castro prerromano. Ni siquiera un pequeño castro romanizado después. Los números son los números y Fabián García dice que desde 1987 se han hecho unas 150 intervenciones arqueológicas en el casco antiguo abulense y sus alrededores. Ninguna arroja una cronología más allá del siglo I a. C., de momento. Algunos autores han creído ver en la presencia de verracos en la ciudad un signo de ese origen prerromano, pero la mayoría fueron trasladados aquí en épocas muy posteriores al tiempo que nos ocupa. Serían esculturas zoomorfas fuera de contexto, o que fueron esculpidas ya durante época romana. Posiblemente se identifiquen con algún monumento funerario romano, en palabras de Fabián, quien asegura que «la presencia de esculturas zoomorfas en la ciudad no es una evidencia de que el lugar fuera un castro prerromano»[69]. En cambio, algunos autores relacionan la fundación de Ávila a mediados del siglo I a. C. con la despoblación de importantes enclaves vettones cercanos: Las Cogotas, Ulaca y La Mesa de Miranda. El abandono de estas poblaciones está relacionado con la presencia romana en el territorio, ya sea como consecuencia de la conquista de la Meseta o por las posteriores guerras civiles, ya fuese por la fuerza o como consecuencia de pactos entre los generales romanos y las autoridades vettonas. Algunos poblados como el de El Freíllo (Raso de Candeleda) continuaron una

68 Obispo hispano acusado de herejía y ejecutado por ese motivo en Tréveris, en el año 385.

69 Pero sí sería indicio de una fuerte pervivencia de lo indígena en el nuevo establecimiento, según el propio Fabián y otros autores.

vida material tradicional castreña, pero bajo el dominio de Roma, hasta la mitad del siglo I a. C., época en la que se abandona definitivamente. Posiblemente en este contexto surge la fundación (muy probablemente *ex novo*) de la Obila de Ptolomeo, como centro administrativo resultante de la reorganización política romana de la zona. En la elección del emplazamiento para la fundación de la Obila romana tuvieron mucho que ver las condiciones defensivas y topográficas del lugar y su cercanía al río Adaja. La zona donde se han encontrado el mayor número de hallazgos de época romana es la parte más alta, entre la plaza de Italia y el Mercado Chico, en los alrededores de la catedral.

Para Rodríguez Almeida, la actual ciudad amurallada abulense tiene su origen en un campamento militar romano. Posteriormente, posiblemente en época Flavia se amuralló, y fue esa muralla la base de la actual de época medieval, el símbolo máximo de Ávila. En los últimos meses de 2017 apareció una noticia en los diarios en los que se aseguraba el hallazgo de restos de la supuesta muralla romana del siglo I a. C.[70]. P. Barraca es de la opinión de que la muralla romana (si es que realmente existió) sería de los siglos IV y V d. C. y su construcción fruto de la incertidumbre del momento, concretada en la decadencia del Imperio romano y las subsiguientes invasiones bárbaras. Porque no cuadra tanto entre los historiadores y arqueólogos que las murallas fuesen de época Flavia, una etapa de estabilidad.

Otros autores piensan que la Obila romana tiene su origen en época de Julio César: un establecimiento civil (y no militar) que administrase las zonas adyacentes. Esta tesis enlaza con el abandono de los viejos castros prerromanos, señalados más arriba. El hallazgo de esculturas zoomorfas en Ávila y sus alrededores así parece confirmarlo: presencia de una población indígena poco romanizada en los primeros siglos de existencia de Obila, procedentes de Ulaca, Las Cogotas o La Mesa de Miranda, gentes que, no obstante, pudieron regresar puntualmente para efectuar determinados rituales ancestrales, pues la pervivencia del santuario de Ulaca así parece reflejarlo. Hoy en día el ara de este *oppidum* continúa estando en perfectas condiciones y es el lugar perfecto para

70 https://elpais.com/cultura/2017/10/25/actualidad/1508935105_630980.html

llegar a cabo festejos basados en las renacidas tradiciones vettonas en la región. Otra cosa es que esas tradiciones *paganas* festivas estén basadas en realidades, lo cual es bastante dudoso, pero entra dentro de la reivindicación del mundo vettón por las generaciones actuales de abulenses. Para otros investigadores, la fundación de Ávila está relacionada con la red de comunicaciones. No se ha encontrado ninguna referencia clara al estatuto municipal de la ciudad[71], pero sí de su posición como sede episcopal durante el Bajo Imperio. El momento de esplendor de la ciudad romana se vivió en los siglos I y II d. C. Hay indicios arqueológicos de un gran monumento funerario de estos siglos en el que tuvieron algo que ver los verracos encontrados, que posiblemente fue sustituido por una necrópolis de inhumación correspondiente a los siglos bajoimperiales. A fines del siglo IV y comienzos de V, hay indicios de que la población de Ávila y zonas próximas se refugiaron en zonas recónditas, como si huyesen de algún peligro, algo que no nos podría extrañar, dado que el Imperio romano ya era un gigante con los pies de barro, o al menos comenzaba a serlo. Esta situación se atestigua con el hallazgo de atalayas para controlar los accesos a lugares habitados y estructuras de habitación en las sierras cercanas, un fenómeno que se repite durante el Bajo Imperio en otros lugares de la Meseta. Un signo de los nuevos tiempos de inestabilidad que vivió Hispania. Quizás relacionada con la herejía del obispo abulense Prisciliano a fines del siglo IV y de las invasiones germánicas que tienen lugar ya desde comienzos del siglo V (desde los años 409-410)[72]. La arqueología se ha hecho eco de estas posibles circunstancias al desenterrar restos de incendios en diferentes lugares de la ciudad, que pueden o no estar relacionados con esta época de violencia o pueden ser fortuitos y cotidianos. Sea como fuere, sí sabemos que continuó siendo sede episcopal durante la etapa visigoda, seguramente por ser el centro más importante de la región en una sociedad tan ruralizada como la germánica.

71 Aunque M.ª R. Hernando opina que la ciudad alcanzó el estatus de municipio latino en época Flavia, basándose en dos inscripciones, una de ellas desaparecida y que nos ha llegado a través de transcripciones.

72 En el año 409, los suevos, los vándalos y los alanos penetraron en la península ibérica.

Con respecto al propio topónimo, muchos se resisten a creer que la Obila de Ptolomeo sea la Ávila actual. San Jerónimo la cita como Abila.

OCELON

Ocelum se ha identificado con Oceloduri, la propia ciudad de Zamora. Pero la *Geografía* de Ptolomeo ya menciona un núcleo que se corresponde con la posición de Oceloduri en tierras de vacceos. El propio Plinio (N.H.IV,118) se refiere a los ocelenses como una comunidad estipendiaria de la Lusitania, algo mucho más acorde con su inclusión entre las ciudades vettonas. No es extraño que haya poblaciones de nombre similares, no sólo en Hispania. Ocelum Duri llevaría este apelativo para distinguir precisamente esta población de otra más o menos cercana, la Ocelum vettona. El nombre Ocellon aparece en otros topónimos hispanos, como Ocellon Tarraconensis (Ptol. VI, 22), y más allá de nuestras fronteras, en Britania y en los Alpes Cottios (entre la Galia e Italia), según Roldán Hervás.

Según el propio Ptolomeo, su Ocelum (la que encajaría dentro del territorio vettón) estaría al norte de Capara, por lo que posiblemente esta mansión habría que ubicarla en las proximidades de Béjar, muy rica en yacimientos arqueológicos. Según Curchin, la raíz celta de la que procede la ciudad sería **ocelo*, promontorio. Para Miguel Cortés, Ocellum, Ocelo, es una ciudad vettona reflejada en Apiano con el nombre de Ocile, aliada de los romanos. Los lusitanos la sitiaron por eso mismo, siendo liberada por Munio. Según este mismo autor, Ocelo sería la Saucelle salmantina, próxima a los Arribes del Duero.

RODACIS

De la ciudad (o mansión) de Rodacis no se sabe prácticamente nada. Se cita en el *Ravenate*, en donde aparece como la mansión intermedia entre Turgalium (Trujillo) y Lacipea en el tramo de la vía que va desde Emerita Augusta a Complutum. De su ubicación, nada de nada, aunque algunos la han relacionado con el río Ruecas y la Dehesa de Roa en el municipio cacereño de La Cumbre, cerca de Trujillo, pero parece que sin fundamento. Se ha relacionado también con un epígrafe[73] que se ha transcrito y traducido así, según Jesús Acero:

L . AEMI
LIVS . PROC
[V]LVS . VICA
NIS . ROVD .
[D] . S . F . C

«L(ucius) Aemi/lius Proc/[u]lus vica/nis Roud(ensibus)/[d](e) s(uo) f(aciendum) c(uravit)», que querría decir algo así como «Lucio Emilio Próculo se preocupó de que fuera hecho [el monumento] para los aldeanos roudenses». Y este término, supuestamente Roud (*ensibus*), el que se ha puesto en relación con Rodacis. O al menos, se ha tratado de enlazar ambos términos, el etnónimo y el topónimo. Según Curchin el *vicus* de los roudenses sería «una obra de carácter edilicio», y el tal Lucio Emilio Próculo una suerte de magistrado o benefactor de la población donde se construyó el susodicho inmueble. En cambio, Madruga y Salas, interpretan el epígrafe de otra manera, sacando a colación una divinidad: «Lucio Emilio Próculo, con su dinero, se preocupó de hacer el monumento, en homenaje a un dios Roud(aeco), en nombre de los habitantes de su vicus». Roudaeco sería un epíteto del dios Bandua. Pero son sólo hipótesis.

Si tomamos como válido que *roud* se refiera a un etnónimo, hay diferentes teorías en cuanto a la localización de su *vicus* (aldea). Para Curchin sería la vaccea Rauda, la actual Roa (provincia de Burgos), población incluida en el *Itinerario de Antonino*. Jesús Acero relaciona estos roudenses con Rodacis, la mansión que aparece solamente en el *Ravenate*. En todo caso, la raíz de ambos es indoeuropea, **reudh-*, **roudh-*, **rudh-*, y significa rojo. Para este autor no cabe duda de que Rodacis sería la ciudad de los roudenses. Posiblemente también exista relación entre este *populus* y un dios protector como Bandua Roudaeco, del que se han encontrado varios epígrafes en los alrededores de Trujillo.

73 La inscripción fue hallada en 1919 en la finca Arenal de Valdespino, a unos cinco kilómetros al norte de El Casar de Cáceres. Desde entonces ha sufrido cambios de ubicación. Actualmente, el epígrafe y el ara que los sustenta se halla encastrado en el porche de una vivienda privada, cerca del santuario de la Virgen de la Montaña (Cáceres).

RUSTICIANA

Aparece como mansión en la vía XXIV del *Itinerario de Antonino*, entre Turmulus y Cáparra. Rusticana (o Rusticiana) sería un punto fronterizo en donde la Vía de la Plata entraba en territorio vettón, según Montero Vítores. En opinión de Roldán Hervás, Rusticiana se ubicaría en los alrededores de la fuente del Sapo, en el término municipal de Galisteo (Cáceres). Rusticiana pudo ser el nexo de unión de las comunicaciones de la región, enlazando las cuencas de los ríos Tiétar y Alagón y pudo ser el inicio de la vía que atraviesa el valle del Jerte, en opinión de Jesús Acero.

Salvadora Haba y Victoria Rodrigo estudiaron en 1990 el tramo de la Vía de la Plata entre las mansiones de Rusticiana y Caecilius Vicus, una zona escasamente romanizada en donde Cáparra brilla con luz propia dentro de un espacio tan rural dentro de la provincia lusitana. Según estas investigadoras, en esta región convergen caminos muy ligados a su geografía. La Vía de la Plata recorre la falla de Plasencia; la calzada del valle del Jerte transcurre paralela a este tramo y sube hacia el puerto de Tornavacas. Ambos caminos comunican con la Meseta a través de sendos pasos de montaña. Pero por la zona también discurre la calzada de la Vera, a través de angostos pasos y una vía transversal que enlaza las fosas cacereñas de los ríos Alagón y Tiétar, cuya escasa altitud facilita la conexión con Caurium (Coria, Cáceres) y Augustóbriga. Todas ellas rutas prerromanas, caminos ancestrales y tradicionales a juzgar por los numerosos hallazgos arqueológicos situados en sus cercanías. La Vía de la Plata sería la vía principal y las demás, subsidiarias. La calzada del valle del Jerte, que a través del puerto de Tornavacas se dirige hasta el Barco de Ávila, partiría de Rusticiana. Hacia occidente, y también desde Rusticiana, saldría un ramal de la Vía de la Plata hacia Caurium. Según este planteamiento, Rusticiana tendría un rol de nudo de comunicaciones, pero más modesto que Cáparra, vista la evolución de una y otra mansión.

No obstante, a pesar de la aparente mayor importancia de Cáparra (a juzgar por monumentos conservados hasta hoy, como su célebre arco tetrápilo), Rusticiana debió ser una mansión nada despreciable, pues su posición ventajosa dominaba las tres vías de comunicación que ya hemos comentado más arriba: la Falla de Plasencia (la Vía de la

Plata en este tramo), el valle del Jerte y la vía transversal que enlazaba las cuencas de los ríos Alagón y Tiétar. Caminos que seguramente comunicaron con lugares de culto de la religión prerromana, asimilada por los invasores itálicos en numerosas ocasiones. Pero también enlazaron balnearios y fuentes. Lugares, en fin, de aguas salutíferas.

SALMANTICA

Salmantica parece ser el núcleo vettón más septentrional. El primitivo asentamiento, según Montero Vítores y otros autores es anterior a la II Edad del Hierro. De hecho, el cerro de San Vicente es considerado el hábitat más antiguo de la ciudad salmantina. Ya fue excavado en los años 50 del siglo XX por Juan Maluquer y posteriormente por Martín Valls, quien enlaza el emplazamiento con el grupo de Soto de Medinilla, por lo que hablamos de los siglos bisagra entre el Bronce Final como poco (finales del segundo milenio a. C.) y la I Edad del Hierro (inicios I milenio a. C.). Parece ser que el hábitat se desarrolló sin solución de continuidad hasta la II Edad del Hierro y que fue el incremento de población lo que favoreció la construcción de otro poblado anexo, en el Teso de las Catedrales. Este último es el castro histórico de Salmantica (hacia los siglos IV-III a. C.), con el que estaría relacionado la célebre expedición de Aníbal del año 220 a. C. En ambos emplazamientos tan próximos, cerro de San Vicente y el Teso de las Catedrales, quedan restos de murallas. Aunque Tito Livio se refiera al mismo lugar como Hermandica (Liv. XXI, 5)[74] y Polibio como Helmantica (Polyb. III, 13, 5), Salmantica debió ser el topónimo original, si hacemos caso de los textos de Ptolomeo, del *Ravenate* y de varias epigrafías de época imperial[75]. El control sobre

74 «al comenzar la primavera, (Aníbal) llevó la guerra contra los vacceos. Fueron tomadas a la fuerza Hermandica y Arbocala, ciudades vacceas. Arbocala se defendió largo tiempo, gracias al valor y al número de sus habitantes. Los fugitivos de Hermandica, uniéndose a los desterrados olcades, pueblo sometido el año anterior, levantan a los carpetanos y atacando a Aníbal, que regresaba del país de los vacceos, no lejos del Tajo, le deshicieron la columna de viaje, ya entorpecida por el botín».

75 Según Roldán Hervás, el topónimo salmantino enlaza con el indoeuropeo -*salo*, en latín *salum*, mar agitado, y los hidrónimos Salo, Jalón y Salia, que enriquecidos con el sufijo -nt, correspondería a estadios primitivos del indoeuropeo.

el río Tormes y su valle debió ser el motivo de los primitivos asentamientos en estos cerros y, con el tiempo, el poblado se integró dentro de ese gran corredor que acabó conociéndose como Vía de la Plata. Y aparece plenamente integrada en el sistema de poblamiento romano en los inicios del siglo I de nuestra era.

Se habla del asedio y conquista de Salmantica por Aníbal, que según Polibio[76] (y Tito Livio, que bebe de sus fuentes) era vaccea y no vettona. En todo caso, los fugitivos salmantinos se unieron a los carpetanos y a los olcades para dar una última batalla en alguno de los vados del río Tajo, hacia el año 220 a. C. Plutarco insinúa una población de gran tamaño al referirse a que, en la conquista de la ciudad por Aníbal, esta poseía un arrabal, algo alejado del núcleo principal del *oppidum* y que, posiblemente, se refería al antiguo núcleo del cerro de San Vicente. Según Álvarez-Sanchís, de esta cita de Plutarco y de la documentación arqueológica, parece inferirse la existencia de una acrópolis amurallada que incluiría sus propios edificios públicos.

Aunque Plutarco y Polieno nos hablan en sus textos de un *oppidum* de gran tamaño y muy poblado, al menos en los inicios de la conquista romana, la arqueología todavía no ha podido constatar estas afirmaciones. Ambos autores, y sin duda uno de ellos toma la siguiente noticia del otro, transmiten la valentía de las mujeres salmantinas durante el episodio del asedio de Salmantica por Aníbal. Tomemos el texto de Plutarco, que es el primero que da la noticia:

«Aníbal, hijo de Barca, antes de combatir a los romanos, puso cerco a Salmantica, gran *polis* de Iberia. En el primer momento, los sitiados tuvieron temor y prometieron hacer lo que se les mandaba, entregar a Aníbal trescientos talentos de plata y trescientos rehenes. Pero, al cesar el asedio, cambiaron de opinión y no cumplieron lo pactado. Aníbal volvió sobre sus pasos y dio orden a sus soldados

---

76 «A principios del verano, marchó (Aníbal) de nuevo contra los vacceos y se apoderó de Helmantica al primer asalto; también rindió por la fuerza Arbucala, ciudad que, por su tamaño y el número y valor de sus habitantes, le costó gran esfuerzo someterla. A su regreso y de improviso, se vio en un peligro mucho más grande, ya que los carpetanos, el pueblo más poderoso en aquellos lugares, cayeron sobre él. Se le habían unido los pueblos vecinos, excitados, sobre todo, por los olcades fugitivos y enardecidos también por los que se habían salvado de Helmantica…». Polibio.(III, 14, 1-4). Tiene toda la pinta que Tito Livio, al menos en este pasaje histórico, estudió a conciencia a Polibio, que conocía el terreno que pisaba.

de entrar a saco en la *polis*. Atemorizados los bárbaros, accedieron a salir los de condición libre, con sólo sus túnicas, dejando en la ciudad las armas, riquezas y esclavos. Pero las mujeres, suponiendo que los hombres serían registrados a la salida uno por uno y que a ellas no se las tocaría, tomaron las espadas, las escondieron y salieron junto a sus maridos. Cuando salieron todos, Aníbal les puso bajo la vigilancia de un cuerpo de masesilos[77], en un suburbio. Los demás soldados se diseminaron para entregarse al saqueo. Los masesilos, viendo cómo se repartían el botín, no pudieron ya contenerse más ni prestar atención a los cautivos, sino que, soliviantados, se dispersaron también para tomar su parte en la presa. En esto, las mujeres, levantando un gran clamor, entregaron las espadas a los hombres, y algunos, con ellas, atacaron a los guardianes. Una de ellas, arrancando la lanza a un intérprete llamado Banón, le hiere con ella, a pesar de su coraza. Los hombres, matando a unos y poniendo en fuga a otros, se abrieron paso con las mujeres y se escaparon. Enterado de ello Aníbal, salió en su persecución, matando a los que pudo alcanzar. Los que pudieron refugiarse en los montes se salvaron por el momento, pero después enviaron mensajes de súplica a Aníbal. Este les trató con respeto y benevolencia y les restituyó a su *polis*...».

Aunque la cita parece muy novelada, según Roldán Hervás, puede tratarse de un episodio auténtico, obtenido de alguna perdida e ignota fuente cartaginesa, redactada por algún contemporáneo del general cartaginés. Entre los candidatos más fidedignos aparecen el propio preceptor de Aníbal, Sósilo de Lacedemonia[78] y Filino de Agrigento[79]. Aníbal estaba muy imbuido de cultura helénica por

---

77 No existen referencias históricas y concretas con respecto al origen del reino masesilo, salvo por este pasaje de Plutarco, quien aseguraba haberse basado en los escritos del rey Juba II de Mauritania. Los masesilos parece que eran los númidas occidentales, pueblo al oeste de Cartago.

78 Aníbal, con una profunda formación griega debida a su preceptor de letras, Sósilo de Lacedemonia, se hacía aparecer como el nuevo Alejandro. Todos querían emular al legendario rey macedonio. En concreto, el cartaginés se erigía como campeón de la civilización fenicio-griega y aliado de múltiples pueblos, mediante la exaltación de una deidad común.

79 Filino de Agrigento fue un historiador griego que vivió durante la primera guerra púnica, y escribió sus crónicas desde un punto de vista propúnico. Sus escritos fueron utilizados como fuente por Polibio para describir la guerr, quien, no obstante, critica su tendenciosidad. El punto de vista de Polibio fue romanófilo.

expreso deseo de su padre Amílcar. El que, según estos autores, el *oppidum* salmantino fuese de gran tamaño se debe al origen púnico de la fuente original, que trataba de engrandecer las conquistas de Aníbal. Propaganda en el sentido más amplio de la palabra. En todo caso, Salmantica ya era en esta época una ciudad de importancia en la región. No en vano, sus fugitivos tuvieron los bemoles y el prestigio suficientes para levantar en armas a pueblos poderosos, como los carpetanos[80], lo que nos sugiere su importancia. O eso parece, estudiando las fuentes.

Según Montero, al finalizar las guerras celtibéricas y lusitanas, en la segunda mitad del siglo II a. C., Salmantica estaba ya bajo órbita vettona, aunque no conocemos en qué momento cambia de filiación (de vaccea a vettona) ni bajo qué circunstancias. Es un asunto delicado, ya que Salmantica es territorio fronterizo y pudo haber cambiado de manos varias veces, un hecho que permanece en las tinieblas de la historia, como tantos otros.

En el casco antiguo de Salamanca se encontró hace ya unas décadas un tesorillo de denarios ibéricos, procedentes de las cecas de Secobirices, Turiasu, Arecorata, Arsaos y Bolscan. Según Álvarez-Sanchís este hallazgo demuestra la importancia y virulencia del conflicto sertoriano en la zona y la necesidad de esconder los dineros por parte de algunos.

Parece demostrado que el territorio vettón redujo su superficie en beneficio de lusitanos y vacceos, un hecho que es más visible en el norte (sur de Zamora y norte de Salamanca), puesto que las fuentes antiguas no terminan de ponerse acuerdo en cuanto a la adscripción étnica de poblaciones como Salmantica, Ocelum Duri y Albocela (Toro) que, unas veces caen del lado de los vettones y otras en cambio de los vacceos[81], según el autor que trate del asunto. Cuando los romanos conquistaron la zona devolvieron a los vettones las tierras al sur del río Duero.

80 Polibio se hacía eco del poderío carpetano en el centro de la Península, que fue perdiendo a raíz de su contacto con los púnicos.

81 Tan afines a los celtíberos que Apiano los denomina «la otra nación de los celtíberos». Fue un pueblo muy dinámico que se expandió sobre todo a costa de sus vecinos vettones.

Superados ya los tiempos republicanos de Roma, Salmantica era a comienzos del imperio una *vicus*, el centro político-administrativo de una *civitas* o comunidad; susceptible de transformarse administrativamente en municipio, como así había sucedido ya en el siglo II d. C., a juzgar por los miliarios de Trajano aparecidos. De comienzos del siglo III es una dedicación del municipio salmantino al emperador Caracalla[82], epigrafía que permanece en el Museo Provincial de Salamanca. Aunque la conversión de Salmantica en municipio puede datar de mediados del siglo I d. C., a raíz de la transformación administrativa impulsada por la dinastía Flavia, su papel estratégico en la Vía de la Plata es indudablemente anterior. El puente que salva el río Tormes, incluido en esta ruta inmemorial data posiblemente de esta época.

SENTICE/SENTICA

Montero Vítores sitúa esta mansión en Dueña de Abajo (Salamanca), en cuyas inmediaciones se documentan dos miliarios. En una finca de esta localidad, Pedrosillo de los Aires, existe un poblado con acrópolis que podría ser Sentice. En cambio, según J. P. de Villuga, Sentice sería la localidad de Frades de la Sierra (Salamanca).

Ptolomeo ubicaba Sentice entre los vacceos. Roldán Hervás sitúa la mansión al sur de Salmantica, región casi totalmente vettona, por lo que interpreta la noticia de Ptolomeo como un error del geógrafo alejandrino. Es posible que este error (si es que lo es) se deba a la expansión vaccea en regiones vettonas entre los siglos III y II a. C., durante la cual alcanzaran Sentice. No obstante, con los romanos, se restablecieron las antiguas áreas de influencia prerromanas, por lo que Sentice sería una ciudad vettona.

82 IMP.CAES / M.AVR.ANTO/NINO AVG / F. L. SEP. SEVE/RI. ORDO / SALMANTIC

TURGALIUM

Higinio, agrimensor de Trajano, cita el territorio de Turgalium («Turgaliensis regiones», como dice él) como una prefectura[83] de Emerita Augusta. Turgalium se ha identificado con la actual Trujillo. Ya en el siglo I d. C., Turgalium fue un importante nudo de comunicaciones, que enlazaba con Córdoba y Cartagena. Desde Mérida a Toledo también se pasaba por Trujillo, desde donde salía también una vía a Egitania[84] que atravesaba el puente de Alcántara y otro camino que enlazaba con Coria, Viseu, Oporto y Braga.

El *Ravenate* denomina Trujillo como Turcalion, una de las mansiones entre Mérida y Zaragoza, vía Toledo: Emerita, Lacipea, Rodacis, Turcalion, Lomundo, Augustóbriga, Lebuna y Toletum. Según A. M. Canto, Turgalium podría proceder del término prerromano *turgi*. Esta investigadora cree que el topónimo proviene de **turg*, elevación y del latín «túrgido» o «turgente» (elevado, abultado), dados los alrededores graníticos que abrazan el alto donde se halla situado Trujillo. J. A. Redondo Rodríguez y P. J. Galán Sánchez opinan que el Turgalium latino procede de un hipotético étimo[85] prerromano, **turaca*, que significaría algo así como «hinchar». En cualquier caso, parece que el topónimo Trujillo está relacionado con su posición geográfica de elevación, hinchazón, abultamiento, rodeado de un paisaje granítico. Otros autores consideran un origen hídrico para el prefijo tur–, que podría significar manantial o borbotón, una raíz prerromana, quizás celta, también presente en el Turia, un río, y en la sierra de Tormantos.

En Trujillo se ha encontrado un importante *corpus* de inscripciones epigráficas latinas, recogido y catalogado por el profesor Julio Esteban Ortega en su obra *Corpus de inscripciones latinas de Cáceres. II. Turgalium*, publicado en 2013.

83 El concepto de prefectura se ha utilizado históricamente para nombrar a un tipo de división o administración del territorio. La prefectura, en este sentido, es una región gobernada por un prefecto.

84 Egitania (Civitas Igaeditanorum) era el nombre dado por los suevos y visigodos a una ciudad fundada por los romanos en Portugal, actualmente Idanha-a-Velha. Bajo el dominio de los Flavios recibió el título de municipio.

85 Palabra o raíz de la que procede o deriva una palabra.

TURMULOS/TURMOGON

Esta mansión de la Vía de la Plata se situaba entre Castra Caecilia y Rusticiana, en algún punto indeterminado de la franja centro meridional de la provincia de Cáceres.

Turmogon debió encontrarse, de acuerdo con las noticias que proporciona el *Itinerario de Antonino* (It. 433, 5), al norte del Tajo por los alrededores del cerro Garrote, término municipal de Garrovillas (Cáceres), en las inmediaciones de la carretera nacional de Gijón a Sevilla, al norte de Alconétar, según Roldán Hervás. Otros autores sitúan Turmulos en la confluencia entre los ríos Almonte y Tajo. Ptolomeo (II, 5, 6) ubica Turmulos en territorio lusitano.

Según Miguel Cortés y López, «Su nombre es latino y hace alusión a las *turmas* de caballería; cada *turma* constaba de 30 soldados, y diez *turmas* componían un ala. Al latino *turma* corresponde el griego *ilarches*... Hoy corresponde a Alconétar».

Para Curchin, la Turmogon de Ptolomeo es un error de transcripción, debido a la fácil confusión de las letras griegas *gamma* mayúscula y la *lambda*, por lo cual el topónimo sería Turmolon (Turmulos).

Vertebración del territorio

LA VÍA DE LA PLATA

La Vía de la Plata ha vertebrado el solar vettón desde tiempo inmemorial. En época romana fue la vía XXIV del *Itinerario de Antonino*. También ha llamado la atención de numerosos intelectuales, coleccionistas, anticuarios y viajeros desde los días del Renacimiento. Incluso desde tiempos aún más lejanos. Y lo sigue haciendo hoy en nuestros días. Fue el ministro Fraga Iribarne quien, allá en los años 60 del siglo xx, puso en candelero el nombre de Camino de la Plata, con el ánimo de atraer un turismo europeo de carácter más cultural que el de sol y playa, que por entonces estaba en plena eclosión. Y de paso se pretendía desde el régimen de Franco que ese turismo de élite se dejase unos durillos en nuestra magra economía. El nombre de la ruta fue más que afortunado, pues en la actualidad se utiliza para denominar vías de transporte por carretera (autovía de la Plata) o ferrocarril, una ruta de peregrinaje jacobeo bastante bien estructurada y asentada, que asciende desde el sur hacia el norte. Se ha hecho necesario en las últimas décadas dinamizar económicamente algunas de las comarcas que atraviesa, y a ello se han puesto grupos de desarrollo y acción local, apoyados por las autoridades comunitarias y fondos Leader de la UE. La dinamización implica casi necesariamente el propio desarrollo cultural de las áreas afectadas y la divulgación de sus bienes de interés cultural, que existen, pero muy poco publicitados. Un ejemplo del interés de diferentes asociaciones locales por la dinamización de áreas por donde discurre la Vía de la Plata es la comarca cacereña del Tajo-Salor-Almonte, donde actúa el grupo de desarrollo local TAGUS.

Vista la relevancia que a todos los niveles implica esta ruta, se hace necesario estudiar brevemente qué es eso de la Vía de la Plata. Pues bien, así se denominaban algunos tramos de una vieja calzada romana a su paso por las provincias de Badajoz, Cáceres y Salamanca. Tramos que desde antiguo han despertado el interés de muchos a consecuencia de su estado de conservación, aceptable según los trechos y por la presencia de numerosos miliarios, unos legibles, otros menos.

En el siglo XVI, a algunos les dio por tratar de interpretar las epigrafías que ocultaban esos miliarios. Eruditos y estudiosos como Florián de Ocampo[86], Ambrosio de Morales[87] y Jerónimo Zurita[88].

Si bien el siglo XVII es huérfano en investigaciones sobre la calzada, el siguiente, el siglo de la Ilustración, alumbró a uno de los investigadores de referencia de la Vía de la Plata, el malagueño Luis José de Velázquez y Velasco (1722-1772), marqués de Valdeflores, que compiló un gran número de inscripciones epigráficas, pues trató de confeccionar un *corpus* español de la materia.

En el siglo XIX destacan por sus estudios sobre la Vía, Alejandro de Laborde (de cuya obra destacan sus magníficas ilustraciones), Agustín Ceán Bermúdez[89] y Pascual Madoz[90]. Más específica es la obra de José Antonio de Víu, quien publicó en 1852 *Antigüedades de Extremadura.* Sin olvidar las obras de Emilo Hübner y Eduardo Saavedra.

En el primer tercio del siglo XX destacan por sus investigaciones sobre la Vía de la Plata, Antonio Blázquez, Claudio Sánchez Albornoz, Manuel Gómez Moreno y José Ramón Mélida. Y tras la Guerra Civil, el padre César Morán y Federico Wattemberg. Pero, quizás el trabajo más concienzudo es el del mencionado Roldán Hervás entre 1965-1968, que desembocó en la publicación de su tesis doctoral, un extenso trabajo específico sobre la Vía de la Plata. Según Roldán, el nombre «de la Plata» puede tener tres orígenes: del latín

86 Cronista de Carlos I.

87 Historiador, arqueólogo y cronista del reino, catedrático de Retórica de la Universidad de Alcalá de Henares y gran aficionado a la Antigüedad.

88 Historiador y cronista del reino de Aragón.

89 *Antigüedades romanas que hay en España* (Madrid, 1832).

90 *Diccionario geográfico-estadístico-histórico de España y sus posesiones de Ultramar,* monumental obra publicada entre 1846 y 1850.

lata, procedente del griego *plateia*, del árabe *balath* (pavimento), y directamente del latín *delapilada* o empedrada. El sonido del árabe suena en castellano como *plata*, pero no tiene nada que ver con su etimología. Este nombre se conserva en las provincias de Cáceres y Salamanca, precisamente allí donde el camino conserva losas de piedra. Pero no deja de ser un tramo de la vía que atraviesa estas dos provincias, junto con la de Zamora, y que unía Mérida y Astorga. Así que, en palabras de este autor, «Camino de la Plata» sería un concepto redundante, pues vendría a significar «camino del camino empedrado». La tercera opción no parece muy válida pues es una forma de forzar la derivación de una palabra en otra. Puede que el nombre se deba simplemente a que por esta ruta han transitado todo tipo de materias que se han comercializado en el lugar de destino, sin ser concretamente riquezas del tipo metales preciosos. Pues ya sabemos que al ser humano le gustan las riquezas más que un caramelo a un niño, y con los nombres de objetos preciosos adorna su propia cotidianeidad para de alguna manera mitificarla. Pues eso. Vía de la Plata, que queda bonito.

En los tramos en los que no se la denomina «de la Plata», se conoce simplemente como cañada ganadera o calzada romana. Genéricamente, sin apelativo que valga. En el *Itinerario de Antonino* no tiene entidad propia, pues en realidad se trata de dos vías diferentes. Una arranca hacia el norte desde Emerita Augusta (Mérida), capital de la provincia Lusitania. La otra sale de Asturica Augusta (Astorga), capital del convento astur, toma dirección sur y se une a la anterior en la *mansio* Ocelo Duri (¿Zamora?), desde donde parte otra calzada hasta Caesaraugusta (Zaragoza). El *Itinerario de Antonino* es, a *grosso modo* una red de rutas que señala paradas intermedias, las mansiones. En cambio, el *Anónimo de Rávena* o *Ravenate*, otra fuente antigua de caminos, proporciona en toda su extensión la Vía de la Plata. El *Ravenate* es una simple enumeración de ciudades, indicadas siguiendo rutas fijas y no según divisiones impuestas por la geografía física o política. En una época más tardía que el siglo III, la Vía de la Plata fue considerada en el mundo romano una unidad como tal. Vamos, como la estimamos ahora en la actualidad, basándonos en los conocimientos de esta época concreta.

El camino que después ocuparía la calzada romana de la Plata, ya aparece documentado desde, al menos, el siglo VII a. C. Este fue un camino utilizado por los indígenas que trasladaban productos desde la vieja Tartessos hacia el norte. Comercio y movimientos humanos en uno u otro sentido. Es el tramo de esta antigua vereda ancestral entre Mérida y Astorga la que sería después conocida como Vía de la Plata. Un camino romano que va vertebrando la zona occidental de la meseta, que iba cayendo ante el empuje legionario dentro de la corriente romanizadora, a veces a sangre y fuego, otras de manera más sosegada y apacible.

Según Roldán, ya desde la segunda mitad del siglo II a. C., se estableció un primer tramo de la Vía entre los ríos Tajo y Guadiana, con un posible hito importante, el campamento de Castra Servilia, en la ciudad de Cáceres, utilizada por las fuerzas romanas como campamento de invierno. Hacia el año 90 a. C. se establecería en la misma ruta otra posición romana, Castra Liciniana, fundada por Licinio Craso, pacificador (por el momento) de Lusitania. Con las guerras sertorianas de los años 80-70 del siglo I a. C., es decir, poco después de la actuación de Craso, hay que relacionar otros puestos romanos en la ruta, Metellinum, Castra Caecilia (Cáceres el Viejo, a pocos km de la capital cacereña*)* y, quizás, Caecilius Vicus, fundadas por Quinto Cecilio Metelo Pío. Metelo Pío fue un aristocrático general partidario del también aristocrático dictador Lucio Cornelio Sila, que combatió al senador popular Quinto Sertorio, primo de Cayo Mario (siete veces cónsul), rival de Sila. Al menos por el nombre de las fundaciones, así lo parece. Julio César, durante sus actuaciones en la zona unos 20 años después de las guerras sertorianas, proporcionó estatuto colonial a Metellinum, fundó Norba Caesarina, y seguramente estableció en las inmediaciones de Emerita la cabecera de la Vía. De todas formas, parece que el definitivo empujón a la Vía fue proporcionado por Augusto en sus sangrientas campañas contra astures y cántabros. Con Augusto, Emerita Augusta asciende a capital de la nueva provincia Lusitania y conecta con Asturica Augusta, uno de los centros administrativos instalados en las feroces zonas del norte, a fin de expandir la civilización romana por aquellas tierras. Según Carmen Puerta, Marco Vipsanio Agripa (mano derecha de Augusto) fue quien organizó definitivamente la Vía como vertebradora del territorio occidental de la Península, cuando la vieja provincia de la Hispania Ulterior fue desgajada en dos: Bética y Lusitania. Así que posiblemente estructuraba la Lusitania, de sur a norte.

Resumiendo, la Vía de la Plata comenzaba en Mérida, atravesaba la actual provincia de Cáceres, junto a Norba Caesarina, la capital cacereña, cruzaba el río Tajo por un puente, en la actualidad derruido, cerca de la actual carretera. Por Baños de Montemayor y puerto de Béjar se llegaba a Salamanca, desde donde se dirigía a Zamora, cruce de caminos que llevaba por un lado hasta Zaragoza en dirección noreste y hacia Astorga por el norte atravesando Benavente.

Se han documentado dos miliarios de época de Augusto, uno en la cabecera y otro en el final de la Vía. Hasta el principado de Nerón no se realizó una reforma global de la calzada, documentada por un numeroso grupo de miliarios, tan sólida e integral que no hizo falta acometer reparaciones serias durante al menos una generación. En época de Trajano (año 98 d. C.) se llevó a cabo otra restauración de envergadura en la calzada, según atestiguan los miliarios encontrados, pertenecientes al gobierno del primer emperador hispano, oriundo de la sevillana Itálica. Durante los siguientes siglos no se ejecutan obras de importancia en la calzada, a excepción de las puntuales de mantenimiento. La última actuación o reforma documentada es la de un miliario de Valentiniano I o de Valente, fechado entre los años 354 y 367. Suponemos que más tarde, el Camino se arruinó, aunque siguió siendo utilizado, al menos lo que quedase de él, durante las invasiones bárbaras del siglo v. Seguramente fue utilizado por los musulmanes en su expansión hacia el norte peninsular y la despoblación mesetaria subsiguiente acabó prácticamente con la vieja calzada, pero no con una memoria impresa en sus vestigios sutilmente pavimentados. Pues la Vía de la Plata es historia viva.

Visto lo visto, veamos qué resta de la antigua Vía de la Plata romana. Fue construida para ser utilizada por el tráfico rodado de la época, carros y caballerías de tiro y carga. Por ello, fue construida como una calzada empedrada con pequeños cantos rodados apisonados de forma adecuada al paso de carruajes. Su anchura era de seis metros, lo que permitía cruzarse dos vehículos sin problema. En tramos urbanos estaba pavimentado con losas o lastras. Con el paso del tiempo, la erosión y la falta de mantenimiento, hicieron que perdiese la capa de rodadura del firme de la calzada, aflorando los materiales más gruesos, por lo que era incómodo ya para los carros. Por ello, los cada vez menos usuarios utilizaban caminos paralelos a la calzada, que se iban generando según eran utilizados por las caballerías, carruajes y viandantes. Al menos esto es lo que sucedió entre Emerita y Salmantica. En cambio, el tramo septentrional, entre Salmantica y Astúrica, el camino se pierde, debido quizás a las características geológicas del propio terreno, según Gil Montes. Este hecho, junto con las roturaciones, la agricultura moderna intensiva y las concentraciones parcelarias habrían acabado con el antiguo firme de la vieja carretera en este tramo. Aun así, Roldán opina que es posible rastrear el 70% del recorrido de la Vía. Y admirar grandes obras de ingeniería como los puentes de Alcónetar[91] y Salamanca, y otros menos impactantes. O la fortificación romana de Calzada de Béjar, relacionada con la protección del Camino.

Entre las mansiones documentadas además de la cabecera y el fin de la Vía, enumeramos las siguientes: Ad Sorores (municipio cacereño de Casas de Don Antonio), Castra Caecilia (Cáceres el Viejo), Turmuli (asentamiento indígena lusitano, zona de Alcónetar), Rusticiana (también asentamiento indígena lusitano, próximo a Galisteo), la majestuosa Cáparra (también en la provincia de Cáceres), Caecilio Vico o Caelionicco (Peñacaballera, Salamanca), Ad Lippos (Valverde de Valdelacasa, Salamanca), *Sentice* (asentamiento indígena vettón, término municipal de Pedrosillo de los Aires, Salamanca), Salmantica, Sabaria (asentamiento vacceo destruido en época visigoda, en algún lugar de la provincia de Zamora, tradicionalmente situado en el monte del Cubo), Oceloduri (muy posiblemente la propia capital zamorana, pero sin confirmar), Vico Acuario (de localización incierta: ¿asentamiento medieval de Castrotorafe?, ¿al sur del embalse del Esla?, ¿Castronuevo de los Arcos?), Brigaecium (asentamiento astur aliado de los romanos en las guerras contra cántabros y astures ¿Villabrázaro?, ¿Benavente?, ¿Valderas?, ¿Las Barcas de Castrillín?, ¿Fuentes de Ropel?) y Bedunia (San Martín de Torres, León) justo antes de Astorga.

Según Montero Vitores, la Vía de la Plata fue importante posteriormente, en las comunicaciones de la Edad Media, pues a través de ella circulaban los productos resultantes del comercio entre los reinos cristianos del norte y la España musulmana, que existir, existían,

---

91 Trasladado de sitio al construirse la gran presa de Alcántara y perteneciente al término municipal de Garrovillas.

aunque no lo crean. Además, fue la ruta principal de la Castilla bajomedieval, utilizada por la mesta para trasladar sus rebaños desde las regiones asturleonesas hasta Sevilla. En el siglo XVII, la Vía de la Plata quedó totalmente integrada en la cañada leonesa con la denominación de Calzada Columbriana.

LOS ITINERARIOS

Los romanos crearon la primera red de carreteras de la península ibérica. Sin embargo, aunque nos parezca mentira, el carro no tuvo excesiva importancia en el transporte de personas y mercancías hasta la Edad Media. Era una época en la que la gente en general estaba acostumbrada a hacer muchos kilómetros. O en su defecto se desplazaba uno a caballo (si tenía) o en mulas y burros, máximos exponentes del transporte terrestre. Incluso algunos afortunados, sobre todo los que tenían posibles, viajaban en litera. Pero estos eran los menos y solían ser aristócratas y grandes comerciantes.

El *Itinerario de Antonino* es un mapa de carreteras, tal cual, de época imperial y que se suele datar hacia el año 280 d. C. Es un documento muy exacto en cuanto a la situación de la red viaria romana y de sus mansiones o posadas de carretera. Los nombres de los lugares que aparecen en el *Itinerario* están en ablativo, lo que indica el sitio exacto de una mansión, y en acusativo, sin preposición o con la preposición *ad*. El ablativo de las localizaciones (como Pintiam o Cluniam) señala que las millas romanas, la medida de distancia romana, son el inicio de la desviación hacia donde se ubicaba la mansión o posada de carretera. El acusativo (Ad Lippos, por ejemplo) del punto que señalan las millas indica desviación hacia un lugar que hace las veces de posta y al que se llama con el topónimo del lugar más destacado, que no coincide exactamente con la mansión, sino que anda en sus proximidades y no está situada sobre la Vía.

El *Anónimo de Rávena*, o *Ravenate* es otro mapa de carreteras posterior, que coincide en general con el *Itinerario de Antonino*, y al que suele completar, pues incluye vías que no aparecen en este, como la 313, 1-7 que une las vías 24/26 con la 27.

El territorio vettón estaría vertebrado en parte por la vía 24: Vía 24 *Item ab Emerita Caesaraugusta* = *ravenat*, 319, 4-15. Es decir, la autovía que partiendo de Emerita Augusta (Mérida) finalizaba en Caesaraugusta (Zaragoza). En esta vía aparecen señaladas ciudades y mansiones como Salmantica (Salamanca), Ocelo Duri (¿Almaraz?), Albocela (Villalazán), Amallobriga (Tiedra), Septimancas (Simancas), Cauca (Coca) o Segovia. La identificación de las mansiones de época romana con poblaciones actuales es obra del catedrático de Historia Antigua de la Universidad de Valladolid J. Mª. Solana Sáinz.

Respecto a la Vía XXIV del *Itinerario de Antonino*, que en parte coincide con la Vía de la Plata, esto es lo que dice Gonzalo Arias[92] en *El miliario extravagante*:

> Larga ruta que traza un enorme zigzag entre Mérida y Zaragoza. Sigue hasta el Duero el Camino de la Plata. Al gran estudio de ROLDÁN HERVÁS 1971 pueden aportarse varias precisiones. Emerita-Castris: Rep 321-324 || 18,11b || GONZÁLEZ CORDERO en 27,17s || BUENO ROCHA en 28,20b || 66,35. Castris: Rep 211s || GIL MONTES en 16,14bs || BUENO ROCHA en 15, 9a || 16,20sb || 18, 21a. Turmulos: Rep 216 (n6) y 325. Sibarim o Sabariam: recogiendo mi propuesta de 1963 (Rep 92), ROLDÁN 1971 buscó esta mansión apartada de la vía, dada su desinencia de acusativo; estaría en Torre del Sabre, término de San Cristóbal del Monte, 4 km al W de la carretera. Ocelo Duri: acepto la ubicación tradicional en Zamora. Paso por Zamora 71, 9. Albocela: varios autores dudan por diversos motivos que sea Toro, como se suponía corrientemente; yo he pensado en Castronuevo de Valderaduey (37,4b) y sigo creyendo en esa posibilidad aunque la ruta no pasara por allí sino por la «calzada zamorana», lo que obligaría a suponer un acusativo perdido, lo mismo que para la mansión siguiente, Amallóbriga ubicada con mucha probabilidad en Montealegre en atención a una *tessera hospitalis*[93] hallada

92 Gonzalo Arias (1926-2008) fue jurista, escritor y activista. En 1963 fundó *El miliario extravagante*. Los numerosos estudios que Arias realizó sobre una de las parcelas históricas de su interés, las vías romanas, fueron concretados en su proyecto de *El miliario extravagante (1963-2004)*, parcialmente recopilados en un volumen titulado *Repertorio de caminos de la Hispania romana* y continuados después por la revista *El Nuevo Miliario*.

93 Pacto de hospitalidad hallado en un bronce que data del 3 de octubre del año 134 d. C. y que suscribieron las autoridades del municipio de Cauca (Coca, Segovia), mediante el cual Cauca recibía en calidad de *hospes* a los amallobrigenses o gentes de la ciudad de Amallobriga.

recientemente: 74, 18s. Septimanca = Simancas. Nivaria = Portillo, vieja hipótesis ahora recuperada. Cauca-Segovia Rep 455 || 46, 23b || 75, 30s || 89, 2s. Vertiente sur de la sierra: 75, 24s || 80, 36 || 82, 29s || 83, 27s. Por el pueblo de Guadarrama 70, 19. Segovia-Arriaca Rep 365s. El tránsito por tierras madrileñas y la ubicación de Miacco y Titultia han dado lugar a amplios debates en nuestras páginas, entre ellos: con FERNÁNDEZ GALIANO 21, 2s; con S. PALOMERO 23, 8s y 30, 15; con Mª GIRALT 32,17; con E. SUJA 38, 8; con B. GARCÍA DE MATEOS 50, 20, 52, 2s y 54, 2s; con C. CABALLERO y A. MOHÍNO 55, 2s || 56, 2s || 57, 2s; con J. RODRÍGUEZ MORALES 72, 24s || 73, 35 || 82, 24.

La Vía XXV también atraviesa en parte el territorio vettón. De nuevo me remito a Gonzalo Arias y su obra sobre vías romanas peninsulares *El miliario extravagante*:

> La vía más directa de Mérida a Zaragoza. Tras un breve tramo común con la **A24,** la identifico con el camino F F de Rep 322. Leuciana, a 44 millas de Emerita, podría ser La Cumbre. Podrían pertenecer a esta ruta los puentes que fotografié entre La Cumbre y Trujillo (Rep láminas 65 y 66) y sobre el río Tozo entre Trujillo y Jaraicejo (lám. 67). 69, 20. BUENO ROCHA en 18, 11as resume otras opiniones, y en 24, 23b y 28, 19s aporta más datos. Paso por Campo Arañuelo: GONZÁLEZ CORDERO en 34, 5s. La omisión de una distancia y una mansión (Caesarobriga[m]) se argumenta en Rep 124s. BUENO ROCHA, 24, 4a, ha evocado la posibilidad de un desdoblamiento de la vía desde el Puerto de Miravete. Aunque al principio deseché la sugerencia por las razones expuestas en 24,4bs, una reflexión más detenida me hace ver que, aunque la variante sur (antigua L58) fuese en efecto secundaria y más moderna, nada impide que haya sido la indicada en la hoja de ruta antoniniana. Introduzco pues la nomenclatura A25a y A25b para una y otra variante. Véase también 72, 38s y 73, 35s. Sector toledano-madrileño Rep 367s || 18, 8 || 19, 22s || 21, 19 || 27, 5 || 55, 5s || 69, 12s. Titultia como *mansio* 82, 24. Arriaca - Bilbilis 17, 2s y sucesivos informes de CEZÓN en 26, 11 || 27, 23 || 28, 21 || 29, 18 || 88, 25b, todo ello recapitulado en 64, 5s. Una opinión de GARCÍA PÉREZ 1988 puede verse en 27, 10. Nertóbriga y Segontia, 64, 6b.

En la vía XXIX, Arias señala Miróbriga:

> «Per Lusitaniam...». Mantengo el enfoque revolucionario adoptado en Rep 510-511, basado en tomar en serio esa indicación, sobre cuyo valor pueden verse los puntos de vista contrapuestos de Pérez Vilatela y Arias en 61,21s. Contosolia debería buscarse al NW de Aljucén. La ruta pasaría por Cordovilla de Lácara: vía L14, que debe estar bajo la carretera (construida hacia 1975) que desde el Puerto de Clavín conduce a Aliseda. Buenos restos del agger y del empedrado (Rep, lámina 68) se aprecian al cruzar la «Rivera del Gavilán o del Gaitán» (IG 728), donde habría un simple pontón. Otros datos sobre este camino en MELENA 1984 y FERNÁNDEZ CORRALES 1987, citados en 18, 12a. Miróbriga estaría según las distancias hacia Aliseda. Aunque las ruinas de Miras parecen demasiado alejadas, la posibilidad de que un acusativo perdido hiciese referencia a ellas se evoca en 19, 22a || 20,22bs. Con la L25 a Torrejón el Rubio, con la L17 a Malpartida de Plasencia y con la CL3 a Titulcia. Evaluación general de las hipótesis sobre esta vía: 61, 25. De nuevo ha defendido el trazado tradicional por La Mancha J. RODRÍGUEZ MORALES 72, 24s y en 73, 16s.

Esta información está extraída directamente de la web *El Nuevo Miliario*[94]. Desde aquí, vaya un pequeño homenaje a su autor, que realizó un trabajo ímprobo y concienzudo durante toda su vida, estudiando las vías romanas de la península ibérica.

---

94 **El Nuevo Miliario** es un boletín bianual dedicado al estudio de las vías romanas, la historia de los caminos y otros temas de geografía histórica que se publica desde el año 2005. La publicación se inicia tras la desaparición de *El Miliario Extravagante*, dirigido por Gonzalo Arias, y trata de mantener vivo su espíritu y sus principales características.

La cultura de los verracos

Alicia Canto recuerda cómo en un curioso texto del siglo XV, se citaba a los verracos como trofeos. El texto se incluye en una obra denominada *Compilación de las batallas campales* (Murcia, 1487, reed. en 1963 y de tema obviamente guerrero a tenor del título). Dice así: «... Después de que Escipión el Joven volvió a Roma (205 a. C.), y después de su muerte, los españoles se rebelaron contra los romanos; estos enviaron a España un capitán llamado Guisando, que habiendo peleado contra los españoles en tierra de Toledo y cerca del

Verraco expuesto en el Museo Arqueológico Nacional. Foto del autor.

lugar llamado Cadalso, y habiéndolos vencido, hizo, para memoria de esta victoria, cuatro estatuas de piedra, a manera de toros, a las que en su tiempo daban el nombre de Guisando…».

Etimológicamente, el término «verraco» es más conocido en su acepción arqueológica que en la original definida en el diccionario de la RAE que no es otra que «cerdo padre» y que procede de la voz latina *verres.* Aunque en otros lugares significa cosas tan desagradables en lenguaje coloquial como *persona desaseada, persona despreciable por su mala conducta,* hasta *persona tonta, que puede ser engañada con facilidad.* Lo curioso del caso es que se designan como verracos las esculturas de toros o cerdos realizados por los vettones y sus descendientes, total o parcialmente romanizados. No olvidemos que la palabreja de marras procede del latín *verres,* esto es «puerco sin castrar», según el tesauro de Sebastián de Covarrubias, lexicógrafo, criptógrafo y capellán del rey Felipe II. Que los verracos, sea lo que sea lo que representen, no han dejado indiferente a nadie desde que fueron esculpidos, es algo que podemos comprobar en este pasaje cervantino del *Quijote:* «Vez también hubo que mandó fuese a tomar en peso las antiguas piedras de los valientes toros de Guisando, empresa más para encomendarse a ganapanes que a caballeros». Cervantes los llama toros, pues es el animal al que la gente de la época le veía más parecido.

En el siglo XVIII, los ilustrados hispánicos lo definieron expresivamente como «cerdo padre que se echa a las puercas para cubrirlas». Juan Cabré decía de ellos: «son esculturas de granito con el nombre genérico de verracos, las cuales representan toros y jabalíes». Aunque la terminología posee sus excepciones, ya que se llaman *toros* a los Toros de Guisando y a los de la Romarina, también, y no verracos de Guisando o de la Romarina. E incluso hay alguna alusión, escasa, eso sí, a estas esculturas en el sentido de referirse a bichos hembras. Pero parece algo más degradante y suena bastante feo, como la Marrana de Cárdenas y la ídem de Mingorria.

Al margen de cómo se haya querido nombrar a estas magníficas esculturas, espléndidas en su tosquedad, estilización y esquematismo, lo cierto es que desde siempre, casi desde el momento mismo en que fueron labradas, han llamado la atención del ser humano: desde los eruditos renacentistas a los historiadores de todas las épocas y en los últimos tiempos, incluso al público en general. Y aunque es uno de los rasgos arqueológicos esenciales que identifican al pueblo vettón, no fueron ellos los primeros en desarrollar en la península ibérica este tipo de arte, sino los pueblos ibéricos. Estos últimos no sólo esculpieron toros en piedra, sino también otros animales, reales unos, domésticos o salvajes (como los leones), así como seres fantásticos, cuyo origen se remonta a los mitos y leyendas procedentes del Mediterráneo oriental: sirenas, grifos o esfinges, entre otros. Así que es de suponer que los verracos vettones proceden en realidad y directamente de alguna forma del animalario ibérico.

Dos ejemplos comparativos. Existe una figurita de arenisca del santuario ibérico de Cerro de los Santos que posee carácter de exvoto, una ofrenda a alguna ignota deidad prerromana. Carece de detalles individuales, al contrario que otras representaciones similares de mayor tamaño en el ámbito ibérico, pero no deja de ser un símbolo de lo sagrado. En cambio, el verraco de Ávila es un granítico ejemplo de este tipo de esculturas: figura muy esquemática, pero fuerte visualmente y de significativa potencia, sea cual sea el tamaño y la función que tuviese en su día. Este ejemplar en concreto es pequeño si se compara con sus primos hermanos de otras zonas de Ávila y Salamanca, fundamentalmente.

Un último apunte relacionado. Entre los iberos, el toro representaba a la divinidad, pero también era una ofrenda muy apetecible para los dioses, aunque parece arriesgado extrapolar este carácter sagrado a los verracos vettones. No obstante, tanto a los dioses originarios de las culturas mediterráneas y las indoeuropeas, parecía gustarles aquello de que sus acólitos sacrificasen, cuchillo ritual en ristre, un buen ejemplar de morlaco, poniéndolo todo perdidito de sangre del pobre bicho al degollarle. A los romanos estas cosas les encantaban. Según un experto en la materia, el arqueólogo Álvarez-Sanchís, en los verracos existe un carácter de representación de la divinidad, y se habla mucho del carácter religioso del jabalí y del toro, símbolos de guerra y prosperidad, tótems muy extendidos entre numerosos pueblos antiguos: gálatas, escitas, cimbrios, celtíberos, germanos y hasta entre los romanos, que utilizaban sus imágenes como emblema de las legiones. El toro y el cerdo, en casi todo el Mediterráneo y la Europa templada se asocian con la fecundidad, algo que podríamos deducir fácilmente de uno de los pocos detalles que suelen aparecer claramente marcados en tan toscas figuras: los órganos sexuales. Con excepciones, la inmensa mayoría de los verracos representan la condición de machos y sementales. Representan o son los animales asociados con las deidades masculinas, pero no son dioses en sí mismos.

Los verracos son entonces esculturas zoomorfas cuadrúpedas casi siempre esculpidas en granito y que son el rasgo cultural más distintivo de la cultura vettona. Nos imaginamos que son cuadrúpedas, aunque en general no se esculpen las cuatro patas, sino por pares: las dos delanteras y las dos traseras aparecen unidas en un recio bloque pétreo rectangular. No sabemos si era un convencionalismo o un recurso estilístico utilizado por quienes lo tallaron o es que tenían dificultades para hacer un trabajo más fino. O simplemente el resultado era el deseado: la representación de un cuadrúpedo esquemático que se daba un aire a un toro o a un jabalí, según los casos, y cuya simbología comprendían todos los miembros del pueblo para quienes se elaboraba. Los vettones eran ese pueblo, pues este tipo de estatuaria está ausente en otras culturas mesetarias semejantes. Fuera de la Vettonia histórica o protohistórica no existen tales ejemplares, ni en otras regiones de la península ibérica, ni entre los pueblos inmersos en la Edad del Hierro europea. Se han documentado más de 400 bichos de estos en el occidente de la Meseta. Dice Julio Caro Baroja que posiblemente los vettones se inspiraron en imágenes de toros, esfinges y demás animalario orientalizante para esculpir sus verracos, y que estos modelos eran propios de los pueblos del sur de la Península, como ya hemos visto anteriormente.

Morfológicamente, son esculturas en bulto redondo, es decir, son completamente tridimensionales y representan animales de cuerpo entero, con y sin pedestal, del mismo material que la escultura. Son de formas simples, algo abstractas y sus artífices se sirvieron de ciertos convencionalismos artísticos para representar los rasgos de una especie determinada, de forma que solemos reconocer, con excepciones, de qué animal se trata. Hay algunos cuadrúpedos que no hay forma de saber a qué especie pertenecen, si es que pertenecen a alguna y no son una mera invención del artesano en cuestión. O es que está muy deteriorado, que también podría ser. O es que el artesano era poco ducho en la materia, o consideraba que no le pagaban (suponemos que en especies) lo que consideraba justo y lo dejaba a medias.

Los verracos siempre se representan de pie y en general sugieren una posición estable, aunque en ocasiones parece que una de las patas se adelanta respecto al cuerpo, simulando movimiento. Aún manteniendo formas similares en cada especie representada, pueden variar de tamaño: entre el medio metro de longitud entre los más pequeños y los más de 2,5 metros de longitud, como los célebres Toros de Guisando (El Tiemblo, Ávila). Los verracos se extienden alegremente por las tierras occidentales de la Meseta, Extremadura y los Tras-os-Montes portugueses. El territorio que las fuentes grecorromanas reconocen como vettón. Ruiz Zapatero y Álvarez-Sanchís piensan que algunos verracos delimitan el territorio vettón, resultando ser mojones fronterizos con los galaicos al noroeste y vacceos al norte, carpetanos al este y lusitanos al oeste. Puede que delimitasen territorios que consideraban propios.

Hemos de suponer que en su momento álgido existieron más verracos de los que tenemos documentados en la actualidad, y que muchos fueron destruidos por ser considerados vestigios paganos romanos o prerromanos incluso. Algunos fueron reutilizados en palacetes nobiliarios y en murallas de burgos medievales, o en las delimitaciones territoriales de municipios o de terruños lindantes vecinales en época medieval, moderna, pero también contemporánea. No obstante, deben existir un buen número de piezas ocultas o bajo tierra, víctimas del transcurrir geológico y de la erosión del terreno. Incluso algunos *meños* que sean verracos y que no se hayan identificado como tales, al estar muy deteriorados por acción de los elementos. En Cenicientos (Madrid), junto a un monumento de época romana, hay un bloque de granito que tiene todo el aspecto de un verraco, pero que los que saben realmente de esto, no han identificado como tal. La doctora A. M. Canto tan sólo lo ha sugerido. Todo parece indicar que nuestras esculturas fueron esculpidas por canteros-escultores (así los denominan Ruiz Zapatero y Álvarez-Sanchis), que poseyeron cierta especialización, y mucha fuerza en los brazos. Porque trabajar el granito no es moco de pavo, ni mucho menos. Estos señores debieron estar a disposición de las élites de los *oppida*, los auténticos «señores de los verracos»[95]. No podemos olvidar que el trabajo del granito, el hábil manejo de herramientas determinadas

95 Álvarez-Sanchís denomina a los vettones, los «señores del ganado». En concreto, es el título de uno de sus trabajos dedicada al estudio de este pueblo.

y la capacidad de tallar figuras tridimensionales requieren ciertas capacidades y habilidades que no todo el mundo tiene, ni está dispuesto a adquirir. Era este un duro oficio que exigía una excelente forma física y un proceso de aprendizaje, más o menos largo, de la mano de los maestros escultores.

Al ser el granito una piedra compacta y consistente, difícil de manejar, los escultores debieron tener a mano toda una pléyade de herramientas específicas para trabajar un material tan duro: mazos, martillos de madera y metálicos, cinceles, gubias y punteros, quizá algún taladro, tal y como parece deducirse de algunas oquedades practicadas en esculturas, efectuadas con gran precisión. Acción que requiere del manejo de un taladro. Parece más que probable que para el acabado final se usaran lijas como hacen los canteros actuales.

Según Ruiz Zapatero y Álvarez-Sanchís, casi todas las piezas fueron elaboradas según un patrón técnico común. Se elegía en primer lugar un bloque natural de dimensiones apropiadas o un berrocal del que extraer el bloque adecuado y conveniente, lo cual era complicado y exigía esfuerzo si era así. Posteriormente se tallaba el informe bloque para darle volumen a una cara, y después se tallaba la cara opuesta. Ya tenemos el cuerpo de la bestia dispuesto. Un tercer paso sería eliminar la piedra sobrante entre la base o pedestal y la zona ventral y las extremidades del animal. Un trabajo muy duro, en efecto. Y con cuidado de no romper el bloque ya tallado, que podía suceder perfectamente, en cuyo caso había que volver a comenzar la operación desde el principio. Por no detallar las consecuencias económicas del desastre, que debió haberlas también. Bien, si llegábamos a esta fase sin romper nada, por último se ejecutaba el trabajo fino, que era tallar los rasgos anatómicos característicos del morlaco o del puerco. En ocasiones, esta delicada tarea era muy pobre, casi inexistente, y entonces los verracos carecían de detalles anatómicos específicos. En cambio, otras veces, los escultores se venían arriba, se afanaban y curraban más de la cuenta, pero no conocemos las circunstancias que determinaban un mayor o menor trabajo: cincelaban con sumo cuidado las toscas arrugas de los cuellos, ojos, el arranque de los cuernos (si se representaban toros), el rabo y el sexo, siempre masculino. Desconocemos la razón por la que algunos verracos aparecen más elaborados y otros más toscos. ¿Dependía de la habilidad del cantero o de las preferencias del cliente? ¿De si cobraban más o menos por su trabajo? ¿De la erosión de la escultura? Ruiz Zapatero y Álvarez-Sanchís tienen sus propias propuestas a estas diferencias de estilo, pues reconocen escuelas diferentes entre los canteros vettones con un estilo más o menos definido. Las semejanzas formales entre ejemplares de verracos alejados geográficamente unos de otros sugieren la existencia de artesanos itinerantes, que se exhibían y ofrecían su fuerza y experiencia al mejor postor en poblados diferentes.

No parece descabellado pensar que una gran concentración concreta de verracos por km^2 se deba precisamente a la elevada densidad de población humana relativa en una zona determinada. Por ejemplo, en el valle abulense de Amblés, existe un numeroso grupo de verracos. Se sabe que esta área fue una región muy poblada en la II Edad del Hierro. Todo parece indicar que el número de *oppida* en una zona está directamente relacionado con la cantidad de verracos encontrados en la misma. ¿Estaría directamente relacionado el número de verracos con la demografía del lugar? ¿No representaría un verraco a un número determinado de personas? Conjeturas…

La creación de verracos enlaza con la existencia de élites en los *oppida* que encargan el monumento de marras a los canteros especialistas en el asunto. La probada presencia de jerarquías sociales en el interior de los poblados es bien conocida por los arqueólogos, gracias a la interpretación de los hallazgos en ambientes funerarios y domésticos.

Desde siempre, el hombre se ha preguntado para qué fueron esculpidos los verracos por los vettones. En el siglo XIII, el Fuero de Salamanca se hace eco del verraco con forma de toro del puente romano de la ciudad. Es el mismo verraco que aparece reflejado en el *Lazarillo de Tormes*. Los Toros de Guisando ya vimos que son mencionados por Cervantes en su celebérrima obra del *Quijote*. Por fin, en 1596, alguien va más allá: Gil González Dávila[96] realiza el primer inventario de verracos, y ya los considera ídolos paganos de época muy remota. Como podemos comprobar, existía cierta curiosidad, sí, pero también ánimo en interpretar y describir el fenómeno de los

96 Declaracion de la antiguedad del toro de piedra, del puente de Salamanca, y de otros que se hallan en otras ciudades y lugares de Castilla.

verracos, una necesidad de analizar y descifrar el misterio de estas imágenes pétreas, que se torna más seria desde mediados del cientifista y positivista siglo XIX. Fernández Guerra, entre 1853 y 1880, considera a los verracos una suerte de pedruscos delimitadores del solar de la antigua Vettonia. A juicio de Paredes Guillén (1888) señalizaban los caminos de los ganados trashumantes y este mismo erudito opinaba que eran elementos de culto de una antigua sociedad, relacionados con el ganado. Otra corriente decimonónica, representada por Rodríguez y Ballesteros, los consideraba monumentos conmemorativos. Y todavía otra corriente interpretativa más de finales del siglo XIX los considera monumentos funerarios, pero de época romana, en función de las inscripciones funerarias latinas encontradas en algunas de estas esculturas, que algunos autores generalizan a todos los verracos, aunque carezcan de epígrafes. Esta línea de investigación fue continuada en el siglo XX por investigadores como Paris, Leite de Vasconcelos y Gómez Moreno.

Según Ruiz Zapatero y Álvarez-Sanchís, algunos verracos se utilizaron en época romana como cierre de sepulturas y pudieron ser tumbas de miembros de las élites indígenas, que asimilan en cierta manera las novedades romanas, pero manteniendo pervivencias indígenas representadas por estos verracos.

Los dos verracos que flanquearon la puerta de la ciudad romana de Obila (supuestamente Ávila), posiblemente fueron utilizados por las autoridades romanas para dar satisfacción a sus administrados vettones, incorporando una manifestación de prestigio indígena, característica de los antiguos vettones, en palabras de Álvarez-Sanchís.

Y todavía contamos con otra línea argumentativa sobre los verracos, desarrollada inicialmente por Juan Cabré en 1930, quien era de la opinión de que los verracos estaban relacionados con ritos de protección y propiciación de los ganados. Las reflexivas tesis de Cabré fueron apoyadas por Julio Caro Baroja y Juan Maluquer y en nuestros días, actualizadas por Álvarez-Sanchís.

Otra corriente interpretativa examina los verracos como demarcadores de zonas de pastos relacionados con las élites de los *oppida*, según Álvarez-Sanchís y Ruiz Zapatero. Estos investigadores de la Universidad Complutense de Madrid han determinado una serie de peculiaridades que corresponden a un patrón general que trata de clarificar el misterio de los verracos. 1) Los verracos se han encontrado en la posición y lugar donde se erigieron originalmente, por la dificultad existente en la Edad del Hierro para cambiarlos de lugar (en otras palabras, pesan lo que no está escrito); 2) se encuentran mayoritariamente en suelos ganaderos, en un intervalo de altitudes de entre 350 y 1500 m, en lugares de pastos invernales; 3) se ubican próximos a cauces fluviales, lo que *a priori* facilita el abrevar del ganado; 4) más de un 70% de los verracos conocidos se encuentran en las inmediaciones de los poblados, pero no junto a ellos; 5) desde los verracos se ven los *oppida* y desde los *oppida* se observan los verracos; 6) los verracos, por la posición estratégica que ocupan, son fácilmente visibles por los viajeros.

En cuanto a la cronología de los verracos, los más antiguos datan de los años 400/350 a. C., según Ruiz Zapatero y Álvarez-Sanchís, quienes no niegan la cronología romana en ningún caso, a pesar de algunas hipótesis, como la de Benet y López, para quienes los verracos del occidente de la Meseta no procederían de época prerromana, sino exclusivamente romana. Según estos últimos investigadores, un tipo de esculturas como estas sólo podrían erigirse bajo una organización estatal compleja y fuerte, inexistente en la zona en los momentos previos a la ocupación romana. Al menos en el occidente de la Vettonia. En cambio, los primeros ejemplos de verracos, los encontrados en los alfoces de los grandes castros abulenses sí que parecen tener cronología prerromana, más cercanos al mundo celtibérico y a las influencias mediterráneas griegas y fenicias que al mundo romano. En cambio, en la actual provincia de Salamanca y en la Beira Alta portuguesa (la Vettonia occidental), los verracos se esculpieron en época romana, algo que parece confirmarse por las inscripciones latinas grabadas en las esculturas, a juicio de Benet y López. Pero, ¿quién nos dice que no fueran las inscripciones latinas posteriores a la escultura original? De hecho, muchos autores piensan que es así.

Ruiz Zapatero y Álvarez-Sanchís han asignado pacientemente distintos porcentajes según el lugar donde se han encontrado los verracos originariamente: un 60% de los bichos hallados se asocia a zona de pastizales, un 27,5% a espacios domésticos, otro 8,7% a puertas de acceso de poblados y un 3,3% a espacios funerarios. En función de estos datos estadísticos, ambos autores han sacado sus propias conclusiones, y es que la función principal de los verracos fue lisa y llanamente la de delimitar pastos. La existencia de verracos en los castros y sus proximidades, sugieren la asociación con una función mágica y protectora de ganados. Los verracos en los accesos de los poblados enlazan con una función de tipo apotropaico[97]. La función funeraria se asocia con la época romana: los romanos manipulan en cierto modo el uso tradicional en beneficio propio, para darles una nueva utilización. También se ha relacionado el emplazamiento de los verracos con actividades públicas, en concreto celebraciones o conmemoraciones dirigidas por las élites y en las que participaban los pastores y parte de la comunidad. Las sociedades de la Edad del Hierro, con sus ceremoniales junto a sus queridos verracos, celebraban de alguna manera la riqueza de los pastos, el valor de los ganados y su control por la aristocracia del poblado, cuyos miembros presumían de poder y prepotencia frente a sus menos favorecidos convecinos y por supuesto, frente a otras comunidades próximas.

Tenemos ejemplos variados de verracos en función de su ubicación, pues algunos como los celebérrimos Toros de Guisando han permanecido en su lugar aparentemente original, siempre visibles para todo aquel que pase por allí. Ya conocemos la historia de que, en este lugar, en 1468, el rey Enrique IV proclamó a su hermana Isabel, futura Católica, sucesora a la Corona de Castilla. Evidentemente era un lugar mágico y emblemático desde los tiempos de Matusalén y por eso tuvo lugar aquí, precisamente aquí este importante ceremonial de proclamación regia. Los Toros de Guisando fueron declarados Paisaje Pintoresco en 1954. Pero el caso de los Toros de Guisando es único, porque lo habitual, sobre todo desde el Renacimiento, es el traslado y reutilización de las sufridas esculturas. María Meriné denomina a esta situación «acción re-monumental». Llama la atención lo temprano de estos movimientos de reubicación de los verracos, pues ya decía en 1596 el antes citado cronista Gil González que «en Ávila, en uno de los torillos que están a la puerta principal de las casas del marqués de las Navas…», con lo que da a entender que el propietario, el señor marqués de las Navas, ha recolocado los verracos, traídos de quién sabe dónde y cuándo, en el lugar más vistoso de su palacio, para que todos

97 Pues bien, dícese de un rito, de un sacrificio, de una fórmula, etc. que, por su carácter mágico, se cree que aleja el mal o propicia el bien.

puedan admirarlos y admitan su calidad de coleccionista de cachivaches antiguos, que era lo más *in* entre algunos miembros de la nobleza de entonces, supuestamente más cultivados y mecenas que otros. Este es sólo un ejemplo de que los desplazamientos de verracos de su sitio de erección primigenio han sido constantes, incluso reutilizándose como material de construcción.

Otro ejemplo. En 1956, Arsenio Gutiérrez Palacios, inspector de excavaciones en la zona de Diego Álvaro, municipio abulense que forma parte del partido judicial de Piedrahita, reconoció entre la mampostería de una valla y semienterrado, una escultura de toro, un verraco colocado boca abajo y que actuaba como abertura para el agua. Gutiérrez Palacios, con buen juicio, avisó inmediatamente a las autoridades competentes de que era necesario poner en valor la escultura inmediatamente y buscarle una ubicación más digna.

En otras ocasiones, el verraco era desenterrado como resultado de una excavación en el terreno, posiblemente por motivos meramente agrícolas y no científicos. Luis Ariz describió en 1607 el hallazgo de un toro enterrado, una escultura que formaba parte de una tumba de época romana. En tiempos más actuales, se han seguido hallando verracos en su primitiva ubicación, desenterrados en alguna campaña de excavaciones arqueológicas sistemáticas, como un gran toro casi completo encontrado por el investigador Javier Moreda y su equipo, durante la adecuación de la ribera derecha del río Adaja a su paso por la ciudad de Ávila. Pero en muchas ocasiones, los verracos descubiertos en excavaciones arqueológicas no están en su posición original, sino que han sido reutilizados en muros y vallas, incompletos porque les suele faltar algún elemento, como la cabeza, desechada para poder encajar correctamente la pieza a algún sillar en su nueva ubicación arquitectónica. Dos ejemplos de esta reutilización de verracos, cerdos en concreto, los podemos encontrar en las piezas encontradas en la puerta de San Vicente y en el cementerio mudéjar de San Nicolás, ambos en la ciudad de Ávila. Y no son pocos los verracos reciclados y levemente trabajados para poder encajarlos en las murallas. No obstante, el asunto del reciclaje es habitual en todas las épocas y en todos los lugares, pues... ¿Para qué trabajar de más si ya tenemos un sillar trabajado y listo para ocupar un sitio adecuado en tal o cual construcción nueva o reformada? Aunque ya en el siglo XIX, estas ansias reutilizadoras van perdiendo fuelle ante la preocupación que se extiende en la sociedad de conservar los restos del pasado. No digo que no existan reutilizaciones en el siglo XX y aun en el XXI, pero se controla más el tema por parte de Patrimonio. O al menos se trata de hacerlo, pues siguen escapando de la justicia muchos furtivos que, detector de metales en ristre, tratan de buscar vestigios arqueológicos por cuenta propia o ajena. Y no buscan sólo metales, sino restos pétreos que estén bien pagados en el mercado negro de las antigüedades.

En la actualidad, por cada actuación arqueológica efectuada, ya sea o no de urgencia, es muy posible descubrir nuevos ejemplares de verracos que forman parte de paramentos y murallas. En ocasiones es complejo extraerlos de su posición para ponerlos en valor sin ocasionar daños arquitectónicos estructurales irreparables. Sabemos que están ahí, porque los contemplamos, pero mejor ni tocarlos por lo que pueda pasar...

Como dice María Meriné, «... las circunstancias de los verracos dependen de las sensibilidades de las sucesivas gentes que dan con ellos. Y ellos reflejan, asimismo, lo que cada tiempo y sociedad ha ido entendiendo como *su* patrimonio cultural».

EL VERRACO DE VILLANUEVA DEL CAMPILLO

En la plaza de Villanueva del Campillo (Ávila), se conserva un poderoso torote restaurado, un auténtico verraco de postín. Pero este no es su lugar original, pues en sus orígenes ocupaba el lugar más visible de una hoya con abundantes pastos y manantiales. Una tosca escultura visible perfectamente desde el sur y el oriente. Es un gran ejemplar de animalote en piedra, que pudo tener perfectamente un peso primigenio de 15 toneladas, un bicharraco de gran tamaño y excepcional dentro del *corpus* de verracos vettones, precisamente por su envergadura. Un auténtico coloso, dentro de los parámetros modestos en los que nos movemos, un morlaco, decía, que daba acceso al valle de Amblés. Según Álvarez-Sanchís representaba la riqueza y el poderío de los vettones de esta región. Es indudablemente todo un símbolo de poder y jerarquía del colectivo humano que lo erigió y cuya misión era asombrar al más pintado. Incluidos los romanos, que eran poco impresionables...

Verraco de Villanueva del Campillo. Foto de Jesús Álvarez-Sanchís.

EL VERRACO DE LAGARTERA

Este verraco es una más de las célebres esculturas zoomorfas que ayudan a la teórica delimitación de los viejos territorios vettones y carpetanos. El verraco de Lagartera (provincia de Toledo, junto a la autopista A-5) se halló en un lugar que no podía ser su emplazamiento original, como suele ocurrir en estos casos. Ya saben, por aquello de la reutilización. Se encontró entre un grupo de pedruscos de granito en una finca al norte del casco urbano lagarterano. En origen, sus promotores colocaron al sufrido verraco en un promontorio para que todo el mundo lo viera en varios kilómetros a la redonda. Es una escultura incompleta en el que no se aprecian nítidamente los elementos anatómicos, ni tampoco la peana habitual de este tipo de esculturas.

Pero si algo tiene de interesante este verraco es una misteriosa inscripción latina bastante ilegible por el paso inexorable del tiempo. La inscripción de marras se halla en el costado derecho y es de época romana, cuando fue utilizado como elemento funerario. Pero todavía sufrió más tejemanejes, pues en época medieval se volvió a reutilizar como elemento cristiano, a juzgar por el orificio detectado por los arqueólogos Pacheco Jiménez y Moraleda Olivares, a quienes sugiere el uso de una barra de hierro para instalar una cruz. Un objeto para sacralizar el campo y los caminos que conducían a Lagartera.

LOS VERRACOS DE SEGURA DE TORO

Segura de Toro es un pintoresco pueblecito serrano del valle de Ambroz muy cercano a la A-66, más conocida como autovía de la Plata. Se puede llegar hasta él abandonando la autovía para tomar la carretera hacia Casas del Monte, que se atraviesa para continuar hasta Segura. También podemos dirigirnos a nuestro destino desde Aldeanueva del Camino, en la nacional N-630.

En Segura de Toro, que por algo se denomina así, hay dos verracos, uno denominado «verraco grande» y otro «verraco chico», por razones obvias. El Verraco chico es en este caso una réplica bastante exacta realizada en los talleres de la Universidad Popular cacereña, ya que el original descansa en el Museo de las Veletas de Cáceres,

El verraco grande de Segura de Toro. Foto del autor.

donde fue llevado en 1969 junto con una tosca figura humana, una especie de guerrero galaico, pero en clave vettona.

El verraco grande semeja un toro (o lo que queda de él) que proporciona el apellido a la población y que aparece en el escudo local. Se encuentra ubicado en la plaza del pueblo, sobre un pedestal y aunque no parece estar en demasiado buen estado, su envergadura, su tamaño, impresiona.

El morro de la escultura granítica es inexistente y las patas delanteras se apoyan sobre otro pequeño pedestal construido al efecto de sostener lo que queda de ellas. Bastante mejor conservado está el tracto posterior, en donde se aprecian las pezuñas de las patas traseras, un ano bien marcado y un escroto que nos permite afirmar sin temor a equivocarnos que estamos ante un buen ejemplar de cuadrúpedo macho. En el costado izquierdo se abren dos profundas aberturas circulares. Según me contaron los paisanos, hace unos cuantos años, corrió el rumor de que en el interior del bicharraco en cuestión alguien había escondido en tiempos remotos piezas de oro. *Ipso facto*, algún desaprensivo preso de la fiebre del dorado metal se lio, inmisericorde, a martillazos con el inocente animalito. Las consecuencias de tal ataque de locura a la vista están. De nuevo la codicia y la ignorancia haciendo de las suyas, si es que tal anécdota es real. Pero creíble es, según las gastamos los *homo sapiens*. El caso es que se restauró como buenamente se pudo.

LOS TOROS DE GUISANDO

Los Toros de Guisando están a 51 km de Ávila. Cerca de El Tiemblo por la carretera AV-511. Desde Madrid, están a 61 km por la carretera de San Martín de Valdeiglesias (N-403).

Aunque verracos como todos los demás, los Toros de Guisando se merecen un epígrafe aparte dentro del capítulo dedicado a las esculturas zoomorfas, por brillar con luz propia y porque su emplazamiento ha sido escenario de grandes hechos para la historia de España.

Es un conjunto de esculturas zoomorfas, famoso por ser escenario del Tratado de los Toros de Guisando (celebrado en septiembre de 1468) por el que el rey de Castilla Enrique IV proclamaba a su hermanastra Isabel, princesa de Asturias y la reconocía como heredera al trono, con lo que se puso fin a una grave crisis política que asolaba el reino de Castilla. Los Toros de Guisando son la representación de este bóvido macho según la particular y peculiar perspectiva del pueblo vettón y están protegidos por un recinto vallado en piedra, restaurado a finales del siglo xx. Aunque el origen de las cuatro esculturas es prerromano, una de ellas fue reutilizada en tiempos romanos como una especie de estela funeraria, tal y como reza una inscripción, algo bastante común en la época. Posiblemente en tiempos prerromanos estuviesen colocados en lugares alejados de su emplazamiento actual. Durante muchos siglos se asoció a la Venta de Guisando, demolida en el siglo xvii, un establecimiento que ya aparece en un documento de Alfonso XI de 1346. Los Toros de Guisando, que pueden proceder en origen de algún/os castro/s de las inmediaciones, según Fabián estarían relacionados con la Cañada Real Leonesa oriental, ruta ganadera que, desde tiempo inmemorial, pone en contacto el sur de Badajoz con los pastizales de los montes de León. El lugar donde se encuentran las esculturas se halla en la ladera del cerro de Guisando, que acogió en tiempos un antiguo monasterio de monjes jerónimos.

Los Toros de Guisando. Foto de Jesús Álvarez-Sanchís.

Volvamos ahora con la inscripción romana de tipo funerario. En el lomo de uno de ellos se lee: «Longinus Prisco Caleetiq(cum) patri f(aciendum) c(uravit)»[98]. Se ha transcrito como: «Longino lo hizo a su padre Prisco, (de la tribu) de los calaeticos». La inscripción, aun estando escrita en latín, nos traslada al lejano y nebuloso mundo vettón, pues la onomástica, indudablemente indígena, trasluce la organización gentilicia prerromana, que pervive durante mucho tiempo en la sociedad romanizada. En realidad, ambas conviven, pues mientras algunas personas utilizaban los *tria nomina* romanos, otros mantenían el nombre de la gentilidad, como en este caso. Los otros ejemplares también contienen epígrafes apenas perceptibles ya, pero parece difícil adscribirlas a un pasado romano, aunque se refieren a un hecho de armas situado en la época de Julio César. Serían quizás más bien falsificaciones de épocas más recientes:

CIL II 278*a: *Caecilio · Metello // consuli · II · victori.*
CIL II 278*b: *Exercitus victor // hostibus fusis.*
CIL II 278*c: *L · Portio ob pro(vinciam) opt(ime) administratam // Bastetani populi p(onendum) c(uravit).*
CIL II 278*d: *Bellum Caesaris et patriae ex magna parte confectum est Sex(to) et Cn(eo) Mag(ni) Pompeii filiis hic in agro Bastetanorum profligatis.*

Estos textos, el verdadero y los falsos, aparecen por primera vez en el *Libro de las grandezas y cosas memorables de España,* atribuido a Pedro de Medina (1493-1567), cosmógrafo, astrónomo, matemático e historiador sevillano. La difusión de estos epígrafes fue muy rápida y tan eficaz, que permanecieron en la bibliografía como verdaderos a lo largo de los siglos, aunque autores posteriores ya sospecharon de su falsedad, como Ambrosio de Morales (1513-1591), cronista de Felipe II. Incluso hubo alguien que los declaró completamente falsos, como Antonio Agustín (1517-1586)[99]. Por lo que parece, los textos son falsificaciones del siglo XV, realizadas por avispados

98 *CIL* II 3052
99 Agustín, en sus *Diálogos,* no se cortaba un pelo: «Luego pone [Ciriaco de Ancona] lo de los toros de Bastetania que llaman ahora los toros de Guisando con unas inscripciones fingidas».

monjes. Incluso el afamado gramático Antonio de Nebrija (1444-1552) ha llegado a ser acusado de tan tremenda ignominia, transcribiendo los *viejos* epígrafes, que se decía estaban casi *deshechos* y guardándolos en tablas de cera. Vamos que, de inscripciones, nada de nada. Excepto la primera, que esa sí que es real. Incluso la propia Isabel la Católica está implicada en esta oscura trama, pues ella sería quien ordenó a Nebrija sacar las supuestas planchas de cera.

Con la publicación en 1869 del *Corpus Inscriptiorum Latinarum* de E. Hübner, compendio de epigrafías de las provincias de Salamanca y Ávila, finaliza la controversia sobre las inscripciones de los Toros de Guisando, pues Hübner establece su definitiva falsedad. Con posterioridad, el padre Fita[100], en colaboración con Hübner, saca a la luz más inscripciones, que son publicadas en un *Supplementum* hispánico de la obra originaria del investigador alemán.

Lo que sí que parece claro es que las falsas inscripciones de los Toros de Guisando, atribuyéndoles una antigüedad tal que se refieren a la época de César[101], lo que se pretendía por parte de las autoridades de entonces era añadir una carga simbólica extra al Pacto de Guisando, interpretado ya por entonces como de importancia capital. Según Hernando Sobrino, «El paralelismo entre la venta de los toros y Munda, o entre Isabel y César, es absolutamente claro. Si en la venta Isabel derrotó a la hija de su hermanastro, en Munda César hizo lo propio con los hijos de su enemigo; si en la venta se salva (o se pretende haber salvado) la crisis dinástica que amenazaba la estabilidad de Castilla, en Munda se salva (o se pretende haber salvado también) la vida de la República romana». Las antigüedades romanas estaban de moda por aquel entonces y su conocimiento prestigiaba a sus conocedores.

Lo que nadie sospechaba es que los toritos de marras eran más antiguos y vetustos de lo que aseguraban las propias engañifas. Pues tres o cuatro siglos por lo menos.

---

100 Fidel Fita Colomer (1835-1918) fue un arqueólogo, filólogo, epigrafista e historiador español.

101 Los Toros, según estas falsificaciones fueron erigidos en honor a César por el triunfo sobre los hijos de Pompeyo en la batalla de Munda, que por supuesto tuvo lugar por estos lares. En realidad, no se conoce el lugar exacto de esta batalla, pero algunos investigadores apuntan a que tuvo lugar en la Bética, quizás en las inmediaciones de Montilla (Córdoba).

Pero lo que no es una falsificación, ni una invención, ni una trola emanada de las altas jerarquías castellanas, es que los Toros de Guisando representan de manera fidedigna y sin lugar a dudas la identidad de un pueblo, el vettón. Son cuatro morlacos orientados a poniente, a cuyas espaldas queda el arroyo Tórtolas, frontera natural entre Madrid y Castilla-León. Y aún hubo una quinta escultura, cuyos restos se confunden con los berrocales cercanos. Sobre todos ellos se sube la gente inconsciente para inmortalizar su visita en cámaras de fotos, y más recientemente en móviles, a fin de compartir su fechoría de cabalgar sobre los viejos verracos. Los Toros de Guisando aguantan con paciencia y lo siguen haciendo desde hace dos milenos y algunos siglos más, los asaltos de esos curiosos seres de dos patas que no sienten respeto por nada, ni por nadie.

Las insculturas

YECLA LA VIEJA

En el castro de Yecla la Vieja se han encontrado numerosos grabados en distintas zonas del emplazamiento: unos en pedruscos próximos al recinto amurallado, otros en el interior del mismo y algunos más en los mismos sillares de la muralla. Estos grabados se conocen como insculturas y según Martín Valls fueron ejecutados en este castro allá en la II Edad del Hierro y durante la romanización del lugar. Otros ejemplares fueron realizados posteriormente, quizás ya en época cristiana. El mismo autor los enlaza con los petroglifos[102] gallegos, sobre todo con las combinaciones circulares y las espirales, pero que en el mundo galaico-portugués se datan en fechas tan tempranas como la Edad del Bronce. Esta antiquísima cronología no cuadra con las insculturas de Yecla de Yeltes, pues su ejecución es quizás posterior a la construcción de las murallas. En este caso hablamos ya de la II Edad del Hierro, en el caso de las más antiguas. Las insculturas de Yecla de Yeltes están relacionadas con la cronología del castro, establecida a partir de los objetos encontrados en las excavaciones, como las cerámicas a peine, que nos trasladan a los inicios de la II Edad del Hierro. Según la arqueología del mismo poblado, la vida continuó en época romana, tardorromana y altomedieval. Por lo que las insculturas más antiguas corresponden a los períodos prerromano y romano y las más modernas, al período medieval.

102 Los petroglifos son diseños simbólicos grabados en rocas, realizados desgastando su capa superficial.

Gracias a las obras de restauración de la muralla yeclense (campañas 1982-1983 y 1987-1992) se descubrieron dos puertas y las piedras hincadas, pero además las insculturas en roca. Entre las fechas señaladas y la actualidad se han podido identificar nuevos grabados, que suman en total más de 100, sobre todo ubicados en los sillares de la muralla, un número que a buen seguro continuará creciendo con las nuevas campañas arqueológicas. Hay que tener en cuenta que a veces es difícil identificar los grabados, algunos muy deteriorados, otros cubiertos por líquenes, como muchos de los que se han encontrado hasta ahora después de los trabajos de limpieza efectuados en la muralla. No obstante, hay algunos que se observan perfectamente a simple vista. En otras ocasiones, su existencia se indica mediante paneles.

También se encontró una inscultura en el sillar de un corral en el propio pueblo de Yecla de Yeltes, y que a buen seguro procede del castro. Representa un jinete que cabalga sobre un caballo. Muy probablemente ese sillar formaría parte de la muralla.

La temática principal de las insculturas de Yecla es sin lugar a duda el caballo. Eso sí, muy esquemático y que suele encontrarse aislado, sin formar parte de escenas más complejas. Aunque en ocasiones aparecen parejas de équidos e incluso tres o cuatro caballos

Insculturas de équidos en la muralla de Yecla. Foto del autor.

juntos. La tipología del caballo es siempre similar, pues aparece el contorno del animal marcado con un trazo continuo, incluidas las extremidades delanteras y traseras, unidas de dos en dos.

En muy escasas ocasiones aparecen figuras humanas, también esquemáticas y asociadas al caballo siempre, incluido un jinete armado con una lanza. El resto de animales identificados como tales son escasos, a saber, un asno, un gato, dos cánidos, un mustélido, tres jabalíes, un cáprido y un toro. Con mucha imaginación. Martín Valls y Romero Carnicero no quieren hablar de escenas, aunque los mencionados jabalíes parecen estar inmersos en una escena de caza, algo muy arriesgado de asegurar, no obstante. La escena conocida como Los Siete Infantes de Lara ha sido interpretada como una cuadrilla de siete caballos y un perro. La roca donde se encuentran los Siete está algo alejada de la muralla del *oppidum* y su acceso está indicado, pues si no, sería ciertamente complicado dar con ella si no se conoce la zona.

El resto de insculturas corresponden a motivos geométricos, fuera de los sillares de la muralla: figuras laberínticas, espirales, cazoletas, e incluso un ídolo que me recuerda al asturiano de Peña Tú, además de distintos signos difícilmente identificables.

Panel indicativo e inscultura de Los Siete Infantes de Lara (Yecla). Foto del autor.

La técnica utilizada para realizar las insculturas fue el piqueteado, cuyas aristas el tiempo se ha encargado de erosionar, pero que en origen debieron tener una sección transversal en surco, como algunas de las más modernas.

Pero además, en el castro de Yecla, Juan José Palao y Manuel Salinas de Frías han contabilizado personalmente 164 inscripciones epigráficas latinas. Muchas de estas estelas son fundamentales para conocer la onomástica y la sociedad antigua de la meseta occidental peninsular, y la mayoría se halla depositada en el Aula Arqueológica de Yecla de Yeltes. En una de las estelas, aparece el nombre de una difunta, muy difundido entre los indígenas lusitanos y vettones, como es Botius-a. Otro ejemplo, en este caso de una filiación paterna, aparece el nombre de Magilo, muy característico del norte del río Tajo, e incluso del sur del mundo astur.

LAS MERCHANAS

Las Merchanas es otro castro ubicado, como el de Yecla de Yeltes, en el valle del río Huebra. Los orígenes de este poblado parecen estar

Estela reutilizada en la pared de una vivienda en Yecla. Foto del autor.

en la Segunda Edad de Hierro, y continúa el hábitat durante la temprana etapa romana, como atestigua una célebre tésera de hospitalidad. Pero parece que el momento álgido de esta población se encuentra en el Bajo Imperio, a juzgar por ciertas reformas realizadas en una de las puertas, o la existencia de una importante necrópolis datada entre los siglos IV y V d. C.

Martín Valls y Romero Carnicero distinguen dos grupos de insculturas en esta estación arqueológica. Uno de los grupos contiene una sola imagen, una curiosa representación zoomorfa en perspectiva cenital, vista desde arriba y de trazo grueso, y que por allá se conoce como El Ferrari, por recordar a un Fórmula 1. En cambio, los grabados del segundo grupo son completamente diferentes en cuanto a técnica y estilo del primer grupo: son figuras geométricas de trazo fino, a excepción de un cuadrúpedo, que bien podría ser un caballo, similar a los de Yecla. Todas estas figuras fueron documentadas durante actuaciones efectuadas sobre las puertas del recinto y los lienzos amurallados anexos a los accesos. En el umbral de la puerta sur aparecen círculos concéntricos grabados sobre una laja rectangular, un tema que aparece con gran frecuencia en los petroglifos gallegos.

Imagen idealizada de la inscultura conocida como El Ferrari en Las Merchanas.

SALDEANA

Saldeana es un castro ubicado sobre un cerro alargado, a menos de un kilómetro del pueblo del mismo nombre. Como no hizo mucha falta, dado su magnífico emplazamiento, sólo se construyeron murallas y una barrera de piedras hincadas en la zona norte y noreste. Posee cuatro accesos, de los cuales el más importante es la puerta meridional, en forma de embudo. Este poblado comenzó su andadura en la Segunda Edad de Hierro y continuó durante época romana.

En Saldeana han aparecido tan sólo dos insculturas en los sillares graníticos de la cara exterior de la muralla. Uno de los grabados es una esvástica, que aparece en el centro de un sillar rectangular. La otra es de nuevo una esvástica como si hubiese sido ejecutada por alguien con tembleque en las manos, y junto a ella, un grabado reticular.

Campo de piedras hincadas en Saldeana. Foto de Jesús Álvarez-Sanchís.

ELUCUBRACIONES VARIOPINTAS SOBRE LAS INSCULTURAS

Este tipo de manifestación artística, al contrario que otros elementos culturales característicos de los vettones, como los verracos, no resulta muy habitual en los poblados de esta etnia. Pero es indudable que tanto en Yecla la Vieja, con su elevado número de grabados, como en los castros de Las Merchanas o Saldeana, esta manifestación existe y tiene cierta importancia, al menos entre los vettones occidentales.

Según Martín Valls y Romero Carnicero, el lugar elegido para la erección de las murallas, pudo ser anteriormente una especie de santuario en el que los bloques graníticos plagados de insculturas tendrían cierto valor simbólico. La mayoría de estas insculturas se encuentran grabadas en las proximidades de las puertas, lo que según Sánchez-Moreno atestiguaría el carácter protector de los équidos representados contra algún tipo de mal o desgracia. Posiblemente este carácter apotropaico se debió mantener durante toda la II Edad del Hierro e inicios de la época romana, ya que posteriormente hubo sillares decorados con este tipo de grabados, que se reutilizaron en sitios menos *simbólicos* y *elegantes*, como por ejemplo, en la atarjea de la puerta del tramo occidental de la muralla.

En la península ibérica, existen numerosos ejemplos de esculturas célticas que representan cabezas humanas. No son pocos los autores que creen que estas cabezas representan testas cortadas, afición muy extendida entre los pueblos célticos, uno de cuyos deportes favoritos era decapitar a los enemigos vencidos, como describen acertadamente Diodoro de Sicilia y Estrabón. El primero nos describe muy gráficamente cómo los celtas: «Cortan las cabezas de los enemigos muertos, las atan a los cuellos de los caballos y entregan estos despojos sangrientos a los clavos. Las llevan como botín cantando [...] himnos de victoria y las cuelgan en sus casas como primicias, como si hubiesen matado en alguna cacería una fiera. Las cabezas de los enemigos más famosos, untadas totalmente de aceite de cedro las conservan con gran cuidado en recipientes y las enseñan a sus huéspedes, gloriándose de no haber aceptado una gran cantidad de dinero que, a sus antepasados, a sus padres o incluso a ellos mismos les ofrecieron por ellas», (Diod. V, 29). Estrabón nos transmite algo muy similar. Posiblemente se basó en Diodoro para asegurar que: «... al salir del combate cuelgan del cuello de sus caballos las cabezas de los enemigos matados, y las llevan consigo para fijarlas como espectáculo en los vestíbulos [...] Las cabezas de las personas importantes las fían a los extranjeros, conservadas en aceite de cedro y rehúsan venderlas aun a peso de oro», (Str. IV, 4, 5). Según José María Blázquez, la existencia de estas cabezas de piedra sería la confirmación tridimensional de las cosas que nos cuentan las fuentes grecorromanas sobre sacrificios humanos, ya sea en honor de los dioses o a efectos de prácticas adivinatorias, en las que los sacerdotes escudriñaban las entrañas al prisionero de turno. Así de explícito nos lo cuenta Estrabón: «Son muy aficionados los lusitanos a sacrificios (humanos) y examinan los intestinos sin sacarlos. Examinan igualmente las venas del pecho, y dan oráculos palpándolas. Vaticinan también por las entrañas de los prisioneros, cubriéndolos con capas. Cuando el sacerdote da un golpe en las entrañas, primero vaticinan por la caída de la víctima. Cortan igualmente las manos de los prisioneros y dedican a sus dioses las manos derechas» (Str. III, 3, 6). En la península ibérica, en numerosas ocasiones los sacrificios humanos eran utilizados para sellar pactos entre pueblos. Incluso parece que estas prácticas bárbaras estaban en vigor en una época tan tardía como el siglo I a. C., algo que sacaba de quicio a los civilizados romanos, que trataban de coartar tales costumbres a costa de lo que fuese.

Después de todo este cruento asunto de las cabezas cortadas y sacrificios humanos, Blázquez descarta que las esculturas de cabezas humanas de Yecla de Yeltes representes *têtes coupés*, cabezas cortadas, sino que se refieren más bien a otra costumbre celta menos sangrienta, que es la de decorar objetos con máscaras humanas. Las cabezas aparecieron en unos prados, junto al actual pueblo y al camino que conduce al castro. Blázquez las documentó en otro emplazamiento, pues fueron reutilizadas empotrándolas a ambos lados de una ventana de una casa del pueblo. Una de las cabezas, circular, es profundamente tosca, pues los ojos se reducen a dos groseras cavidades y la nariz un ligero resalte. Parece hallarse inacabada. En la otra cabeza las cuencas de los ojos no están vacías, sino que contienen unas esferas que recuerdan remotamente a unos globos oculares, y hasta se intentaron representar los párpados. Del resto de rasgos, ni rastro tampoco en este caso. Ambas carecen de oídos y elementos pilosos. Son representaciones muy rudas. Nada que ver con las halladas en la Cibdá de Armea[103] y el Iano de Candelario (Ávila), más elaboradas y también pertenecientes al mundo celta. Pero estas cabezas salmantinas de Yecla parecen el mejor exponente del auténtico arte indígena de la meseta hispana, en este caso encontradas en el antiguo solar de los vettones.

103 En el *concello* orensano de Allariz.

Religiosidad y creencias

Las «piedras de responso» de Ulaca parecen estar relacionadas con el mundo funerario protocelta, ese difuso conjunto de elementos culturales procedentes del Bronce Atlántico que compartieron vettones, galaicos y lusitanos en la noche de los tiempos. Las «piedras de responso» enlazan con un ritual fúnebre que consiste en tirar una piedra al pasar por el camino sobre un canto de grandes dimensiones, un rito que permitía librarse de las lúgubres sombras de los muertos que vagan fuera del área protegida por las fortificaciones de los *oppida*. A mí me suena un poco a la Santa Compaña gallega. Son creencias que proceden del vetusto mundo atlántico y que constituyen una pervivencia de este tipo entre los celtas de la Meseta.

Relacionado también con las creencias en el más allá, está la costumbre de ubicar los cementerios al suroeste del poblado, como sucede en El Raso de Candelada, en La Mesa de Miranda (y su necrópolis de La Osera) y en la del Castillejo de la Orden de Alcántara. Según Almagro Gorbea, la orientación de la necrópolis conecta con la creencia celta (y previamente indoeuopea) en el viaje de las ánimas al más allá a través de vías astrales que siguen el Sol y la Vía Láctea. Las creencias célticas atlánticas también incluyen con toda probabilidad otro ritual funerario, que es el de arrojar las cenizas de los muertos al agua, para facilitar su tránsito al más allá, una costumbre que también tiene lugar en el lejano Ganges indio. Este tránsito vía fluvial también parece relacionado con el hecho de que algunas necrópolis se ubicaron en zonas inundables de los ríos, como en Medellín. Típico ritual atribuible a la tradición celta atlántica.

El antiguo sustrato precéltico de estas poblaciones occidentales de la Meseta, además de asomar a la superficie, concretándose en la existencia de saunas y piedras de responso en *oppida* como Ulaca, también surge con fuerza en la alusión a dioses como Bandua, Nabia y Trebaruna, que son divinidades del mundo lusitano-galaico. En cambio, en las tierras orientales atribuidas a los vettones, destaca la adoración de dioses como Ataecina, Vaelico, Toga, Ilurbeda y Tritiaecio. Los vestigios de estas divinidades coinciden con los restos de gentilicios epigráficos y la existencia de verracos, que sólo aparecen en la Vettonia oriental, pero que no aparecen ni en la Lusitania ni en la Gallaecia.

El simbolismo de las esculturas de piedra de toros y cerdos, los verracos que proporcionan una fuerte identidad al mundo vettón, posee un fuerte componente religioso. Es curioso que en el ámbito celtibérico el cerdo esté poco representado en la cultura material, a pesar de incluirse de forma abundante en la dieta de estos pueblos. Cerdos y toros están relacionados de alguna manera con dioses o divinidades menores protectoras de la fecundidad del ganado, y posiblemente también tuvieron carácter funerario y del más allá.

El toro no era un dios propiamente dicho, pero sí que tuvo desde tiempos muy remotos un carácter sagrado en toda la cuenca del Mediterráneo y su representación se relaciona con la divinidad. Es probable que su fortaleza, coraje y nobleza fascinase desde muy antiguo al ser humano de estas latitudes, que deseó de alguna manera aprehender sus innegables virtudes. En el Mediterráneo oriental, el toro era el símbolo del dios fenicio Baal y en la Céltica, se vincula con el culto astral, pues en estelas funerarias aparece rodeado por representaciones más o menos abstractas y rústicas del Sol, la rueda, la Luna en forma de cuarto creciente, con los cuernos hacia arriba, estrellas, pequeños círculos, signos parecidos a escuadras de albañil... Lo que parece fuera de toda duda es el carácter funerario del toro en el mundo antiguo. Aparecen bucráneos[104] por todas partes en tumbas y sarcófagos de las más variopintas culturas, romana incluida, desde uno a otro confín de las riberas del Mare Nostrum. En Mallorca se han encontrado sarcófagos tauromorfos de época protohistórica. Y cabezas de toro en bronce. F. Jordá es de la opinión

104 En arquitectura, se denomina bucráneo al ornamento en forma de osamenta procedente de la cabeza de un buey. El bucráneo era una cabeza de buey descarnada o no, de cuyos cuernos pendían guirnaldas de follaje que los antiguos empleaban como ornamentación en los frisos de los templos y sepulcros, en los altares, candelabros y otros objetos de culto.

de que el culto al toro fue traído por visitantes procedentes de la península de Anatolia a comienzos del Neolítico a las costas levantinas españolas. El santuario neolítico anatolio de Çatal Höyük está repleto de bucráneos. Y el de Alaca Höyük representa a dos personajes regios adorando a un toro. En la península ibérica no se venera un dios toro como tal, sino al símbolo de alguna deidad astral, como la luna. Blázquez ha estudiado en diversos trabajos el culto al toro, y cree profundamente en el carácter funerario de los morlacos, no solamente de los toros, sino de los bóvidos en general.

En la necrópolis de El Freíllo (Raso de Candeleda) se ha hallado en una tumba una cabrita de cerámica, asociada a la diosa Ataecina. En la garganta Alardos, al pie de este mismo poblado, se halló un exvoto de bronce similar al de los santuarios ibéricos de la misma época y representa a un hombre de pie con la mano derecha pudorosamente colocada en los genitales, quizás relacionado con algún rito de fecundidad. También se halló en este mismo asentamiento un verraco incompleto en las cercanías del santuario dedicado a Vaelico, junto al actual pantano del Rosarito.

Toro de Costitx (Mallorca). Cultura talayótica. Siglos V-III a. C.
Museo Arqueológico Nacional. Foto del autor.

LOS DIOSES VETTONES

La religión, junto con la lengua, es uno de los criterios básicos para definir una etnia, y forma parte de la identidad de un grupo. Pero es ciertamente difícil reconstruir la religión de los vettones. Y las fuentes grecorromanas aclaran muy poco sobre tan espinoso tema. Es más, en muchas ocasiones aseveraban sin argumentaciones plausibles que los pueblos bárbaros eran ateos, una manera absurda de expresar que sus dioses no podían asimilarse con el panteón olímpico y el romano. Es la arqueología quien incide en la interpretación de la epigrafía latina. Pero es que además, las estelas votivas no estaban al alcance de cualquiera en el país de los vettones, con lo que sólo una ínfima parte de la religiosidad y creencias vettonas son las que se nos ponen a tiro. Al menos la escritura romana parece traducirnos algo de ese complejo universo simbólico vettón. Las epigrafías nombran no sólo al dios de marras objeto de la devoción del dedicante, sino al devoto mismo. En los textos latinos no suelen aparecer menciones acerca de las creencias, ya que lo que interesan son las conquistas del *buen* romano civilizado, frente al bárbaro indígena. Al romano de bien le importaba explotar tal o cual región, ocupada para su desgracia por algún ignoto pueblo salvaje o semisalvaje, bárbaro, por descontado, pues sus miembros chapurreaban alguna extraña lengua que sonaba como rebuzno de jumento a los oídos de los relativamente refinados romanos. Que a su vez eran bárbaros desde la todavía más refinada óptica de los griegos...

Francisco Marco Simón ha estudiado algunas citas de Plinio y deduce según estas que los vettones están a caballo (por lo menos geográficamente) entre dos pueblos indoeuropeos de gran personalidad y calado, muy citados en las fuentes grecorromanas: celtíberos al este y lusitanos al oeste. Pues bien, en suelo vettón, dentro de la provincia de Cáceres, hay menciones epigráficas de 30 dioses indígenas, descendiendo el número de dichas referencias en las provincias de Salamanca y Ávila. Llama la atención la ausencia en territorio vettón de divinidades pancélticas, aquellas que pertenecen al común ideario celta en toda Europa, como son Lug, la triada de las Matres o la diosa epónima de los caballos, Epona. De estos dioses conocemos los nombres, que aparecen en la epigrafía latina, pero muy poco de lo que hacían, de sus habilidades suprahumanas y a qué fuerzas de la naturaleza representaban. Además, no siempre parece fácil distinguir los nombres de las deidades indígenas en las inscripciones vettonas. Por ejemplo, en el pueblo cacereño de Arroyomolinos de la Vera, se ha encontrado una inscripción dedicada a un tal Arabo/Carobeeicobo/Talusico. ¿Son en realidad dos dioses, Arabo Caroboeeicobo y Talusico? ¿O un solo dios nombrado con un teónimo (Arabo) y dos epítetos, Caroboeeicobo Talusico? Pues la verdad es que es difícil saberlo y ni siquiera los expertos en la materia se ponen de acuerdo.

Las fuentes literarias, la epigrafía y la arqueología proporcionan alguna información, aunque sea escasa, sobre religión y creencias, sobre todo funerarias. Veamos un ejemplo de cómo la arqueología aclara el misterio de una divinidad. Ilurbeda es el nombre de una diosa que aparece en inscripciones de la región minera portuguesa de Alvares (Gois, Coimbra), en Sintra, pero también en los municipios salmantinos de Segoyuela de los Cornejos, La Alberca y Martiago. El teónimo no es indoeuropeo y parece oriundo del nordeste peninsular, inmerso en una cultura mediterránea primordial. Además, hay referencias a cierta ciudad carpetana que se denomina en las fuentes clásicas Ilurbida, un nombre prácticamente idéntico al nombre de la diosa, lo que ha hecho elucubrar a más de un investigador sobre el hecho de que fue esta población el origen del culto a Ilurbeda. En el santuario abulense de Narros del Puerto, Hernando Sobrino y Gamallo Barranco identificaron una dedicación a esta diosa, que dice algo así como:

Rebu[rrus]/Bedac(icum).L(aribus).V(ialibus)([I]lurbeda/[e](otum).s(olvit).l(iberus).m(erito), que quiere decir a grosso modo que un tipo llamado Reburrus hace una dedicatoria a Ilurbeda y a los Lares Viales. Marco Simón opina que las menciones a Ilurbeda suelen aparecer en zonas montañosas y que por ello, la deidad tendría una función protectora de personas y ganado en lugares de paso, como indica su referencia a los Lares Viales, y que además sería una diosa local vettona. Tratándose de los vettones, es muy factible que fuese una diosa en cierto modo relacionada con el ganado. Ya hemos visto cómo Álvarez-Sanchís calificó a los vettones de «señores del ganado».

Posiblemente bastante más conocidos sin duda que la misteriosa Ilurbeda sean Vaelicus y Ataecina. Ataecina no es una diosa privativa del pueblo vettón, puesto que su nombre aparece profusamente en inscripciones de los cursos medios de los ríos Tajo y Guadiana, en la Lusitania y la Baeturia céltica. No es muy acertado deducir las funciones divinas de los dioses de la propia etimología del teónimo. Algunos autores le dan a Ataecina un carácter infernal y agrícola, que tiene un acertado paralelo en la mitología griega (también de origen indoeuropeo) con la diosa Proserpina, con la que aparece asimilada como ATAECINA-PROSERPINA, como en la estela encontrada junto al pantano romano de Mérida. Todo apunta a que dicho embalse estaba consagrado a la diosa, muy vinculada con las aguas. García-Bellido vislumbra en Ataecina a una especie de diosa madre, señora de los poderes infraterrenales y de los difuntos. Y como Proserpina, pudo ser también diosa de los ciclos anuales de vida y muerte. No se pone en duda el origen celta de la diosa, al menos desde teorías etimológicas, pues derivaría de Ate-gena (nacida de nuevo o re-nacida) o del irlandés *adaig* (noche). En las inscripciones latinas, muy abundantes, esta diosa aparece mencionada de varias formas: ADECINA, ATTEGINA, ADAECINA, ADEGINA. La más frecuente es ATAECINA, pero todas se refieren a la misma divinidad. El animal simbólico de Ataecina es la cabra y su árbol preferido el ciprés, el mismo que aparece tantas veces en nuestros cementerios, una saludable costumbre precristiana que se perpetuó cuando la religión cristiana (oriental y de salvación) se extendió por la Península.

Al dios Vaelicus se le dedican unas cuantas estelas encontradas en Candeleda (Ávila). El lugar se conoce hoy como la dehesa de Postoloboso y en ella se alzó tiempo ha una ermita cristiana, bajo la advocación de san Bernardo que, entre otras cosas, sanaba la rabia canina. Este hecho relaciona el topónimo actual con un término celta que significa lobo y que es **vailos*. El lobo suele aparecer en distintas religiones relacionado con el infierno, y el radical aparece en un dios lusitano, que posiblemente sea el mismo que el vettón, Endovaelicus. Así, Vaelicus y Endovaelicus serían el mismo dios, pero nombrado de manera diferente por vettones y lusitanos respectivamente. Pero hay alguna diferencia más que el mero nombre del dios. Los dedicantes a Endovaelicus aparecen curiosamente con nomenclatura romana y en cambio los devotos de Vaelicus suelen ser nombres indígenas con gentilicio incluido, como Caraeciqum, Mereticum y Pintolancum, pero desconocemos la razón. Quizás es que algunos aborígenes quisieron latinizar su onomástica. A otros, en cambio, más recalcitrantes, les gustaba más su viejo nombre céltico, aunque las dos formas fuesen válidas y describiesen en esencia un mismo hecho: un nombre de pila, una filiación y una especie de apodo o pertenencia a un clan. Pero nada nos conduce a una fórmula general, pues es posible que todavía estén por descubrir epigrafías con nombres indígenas relacionadas con Endovaelicus y viceversa.

En Granadilla (Cáceres) se encontró un ara que hace referencia a otro dios vettón, Miraro Samaco Adualio. El Miraro de la estela podría ser también Mirabo, ya que el mal estado de la inscripción impide conocer realmente la letra en cuestión, que no aparece muy legible. Según los investigadores de esta epigrafía, Salas Martín y Burgaleta Mezo, Miraro sería el teónimo y Samaco Adualio dos epítetos correspondientes a la divinidad. Un caso no muy frecuente, pero existente en la epigrafía peninsular, como por ejemplo Banda Velugus Toiraecus, teónimo con dos adjetivos hallado en Freira, Portugal. Pero no conocemos la naturaleza religiosa de la divinidad, es decir, el tipo de prerrogativas y servicios que ofrecía a sus fieles a cambio de ofrendas que también desconocemos.

También en la provincia de Cáceres se ha documentado un ara en Talaván dedicado a Munidi Eberobrigae Toudopalandaigae, otra divinidad presumiblemente vettona acompañada también por dos aposiciones no latinas. Eberobrigae se refiere a la población (Eberobriga, topónimo indudablemente céltico) que adoraba al dios, y el segundo epíteto, un ignoto atributo divino sobre las excelencias sobrenaturales del dios o diosa.

Otro de los dioses vettones se llama Colu, muy relacionado con el comercio y los artesanos. Existen más menciones a divinidades masculinas probablemente vettonas en la zona, pero posiblemente son epítetos, no teónimos: Caesariciaecus, Cantunaecus, Natricus, Uriloucus, Fauilius. Entre los homónimos femeninos, encontramos Asitrita, Aricona, Celiborca, como posibles epítetos o teónimos femeninos propiamente vettones, aunque sin confirmar.

Además de estos dioses, en la Vettonia se han atestiguado de momento tres de los grandes dioses lusitanos: Bandua, Nabia y Reve. Otro de estos dioses, Cosus, en cambio de momento brilla por su ausencia en suelo vettón. Bandua aparece en algunas inscripciones cacereñas, acompañado de epítetos variopintos. Por ejemplo, el epíteto Roudeacus señala al Bandua tutelar de los roudenses. Si seguimos a pies juntillas la tradicional interpretación etimológica, Bandua derivaría del radical **bendh*, que significa atar, ligar, lo que le convertiría en un dios que garantiza los pactos, con lo que jurar por Bandua cuando se hacían nuevas amistades sería lo más habitual. En cambio, otros autores creen que se refiere más bien a una divinidad acuática, a juzgar por la existencia de hidrónimos como Banduje o topónimos como Baños de Bande, que hunden sus orígenes en la noche de los tiempos.

La diosa Nabia ha sido encontrada en Cáceres, pero también en Salamanca. Según Melena era una diosa asimilable a la Diana romana, una diosa, en fin, cazadora y posiblemente también relacionada con las aguas, a juzgar por los hidrónimos relacionados en bastantes zonas del occidente peninsular.

Reve también se relaciona con las corrientes de agua, y está atestiguado en Trujillo en la forma Baraecus y en Ruanes, también cerca de Trujillo, en un nombrecito bastante más complicadillo, Reue Anabaraeco. Esta última divinidad debe proceder muy probablemente del área gallega, pues se ha encontrado una epigrafía del mismo en Orense, y siempre ha habido dudas respecto al origen de su culto. En cualquier caso, la referencia a estos dioses es muy numerosa en el área lusitana y en cambio, escasa en el mundo vettón.

La mayoría de los dioses indígenas fueron asimilados a las divinidades romanas. Este proceso de asimilación podía ser por las buenas, desde el punto de vista indígena o por las bravas, desde la óptica romana. Ejemplos de asimilación (*interpretatio* sería el latinajo adecuado) de divinidades vettonas al sistema romano sería el Eaecus vettón, transformado por la gracia divina en Iuppiter Solutorius; los dioses protectores (ahora Lares romanos) de la gentilidad de los Gapéticos (según se desprende de la inscripción «Diis Laribus Gapeticorum gentilitatis», encontrada en Oliva de Plasencia) o las aras de Baños de Montemayor dedicadas a las Nymphae Caparenses. El Júpiter romano y los dioses vettones se asimilan en formas como Ioui Maximo Deo Tetae (Villamiel, Cáceres) o Deo Optimo Salamati, en San Martín de Trevejo, cerca de Villamiel.

Un ejemplo de sincretismo religioso[105], citado más arriba, y que esconde una potente pervivencia de la religión prerromana bajo el pulcro barniz de la religión de los vencedores itálicos, es el relativo a Júpiter Solutorio-Eaeco. Esta divinidad ocupa un lugar privilegiado en el panteón vettón, junto a Ataecina y Endovellicus (o Vaelicus). Si bien ha aparecido descrito en una epigrafía de Poza de la Sal (Burgos), la mayor parte de sus apariciones son en aras votivas extremeñas. Y al hilo de este dios voy a referirme brevemente al asuntillo de la *interpretatio* para entender cómo una divinidad indígena se convierte en una romana, asimilada por la religión de los vencedores. Se dan tres pasos en este proceso. Suponemos el dios indígena Eaecus, documentado como tal en Alcántara y Brozas (provincia de Cáceres ambas), seguramente en una epigrafía que corresponde a un estado primitivo de romanización. A los romanos les pareció que este dios indígena tenía algunos aspectos asimilables con su propio padre de los dioses y le dieron el epíteto de Solutorio. En una segunda etapa de sincretismo religioso, de *interpretatio*, se sustituyó el teónimo Eaecus por el título *deus*, que aparece en inscripciones en Coria (Cáceres) y Oropesa (Toledo) junto a Júpiter (Iuppiter en latín) Solutorio. Es decir, cuando veamos la partícula *deus* acompañando a un nombre de divinidad, es que está refiriéndose a una divinidad indígena en proceso de transformación e incorporación al panteón de los vencedores. En el último paso (el tercero), la partícula *deus* desaparece, identificándose plenamente el antiguo dios indígena con el dios romano: el Iovi (o Iuppiter) Solutorio Eaeco de la inscripción de Poza de la Sal (Burgos). Este proceso de *interpretatio* simboliza la transición de una sociedad indígena a una romanizada. El epíteto Solutorio, exclusivo de las epigrafías hispanas representa a un dios omnipotente y universal, asimilado al Júpiter romano, según Salas, Redondo y Sánchez Abal. Respecto al propio nombre indígena, Eaeco, procede del topónimo céltico **aeco*, que significa algo así como cerca, valla, y que forma parte del nombre de numerosas poblaciones. Este es tan sólo un ejemplo, pero podemos generalizarlo a todas las epigrafías romanas similares. Una cosa

105 «Las divinidades prerromanas se defendían amparándose en un sincretismo con las romanas, orientales o aferrándose a su propia idiosincrasia», según Salas Martín *et alii*.

más: la romanización en el aspecto religioso alcanza sus mayores cotas entre los siglos II y III d. C. en Hispania, cuando ya había penetrado con fuerza el cristianismo, sobre todo en la Bética.

Más divinidades encontradas en el solar vettón. En Coria (Cáceres), han aparecido inscripciones referidas a Arentius Arentia, que no es que sea un dios hermafrodita, masculino y femenino a la vez, sino que según Marco Simón es una pareja divina. La divinidad Trebaruna se documenta en Cáparra y enlaza con la diosa Trebopala de algunas inscripciones lusitanas. Otra diosa muy relacionada con el ámbito lusitano es Laenana, que se atestigua en inscripciones rupestres de Torreorgaz (Cáceres) y Sabugal (distrito portugués de Guarda), una zona fronteriza vettón-lusitana. El teónimo vettón Toga (en las poblaciones cacereñas de San Martín de Trevejo y Valverde del Fresno y en la salmantina Martiago) nos sugiere otras divinidades, como Tokoito (documentado en el Bronce de Botorrita) o el Tongus Nabiagus del santuario acuático de la portuguesa Braga (la Braccara Augusta de los romanos). Posiblemente sería una divinidad que garantizaría pactos, pues según Albertos, el radical **tong* indica juramento en las lenguas célticas. Para Oliveros Pedreño, Toga es la divinidad cuyo origen vettón podemos afirmar con más seguridad. Esta diosa aparece documentada en su forma Tocae en Torremenga (Cáceres).

En la Vettonia parece que existe una alergia a representar en forma de imágenes a las divinidades, algo generalizado en toda Hispania, al contrario que en la Galia. Pero algún ejemplo icónico existe en la región de los vettones porque en Candelario (Salamanca) se encontró una especie de dios Jano[106], pero en formato vettón, pues según Muñoz García y Blázquez, estaríamos ante un arcaico dios de la fecundidad y la fuerza. En Talavera la Nueva (Toledo) encontramos asimismo un medallón con una imagen de la deidad indígena Iscallis, asimilada a la latina Tyche-Fortuna, algo que podemos comprobar por el cuerno de la abundancia que la imagen porta en su mano izquierda.

Muchos de estos teónimos estudiados, como Nabia, Reve, Trebaruna, Arentius/Arentia, Iscallis…, remiten a elementos de la

106 El antiguo dios romano de las dos caras y que ha dado nombre a nuestro mes de enero, *ianuarius*.

naturaleza, pero según Eduardo Sánchez-Moreno no significan en sí el culto a las aguas, montes, árboles o astros, sino la manifestación de la divinidad en elementos naturales que no son deidades por sí solas, sólo son el lugar que acoge al dios o diosa. La devoción a esas fuerzas divinas se demostraba en las dedicatorias que aparecen en rocas y abrigos naturales.

Las prácticas habituales para honrar a los dioses y a los muertos son las libaciones, sacrificios de animales y los banquetes. Como en cualquier otra cultura, y más concretamente en el mundo ibérico, en el entorno vettón la religión era un nexo de unión e identificaba a los miembros de la comunidad, tanto a nivel familiar, como gentilicio, y en unidades poblacionales de mayor tamaño. En las ceremonias rituales se inmolaban a los dioses cerdos, cabras, ovejas, bóvidos y caballos, y excepcional u ocasionalmente algún prisionero. Esta última era una práctica extrema que, al menos entre los lusitanos, se relacionaba con rituales guerreros y adivinatorios. Incluso pudo haber algún fanático que fue al matadero de forma voluntaria, para honrar al dios que recibía su sacrificio.

A tenor de las epigrafías encontradas, son pocas las que se refieren a divinidades más de una vez. Esto nos hace pensar en principio que el área de culto entre los vettones se antoja muy local. O también puede ser que hasta el momento no se han encontrado más referencias. Incluso en ocasiones más que locales, los dioses referenciados son reverenciados por una sola gentilidad. Son los que J. A. Redondo denomina «divinidades patronas». También es posible que cuando aparecen los teónimos indígenas en las epigrafías, el mundo vettón se hallaba ya bastante romanizado, pero con las consabidas persistencias indígenas.

LOS SANTUARIOS VETTONES

Para que el lector compruebe todo lo que la arqueología puede hacer por el saber humano y que no es una disciplina practicada por cuatro chalados que se dedican a desenterrar cachivaches, usted debe saber que gracias a esta noble ciencia se han conseguido conocer santuarios indígenas prerromanos, pero también lugares de culto indígenas de época romana.

A los vettones les gustaba montar sus ceremonias religiosas en santuarios rupestres graníticos al aire libre, en los que se hallaban presentes sobre el roquedo berroqueño escaleras talladas, oquedades, cubetas y canalillos, lo que significa que entre sus rituales había cabida para libaciones líquidas y posiblemente sacrificios de animales e incluso alguno de carácter humano. En estos santuarios, la comunidad de fieles se comunicaba con el más allá. El ejemplo más característico lo tenemos dentro del poblado de Ulaca (Solosancho, provincia de Ávila), con su magnífico «altar de sacrificios» con doble escalera. Esta estructura pudo tener una función astronómica como las estelas de piedra de la necrópolis de La Osera. Una función que complementaba la principal, que era la de cortar el cuello a inocentes cabritillas y ufanos y recoger su sangre para ofrecerla a los dioses. En el caso concreto de Ulaca, cuando el sol se ubica sobre la cumbre conocida como Risco del Sol, en la sierra de la Paramera, la pendiente de las escaleras del altar apunta hacia la posición del astro rey en el solsticio invernal, según M. Pérez Gutiérrez.

Pero no solamente en Ulaca hay santuarios excavados en roca, pues podemos encontrar más construcciones de este pelaje en San Pelayo (Almaraz de Duero, en Zamora), San Mamede (Villardiegua de la Ribera, Zamora) o el Teso de San Cristóbal (Villarino de los Aires, Salamanca). Todos estos espacios de culto tienen en común el hecho de dominar el paisaje circundante, y tienen, como el de Ulaca, oquedades, cubetas y canalillos por los que discurrían diferentes fluidos de ignotos orígenes, rituales que según Álvarez-Sanchís estarían relacionados con dioses fluviales. En Raso de Candeleda, Francisco Marco ha estudiado una roca con una pila interior excavada, y conocida en la región como «piedra de sacrificios». Este investigador cree que se usó para libaciones y sacrificios de animales.

Todos los santuarios mencionados se encuentran al aire libre, algo que a los celtas mesetarios les gustaba sobremanera, pero que repugnaba a los romanos. Pese a todo, los cronistas grecorromanos los califican como *loci consecrati* o *hiera*, es decir, un lugar donde el hombre se comunica con los dioses. Este tipo de ceremoniales y rituales ancestrales persistieron hasta bien entrada la Edad Media, pese a los esfuerzos de los cristianos por extirparlos de poblaciones sobre todo rurales.

Hablemos un poco ahora de los santuarios de época romana, que también los hay. Se conocen dos santuarios secundarios dedicados a Ataecina, uno en Malpartida y otro en Herguijuela, ambos en Cáceres. Pero el principal centro de culto dedicado a Ataecina está en Santa María del Trampal, un santuario donde convergían los ceremoniales de pueblos vettones, lusitanos y célticos (los celtíberos de la Baeturia). La mayor parte de las dedicatorias a Ataecina se han encontrado en los muros de la ermita o enterradas en sus alrededores. En época romana este santuario atrajo gentes de Emerita Augusta, Metellinum, Turgallium y Norba Caesarensis, facilitando los contactos comerciales a través de ignotas ceremonias religiosas y jurídicas, que no debían ser más que la excusa para las lucrativas transacciones comerciales, concretadas en pantagruélicos banquetes donde el comercio y el bebercio se elevaban hasta niveles insospechados. Algo parecido debía pasar también en San Pelayo en Almaraz, un lugar ubicado entre los ríos Duero y Esla, una región también fronteriza, pero en esta ocasión limítrofe entre vettones, vacceos y astures. Y posiblemente, según Francisco Marco, debía ocurrir también en Postoloboso, paraje de Candeleda (Ávila), posible zona de frontera entre vettones y carpetanos.

EL SANTUARIO DE ATAECINA EN SANTA LUCÍA DEL TRAMPAL

En las cercanías de la iglesia mozárabe o visigoda de Santa Lucía del Trampal (Alcuéscar, Cáceres) se localizan los restos de otra ermita, dedicada a san Jorge, también previsiblemente visigoda. Pues bien, junto a San Jorge hay una necrópolis con una estela dedicada a Ataecina, reutilizada como sepultura. Existen restos de otra ermita más en los alrededores de Santa Lucía, bajo la advocación de Santiago. Pero es aquí donde se han encontrado más epígrafes referidos a la diosa. Nos podemos imaginar que Santa Lucía es un santuario desde los tiempos de Maricastaña, un lugar de culto que llega prácticamente hasta nuestros días. Ya fue santuario prerromano, pues las inscripciones latinas no hacen más que confirmar de forma fosilizada las inquietudes religiosas anteriores a la época romana. Existen aras dedicadas a Ataecina en casas particulares de Alcuéscar, evidentemente obtenidas de la vieja iglesia o de sus alrededores. Con inscripciones como esta: DOMINA/TVRIBR (¿)/ATTAEC(¿)/

NAE/ L*PONTIV(¿)/SEVCRISI V/( )ROBATI/EMVOT/(¿). O como esta otra: DOMIN/AE*TVRI/BRI*ADD/AECIN. En la propia iglesia de Santa Lucía hay epigrafías reutilizadas y probablemente dedicadas a la diosa: DOMINAE / TVRIBRI*/DECINAE/(¿)CAESA/(¿) CRESCES/(¿) L*A*V*S*.

Muy próximo a este santuario se halla el tramo de la vía que unía Emerita Augusta (Mérida) y Turgalium (Trujillo). De Montánchez proceden dos posibles epígrafes dedicados a Ataecina, en opinión de Caballero Zoreda y Rosco Madruga. Una que dice así: COCME/RTO*CE/LTI*F*A/A*V*S/A*/L* y la consagrada a DOMINAE DEAE SALVTI, empotrada en las almenas del castillo montanchego, una diosa que bien puede ser Ataecina. Próximo a Montánchez se encuentra Valdefuentes, donde aparentemente se manifiesta de nuevo nuestra diosa, en forma de epígrafe: CRVM(¿?)/RIBV(¿?)/ALIBV(¿AT)/AECIN(AES)/ANTAE(¿). Estas inscripciones parecen muy vinculadas con una leyenda que se cuenta entre susurros en Montánchez. Una fábula que tiene como protagonista una mora. Pues en numerosas ocasiones, en nuestra península las gentes se han referido a *tiempo de moros* para referirse a algún episodio de increíble antigüedad. Pues bien, la tradición montanchega asegura que, en tiempos muy muy lejanos, vivía una mora en la ciudad, y que en la mágica noche de San Juan, se encaramaba a las almenas del castillo, con una vela en una mano y un libro en la otra, y de esta guisa vociferaba desde lo alto maldiciendo o bendiciendo los campos, según la ventolera que la diese. Lo de la vela parece una reminiscencia de la antorcha con la que la diosa Ceres buscaba a su hija Proserpina. Caro Baroja, profundo conocedor del folklore peninsular, cree que la fábula oculta una clarísima referencia a una divinidad de corte agrario: Ataecina, Proserpina, Ceres…

Y volviendo a Santa Lucía, si en Postoloboso (Ávila) tenemos referencias de un más que posible culto a Vaelicus o Endovaelicus en su forma lusitana, en Santa Lucía del Trampal (o sus ermitas anejas) es más que posible que se rindiese pleitesía y rogatorias a la diosa Ataecina, agraria de profesión. Este sitio forma parte de la pléyade de lugares sagrados por los siglos de los siglos que han resistido, asimilación tras asimilación, de dioses indígenas por los romanos, primero, y de forma más sorprendente aún, por los cristianos. No son pocos los ignotos santos rurales que en su día fueron divinidades paganas.

UN SANTUARIO VETTÓN MADRILEÑO EN EL ESCORIAL

Dice la tradición que lo que llaman la Silla de Felipe II era un mirador en forma de trono que el rey Felipe II se hizo construir para observar cómodamente, mientras se tomaba un piscolabis, los inacabables trabajos del magno monasterio-palacio de San Lorenzo de El Escorial, construido entre 1563 y 1584. Pero no se construyó en la época de Felipe II, sino mucho más tiempo atrás. A mí, como a muchos de los que hemos visitado este *meño* granítico, me recuerda vagamente el ara o altar de sacrificios de Ulaca. Ana Canto ha investigado sobre el tema y, según ella, la silla tiene un aspecto muy tosco y añejo que nos retrotrae a la Edad de Hierro, por similitud con el mencionado santuario de Ulaca.

Y no sólo Ulaca. Canto hace referencia a otro santuario, en Panóias (Vila Real, Portugal) orientado al N-NE como en El Escorial y con un altar de la misma forma abarquillada que la Silla de Felipe II. Según Canto, este santuario portugués conserva aún inscripciones romanas del siglo III d. C. que explican un complejo rito sacrificial: inmolación y desangrado de la víctima, incineración de las entrañas, quema de otros miembros, mezcla de líquidos, lavados lustrales, etc. La silla podría ser un santuario rupestre ubicado en una zona fronteriza entre los carpetanos y los vettones, posiblemente uno de esos lugares en donde se reunían habitantes de las zonas cercanas, tanto de una etnia como de otra, para celebrar determinados rituales y ceremonias de contenido religioso. Pero también reuniones y contactos de tipo comercial y familiar, para intercambiar ofrendas y por qué no, concertar matrimonios ventajosos entre los hijos y las hijas de las familias de los alrededores. El que fuese una zona de culto se refuerza por el hecho de que los alrededores abundan en robles, que sabemos que era el árbol sagrado de los pueblos celtas y por la abundancia de fuentes y manantiales. Fuentes como las de la Prosperidad, la Ermita, el Seminario, las Arenitas, o los Capones. Es posible que el santuario escurialense, el prerromano, no el filipino, se salvase de la destrucción en época de los primitivos cristianos, al haberse perdido la memoria colectiva de lo que un día pudo significar para los habitantes de la zona. Recordemos que las prácticas paganas estaban prohibidas, bajo penas de severos castigos, incluso la muerte, por los cánones emanados de los concilios toledanos del reino visigodo, a finales del siglo VII d. C. Ana Canto propone que la silla es un santuario vettón dedicado al dios vettón de la guerra, en concordancia con un ara de sacrificios romana dedicada al Mars Magnus descubierta en un paraje cercano en el siglo XIX.

EL SACERDOCIO

Francisco Marco cree que existió entre los vettones algo similar a un cuerpo o colegio de sacerdotes. Estrabón describía un ritual de adivinación entre los lusitanos, quienes efectuaban un *hieroskopos*, algo muy parecido a los ceremoniales galos, según señalaba Diodoro Sículo. Plutarco habla de temas similares cuando menciona la prohibición de sacrificios humanos entre los bletonenses (los habitantes de Bletisama, ¿actual Ledesma, Salamanca?) por el procónsul Publio Craso en una fecha tan tardía como el año 95 a. C. Según Marco, esta noticia implicaría la existencia de personas muy versadas en el mundo de lo sagrado, y que además conocían y administraban hierbas curativas como la célebre *vettónica*, que según describe Plinio en su *Historia Natural*, utilizaban los romanos para curar casi todo. En la necrópolis de La Osera, tan proclive en hallazgos, los cacharros encontrados en una tumba determinada (asadores, tenazas, trípodes o calderos) señalan al difunto propietario de tales objetos como un posible sacerdote, algo que ya sospechó Encarnación Cabré en 1950. Estos cachivaches vinculados con el fuego son relacionados por numerosos autores con banquetes sacrificiales. Otros investigadores hablan en cambio de cultos domésticos orquestados por patriarcas familiares.

Estos dispuestos profesionales vettones de lo sagrado, debían ser algo así como los druidas célticos. Tenían conocimientos botánicos, de sagas y ciclos mitológicos, así como de astronomía y controlaban el calendario, como se ha puesto de manifiesto en el cementerio de La Osera a través de varios trabajos de investigación.

Y muy relacionados con la función y práctica sacerdotal están los sacrificios, humanos y animales. Autores grecolatinos hablan de prácticas sacrificiales cruentas, como Plutarco y Livio. Este último señala horrorizado que los lusitanos sacrificaban un hombre y un caballo antes del combate, por aquello de que los dioses les fueran propicios.

Así diferenciaban de forma tajante el salvajismo de las poblaciones indígenas, en este caso hispanas, de los civilizados romanos, que ya habían abandonado tales prácticas algún que otro siglo antes. Pero estos sacrificios han sido inherentes al ser humano desde la noche de los tiempos: cargarse ritualmente a uno o varios de sus semejantes para pedir a los dioses ignotas peticiones o simplemente una buena cosecha. Luego podían comérselo, o no, según les diese. En el caso de las poblaciones célticas hispanas, no debía ser muy frecuente eso de cortarle el cuello a una persona. Si se producía tan luctuosa circunstancia, tendría lugar como consecuencia de situaciones extraordinarias y supondría pedir a los dioses que les fueran propicios, tras proporcionarles la consabida tapita de morcillita y sangre. Ojo, que cosas así ya se habían hecho en la propia Roma ante situaciones extremas: algún ejemplillo de virgen sacrificada para alejar a los bárbaros de la ciudad y cosas así. Pero lo más habitual era sacrificar *a la griega*, es decir, ofrecer animales, como hoy en día se sigue haciendo en diversos rituales festivos. Poux habla de la «arqueología del festín», apareciendo menciones a víctimas del reino animal en las inscripciones del Cabeço das Fraguas (Guarda, Portugal)[107] o de Marecos (Peñafiel, Valladolid), estudiadas por Francisco Marco. Pero también aparecen escenas de sacrificios animales en bronces galaico-portugueses y no existe razón para descartar la existencia de estas prácticas entre los vettones, que tendrían lugar en sitios destinados a tales usos, como el célebre altar de Ulaca. Y ya que mataban cerdos y cabras, por ejemplo, pues ¿por qué no dar buena cuenta de ellos en banquetes y ceremoniales celebrados durante festividades religiosas o para conmemorar el éxito de algún combate o aventura? Las víctimas animales sacrificadas podían acabar en el fuego incineradas o en el buche de los participantes en el sacrificio.

Todo este asunto conectaría con el sistema de valores principal de los vettones, la guerra y el banquete, ambos con significado religioso. El combate se prepara a través de un ritual donde la comilona es parte esencial, y sirve para que los guerreros confraternicen entre ellos mismos y pidan de paso ayuda a los dioses para que sean favorables a sus armas en la batalla.

107 En esta ocasión, detallan el sacrificio de una oveja, un cerdo y un toro a las divinidades lusitanas Trabopala, Trebaruna y Reve.

RITUALES

La muerte desde siempre ha sido objeto de preocupación y respeto en las sociedades humanas, puesto que supone cesar de existir y algo que inquieta y desasosiega a los que de momento, nos quedamos sobre la tierra.

Los rituales fúnebres asumen la idea del inevitable final y, en toda sociedad interpretan la crisis final y su superación, es decir, la esperanza en otra vida, por llamarla de alguna manera, más allá de la meramente terrenal. Los seres humanos, a lo largo de su historia han tendido a depositar los restos mortales de sus allegados o a destruirlos por completo, ya sea mediante la incineración, la descarnación por aves carroñeras o cualquier otro método. Esta despedida del finado ha adquirido diferentes formas ceremoniales de más o menos complejidad, de las que poco conocemos en el caso de los pueblos indígenas hispanos de época prerromana. Esto se debe a lo poco que nos dicen las fuentes antiguas sobre la religiosidad en cualquiera de sus aspectos, de los cuales el funerario es tan sólo uno de ellos. Pero también a que los métodos arqueológicos de los inicios del siglo XX ocasionaban pérdidas de información y por la penuria cultural general derivada de la guerra civil española de 1936-1939. En las últimas décadas, afortunadamente, la situación ha mejorado de forma notable y, en concreto, sobre los aspectos funerarios vettones.

En la Vettonia se han descubierto muchas tumbas, eso es cierto, pero que en realidad corresponden tan sólo a dos necrópolis: Las Cogotas y La Osera, excavadas a conciencia por Juan Cabré en los años 30 del siglo XX. Un hecho que es digno de encomio a los ojos de los investigadores del siglo XXI, que poseen muchos más medios, dada la exquisita minuciosidad con que el investigador aragonés trató estos asuntos. Un delicado trabajo que solamente su muerte truncó en 1947. A pesar de ello, las investigaciones de Cabré no cayeron en saco roto, pues fueron continuadas por su hija Encarnación y sirvieron de base para que toda una pléyade de investigadores posteriores continuara sus estudios sobre las sepulturas de ambos yacimientos. Las aportaciones de Las Cogotas y La Osera son imprescindibles para nuestro conocimiento del mundo funerario vettón, pero es complicado extrapolar sus datos a la totalidad del territorio vettón. Aunque no queda más remedio que partir de algún punto, al menos para tratar de generalizar.

Las tumbas de incineración suelen ser humildes. Apenas un agujero en el suelo que recibe los restos: bien una urna funeraria con las cenizas del difunto o directamente colmatado con las susodichas cenizas, algunas cubiertas con túmulos de piedra (como en La Osera) o simplemente señalizadas con lajas de piedra (Las Cogotas). La mayoría de las tumbas poseen escaso ajuar y unas pocas, en cambio, albergaban numerosos objetos de prestigio, lo que ha llevado a muchos investigadores a deducir de ello una estricta jerarquización, pues según esta hipótesis, unos pertenecerían a una élite militar provista de caballos y armas, otros a una casta de guerreros enterrados con armamento más modesto. La amplia mayoría sería enterrada en las tumbas que carecen de ajuar, pues eran más pobres que las ratas, algo bastante habitual en épocas tan remotas.

Baquedano y Escorza han revisado el material de La Osera y han llegado a la conclusión de que los habitantes del poblado anexo, La Mesa de Miranda, diseñaron de inicio, *ex novo*, el cementerio, realizando una disposición geométrica triangular de los puntos de enterramiento, de lo que parece deducirse un sistema cardinal relacionado con la escatología[108] céltica. De forma que las estelas de La Osera fuesen ni más ni menos que marcadores de solsticios, un asunto que se tratará más adelante y que regía la vida de las poblaciones de la época.

Volviendo a los finados... El fallecido era incinerado en una pira funeraria situada en un quemadero o *ustrinum*. Los restos cremados se lavaban e introducían en una urna funeraria, y sobre ellos se colocaban los objetos personales, tanto los que habían sufrido la combustión como aquellos, que por considerarse más valiosos, no habían sido expuestos a las altas temperaturas. Como las joyas de oro y objetos de pasta vítrea.

Si en vez de fallecido, era fallecida, junto a sus restos incinerados y objetos personales de adorno, también encontramos las fusayolas de los husos del telar. Si el fallecido era un niño, junto a sus despojos aparecen objetos que se han interpretado como modestos juguetes, como bolas de barro. Se han encontrado pocas tumbas infantiles,

---

108 Parte de la teología que estudia el destino último del ser humano y el universo. Conjunto de creencias y doctrinas referentes a la vida de ultratumba.

algo que no concuerda con la esperada y elevada mortalidad de la época, por lo que es de suponer que el ritual fuese distinto. En culturas mesetarias como la carpetana, los niños se enterraban sin incinerar bajo el suelo de las viviendas. Entre los vettones podría ocurrir lo mismo.

Si el muerto era un guerrero, en su tumba aparecen armas o interpretamos que el fallecido es un guerrero porque en su tumba aparecen armas. Cualquiera sabe. Las armas de pequeño tamaño, como los cuchillos o puntas de lanza, se han encontrado en el interior de las urnas. En cambio, las espadas, lanzas, *soliferrea* (lanzas sólo de hierro de hasta 2 m de longitud), falcatas, escudos, arreos de caballos, se encuentran junto a la urna. En ocasiones, las armas aparecen dobladas, inutilizadas, un hecho que los investigadores han interpretado como un ritual por el que las armas son destruidas para que no sean reutilizadas por otro guerrero. Fernández Gómez no cree que se deba a ningún rito concreto de inutilización, sino que el hecho de que aparezcan dobladas y redobladas, como en el caso de las *soliferrea*, es para que quepan en la tumba, que no deja de ser

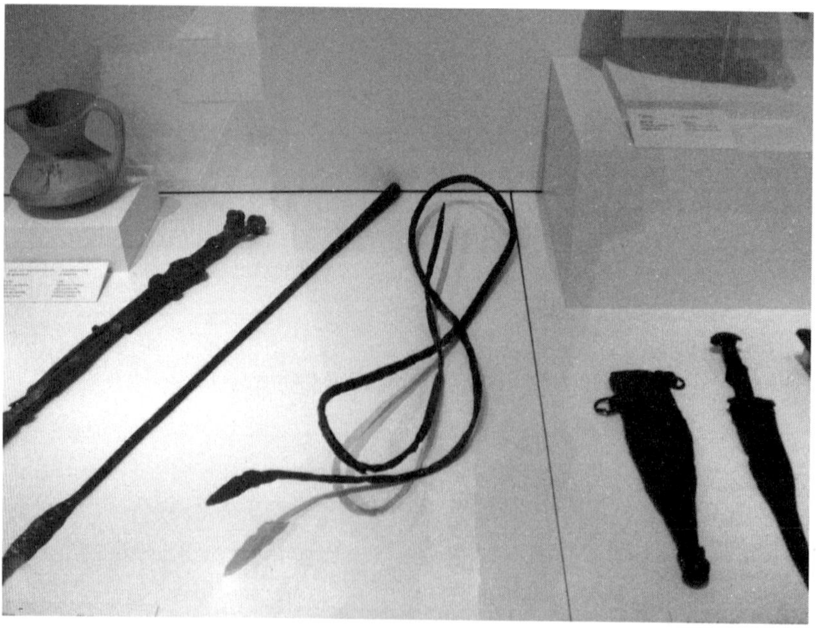

En el centro, *soliferreum* inutilizado. Museo Arqueológico Nacional. Foto del autor.

un hoyo excavado en la tierra en el que se introducen los restos del muerto y su ajuar. La urna se tapaba con una laja de piedra o bien con un cuenco cerámico. Junto a la urna cineraria también se han encontrado en diferentes yacimientos vettones vasos de ofrendas, presumiblemente depositados en el lugar por familiares y amigos. Posiblemente contendrían alimentos, ungüentos y aceites que harían más cómoda la vida del fallecido en el más allá.

En ocasiones se han encontrado tumbas dobles y triples. Su presencia se ha interpretado como la muerte de la esposa del fallecido y sus sirvientes, para acompañar al difunto en su viaje al más allá, según Fernández Gómez. El caso es que, una vez organizada la tumba, con su urna, sus objetos personales y sus vasos de ofrendas, se cubría de tierra y posteriormente con lajas de piedra, cuyo excesivo peso, algunas veces suponían el hundimiento del enterramiento.

Con respecto al tipo de funeral ejecutado en la Vettonia en la Segunda Edad de Hierro, nos es bastante desconocido. Ya hemos visto que se trataba de incineraciones, pero no se conoce dónde se habilitaron los quemaderos, si se incineraba parte del cadáver o el cadáver entero, si se cremaban huesos después de haber sido descarnados (lo que obviamente evidenciaba la existencia de un pudridero) o cómo se seleccionaban los objetos personales que iban a entrar a formar parte del ajuar funerario del dichoso finado. Según Gabriel Sopeña, existió un período de tiempo entre la muerte y la cremación, es decir, que la incineración no era inmediata, sino que había un tiempecillo de capilla ardiente. Y no creo que fuese por si las catalepsias, ese estado de muerte latente que sucede en ocasiones y que implica que el supuesto muerto, en realidad no lo está. Debió ser un puro formalismo, o una costumbre. Este hecho es señalado por la inutilización deliberada de algunas ofrendas, como las armas, sin ir más lejos. Y esto es así porque una espada de hierro no se puede doblar así como así, sino que es necesaria una forja y el correspondiente especialista en tales artes, el herrero en este caso, quien se encargaba diligentemente de *sacrificar* las armas antes de que pasasen a formar parte del ajuar funerario de su difunto dueño. Sí, es posible que la inutilización de las armas del muerto formase parte de los sacrificios funerarios, como el degüello de una oveja o una cabra llegado el caso, en honor al espíritu que había partido hacia el más allá.

Parece relacionada con la simbología ritual funeraria la decoración de ciertos objetos de las tumbas, como el correaje de los caballos, algunas piezas dentales de équidos, imágenes de jinete y caballo en cerámicas torneadas pintadas, fíbulas o sortijas. El caballo era un elemento de prestigio social, pero también poseía naturaleza sagrada, según Baquedano, y no solamente entre los vettones, sino en general en toda la Céltica hispana.

Ya hemos visto que prácticamente los únicos cementerios encontrados y excavados son abulenses, y algún que otro cacereño (en las provincias de Zamora y Salamanca, por mucho que se ha excavado, las búsquedas han sido infructuosas hasta el momento), a pesar de que se han buscado con insistencia las necrópolis que, por lógica, deben corresponder a otros poblados, pero de momento, ni huesos, ni cenizas, ni nada. Pues, ¿qué hacían con sus muertos estos vettones? Muchos autores han señalado que es posible que se ejecutasen rituales funerarios diferentes a las clásicas inhumaciones o enterramientos y cremaciones o incineraciones. Entre estos supuestos métodos destacan la exposición del cadáver a los buitres, esos eficaces *camiones* de la basura orgánica (que en aquellos recios tiempos era prácticamente el 100%), y el abandono posterior de los restos descarnados, una práctica muy habitual en la prehistoria y protohistoria peninsular, pero también entre las gentes del norte de África y de las islas Baleares.

Según Sopeña cuando se encuentran los osarios, son un lugar de enterramiento secundario, y que allí se lleva «lo que los buitres han dejado» desde su sitio de exposición, el pudridero propiamente dicho, que podía estar al aire libre o en lo que en muchas regiones de Europa se conoce como «casas de muertos». Este ritual está especialmente bien documentado en el ámbito celtíbero, ya sea en las crónicas grecorromanas o en la iconografía de artefactos arqueológicos. Seguramente este ritual de descarnación previo a la selección de los huesos que van a ser depositados o incinerados, era común a otras sociedades mesetarias, como la vettona. Entonces, según transcurriese este proceso descarnatorio, sería invisible para nosotros la práctica totalidad de la población vettona de la Edad del Hierro, según Sopeña. Y así efectivamente sucede. Evidentemente las necrópolis vettonas no albergan ni de lejos a toda la población fallecida durante el amplio periodo temporal que estuviesen en funcionamiento. Y esto es debido a que los rituales funerarios son otros. La exposición y descarnación del cadáver por alimañas especialistas en no dejar ni una monda de hueso (como los buitres), sería el principal sistema para hacer desaparecer los cadáveres en su totalidad. Por eso no habría más restos visibles ni más cementerios, en opinión del mismo Sopeña. Sí que serían preservados intencionadamente algunos huesos humanos, como los que aparecen en La Osera, delimitando quién sabe qué ignoto espacio de culto. El cráneo en la cultura céltica en sentido amplio es donde habita el alma, el talismán del que se despoja al enemigo y el vínculo con el antepasado. De ahí el cariño de los celtas por las cabezas cortadas cuando finalizaban los combates. Incluso aparecen motivos craneales en algunas urnas con decoración a peine procedentes de La Osera, relacionados con inconfesables creencias en el más allá.

Relacionados con el agua están los calderos, de los que se han hallado ejemplares enterrados formando parte del ajuar de algún gran personaje vettón, pero también se han encontrado calderos sumergidos en las aguas, como ofrendas a la divinidad de turno. Según Gabriel Sopeña, el caldero simboliza la acción del fuego sobre los estados líquido y sólido de la materia, pues en él se forma un producto nuevo, el caldo resultante de la unión del agua y las materias sólidas cocidas por el calor proporcionado por el fuego. Según el mismo autor, el caldero contiene un nuevo producto relacionado con su capacidad regeneradora, lugar adecuado para el tránsito y el renacimiento. En una de las tumbas de la necrópolis de La Osera, precisamente un caldero contenía la mayor parte del rico ajuar funerario, cuyas piezas fueron cuidadosamente seleccionadas: placas de bronce revestidas de plata, que representan un ave rapaz que ha capturado un ave, posiblemente una paloma, una siniestra escena enmarcada por grecas, líneas y círculos. Todo apunta a que esta iconografía remite al tránsito al otro mundo, en opinión de Sopeña. Este caldero, con sus impactantes placas decoradas, fue inutilizado de forma ritual. La paloma tiene toda la pinta de ser el alma del difunto, y el águila o ave rapaz, la entidad encargada de trasladar al difunto a su última morada. Delimitan el cuadro unos tallos vegetales que envuelven y enmarcan a las aves. Es un esquema muy preciso en el que andan envueltos el reino vegetal, el animal, así como elementos del más allá.

Una puntualización acerca del tema del águila depredador. No es un tema icónico del mundo vettón. Es mucho más refinado, pues procede del Próximo Oriente, donde hay ejemplos procedentes de fechas tan antiguas como el tercer milenio, de donde pasaría al mundo helénico. Hay que tener en cuenta que el águila es un animal emblemático de Zeus, el dios olímpico por excelencia. Aparece frecuentemente en la numismática helena a lo largo y ancho del Mediterráneo colonizado por los griegos y en los emporios donde comerciaron con pueblos indígenas y civilizados, y cuyo diseño alude al carácter profético de Zeus. El bello Ganímedes le entró por el ojo a Zeus y envió un águila a recoger su nuevo capricho, si es que no se transformó en águila el mismo dios olímpico. En el mundo romano, el águila es un signo característico del Júpiter Capitolino. Y no sólo eso, sino que fue el animal emblemático de Roma. El águila era rey de pájaros y pájaro de reyes, o en el caso de Roma, de emperadores. Aun así, la vieja tipología griega que relacionaba el águila con el viaje al más allá continuó perdurando durante mucho tiempo y en muchos lugares, como en el solar de los vettones. En el mundo

El águila y la paloma. Placa decorada de la sepultura 350 de necrópolis de La Osera. Museo Arqueológico Nacional. Foto del Museo.

céltico (vettones incluidos) el ave rapaz tiene un componente funerario, como un mensajero del más allá y representa el tránsito del alma del fallecido al cielo. Según los expertos, este tema del águila fue tomado por los celtas de la iconografía grecolatina y, como les gustó, lo incluyeron profusamente en la numismática. La paloma tiene un carácter augural, asociada a la Perséfone griega. En el mundo céltico, las palomas siempre se relacionaron con las profecías, pero también con la armonía espiritual y la salud, según Sopeña. La devoción hacia las palomas se remonta hasta la Astarté fenicia, asimilada por la Afrodita griega. Ambas diosas femeninas lo son de la fertilidad, de los vegetales y de las aves.

En conclusión, los rituales funerarios vettones incluyeron diversas actuaciones sobre el cadáver: inhumación, exposición, incineración. Estos procesos debieron realizarse dentro de un ceremonial funerario de gran importancia para las familias vettonas y que sería de mayor o menor fuste según la relevancia social del difunto.

En general los ritos practicados por el pueblo vettón son los de un pueblo ganadero que ofrece a sus dioses los huesos y los frutos de la tierra, sangre, fuego y agua, en forma de productos agrarios, animales domésticos o de caza sacrificados en el altar de la divinidad. Pero también efectuaban delicadas libaciones a base de leche y cerveza de bellota, bebida muy apreciada entre estas gentes, en un ritual incomparablemente más incruento que el mero sacrificio de animales.

LOS LOBOS EN LAS CREENCIAS VETTONAS

Ya hemos hablado en otra parte de ritos de iniciación de los guerreros vettones en lugares mágicos como las saunas, en concreto, la de Ulaca. Estos ritos están relacionados con las cofradías de guerreros, o *mannerbünde*[109], al igual que la figura del lobo, que tiene mucho que ver con el frenesí y los arrebatos de furor que se adueñaban de determinados grupos de guerreros de élite o especialmente

109 Las cofradías guerreras eran, según Bernárdez (2002), agrupaciones estables de guerreros comandada por un jefe que no sólo los dirigía en combate, sino que era también su líder en las cuestiones políticas y económicas, y seguramente también en las religiosas.

fanatizados dentro de la Hispania Céltica, entre ellos los vettones. Estos arrebatos de frenesí están documentados dentro de las fuentes clásicas. Estos combatientes especialmente furiosos, están muy asociados al lobo, animal que a su vez lo está con determinados dioses y prácticas mágicas que hacen del guerrero celta una especie de *Orlando furioso*[110] en determinadas ocasiones. Para estos guerreros, la muerte en combate es la máxima aspiración, pero no sin antes haberse llevado al otro barrio a toda una purrela de enemigos. Como el *Orlando furioso* del poema que decía antes, obra que seguramente se basó en parte en la existencia y conocimiento de estos guerreros fanatizados y fuera de sí al tomar alguna poción o alguna seta alucinógena. Cuando un guerrero ingiere determinadas plantas dentro de un ceremonial determinado, adquiere las facultades y propiedades de animales especialmente salvajes y peligrosos, como lobos u osos. Toman el alma de estos animales y no piensan ya como seres humanos: actúan como bestias salvajes acorraladas y con su actitud pueden producir un miedo paralizante en el enemigo. Lo que ocurre es que, cuando te encuentras con un ejército disciplinado como las legiones romanas, este furor guerrero puede producir otros efectos que no sean el mero terror. Aunque al ver a estos guerreros gritando fuera de sí y enarbolando sus temibles armas viniendo corriendo hacia uno, hasta el más templado veterano debía temblar.

Esta licantropía guerrera proporciona a sus iniciados un furor desencadenado que trata de acogotar al enemigo y abatirle o ponerle en retirada. Apiano habla de aullidos, griterío, tumulto y cabellos sueltos al viento cuando habla de lusitanos y vacceos. Los vettones, no olvidemos, eran de la misma cuerda, puesto que en numerosas ocasiones aparecen aliados a los lusitanos. Quizás fuesen algo más que aliados, y estuviesen culturalmente más hermanados de lo que sospechamos. Tácito se refiere a furores similares cuando habla de algunos pueblos germánicos. No puede extrañar esta relación entre los germanos y los pueblos célticos, pues ambos proceden del frondoso tronco común indoeuropeo. Los irlandeses, dacios, pueblos bálticos y eslavos también procedían del mismo tronco común.

110 Poema épico caballeresco escrito por Ludovico Ariosto en 1532.

Como los romanos y griegos. En concreto, en Roma existían unas fiestas denominadas Lupercalia[111], a las que tanto le gustaba acudir como *luperco* (participante activo en la fiesta) al mismísimo Marco Antonio.

En los ritos de iniciación de las cofradías guerreras en la licantropía colérica tienen mucho que ver, además de los ceremoniales en sí, la ingesta de productos alucinógenos, que pueden ser plantas también alucinógenas o bebidas embriagadoras mezcladas con sangre o entrañas de lobo. Incluso las vestiduras que el iniciado lleva, tanto en el momento de iniciarse en el ritual, como en los combates: pieles de lobo que le confieren un valor sin límites. En el ritual, la música machacona y obnubilante de tambores provoca en el estómago una efervescente mezcla que se va subiendo a la cabeza y provoca el furor licantrópico, convirtiendo al simple guerrero en un guerrero-lobo, con las características asesinas de ambos. Los cofrades se convierten así en miembros de una manada de lobos. Los guerreros que se bañaban aparentemente en su propio sudor en saunas como la de Ulaca, eran de esta brutal calaña. Estos iniciados con piel de lobo formando parte de su vestimenta, son las élites del pueblo guerrero, los más fanáticos, los más bestias, los más valientes, los más fuertes... Son los que tiran de los demás en el combate una vez se han tomado la *poción mágica*, sea la que sea. Y seguramente los que primero caían en combate, claro. Quizás Estrabón se refiera a estos guerreros-lobo cuando habla de la «rabia bestial» de los cántabros, astures y galaicos (Str. III, 4, 17). Es más que probable que estos guerreros-lobo de la Edad del Hierro estén en el origen de las leyendas de licantropía tan frecuentes en el folklore europeo. Y subyacen en fiestas que aún perviven en pueblos de la Meseta, en la que los jóvenes se visten con máscaras de animales en determinadas fiestas del solsticio de invierno. O bajo folklóricas leyendas galaicoportuguesas y extremeñas sobre el hombre lobo del noroeste peninsular.

111 El nombre de los Lupercales deriva de *lupus* (lobo, animal que representa a Fauno Luperco, romanización del griego Pan, dios de la fertilidad y de la sexualidad masculina), un animal clave en la fundación mítica de la ciudad. Una loba amamantó a los fundadores de la ciudad, según la tradición romana. La fiesta de Lupercalia tenía lugar el 15 de febrero, es decir *ante diem XV Kalendas Martias*, en su notación latina.

De estas cofradías guerreras licantrópicas surgen las jefaturas guerreras, jefes sagrados (que no tienen por qué ser el jefe supremo del pueblo, pero que indudablemente, tendrían un enorme poder sobre el resto de la población) que reúnen en torno a ellos un conjunto de guerreros juramentados con él por un ritual sagrado. Así podemos comprender la institución tan típicamente ibérica de la *devotio*, donde los guerreros están de tal forma unidos a su jefe, que la muerte de este supone el suicidio del *consagrado*, a no ser que el propio jefe le libere de su juramento por alguna causa concreta, como ejercer de emisario y avisar al resto del grupo de que el enemigo está masacrando a la cofradía o a la orden guerrera. Grupos de este tipo también existían en otras culturas, como el Batallón Sagrado tebano, donde sus miembros estaban formados por parejas homosexuales masculinas, relación sagrada de pareja de la que nacía la fortaleza militar de este grupo de combatientes.

Volviendo a las cofradías guerreras, no podemos pasar por encima su vinculación a una divinidad, obviamente guerrera también. Lug en los pueblos celtas, Odín en los germanos... No olvidemos que ambos se asocian con lobos o cuervos. Son dioses de la muerte y del más allá, donde conducen a sus frenéticos acólitos caídos en combate, para su mayor gloria.

De la importancia del lobo (como del caballo) en las creencias de las sociedades mesetarias tenemos ejemplos materiales, como las fíbulas en forma de prótomo (cabeza) de lobo en Roa de Duero, vasijas con decoración en forma de lobos que parecen lamer un panal de miel, la estela cántabra de Zurita, que reproduce guerreros cubiertos con pieles lobunas, o una cerámica numantina decorada con una cabeza humana cubierta también por una piel de lobo. Según Rodríguez García, existen tres niveles rituales y simbólicos asociados al lobo entre las sociedades mesetarias de la Edad del Hierro: 1.- su relación con la muerte y el tránsito al más allá y su recepción por las divinidades de esas tenebrosas regiones; 2.- la relación con el acceso al furor en los rituales licantrópicos de los guerreros-lobo de las cofradías; y 3.- finalmente el carácter protector totémico del territorio, del ganado, de las riquezas y de las gentes de los pueblos de la Hispania Céltica.

En los rituales de iniciación, el joven guerrero pasa por las manos del «maestro lobo iniciador», el Akela del *Libro de la Selva* de Kipling, que mediante ritos como los que tenían lugar en la sauna de Ulaca, acaba definitivamente con la niñez del aspirante, quien resurge como guerrero-lobo, miembro de pleno derecho de la manada, de la fratría guerrera, dispuesto al bestial furor licantrópico traducido en hipnótico trance y que proporciona en el neófito unos irreprimibles deseos de matar al enemigo. El maestro ejercía de sacerdote de la divinidad de la *mannerbünde,* bajo cuya tutela se efectuaba el ceremonial de conversión. Pero, para alcanzar ese estado del más bestia entre los bestias, había que valer. Había que valer mucho. No todos los guerreros de la tribu estaban preparados para superar el rito de iniciación de conversión en guerrero-lobo. Había que estar muy loco, ser muy fanático para traspasar el umbral de la cofradía licantrópica. Seguramente uno de las pruebas del neófito sería enfrentarse a un lobo, para adquirir su fuerza y ferocidad. Y eso no lo hacía cualquiera.

Vaelico o Vaelicus, ¿un dios-lobo vettón?

Esta divinidad ya ha aparecido cuando he tratado el tema de Raso de Candeleda y del santuario de Postoloboso. Aquí procede profundizar un poco más en su figura, por su relación con el lobo.

Vaelico derivaría del radical celta **valios* que significa ni más ni menos que «lobo y aullador». Y este nombre aparece en un epígrafe latino incrustado en un ara del santuario de Postoloboso. Esta ermita está dedicada al santo apócrifo San Bernardo de Candeleda, al que se invoca para curar la rabia. ¡Y qué curioso!, pues la rabia es una de las enfermedades que puede transmitir el lobo, si es que de un mordisco no te deja seco.

Era un dios muy popular entre los vettones y que tiene mucho que ver con el lobo. Así pues, parece que Vaelico es un dios-lobo, una divinidad de las *mannerbünde*, relacionado con las cofradías guerreras, sus ritos y sus creencias, y es tentador suponer que Ulaca fue un santuario dedicado a este dios, con su altar de sacrificios y su sauna ritual, pero no existe ninguna referencia epigráfica que lo asegure al 100%.

En su forma lusitana de Endovaelico (O Endovaelicus), el dios se muestra también como un oráculo, un dios del reino de los muertos que, a través de las profecías emitidas por sus acólitos, suponen un efecto benefactor para sus adoradores.

Ara del dios Vaelicus en Postoloboso. Museo de Ávila. Foto del Museo.

Los cementerios

En el mundo vettón disponemos de abundante material funerario gracias a un reducido número de necrópolis de incineración abulenses: Las Cogotas, La Osera y El Raso. Desde 2003 se excava también la necrópolis de Ulaca. Todos estos cementerios tienen en común su situación junto a las puertas de los asentamientos, próximas a corrientes de agua continuas o estacionales que, según Isabel Baquedano, podrían estar relacionados con ritos de tránsito al más allá. Las necrópolis suelen estar organizadas en zonas separadas por espacios que carecen de tumbas. Tradicionalmente se ha interpretado este hecho como la separación de distintas zonas donde se enterrarían grupos familiares o gentilicios. Se han encontrado tumbas carentes de restos humanos, algunas con cubiertas tumulares como las de La Osera identificados con cenotafios[112], y algunas dobles, como la tumba nº 20 de Raso de Candeleda, con restos de un guerrero, una mujer y quizás un niño, con lo que ya no sería doble, sino triple, porque entre el ajuar femenino apareció un objeto que ha sido interpretado como un juguete.

Pero si sabemos mucho de cementerios abulenses, en cambio, de las tierras occidentales de la Vettonia, que coinciden, hectárea arriba o abajo, con las actuales provincias de Zamora y Salamanca, no tenemos apenas información funeraria. Esto puede ser debido a que todavía no han sido encontrados, a pesar de las múltiples prospecciones sobre el terreno. O es que los vettones occidentales poseían costumbres funerarias que no dejaban ni rastro, tales como

112 Ofrendas hechas a personas fallecidas lejos de su lugar de origen, y recordadas por sus familiares y allegados. Por ejemplo, guerreros mercenarios que servían en ejércitos foráneos, y muertos en combate.

el descarnamiento de cadáveres por animales carroñeras o deshacerse de las cenizas de los difuntos en ríos y arroyos.

Otra generalidad dentro de los cementerios es que los pequeños objetos de adorno aparecen dentro de la urna con la ceniza del difunto, pero el armamento y la vajilla cerámica, que pudieron contener ofrendas, se depositaban alrededor de la urna, pero no dentro. En la necrópolis de Las Cogotas se ha supuesto que el *ustrinum*, ese lugar donde se realizaba la combustión del cadáver, se ubicaría en una zona de canchales de granito, un espacio entre la necrópolis y el castro. Se ha interpretado así en función de los huesos calcinados y pequeñas escorias metálicas halladas en el lugar.

La mayoría de tumbas contienen urnas cinerarias o cenizas, pero no se acompañan de ninguna clase de ajuar. Pudieron ser las tumbas de la mayoría silenciosa, siervos y esclavos, aunque esta afirmación resulta bastante difícil de probar. Pero sí que aparecen referencias a esclavos dentro de la sociedad vettona, como en la crónica de la expedición de Aníbal a Helmantiké. Plutarco y Polieno hablan de esclavos en el interior de esta ciudad. ¿Prisioneros púnicos? ¿Esclavos puros y duros capturados en incursiones contra pueblos vecinos?

Los enterramientos de las grandes necrópolis abulenses excavadas en los años 30 del siglo XX datan del periodo comprendido entre los siglos IV a. C. y los inicios del siglo II a. C. Se han hecho los cálculos aproximados para cuantificar la población de estos *oppida* en función del número de tumbas y otros factores. Veamos. De Las Cogotas partimos de un número aproximado de 1600 tumbas y de La Osera, de algo más de 2200. Según estos cálculos, Las Cogotas tuvo una población que oscilaría entre 200 y 300 habitantes, y La Mesa de Miranda, el poblado suministrador de personal para La Osera, entre 300 y 400, con una densidad de población de 15 habitantes/ha en el primer caso y 20 en el segundo. Para Ulaca, de la que carecemos de datos para la necrópolis, pero con una enorme superficie para los cánones de los *oppida* de la época, pues posee la friolera de 70 ha, al aplicar los cálculos relativos a la densidad de población, el resultado es que debió albergar en sus mejores momentos entre 1000 y 1400 habitantes. Y estos serían solamente los *censados*, porque en tiempos de inestabilidad pudieron llegar hasta 2000 o 2500. Y otro factor a tener en cuenta: en las necrópolis de estos grandes *oppida* no sabemos si fueron enterrados los habitantes de los pequeños núcleos satélite que orbitaban a su alrededor, las aldeas, granjas y alquerías. En todo caso, se acepta que la densidad de población de los *oppida* abulenses y los territorios que controlaban era mayor que la de sus homónimos salmantinos.

NECRÓPOLIS DE EL MERCADILLO

Necrópolis situada en Villasviejas del Tamuja. Corresponde muy probablemente a la etapa de ocupación del poblado del recinto A. Se han localizado hasta 44 enterramientos, dos de ellos dobles y otro con los restos incinerados de una mujer adulta y un niño pequeño, algo que llama la atención, pues los niños no solían ser enterrados en cementerios, sino debajo de las viviendas, señalando con este hecho que aún no pertenecían a la comunidad. En los ajuares funerarios de El Mercadillo destaca la cerámica a torno denominada ibérica, que debió ser importada casi con toda seguridad. Además de este material, se encuentran diseminadas otras cerámicas más características de la región.

Respecto a las armas, decir que no se han hallado demasiadas entre el ajuar funerario de El Mercadillo, un ajuar limitado a vasos de ofrendas, fíbulas anulares, fusayolas y alguna cuenta de collar por ahí perdida. El material arqueológico tanto del recinto A del castro como de esta necrópolis relacionan este asentamiento con el mundo carpetano y oretano, es decir, con influencias culturales procedentes de la meseta sur y de la alta Andalucía. Según Hernández, Galán y Martín Bravo, a diferencia de lo planteado hasta ahora por otros autores como Álvarez-Sanchís, la etnogénesis de las poblaciones de la II Edad del Hierro en la penillanura extremeña fue muy diferente a la del mundo vettón. Así las gentes de esta región no eran ni vettones ni lusitanos. Eran otra cosa, como más o menos decía Estrabón.

NECRÓPOLIS DE EL ROMAZAL II

Segunda necrópolis situada en Villasviejas del Tamuja. La cronología de este cementerio se corresponde con un período inmediatamente posterior a El Mercadillo, también en Villasviejas. Fue utilizado a lo largo del siglo III a. C. En El Romazal II encontramos enterramientos en hoyos con urna y ajuar, donde destacan las cerámicas pintadas.

NECRÓPOLIS DE EL ROMAZAL I

Tercera necrópolis situada en Villasviejas del Tamuja. Cada una de ellas correspondía a una etapa diferenciada del poblado. En algunas necrópolis, como esta de El Romazal I, se observan zonas con gran densidad de enterramientos, frente a otras zonas vacías, algo que no parece casual y que obedece a la idea de planificación del ámbito funerario. Este yacimiento se ha incluido tradicionalmente dentro del ámbito vettón, basándose para ello en la presencia en el área de algún que otro verraco. Pero según Francisca Hernández, el estudio del cementerio, la interpretación de sus cerámicas, estructuras de enterramiento, sus ajuares, nos retrotraen a otros ámbitos culturales. En concreto al mundo ibérico.

Este cementerio se encuentra a 1 km en dirección este desde el poblado de Villasviejas del Tamuja, con ciertas dificultades para su acceso a causa de la elevada pendiente del terreno. Representa la fase final de la ocupación indígena de este asentamiento y existen algunas diferencias con las otras dos necrópolis asociadas a este poblado: El Mercadillo y El Romazal II. Las urnas cinerarias ya no se encuentran dentro de hoyos, sino prácticamente a ras del suelo, sin protección. Las urnas son de tamaño menor que las de El Mercadillo y suelen carecer de cobertera. Los restos óseos cremados son muy escasos, quizás porque los ritos funerarios cambian con los tiempos, como las modas en todos los órdenes de la vida. Las piezas menores del ajuar funerario, como vasos, fusayolas, anillos y fíbulas aparecen dentro de las urnas y en cambio las armas lo hacen al lado de la urna, en ocasiones hincadas o encima de la propia urna. Espadas, puñales, puntas de lanza, tahalíes, escudos y arreos de caballo distinguen tumbas de personas más relevantes que otras dentro de la sociedad del poblado.

Según Hernández *et alii*, el puñal es el arma más frecuente en esta necrópolis y asociado a las tumbas *ricas*. En concreto el enterramiento considerado más *lujoso* contiene en su ajuar un puñal biglobular y un completo arreo de caballo, dos puntas de lanza, un cuchillo afalcatado y dos fíbulas, entre otros objetos. Curiosamente, la tumba carece de urna y se encuentra en un hoyo perfectamente excavado donde se depositaron cuidadosamente los restos cinerarios y el ajuar.

Otra de las tumbas de El Romazal I cuenta con un hallazgo verdaderamente excepcional en la península ibérica: una frontalera[113] para caballo de estilo ibérico. Este hecho parece indicar la existencia de un proceso de romanización en el territorio donde se inserta Villasviejas del Tamuja.

El momento final del poblado y de El Romazal I se sitúa en la primera mitad del siglo I a. C. que coincide con un período de reorganización de la zona por los romanos. El río Tamuja pasaría entonces a ser la línea divisoria entre los términos municipales de Norba (Cáceres) y Turgalium (Trujillo), ciudades plenamente romanas y en donde se instalaron previsiblemente los habitantes de Villasviejas tras abandonar el viejo asentamiento indígena, hastiados de la vida rural extrema. U obligados a ello por las autoridades romanas.

NECRÓPOLIS DE LAS COGOTAS

La necrópolis de Las Cogotas se descubrió en 1930. Está localizada a algunos cientos de metros al norte del poblado.

Las tumbas halladas, más de 1600, son de incineración en su totalidad, individuales y señaladas por estelas de granito de diferentes tamaños. Las sepulturas, de las cuales sólo vemos actualmente las estelas que indicaron en su momento la localización, suelen tratarse de urnas cinerarias sobre un hoyo de poca profundidad excavado a tal efecto. La urna está tapada por lajas planas de granito o por vasijas de cerámica. No todas las urnas iban acompañadas de ajuar, y cuando esto sucede, los objetos mayores o de guerrero se ubican en los alrededores de la urna, como en otras necrópolis, mientras que los enseres más personales del difunto, ya sean fíbulas, fusayolas,

113 Correa o cuerda de la cabezada y de la brida del caballo que le ciñe la frente y sujeta las carrilleras.

cuentas de collar, se encontraban en el interior de las urnas, junto a las cenizas. Las tumbas que se atribuyen a difuntos de sexo femenino contenían fusayolas y pequeñas bolitas de barro decoradas, de uso desconocido, aunque se cree que podrían relacionarse con algún tipo de juego, o diminutos juguetes para sus hijos, con lo cual esos cadáveres pudieron pertenecer a mujeres que habían sido madres.

Las sepulturas constan de la urna cineraria depositada en un hoyo, en el cual se colocaron piedras pequeñas para calzarla y cuya urna aparece tapada con una laja plana recubierta a su vez por otras piedras de menor tamaño. También nos encontramos con urnas que han sido tapadas con otras vasijas dadas la vuelta (platos, cuencos). Sobre estas se echaba tierra vegetal. Cuando las urnas van acompañadas de ajuar, y si es ajuar de guerrero, las armas y demás objetos están colocados en torno o encima, sin un sistema concreto de ordenación.

Las incineraciones se efectuaban en lugares preparados a tal efecto, que ya hemos denominado quemaderos o *ustrina*, situados sobre protectores canchales de granito, alrededor de los cuales se hallaron numerosos huesos calcinados, escorias de bronce o hierro y restos alfareros.

Necrópolis de Las Cogotas. Foto del autor.

NECRÓPOLIS DE LA OSERA (LA MESA DE MIRANDA)

La necrópolis de La Osera se halla en la zona meridional del castro de La Mesa de Miranda, en una amplia explanada junto a las murallas del segundo recinto. Parte de la necrópolis quedó dentro del tercer recinto, por lo que se pueden otear algunos túmulos incluidos en su interior.

Cabré excavó nada menos que 2230 tumbas, algunas con sus ajuares, enterramientos datados desde el siglo v hasta el III a. C. En general estas inhumaciones eran muy modestas: en un pequeño hoyo excavado en el suelo para tan funesta ocasión se depositaban las cenizas del difunto incinerado, aunque en otras coyunturas tales restos cremados eran introducidos en una urna cerámica que también era depositada en el agujero. Otras tumbas fueron verdaderos túmulos de piedra de planta circular o cuadrada, dentro de las cuales se depositaban urnas funerarias con las cenizas del muerto, que sin duda debía pertenecer a las altas jerarquías del poblado. Algunos de estos túmulos, muy destacables del resto de enterramientos, se incluyen dentro de una estructura de mampostería más compleja, lo que parece señalar la importancia que tuvo en vida el difunto allí enterrado. ¿Jefes, sacerdotes, guerreros a caballo? ¡Quién sabe!

Vista de la necrópolis de La Osera. Foto de Jesús Álvarez-Sanchís.

Junto a las tumbas de incineración, los arqueólogos han encontrado dos cráneos humanos colocados de tal manera que forman línea recta respecto a las estelas centrales de la necrópolis. Cráneos que, según algunos investigadores, delimitarían terreno sagrado. Este hecho estaría relacionado con la reconocida querencia de los pueblos célticos (como de tantos otros a lo largo y ancho de la historia humana) a coleccionar cabezas cortadas de enemigos (Diodoro y Estrabón *dixit*) en sus espacios domésticos a modo de sangrienta decoración. Y al parecer, en los funerarios, pues también.

La Osera está dividida en 6 zonas bien definidas entre sí, que parecen corresponder a clanes, familias o linajes del poblado.

El calendario astronómico y religioso de La Osera

Julio César menciona en sus *Comentarios sobre la guerra de las Galias* que el calendario celta estaba basado en las fases de la Luna. Dicho calendario estaría fundamentado en la noche y en dichas fases lunares se inician los meses y el año. César se refería a noticias recogidas en la Galia, pero Estrabón y Apiano sí que se centran en la importancia de la Luna para los celtas de la península ibérica, vettones incluidos. Pero en La Osera, Isabel Baquedano y Martín Escorza han encontrado o al menos ellos así lo han interpretado, un calendario solar propiamente vettón. El Sol desde siempre ha tenido un carácter sagrado generalizado en todas las religiones antiguas. Incluso el cristianismo tiene algo de religión solar: el 25 de diciembre, antes de ser la fecha de la Natividad cristiana, era la celebración del Sol Invictus romano. Es una fecha con mucha trascendencia desde tiempo inmemorial. El inicio del invierno.

Las alineaciones encontradas en la necrópolis de La Osera están señalizadas por estelas, que parecen relacionarse con las seis zonas que E. Cabré definió como agrupaciones de enterramientos y que hemos señalado anteriormente. Según Baquedano y Escorza, las estelas representarían un calendario astronómico y religioso, con días sagrados bien marcados que simbolizan asuntos religiosos y cotidianos. En concreto las estelas de La Osera, a juicio de estos autores, señalan dos fechas que concuerdan con las puestas y salidas del sol en los solsticios de invierno y de verano, pues existe total coincidencia de los ángulos marcados por las estelas de la necrópolis vettona y los datos astronómicos obtenidos a partir de programas informáticos. Además, estos mismos investigadores han constatado que el conjunto de las estelas de La Osera se distribuye de forma análoga a la constelación de Orión, un hecho que se relaciona con aspectos vitales de supervivencia y ritos funerarios.

En La Osera las estelas podrían señalar un calendario astronómico que indicase las festividades de los habitantes del castro de La Mesa de Miranda. Según Baquedano y Martín Escorza las estelas de La Osera marcan el inicio de las dos estaciones principales: la fría y la cálida. En la cultura celta, el invierno se iniciaba a finales de octubre, y el primer mes del año, Samonios o Samhain, empezaba el 1 de noviembre. Curioso, ¿no? Pues es el día de Todos los Santos en la religión cristiana, un día muy especial. O mejor una noche especial. Mágica y misteriosa. Esta fiesta señalaba el fin de la estación cerealista, una fecha de luto por la muerte del verano, donde se recogía el grano. Era una fecha en la que los muertos se acercaban a la Tierra y los vivos podían aproximarse al mundo de los difuntos. Halloween y el día de Difuntos, obviamente. Los celtas pensaban que la delgada línea que une este mundo con el otro mundo se estrechaba al llegar Samhain, permitiendo a los espíritus, tanto benévolos como malévolos pasar a través de ella. Los antepasados (espíritus buenos, aunque algunos con reservas) eran invitados y homenajeados mientras que los espíritus dañinos eran alejados. Se cree que con el uso de trajes y máscaras se ahuyentaba a los espíritus malignos, adoptando la apariencia de estos para evitar su daño. En estas fechas los espíritus de los muertos podían caminar entre los vivos, y estos tenían la oportunidad de reunirse con sus antepasados fallecidos. En medio de estas festividades, se invocaban espíritus malignos y se tenía la plena convicción de que fantasmas, duendes y toda clase de demonios, recorrían el sector. Era el tiempo propicio para practicar la adivinación y cualquier ciencia oculta que convenientemente mezcladas, practicaban los antiguos celtas y el paganismo romano. En Samhain, los granjeros traían ganado desde los pastos secos de verano y los miembros de la comunidad se reunían para construir albergues para soportar el duro invierno. El festival también tenía significado religioso y las personas quemaban frutas, vegetales, grano y posiblemente animales como ofrendas a los dioses.

El Samhain marcaba el inicio de una época de introspección, respeto y recuerdo hacia los que ya no están con nosotros, un tiempo para hacer balance, reflexionar sobre el paso de la vida y para ser conscientes de que la existencia no termina con la muerte. Era un tiempo donde se rompían las barreras entre el mundo natural y el sobrenatural.

En La Osera, la alineación de estelas se corresponde con el primero de noviembre, por lo que marcaría la principal festividad celta, según Baquedano y Martín.

La otra fecha básica en el calendario celta es el 1 de mayo, Beltaine, cuando se iniciaba el verano, momento en el que comenzaba el pastoreo al aire libre, celebrándose con el encendido de grandes hogueras. Pues bien, según estos autores, esta fecha significativa también se encuentra marcada en la necrópolis vettona de La Osera.

En el peculiar mundo céltico hispano hay temas decorativos que muchos investigadores han interpretado como astrales: círculos concéntricos, radiados, esvásticas, aspas, cruces, dobles espirales. Todas parecen representar esquematizaciones de diferentes cuerpos celestes, y fundamentalmente los inevitables Sol y Luna. Estos dos astros, dentro de la religión celta sugieren ideas de muerte y resurrección, pues la noche daba paso al día. Encarnación Cabré ya planteó en los años 50 del siglo XX que las decoraciones (las citadas esquematizaciones de astros) de algunas armas también tendrían al Astro Rey como alegoría y un cierto carácter protector para el guerrero. En la necrópolis que estamos tratando han aparecido numerosas armas decoradas de esta forma y estos motivos solares también se encuentran en tumbas que se han calificado como pertenecientes a personas de alto rango. Quizás los habitantes de los poblados vettones pensaron que sus élites se largaban al otro mundo guiados por el Sol, la principal divinidad entre los celtas.

Los conocimientos astronómicos de estas poblaciones vettonas, al menos por lo que han podido constatar Baquedano y Martín, serían bastante amplios y debían enlazar con las estaciones del año y los ciclos biológicos, indispensables para la supervivencia del grupo. Estos conocimientos debieron estar en manos de unos pocos, una élite social integrada por un grupo sacerdotal, poseedor de una serie de conocimientos ancestrales, astronómicos y que delimitaban el calendario, señalaban los espacios sagrados y eran intermediarios entre el mundo de los vivos y los muertos, siendo los que orquestaban ignotas ceremonias funerarias y rituales en general. Poseían gran conocimiento del cielo y sus estrellas, además de una gran sapiencia acerca de la simbología y el ideario de ultratumba célticos. Para los celtas en general, y para los hispanos en particular, los muertos vivían en el cielo, y los dioses supremos en los astros, en el Sol, principalmente. Para los celtíberos caer en combate era todo un honor, pues el buitre descarnaba el cuerpo del difunto, ascendiendo de esta forma al cielo junto a los dioses, según el cronista Silo Itálico. Claudio Eliano escribió en su día que entre los vacceos se incineraba a los muertos por enfermedad, pues consideraban que habían fallecido de manera cobarde, pero en cambio los finados en combate eran entregados al buitre, animal sagrado. Visto lo visto, estas noticias parecen atestiguar que el alma celta estaba destinada al cielo, pero sólo si había muerto en la batalla. Pero, ¿y los demás? ¿Qué pasaba con los que habían muerto *cobardemente*? ¿Mujeres, niños, individuos del poblado que no eran guerreros? Pues todos esos no tendrían derecho a morar junto a los dioses, y lo mismo se quedaban sus espíritus deambulando entre el cielo y la tierra, como almas en pena. Una vuelta de tuerca más para el tema de Halloween o Noche de Difuntos. Pero está claro que, en ese tipo de sociedades primitivas y guerreras, el único que contaba para todo era el guerrero. Los demás, meras comparsas. En el caso de las mujeres, muchas tenían sencillamente el rol de reposo del guerrero.

NECRÓPOLIS DE EL FREÍLLO (RASO DE CANDELEDA)

En la necrópolis de este poblado, la mayor parte de las cerámicas que componen los ajuares son vasos hechos a mano, con alguno que otro a torno, más moderno, y decorado con simples bandas pintadas en rojo, de influencia fenicia. Curiosamente, o quizás no lo es tanto, las vasijas a mano sí que tienen una decoración más elaborada, al ser productos personales y realizados en ambientes domésticos. Los vasos a torno fueron realizados de manera industrial por alfareros profesionales.

La variada decoración de los vasos hechos a mano se traduce en multitud de formas geométricas, líneas paralelas, ajedrezados, sogueados o dientes de sierra. Es probable que los confeccionaran las mujeres de la familia, aunque no es descartable que de vez en cuando, el hombre vettón también trabajase el barro. Es más creíble que los creasen las mujeres o artesanos ceramistas profesionales si el poblado podía permitirse disponer de un equipo de artífices de estas características. Como Las Cogotas, a juzgar por su barrio alfarero.

También se han encontrado en El Freíllo productos que llamamos exóticos, resultado del contacto de sus habitantes con otros pueblos peninsulares, objetos que podemos utilizar para datar cronológicamente la vida cotidiana del poblado. Algunos de estos productos proceden de la cultura tartésica suroccidental peninsular, pero otras son copas griegas de barniz negro, fechadas a mediados del siglo IV a. C. Estos elementos insólitos y singulares aparecen en ambientes lejanos de su lugar de origen como resultado de intensas relaciones comerciales, pero también como pago de algún servicio. O son directamente productos de saqueos y pillajes, que también se daban, y de forma abundante.

En una de las tumbas, de las consideradas de los *ricos del pueblo*, se encontró hasta una diadema tartésica de oro y decorada a base de fino granulado con motivos geométricos, indudablemente una técnica oriental, muy utilizada por los etruscos. En la misma tumba apareció también una imagen de bronce de la diosa Astarté, que nos hace sospechar de algún que otro culto semita de origen fenicio en tierras vettonas, introducido a través de intrépidos intermediarios tartésicos. Es posible que el inquilino de esta tumba no fuese tal, sino inquilina, y en ella los arqueólogos han recogido también restos de un asador y un aguamanil de bronce, que señala que, durante el ritual funerario, los participantes se hartaron de comer para despedir a la difunta en su viaje al más allá, en un bonito banquete funerario.

También se ha desenterrado una figurita de bronce que representa una dama recostada, que parece llevarse comida a la boca. La factura de esta esculturilla es claramente etrusca. También se ha encontrado un vaso de vidrio polícromo, inequívocamente de factura egipcia. En la zona de la necrópolis conocida como Las Guijas se han encontrado restos de túmulos de piedra, levantados sobre los enterramientos. En esta necrópolis de El Freíllo, los arqueólogos han detectado grupos de tumbas reunidas en un espacio determinado, con restos de hombres, mujeres y niños, con o sin ajuar, lo que parece indicar la existencia en el poblado de varias familias o clanes.

NECRÓPOLIS DE ULACA

En la campaña de excavaciones de 2002 Ruiz Zapatero y Álvarez-Sanchís descubrieron la necrópolis del poblado, largamente buscada. Se trata de una necrópolis de incineración con encachados tumulares (capa de grava o piedras), de gran tradición en la Edad de Hierro de la Meseta. También pudo haber sepulturas de simple incineración en hoyo dentro de urna, con ajuares muy sencillos, del tipo de las sempiternas pesas de telar, fusayolas, o los cuchillos afalcatados. Los materiales exhumados de una de las sepulturas tumulares (la llamada tumba nº 13), sobre todo cerámicas torneadas de las etapas finales de la cultura vettona y ciertas piezas metálicas, sitúan la cronología en un momento avanzado del siglo II a. C., alcanzando quizás el siglo I a. C. Esta tumba pertenece a un tipo de enterramiento no contrastado en otras necrópolis del área vettona.

El interés de los arqueólogos en correlacionar el registro de la necrópolis con el asentamiento también podría tener un valor aproximado a nivel regional. Apenas conocemos la trama del poblamiento comarcal. Desconocemos si pequeñas aldeas y explotaciones rurales próximas a los *oppida* enterraron a sus difuntos en los cementerios de aquellos o bien formaron sus pequeños propios panteones familiares, muy difíciles de descubrir, por su reducido número de tumbas. En algunos casos tenemos indicios de pequeñas granjas o alquerías, pero no de sus tumbas, posiblemente porque no han sido descubiertas, no porque no existieran. Según Ruiz Zapatero y Álvarez-Sanchís las aldeas y alquerías contarían como mucho con 5-6 casas, y serían el tipo de poblamiento más numeroso, compuesto por los que vivían fuera de los *oppida*. Por tanto, podemos pensar que extramuros de los grandes asentamientos fortificados como Ulaca existían pequeñas comunidades multifamiliares que podrían haber dependido de los grandes centros, y a los que suministrarían el avituallamiento en la medida de sus posibilidades. Por el contrario, el *oppidum* sería el enclave que les defendería y a donde podrían acudir en caso de necesidad, tanto para colocar sus productos agrícolas como para instalarse temporalmente en caso de incursiones vecinas o de ejércitos más potentes, como cartagineses y romanos.

La de Ulaca es una necrópolis de incineración, con túmulos, con ajuares muy sencillos, al menos los encontrados hasta ahora: pesas de telar, fusayolas, cuchillos afalcatados... De momento nada comparable con La Osera, si bien este cementerio ha sido, como hemos visto ya, objeto de excavaciones desde los años 30 del siglo XX y Ulaca lo es desde hace muy pocos años. En las tumbas estudiadas, se han exhumado cerámicas torneadas correspondientes a etapas finales de la cultura vettona y algunas piezas metálicas. El estudio de la necrópolis efectuado por Álvarez-Sanchís y Ruiz Zapatero revela una organización del *oppidum* similar a otros *oppida* vettones.

Como resultado del descubrimiento de la necrópolis de Ulaca, se han encontrado al pie de la ladera norte del yacimiento estructuras que muy bien podrían corresponderse con un barrio de artesanos. Además, existen restos de molinos en los que pudo molerse el cereal, muy cerca de los campos de cultivo, trasladándose posteriormente el grano molido a la cima del *oppidum*. Los restos de escorias hallados nos señalan la existencia de actividades metalúrgicas.

NECRÓPOLIS DE LOS TEJARES

En 2005 se descubrió la necrópolis prerromana de Los Tejares, en el Cerro del Berrueco (Ávila). Tras los trabajos de Juan Maluquer de Motes en la década de los años 50 del siglo XX, el Cerro quedó catalogado definitivamente como lugar de referencia en la arqueología del occidente peninsular. Y aun así, no se volvió a trabajar en la zona hasta 30 años después. Sin duda, la falta de monetario influyó en tamaño abandono.

Si bien en un principio, pero muy, muy al principio, se pensó en el Cerro del Berrueco como en un solo yacimiento, al profundizar en las investigaciones, se han definido hasta nueve yacimientos principales, entre los que se han encontrado verracos, tumbas antropomorfas y diversos materiales más allá incluso de la propia superficie del cerro. Más que yacimiento arqueológico, se catalogó definitivamente como zona arqueológica.

El castro de Los Tejares es un asentamiento en llano, cuando lo más habitual en el contexto de la Edad del Hierro eran los emplazamientos en altura. Es un lugar que no domina su entorno. Pero a pesar de todo, según López Jiménez y Martínez Calvo, el asentamiento debió ser relativamente activo como centro comercial, aunque los hallazgos arqueológicos demuestran que su período de vida no se alargó más allá del siglo I a. C., pues no hay indicios más modernos que monedas de época republicana y fíbulas de la misma época, muy utilizadas por los legionarios romanos para sus *sagum*. Además, la estratigrafía ha sacado a la luz una evidencia de destrucción del poblado. Sólo los romanos podrían haber sido capaces de llevar a cabo una actuación tan violenta como esta, que implicó una destrucción sistemática que tenía como objetivo evitar la repoblación del lugar. Aunque durante los años bisagra que circundan el nacimiento de Cristo según la tradición cristiana, hubo reasentamientos de población en la zona, emplazamientos adyacentes a la Vía de la Plata. La necrópolis se sitúa en el extrarradio del poblado y el ritual funerario habitual, la incineración en urna.

El entorno natural

RELIEVE

Los vettones habitaban un espacio físico, que como suele pasar en la península ibérica, de llano no tenía mucho. En ocasiones el relieve era hasta elevado. Y ahí aprovecharon nuestros protagonistas para construir en alto, a fin de vigilar a los malotes, o al vecino de enfrente, o a los ganados, o a lo que fuese… Aunque lo de construir en alto no pasaba de ser una moda, pues hubo épocas en las que los poblados se alzaban al mismo nivel que una corriente fluvial. Pero en general, los *oppida* más célebres ocupan oteros y cerros. Lugares en alto.

Según Álvarez-Sanchís, el mundo vettón se divide en tres regiones estructurales claramente delimitadas geográficamente: las penillanuras occidentales de las provincias de Zamora y Salamanca; las cuencas de los ríos Duero y Tajo y, en tercer lugar, el Sistema Central.

El citado occidente de las provincias de Zamora y Salamanca, y las tierras portuguesas vettonas hasta el río Côa, límite aparente del territorio vettón en el país vecino, son penillanuras originadas sobre rocas graníticas y pizarras. De cuando en cuando aparece algún relieve de carácter residual y algún que otro resalte de menor importancia. En esta zona el río Duero aparece encajonado en parte en los espectaculares Arribes del Duero, frontera natural entre España y Portugal. Según Plinio, este tajo separaba astures y vettones (N.H. 4, 112). La geología de la zona ha permitido la existencia de minas de cobre, hierro y estaño y algunos pequeños filones de oro. Esta riqueza mineralógica permitió a los colectivos humanos que habitaban la región una importante explotación minera e influyó en parte en las formas de vida de no pocos castros.

Los valles del Duero y del Tajo atraviesan territorio vettón de este a oeste, mientras que sus afluentes vertebran dicho solar en direcciones norte-sur y sur-norte. Respecto a la cuenca del Duero, se extienden campiñas desde el norte de Ávila y noreste de Salamanca hasta el sureste de Zamora. Estas comarcas son la Tierra del Vino, La Armuña, el Campo de Peñaranda y la Tierra de Arévalo, que forman amplios valles y estrechos interfluvios, con algunos resaltes aislados.

La cuenca del río Tajo se halla hundida entre el Sistema Central y los montes de Toledo. El río se encajona en una fosa tectónica y se alimenta en esta región con los aportes de sus afluentes Alberche, Tiétar y Alagón. Los vados del Tajo no son demasiado numerosos en este tramo, excepto el vado de Alconétar y el de Azután, entre Talavera de la Reina y Puente del Arzobispo. Una vez pasado este accidentado tramo, el gran río peninsular se abre paso hacia la penillanura cacereña y la frontera con Portugal.

La tercera región geofísica individualizada por Álvarez-Sanchís es el Sistema Central, cuyas cumbres superan los 2000 m de altitud en muchos casos, como en La Serrota (hasta 2294 m), la sierra de Guadarrama (hasta 2430 m), la sierra de Gredos (hasta 2592 m) y la sierra de Béjar (hasta 2401 m de altura máxima), un relieve que contrasta de forma visible con las anteriores llanuras, penillanuras y cuencas sedimentarias. Cada forma de relieve va a caracterizar el paisaje agrario y determinar el aprovechamiento de los suelos. Aquí predomina el granito, y en menor cuantía las cuarcitas, las pizarras, arenas y calizas. Los grandes macizos graníticos descritos someramente más arriba contrastan con fosas tectónicas como la de Amblés (por donde discurre el río Adaja, entre otros de menor importancia), y las de los ríos Alberche, Tiétar, Tormes y Jerte, todos ellos afluentes del Tajo. El límite sur de esta región montañosa son los montes de Toledo, que separan dos cuencas sedimentarias, la del río Tajo y la del Guadiana, antiguamente conocidos como Tagus y Anas. Pasos naturales entre grandes alturas serranas como los puertos del Pico (en Ávila), Tornavacas (entre Ávila y Cáceres) y Béjar (Salamanca), han sido recorridos en ambos sentidos desde tiempo inmemorial por comunidades que han dejado vestigios de su impronta en la zona desde al menos la Edad del Bronce y la del Hierro, y han creado con paciencia y poco a poco caminos tradicionales como la Vía de la Plata, que vertebra el territorio vettón de sur a norte y de norte a sur, como vimos en su momento.

CLIMA

En general el clima del teórico solar vettón se corresponde con un modelo climatológico mediterráneo, a tenor de sus temperaturas y régimen pluvioso. Pero Álvarez-Sanchís, siguiendo a otros autores (como Magny y Dupré) nos traslada a un cambio climático que tuvo lugar hacia el 800 a. C., y que supuso la transición entre los climas subboreal y subatlántico que, en la mitad septentrional de la Península, debió traducirse en un ambiente más fresco y lluvioso. Es de prever que, en aquellos tiempos remotos, los ríos tuviesen mayor caudal que en la actualidad y los humedales fuesen de mayor tamaño. Como los glaciares que se van encogiendo más y más cada año que pasa.

Un estudio palinológico (esto es, estudio de pólenes fósiles y esas cosas) realizado en el castro de El Freíllo (Raso de Candeleda), ha sacado a la luz restos de pinos, fresnos y alisos. Las dos últimas especies vegetales son indicio de humedad y frescor y crecían en el subatlántico junto a ríos y arroyos.

En algunos yacimientos de la cuenca media del río Duero también se han hecho estudios antracológicos, polínicos y carpológicos. Los resultados arrojan gran diversidad vegetal: espesos bosques de encinas, enebros, pinos, quejigos, nogales, castaños, pequeños hayedos y bosques de ribera. En estas masas forestales proliferaban animales susceptibles de ser cazados o domesticados por los vettones: ciervos, caballos salvajes, lobos, jabalíes, corzos, gatos monteses, uros, osos, linces o castores. El paisaje por entonces debía ser algo diferente al actual, en gran parte debido a la desbocada actividad antrópica.

Según Álvarez-Sanchís, el clima que actuaba sobre el territorio vettón era el mediterráneo muy influido por el continental, con inviernos largos y muy fríos, veranos cortos y cálidos. Al menos en las provincias de Salamanca, Zamora y Ávila y la franja portuguesa hasta el río Côa. En la penillanura cacereña, de menor altitud que las regiones anteriores, insertas en la meseta norte, se daban inviernos menos fríos y veranos más largos. Con respecto a las lluvias, exceptuando las zonas montañosas, las precipitaciones debieron ser de entre 300 y 500 mm anuales, que como vemos no son demasiado elevadas y con la característica de ser muy escasas en verano, adecuado para la agricultura de secano. Las zonas de montaña, con un régimen pluvioso de 1000-1500 mm, favorecerían la economía ganadera y el aprovechamiento forestal, pero no la agricultura, difícil de poner en marcha en relieves tan complejos.

La sociedad

A los vettones siempre se les ha presentado como un pueblo céltico con organización social jerarquizada y guerrera, y de economía fundamentalmente pastoril, por aquello de los verracos básicamente. Y seguramente así sería. Ruiz Zapatero le pone peros a esta imagen tradicional de la cultura vettona. Y es que las fuentes se acercan de puntillas tan sólo a la etapa final de la historia vettona prerromana. Estos datos se extrapolan injustificadamente a las fases iniciales de la sociedad conocida como vettona, un período mejor conocido por la arqueología, que se basa en los registros que se extraen fundamentalmente de las necrópolis más que de los ambientes domésticos, que proporcionan mucha menos información a los estudiosos

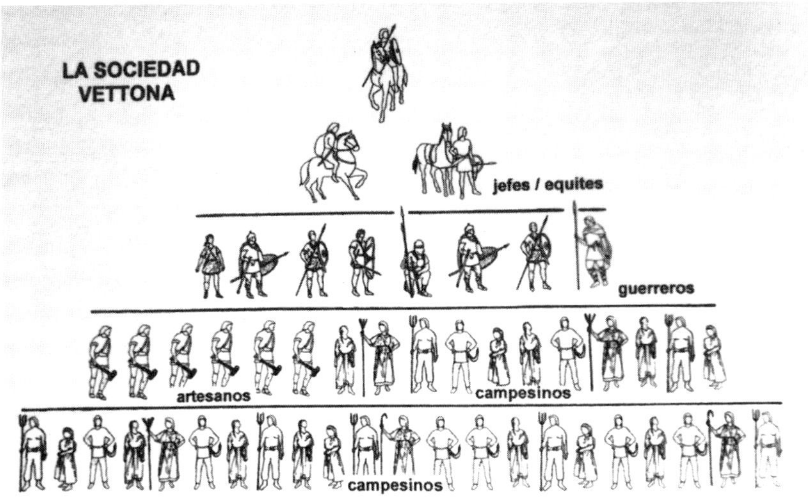

La sociedad vetona, según Ruiz Zapatero.

del tema. Y todo esto refiriéndonos a las élites, que son las que se dejan ver. Porque de los pobres, o de los que denomino «mayoría silenciosa», no hay ni rastro, como si se les hubiese tragado la tierra o nunca hubiesen existido. Pero esto sucede cuando se estudia cualquier pueblo de la Edad del Hierro. No solamente vale este axioma para los vettones.

Los vettones no suelen aparecer demasiado en las fuentes grecorromanas. En ocasiones, como sucede con el binomio carpetano-celtíbero, los vettones suelen engrosar la nómina de los mentados pueblos lusitanos, de quienes se habla largo y tendido en estas crónicas. Tras la conquista de Toletum por los romanos, los vettones se esfuman de la historia oficial grecorromana y no vuelven a aparecer en estos textos hasta el inicio de las guerras Lusitanas, otro episodio violento, que es casi lo único que parece o merece historiarse. La historia política, la llamaba Polibio. Y después vuelven a hacer mutis por el foro. No perdamos de vista que uno de los grandes enemigos de los romanos en la península ibérica era lusitano, se llamaba Viriato y eso pesa mucho en el ánimo de quien escribía esas crónicas.

CASTROS, *OPPIDA*, GRANJAS, HOGARES Y FAMILIAS

Pero intentemos profundizar un poco en la organización de la sociedad vettona. Sus cofrades se ubican sobre todo en valles fluviales y sus respectivos piedemontes, entre los cuales existieron áreas muy poco pobladas. Incluso poco pobladas para los cánones de la época, en una Península que carecía obviamente de la demografía actual, obviamente. Aunque bien es cierto que siempre se ha considerado la Meseta como un desierto humano, demográficamente hablando. Pues bien, en estas regiones poco pobladas de las que hablamos, se instalaron los castros, asentamientos frecuentemente fortificados, algunos de los cuales evolucionaron hacia castros de tamaño considerable u *oppida*, sobre todo en la etapa final de la sociedad vettona prerromana. Ulaca es un castro de dimensiones enormes para lo que se estilaba y en sus mejores momentos debió albergar cerca de un millar de habitantes. Estos castros/*oppida* solían situarse en lugares elevados. También existieron pequeños asentamientos en llano, sin fortificar, pequeñas granjas o alquerías familiares que dependían, digámoslo así, *administrativamente* de unidades de superior tamaño. Así los *oppida* eran los centros políticos, religiosos y administrativos que controlaban un territorio relativamente amplio. Eran las sedes de las instituciones y órganos del poder incipiente que se comenzaba a estilar por estos pagos. Castros, *oppida* y granjas formaban una comunidad bien avenida cuyo espacio vital fue posiblemente delimitado por los verracos. Estas comunidades restringidas debían relacionarse de alguna manera con otras similares, de costumbres parecidas, lengua y religión incluidas, que formarían, aunque posiblemente sin ser conscientes de ello, parte de una unidad superior. El pueblo vettón.

Los estudios isotópicos[114] sobre los restos óseos encontrados en los cementerios vettones pueden verificar si los individuos de una misma necrópolis estaban emparentados entre ellos o no, o si existió movilidad poblacional, aunque bien es cierto que la manía de quemar a los difuntos dificulta en gran medida esta ardua tarea de arqueología forense. Ruiz Zapatero opina que la producción de cada comunidad se basaba en el *hogar*, es decir, en la familia, considerando el hogar en el sentido de un fuego por familia, un fuego para proporcionar calor a la unidad familiar, para cocinar, para el horno alfarero, para el horno del pan. No obstante, cada *hogar*, cada unidad familiar concreta debía depender para su subsistencia de la comunidad, algo muy difícil de dilucidar dentro de estas remotas sociedades de la Edad del Hierro. Quien quedaba fuera de la sociedad, por haber sido expulsado por haber cometido alguna falta, estaba más expuesto que los demás a innumerables peligros. No era ninguna bicoca ser exiliado o condenado al ostracismo y a que se le negase el fuego y el agua en una determinada distancia a la redonda. En ocasiones era incluso mejor la condena a una muerte rápida que el exilio, que solía ser preludio y sinónimo de una muerte lenta.

114 Con isótopos radioactivos, carbono 14 y cosas de esas, vamos…

LA RELACIÓN DIETA-JERARQUÍA SOCIAL

Una buena forma de establecer diferencias sociales, además de las tradicionales como estudiar los ajuares funerarios de las necrópolis, es investigar la existencia de alimentos y bebidas, tanto en el ambiente doméstico como en el funerario. Pues no debemos olvidar la presencia de cerámica con restos orgánicos que formaba parte del ajuar funerario, suponiendo que estas piezas alfareras fuesen de uso común y cotidiano en la familia del difunto o que hubiesen contenido alimentos especiales para la ocasión. Quizás solían consumir más frecuentemente el trigo, pero en un supuesto banquete funerario les dio por dar buena cuenta de un chuletón de Ávila para despedir al abuelo, por ejemplo. Dice Ruiz Zapatero que la bioarqueología es una ciencia que puede determinar la calidad de la dieta y la presencia de enfermedades, lo que serviría para estudiar la desigualdad social. Tendríamos que partir de la premisa de que, a mejor alimentación, menor posibilidad de sufrir enfermedades severas tempranas. Aunque todo esto es muy discutible, porque también entrarían en danza factores genéticos desconocidos. Generalicemos de otra manera: cuanto mejor sea el aporte nutricional, menor posibilidad de contraer o desarrollar una enfermedad grave durante las primeras décadas de la vida. Después, ya es otro cantar, pues el cuerpo se va erosionando y sufre el paso del tiempo.

PARENTESCOS Y JEFATURAS

En cuanto a las instituciones políticas específicamente vettonas, tenemos un problema muy extendido a otros pueblos de similar pelaje: no hay alusiones directas al respecto en las fuentes antiguas, por lo que se recurre a las socorridas analogías con pueblos vecinos de la Meseta, como los celtíberos, de quienes se conocen bastantes más datos. Suponemos que entre los vettones también debieron existir un consejo de notables o ancianos, una asamblea amplia de hombres libres y algunas magistraturas autocráticas con atribuciones militares, jurídicas y religiosas. Estos personajes, ya fuesen caudillos, príncipes o simplemente jefes, serían una especie de legados, nombrados por sus comunidades y dotados de poder representativo en actuaciones colectivas respecto a pueblos vecinos y al conquistador romano, como pactos, acuerdos de hospitalidad o rendiciones (*deditio*).

Las asambleas generales estarían constituidas por la mayoría de la población masculina libre. Entre las atribuciones del consejo de notables o ancianos, se incluían la potestad de nombrar a los magistrados o legados de la comunidad, como aparece reflejada en el célebre Bronce de Alcántara[115].

No sabemos si entre los vettones eran muy habituales los jefes o líderes como Viriato. Pero sí debieron ser los encargados de dirigir los asuntos comunales y, aunque poseían gran prestigio social, carecían del control total sobre la población, al contrario de lo que ocurre en una sociedad estatal al uso. La vettona fue una sociedad tipo jefatura donde el parentesco sería fundamental en el nexo de unión de las relaciones socioeconómicas internas. Un líder carismático podía llegar a aglutinar a los miembros de una sociedad, que tomaban conciencia de su particularidad. Muy posiblemente estas jefaturas tuvieron un papel preponderante en el proceso de formación no sólo de los diferentes grupos étnicos del occidente peninsular, sino en la evolución posterior de formación estatal, interferido a destiempo por los romanos, que impusieron su propio proceso dentro de lo que se ha venido en llamar romanización, que incluye la estatalización sobrevenida en las diferentes unidades indígenas de los territorios que ocupaban.

Respecto a las jefaturas, entre los vettones existirían dos tipos de ellas: la ordinaria, que rige en tiempos de paz, como la descrita en la tésera de Las Merchanas y la extraordinaria, vigente en tiempos de guerra, representada por un caudillo o cabecilla militar, llamado *dux o hegemon* en las fuentes. Este magistrado especial era elegido en momentos de dificultades extremas por sus cualidades de liderazgo y su fuerza militar. Ejemplos de estos caudillos guerreros, no necesariamente vettones desde luego son Hilerno, Césaro, Púnico, Viriato, Cauceno o Taútalo. De ellos, desde luego, Viriato es una figura excepcional, por su capacidad de ponerse a la

115 El Bronce de Alcántara es una placa de bronce con una inscripción en latín del año 104 a. C. que recoge la rendición (*deditio*) del pueblo indígena de los seanocos ante los romanos. Se encontró en Alcántara (Cáceres), de ahí el nombre.

cabeza de varios pueblos y ejércitos indígenas y por mantener a los romanos en jaque durante años y años, llegando a tomar la iniciativa en numerosas ocasiones. El resto de jefes poseían un carácter más local.

El grupo de parentesco que aparece fosilizado presuntamente en los genitivos de plural que ya hemos estudiado someramente en el apartado dedicado a la desconocida lengua vettona, era también una unidad religiosa con un culto propio, lo que permite establecer una conexión entre el vocabulario religioso y el vocabulario del parentesco, a juicio de Manuel Salinas. En una inscripción epigráfica de Oliva de Plasencia se puede ver cómo este altar está dedicado a los dioses Lares de la *gentilitas Gapeticorum*. A los dioses protectores de un determinado grupo humano.

Para Sánchez-Moreno, el propio término vettón está asociado básicamente a vínculos sanguíneos menores (gentilidades), que se enlazan de forma difusa en niveles jerárquicos superiores en una malla étnica.

HOSPITALIDAD

Un pacto de hospitalidad es, según Eduardo Sánchez-Moreno, «un compromiso de acogida y adopción en una comunidad de alguien —individuo o colectivo— en origen extraño a ella». Si bien en principio podría tratarse de un acuerdo verbal, con el tiempo los pactos se pusieron por escrito en documentos denominados *tessera hospitalis*, posiblemente porque había ocasiones en que las palabras se las llevaba el viento y eran vergonzosamente incumplidas. O quizás es que se trató de concederle un carácter jurídico más serio. En estos documentos aparecían obligaciones y derechos, así como los nombres de los contrayentes afectados. A los romanos les complació esta práctica y la adaptaron a su albur, pues eran verdaderos expertos en romper la palabra dada a las confiadas tribus indígenas, que muy pronto se dieron cuenta con quién se jugaban los cuartos.

Aunque muchos historiadores pensaron que los pactos de hospitalidad tenían un origen celtibérico, posteriormente se demostró que eran una práctica común a numerosos pueblos hispánicos y aún a otros de más allá de los Pirineos. Un ejemplo vettón se puede observar en la tésera de hospitalidad de Las Merchanas (Lumbrales, Salamanca), que dice así:

TÉSERA / CAURIE(N)SIS / MAGISTRATUI TURI

Según Tovar y Salinas, el texto se refiere a la concesión de hospitalidad por los habitantes de Coria a los magistrados de Turobriga[116] (los Turi de la inscripción).

El padre Fita y Almagro Gorbea se han referido a otras posibles téseras de hospitalidad en el mundo vettón, pero no terminan de ser tan reconocidas como la de Las Merchanas. Sea como fuere, la existencia de estas téseras en territorio vettón nos transmite la superación de una sociedad familiar primitiva en aras de un superior ordenamiento político y social: la ciudad. La cronología de la tésera de Las Merchanas ronda el siglo I a. C., según autores como Maluquer, García y Bellido y Tovar.

Las téseras de hospitalidad solían referirse a vínculos entre comunidades que se encontraban a corta distancia. En ocasiones, también se daban este tipo de pactos entre sociedades más alejadas entre sí, quizás para asegurar también el movimiento de bienes económicos, no sólo de personas. Algunos autores han puesto estos movimientos en relación con la trashumancia del ganado, un mecanismo que no ha sido aclarado del todo. Sánchez-Moreno cree más plausible la teoría de movimientos de ganado entre comunidades vettonas cercanas, habida cuenta de la importancia que tuvo la cabaña ganadera entre estos pueblos. Movimientos que no podrían calificarse de trashumancia, sino de *trastermitancia*, mucho más reducidos en el espacio y en el tiempo.

Con el paso de los años, y quizás unido a la aparición de los romanos en la Meseta, el *hospitium* evolucionó hacia el clientelismo, un vínculo de dependencia, pero más bien de uno o varios individuos, los clientes, hacia otro individuo, el patrón o cabecilla. En el mundo

116 Posiblemente Aroche, Huelva. Ciudad citada por Plinio perteneciente a la Beturia céltica. Sería el centro principal de culto a la divinidad indígena de Ataecina, venerada por vettones, lusitanos y célticos. Otros autores sitúan Turóbriga en los alrededores de la ermita visigoda de Santa Lucía del Trampal en Alcuéscar, Cáceres.

vettón esta práctica estaría muy extendida, a juzgar por la abundancia del antropónimo Ambatus en la Vettonia, residuo de antiguas relaciones de dependencia mantenidas durante época romana. Ambatus es un nombre muy frecuente en la epigrafía de la monumental Yecla de Yeltes. Roldán Hervás relaciona el antropónimo con *ambactus,* en su acepción de *servus,* por lo que podría estar haciendo referencia a siervos o personas dependientes de patronos, lo que significa que estaríamos hablando ya de territorios fuertemente romanizados, donde el clientelismo ha superado la fase gentilicia de grupos consanguíneos, para pasar a otros tipos de relación. El patrón, a la manera de los romanos, puede tener clientes en diferentes comunidades, etnias, tribus o pueblos que están vinculados a él, su protector, a cambio de un servicio. Por ejemplo, Pompeyo el Grande, poseía una amplia base clientelar en Hispania y en su tierra originaria, el Piceno itálico.

EL ORIGEN DE LA JERARQUÍA SOCIAL ENTRE LOS VETTONES

Dentro de determinados grupos vettones, la posesión de ganado era una fuente indiscutible de poder. Pero no la única. El control de minerales (estaño, hierro, oro…), la tenencia de tierras para la agricultura y sobre todo las ventajas que conlleva el control del paso del comercio por la región vettona (incluso muchas veces, los mismos centros vettones eran la meta de la ruta comercial) proporcionan a algunos individuos un poder económico que los eleva socialmente por encima de sus convecinos. Desde el sur, el Levante o la Celtiberia alcanzan el mundo vettón elementos materiales e ideas que confluyen y cristalizan a su vez en productos materiales e ideas reelaboradas que privilegia a sus poseedores, que terminan enriqueciéndose. Vemos cómo los contactos comerciales tienen mucho que ver en la diferenciación social que tiene su espejo en los ajuares encontrados en las tumbas de yacimientos tan importantes como Las Cogotas o La Mesa de Miranda. De entre estas jerarquías descuellan en los momentos adecuados de paz o de guerra, los magistrados, caudillos, jefes militares, los notables, en fin. De la mayoría silenciosa, pues realmente se conoce poco o nada. Como dijo aquel, ni están ni se les espera…

EL CABALLO EN LA SOCIEDAD VETTONA

Existen numerosos testimonios de la importancia del caballo en las sociedades de la meseta occidental de la Península, y en concreto entre los vettones. En primer lugar, entre los testimonios literarios de los autores grecorromanos hay bastantes referencias al caballo, muchas veces como sujeto objeto de sacrificio. Tito Livio narra cómo los lusitanos sacrificaron un hombre y un caballo para celebrar el acuerdo con los romanos, pero el tiro les salió por la culata, pues el comandante romano, Galba, los traicionó y se puso a masacrar a diestro y siniestro a los confiados indígenas. Estrabón relata cómo los lusitanos y los pueblos montañeses sacrificaban al dios Ares (el Marte romano) machos cabríos, caballos y cautivos. Silio Itálico decía que los bárbaros indígenas hispanos bebían la sangre de los caballos, algo muy socorrido por otros pueblos a lo largo de la historia, como los mongoles. Se piensa que existía una especie de jerarquía de sacrificios, en la cual, el hombre estaría en la cúspide, pero inmediatamente después de él, y en orden decreciente de importancia, los équidos, a los que seguirían toros, ovejas, cabras y cerdos. Es decir, el hombre sería el sacrificado en los rituales más relevantes, pero inmediatamente detrás de él, el caballo, lo que parece señalar una gran importancia del noble bruto en las sociedades hispanas. Y en concreto entre los vettones.

Los caballos también protagonizaron leyendas recogidas en los textos clásicos, como la famosa que se refiere a las yeguas fecundadas por el viento, que nadie se tragaba, ni siquiera los mejores amigos del cronista. Numerosos autores se refieren a las yeguas lusitanas, pero en concreto Silio Itálico[117] lo aplica a las hembras de los équidos que campaban a sus anchas en el solar vettón, posiblemente recogiendo un mito indoeuropeo muy extendido por la región. Según Sánchez-Moreno, el texto podría referirse al paralelismo entre viento

117 Silio Itálico, III, 378-383: «Bálaro dispone las alas de los vettones para la lucha en campo abierto.

Es en esta tierra donde, al tiempo que la amable primavera y las brisas que produce comienzan a ofrecer un nuevo calor, contribuyendo así a los recogidos concúbitos, la yeguada sigue pastando; pero gracias al aura portadora de simiente en su interior, la fecunda Venus hace que engendren» (traduc. J. M. ROLDAN, 1968-69).

y caballo (en este caso macho), que compartirían vigor sexual y velocidad. Más parece una lírica licencia poética del autor, más poeta que historiador.

El caballo suele formar parte inexcusable del botín en los saqueos entre las tribus indígenas o entre estas y los romanos. Los bandoleros por excelencia eran los lusitanos, pero en ocasiones también se consideran ladrones a sus vecinos, entre los que se encuentran los vettones. Aunque hay autores como Canto que les niegan este carácter saqueador a los vettones. Pero de lo que no hay duda es que los lusitanos no se libran de este sambenito. Pues ya lo dijeron Diodoro de Sicilia y Estrabón en su día.

En las crónicas de Apiano podemos constatar cómo a los romanos les encantan los caballos de la Meseta, sobre todo los vacceos, a quienes exigen la entrega de un buen número de ellos, además de rehenes, como en el cobarde ataque a la Cauca vaccea (Coca) del ladino general romano Lúculo. Los testimonios de Apiano señalan la existencia de grandes contingentes de ganado caballar en la meseta occidental, ya sea entre los vacceos o entre los vettones. En ocasiones, los romanos exigen la devolución de los caballos y yeguas capturados por los recelosos indígenas para llevar a cabo los acuerdos de paz o de rendición. Para los vettones y otros pueblos de la Meseta, el caballo era el arma fundamental para sus operaciones bélicas, ya fuesen saqueos o ataques. La importancia del caballo en la sociedad vettona está sobradamente comprobada en los restos arqueológicos.

Pero es que además de las numerosas reseñas sobre los équidos que aparecen en las fuentes clásicas, parece que la consideración entre las sociedades mesetarias por este animal se confirma a raíz del hallazgo de numerosos elementos arqueológicos indirectos, encontrados en ambientes funerarios, como arreos, espuelas, bridas y atalajes. Una muestra son los arreos de caballo hallados en la tumba 605 de la necrópolis de Las Cogotas, de ambiente plenamente vettón. La presencia de objetos de este tipo junto con armas lujosamente decoradas o cerámicas exóticas, parece apuntar que los miembros de las altas jerarquías de los poblados vettones tenían caballos, un elemento más de prestigio en esa sociedad. Arreos similares aparecen en otras necrópolis vettonas como El Romazal, La Osera o Raso de Candeleda.

Las insculturas de las murallas de Yecla de Yeltes y otros poblados del ámbito vettón suelen representar figuras de caballos, un ejemplo más de la relevancia de este noble bruto entre los vettones, muy relacionado con la guerra, sobre todo utilizado en las cargas de caballería. Según Sánchez-Moreno, su presencia simbólica en la muralla puede conectar con una cierta actividad defensiva. En las fuentes, se dice que la caballería sale del poblado para defenderlo frente a los atacantes, que suelen ser romanos. La presencia de las piedras hincadas en las inmediaciones de los muros de los poblados también podría estar relacionada con cargas de caballería, aunque también para dificultar el avance de la infantería enemiga, como ya vimos.

Y si, con todas estas manifestaciones no tenemos bastante para demostrar la importancia del équido en la sociedad vettona, ¿qué decir de otro tipo de representaciones e imágenes equinas, como las que se han hallado en barro, bronce, joyería, fíbulas, monedas y cerámica? En Las Cogotas se han encontrado cabezas de caballo en barro cocido. En una sepultura de la necrópolis de La Osera, se recuperó un colgante de bronce, un amuleto que representa un «domador de caballos», una imagen de origen mediterráneo. En el Cerro del Berrueco (Salamanca) se encontró un anillo de cobre con una silueta estilizada de caballo grabada. En los reversos de las monedas acuñadas en la ceca de Tamusia, identificada en ocasiones con el *oppidum* vettón de Villasviejas del Tamuja (Cáceres), aparece el clásico jinete mesetario. También aparece un jinete con falcata pintado en un fragmento cerámico descubierto en La Coraja (Aldeacentera, Cáceres), o los fragmentos cerámicos pintados con figuras de jinete en Las Cogotas, documentados por Juan Cabré.

Pero es que, además, se han encontrado restos óseos de caballo en las excavaciones, entre otros restos animales. Según Sánchez-Moreno, los restos óseos equinos encontrados en una tumba de La Osera parecen haber sido tratados de forma ritual, posiblemente en algún ignoto sacrificio, puesto que se han encontrado cuatro molares de caballo quemados. Quizás el sacrificio era un gran honor reservado a los caballos propiedad del finado, caballos que proporcionaban parte de su riqueza, prestigio, poder y ascendiente sobre sus vecinos.

En la epigrafía romana hay alusiones a la existencia de un cuerpo de caballería específicamente vettón, lo que subraya de nuevo la enorme importancia del caballo entre los vettones. Son inscripciones imperiales que se refieren a un contingente de caballería que opera en Britania: el «Ala Hispanorum Vettonum civium romanorum».

Observamos que hay numerosos datos de distinta naturaleza que señalan la relevancia y dignidad del caballo en las sociedades mesetarias, y en concreto en la vettona, desde al menos la Edad del Hierro, una importancia que se reflejó posteriormente en la etapa posterior romana. El caballo se introduce en las actividades económicas, como elemento de transporte o acarreo, en las militares, como fuerza de choque irresistible, como elemento de prestigio entre las élites vettonas, como símbolo de estos pueblos ganaderos y guerreros, como elemento religioso y sacro, que enlaza con su presencia en los sacrificios rituales... Epona es la divinidad céltica específica de los caballos, la señora de los equinos, amén de poseer otras atribuciones: la fertilidad, la naturaleza, asociada con el agua, la curación y la muerte.

La economía

GANADERÍA

Aunque la economía vettona no resultase muy diferente de la de otros pueblos prerromanos de su entorno, sí que hay que resaltar la importancia de la actividad ganadera. Sólo hace falta observar la ingente cantidad de esculturas representando ganado bovino y porcino que nos encontramos por todos lados en el solar vettón. Algo debe vincular estas toscas esculturas berroqueñas con la relevancia de la ganadería vettona. Hoy todavía se trata de interpretar y reinterpretar la curiosa aparición de esta estatuaria, rudimentaria, pero monumental y fascinante a la vez.

Según Blasco Bosqued y Álvarez-Sanchís, la relación entre los verracos y la cabaña ganadera está más que fuera de duda, gracias a los resultados obtenidos en los análisis climatológicos y la altitud donde se desarrolla principalmente la cultura vettona, por la importancia de las dehesas y por la situación geográfica de los grandes castros vettones que, por su desnivel, son menos proclives a la agricultura que otros pueblos vecinos mesetarios, como los carpetanos y, sobre todo, los vacceos. No obstante, en función de las características esenciales del territorio algunos grupos se decantarían preferentemente por los usos agrícolas del suelo y otros por los ganaderos. Así, en los fondos de los valles, se prefieren las actividades agrícolas y los pastos de invierno, mientras que, en las tierras altas, se apacentaban vacas y toros.

Ningún análisis arqueofaunístico justifica el peso ni la relevancia de bovinos y cerdos en la ganadería de la zona, puesto que no contamos con demasiados restos óseos animales, ni en hábitats domésticos ni en los ambientes funerarios de los yacimientos de la región objeto de este trabajo. Pero dentro de lo poco que se ha encontrado y recuperado, los vestigios de ganado vacuno suponen un 60% del total, y superan con creces el porcentaje de huesos de ganado porcino, ovino y caprino. Por no hablar de équidos, perro o gallinas, prácticamente inexistentes.

Si tomamos como aceptables estos datos, los verracos confirmarían la preferencia de los vettones por el ganado vacuno, un hecho que coincide con las actividades ganaderas actuales del primitivo territorio vettón. Según Blasco Bosqued, la riqueza que proporcionaba esta cabaña ganadera a la supuesta aristocracia que habitaba los grandes *oppida* vettones, provocó que estos hiciesen ostentación de su poderío erigiendo grandes esculturas relacionadas con el origen de su poder. Aunque no pasa de ser una mera hipótesis, pues la creación de estas estatuas pudo tener perfectamente otro tipo de intención, ya fuese social, política, simbólica o religiosa. En todo caso, el ganado bovino se utilizaba en menos ocasiones de las que podríamos pensar *a priori* como entrecot o solomillo a la plancha, puesto que fueron utilizados más como fuerza animal de tracción y tiro, en el transporte y en las tareas agrícolas. ¿Cómo se sabe esto? Porque los restos óseos encontrados hasta ahora corresponden a individuos adultos en su mayor parte, y en muy escasa cantidad a especímenes jóvenes, que al menos, en la actualidad, son los que se utilizan en gastronomía, en función de lo jugoso y blando de su carne. A la vista de los huesos animales recuperados en las excavaciones de Salmantica (la ciudad de Salamanca), Arturo Morales y Corina Liesau son de la opinión de que, al estar la muestra constituida en su práctica totalidad por animales adultos, concuerda con la idea de una subsistencia precaria de los habitantes del castro, donde el consumo de carne es excepcional, quizás reservado para las élites, siendo los cereales el alimento habitual. Los animales se usan para el transporte o como elemento de prestigio, pero no para comer, según ambos investigadores. Personalmente, tengo mis reservas. Si hay carne disponible, ¿por qué no consumirla? Evidentemente existen otras fuentes de aporte proteico, ya sea el pescado, o la carne de caza. Y estoy convencido de que los vettones cazaban animales salvajes y utilizaban su piel como vestido, pero también para dar buena cuenta de ellos, engulléndolos con fruición en señaladas ocasiones o habitualmente. Además de utilizar tendones y huesos para distintas herramientas, pues no todo el utillaje estaba hecho en hierro. Los tendones servían para confeccionar arcos, por ejemplo. Y también debieron pescar en los ríos de la región que utilizaron para banquetes ya fuesen crudos o asados. De hecho, en algunos castros se han encontrado agujas de coser redes para pescar. No obstante, el ganado también se utilizó para otros menesteres, no sólo para comer ni como fuerza de tracción o elemento de prestigio. De las reses se aprovechaban todo o casi todo. De hecho, del cerdo ya se obtenía jamón y la grasa que sustituía en la cocina al aceite de oliva cuando no era posible acceder a este, que sería imposible de conseguir, pues es un alimento refinado. Al menos hasta que lo introdujeron los pueblos mediterráneos, la grasa animal era el único condimento utilizado en cocina. Se aprovechaban las pieles, el cuero, huesos y cuernos, que se utilizaron para confeccionar prendas, adornos e incluso recipientes, como esos cuernos para beber cerveza que salen en los cómics. Se han hallado pequeños coladores o moldes de barro, interpretados como queseras. Y es que lo de la querencia por el queso en las diferentes partes de esta bendita península de nuestros pecados ya viene de lejos...

Por otro lado, el porcentaje de ganado porcino hallado entre los restos faunísticos de los ambientes vettones, no justificaría su importancia en cuanto a las representaciones graníticas de este tipo de animal. Blasco plantea la hipótesis de que no representan especies domésticas de suidos, sino al jabalí salvaje, que sería objeto de expediciones de caza, ya fuese en grupo o, menos habitualmente, por individuos en solitario, dada la peligrosidad del bicho en cuestión. Posiblemente la caza del jabalí fuese todo un acontecimiento en la comunidad e incluso una forma de agasajar a posibles invitados o visitantes. Otros animales objeto de caza por parte de los vettones fueron el conejo y los cérvidos, que en la actualidad siguen campando más o menos a sus anchas por las mismas tierras de los vettones, aunque en menor número.

A pesar de todo lo expuesto, Blasco Bosqued duda de que el ganado vacuno fuese predominante en toda la Vettonia, y que en realidad existieron otros animales, como el caballo, cuya importancia fue capital para las élites, como parece demostrar la presencia de arreos de caballería en tumbas de gran riqueza, pertenecientes a la casta de los guerreros. Aunque es de suponer que el número de cabezas de ganado equino sería más reducido que el vacuno y reservado casi exclusivamente para el combate y el transporte. Y ya conocemos además de la importancia suprema del noble bruto entre las sociedades mesetarias de la II Edad del Hierro.

Pero también se han encontrado restos de animales más humildes. Hablamos de las ovejas y cabras, más sufridas que caballos y bovinos, pues exigen menor calidad en cuanto a pastos, y pastoreados por otro sector de la sociedad vettona con menos posibles. Las ovejas y las cabras se comen todo lo que encuentran en el campo, y quizás se destinasen al consumo de una o varias familias, de menor extracción social, ya que proporcionan carne, productos lácteos y otros productos secundarios, menos apreciados por las clases superiores de los poblados y *oppida* en general, que debieron preferir los productos proporcionados por el ganado vacuno. Se demuestra la importancia de la cabaña ovicaprina de forma indirecta, a pesar de los escasos restos directos encontrados, por la presencia en los ambientes domésticos y funerarios de fusayolas y pesas de telar, que Blanco estima destinadas a una ignota artesanía basada en la lana ovina.

Retornemos brevemente a los verracos. A juicio de Álvarez-Sanchís, estas esculturas se ubican muy próximas a prados y pastizales de gran calidad, surgencias de agua para que abrevase el ganado y a cierta distancia de los poblados, que podemos calibrar entre 2 y 4 km. Otras esculturas se han ubicado en origen a altitudes de entre 350 y 1150 m, asociados con pastos invernales. Además, desde los lugares donde se han encontrado verracos (o al menos, gran parte de ellos), se otea el horizonte sin problemas, por lo que es de suponer que sean lugares estratégicos para aquellos que los erigieron.

Al norte de Raso de Candeleda, todavía hoy se extienden pastos de verano. Al sur, junto al río, se extienden las tierras de cultivo y los pastos invernales. Lo que queremos decir con este ejemplo es que la diversificación de usos de tierras alrededor del poblado proporciona una idea de autosuficiencia según Blasco Bosqued. La idea de globalización parece todavía muy lejana e inexplicable para la mentalidad de estas personas, que bastante tenían con sobrevivir con lo que la naturaleza les brindaba a su alrededor, a la distancia de lo que se pudiese caminar en una jornada. A no ser que se organizasen cacerías que se prolongasen durante días o semanas. Pero los campos de cultivo debían hallarse junto al hábitat doméstico, simplemente por una razón que no parece estar muy de moda en nuestros tiempos: el sentido común.

No parece que la ganadería fuese de importancia menor entre los vettones, pues su uso y disfrute se fundamenta en proporcionar proteínas de origen animal y otros recursos, pero es que también, al menos si tratamos del ganado de mayor tamaño (bóvidos y équidos), son una fuerza de tiro estimable, utilizado en el transporte de la época, terrestre fundamentalmente, aunque el fluvial también existía. En territorio vettón, dos ejemplos de ríos navegables los tenemos en el Duero y en el Côa para embarcaciones de mayor calado. Pero también bovinos y equinos son fuente de materias primas en múltiples actividades cotidianas desarrolladas en los poblados. Un ejemplo es la pervivencia actual de objetos rústicos, tales como algunos instrumentos musicales de origen pastoril, como los *rabeles*, confeccionados a base de vejiga de cerdo y tripa de vacuno, y pelo de caballo para la cuerda del arco. Un objeto rústico, sí, pero que demuestra que de los animales se aprovechaba todo. Ya sabe el lector: «a mí del cerdo me gusta todo, hasta los andares».

AGRICULTURA

Sabemos que los vettones también se alimentaban de trigo y cebada, como atestiguan restos carbonizados de estos cereales en castros como los de Sanchorreja, El Raso o Las Cogotas. Estos son testimonios directos de la presencia de cereales en la dieta diaria del vettón. Pero también los hay indirectos. En Las Cogotas aparecen muelas de molino junto al hogar de algunas viviendas. O molinetas en piedra de granito en El Castillejo de Santiago del Campo (Cáceres) para triturar bellotas y fabricar pan. Antes del siglo III a. C., según nos cuentan los arqueólogos que más saben de estas cosas, estos molinos eran de los denominados «de vaivén», modestas piezas muy manejables y características de actividades familiares y cercanas a los hogares de las casas. Un sistema de panificación individualizada, en resumidas cuentas, muy diferente a los tiempos actuales, donde casi nadie se fabrica ya su propio pan, pues tiempo ha que pasó a ser un proceso industrial. Pero en cambio, en niveles arqueológicos posteriores al siglo III a. C., encontramos molinos rotatorios pequeños pero asociados a un tipo de molienda comunal, en palabras de Blasco Bosqued. Estos molinos rotatorios se encontraban junto a los hornos, en los que se cocía el pan de varias familias del poblado. En cualquier caso, estos molinos trituraron cereales para obtener harina. Para separar el grano de la espiga se golpeaban haces de espiga en palos cortos de madera flexible, según Álvarez-Sanchís. Antes de moler el trigo, se sometía a un proceso de torrefacción, es decir, se tostaba al fuego. También se molía la bellota de las encinas, abundantes en buena parte del territorio vettón, para fabricar igualmente pan, pero también cerveza. De ambos productos hay abundantes alusiones en las fuentes antiguas. Para el territorio vettón y casi toda la Península. Pues no en vano, la encina es el árbol nacional hispano. Pero no sólo se utilizaba la bellota de las encinas, sino también la de los melojos. La castaña también era un fruto apreciado entre los vettones, aunque no sé yo si llegaron a hacer cerveza con ella, como actualmente se fabrica en algunos lugares de la geografía hispana, dentro de la extendida moda de las cervezas artesanales.

Los vestigios de actividades agrícolas existen, pues se han encontrado en ambientes domésticos, sobre todo de El Raso y Las Cogotas, piedras de molino circulares, pero también instrumental agrícola fabricado en hierro. El trigo parece ser el cereal más extendido en la dieta de los vettones, a juzgar por los restos de semillas carbonizadas encontrados en Las Cogotas, Los Castillejos o Ulaca. Además, se han documentado grandes recipientes cerámicos donde almacenar el trigo. Para Álvarez-Sanchís, la agricultura vettona se basaba en los cereales de secano, fundamentalmente trigo y cebada.

Dentro del valle de Amblés, se han descubierto vínculos entre diversos núcleos de población basados en la especialización económica. Vínculos desarrollados entre el *oppidum* y pequeñas aldeas de alrededor que parecían suministrar alimento a los habitantes del *gran* núcleo poblacional, ¿a cambio de protección contra *razzias* e incursiones de los pueblos vecinos? Según Blasco, estas diminutas aldeas subordinadas a los grandes castros eran aprovechadas además como almacenes o silos de grano por los núcleos poblacionales mayores. Para Sánchez-Moreno, además del sistema económico que las fuentes denominan «colectivismo vacceo», habría que contemplar también una suerte de «colectivismo vettón», entendido como la existencia de posesiones comunales, tan característica de una sociedad pastoril. La cosecha es comunal para mantener a los pastores y otros habitantes de la población, teóricamente improductivos, y otros alejados del núcleo poblacional a consecuencia del desarrollo de su actividad cotidiana: pastores, leñadores, guerreros, ¿comerciantes?...

A partir del siglo III a. C., como nos encontramos en plena II Edad del Hierro, los aperos de labranza elaborados en hierro dominan entre el instrumental cotidiano agropecuario y permite mejorar la efectividad de las cosechas, pues permite profundizar más en la tierra, obteniendo una mejor oxigenación. La consecuencia inmediata es un previsible aumento demográfico.

EL APROVECHAMIENTO DEL TERRITORIO

Sólo en parte de la Vettonia, la que corresponde a la actual provincia de Ávila, es donde se han efectuado estudios paleoclimáticos más profundos. A partir de los trabajos palinológicos de José Antonio López Sáez *et alii* sobre el paisaje vettón, realizados en los grandes castros abulenses, hay que señalar que, al menos los vettones de la zona, iniciaron una explotación extensiva del terreno que provocó una deforestación continuada pero sostenible, evidentemente muy por debajo de los desastrosos niveles destructivos de los siglos XX y lo que llevamos del XXI. Veamos: entre los siglos IV y I a. C. (los de la II Edad de Hierro), los vettones transformaron numerosos bosques en terrenos de pastizal para sus ganados y en tierras de cultivo. Los asentamientos vettones se iban ubicando muy próximos a los cauces de los ríos y en lugares elevados que controlan vados o pasos. Además, junto a estos asentamientos abundaban las zonas de pasto, cultivos y bosque. En concreto, la retirada del bosque a favor de los pastos fue favorecida por el uso del fuego por estas comunidades. A veces se les iba la mano y las llamaradas alcanzaban a veces a los mismos poblados, produciendo incendios fortuitos que nada tenían que ver con supuestos ataques foráneos. En algunos de ellos se han descubierto niveles en los que comprueba destrucción por efecto del fuego. Así que no siempre son los asaltos violentos a estos núcleos los que generan incendios, sino también la propia negligencia humana o los caprichosos avatares naturales.

Según los investigadores, antaño existían numerosos ejemplares de encinas, melojos y fresnos, cuyas masas boscosas redujeron notablemente su superficie por efecto de la intervención del hombre. El ser humano comenzó a someter por entonces más intensamente que en épocas anteriores el ecosistema del sur de la sierra de Gredos a una creciente presión antrópica. Una acción cada vez más agresiva que favoreció la reducción de la cobertera vegetal arbórea tradicional en favor de pastos y cultivos, más acordes con las urgentes necesidades humanas. Incluso estos estudios palinológicos señalan que las actividades ganaderas superaban a las agrícolas en la región abulense estudiada, y que, posiblemente podemos extrapolar al resto del territorio atribuido tradicionalmente a los vettones. En las riberas salmantinas del río Tormes, los estudios palinológicos han detectado la presencia de especies arbóreas, como avellanos, olmos, álamos, sauces y saúcos, pero también jaras y brezos, que representan la vegetación de monte bajo. Estos mismos estudios en la Vettonia occidental han demostrado que las especies herbáceas silvestres presentes eran fundamentalmente gramíneas, pero a su lado existirían también otras variedades, como el hinojo, zanahoria, apio, col, nabo, coliflor, brécol, mostaza, colza, haba, guisante o lenteja, algunas de las cuales podrían ser especies cultivadas. Y miel para endulzar los guisotes...

Los resultados de estos trabajos paleoambientales marcan la importancia que ya señalaba Blasco Bosqued para la ganadería dentro de la economía vettona, por encima de las tareas agrícolas. Aunque esto, como todo, es relativo y depende del color del cristal con que se mire. Observamos que los castros objeto de este tipo de estudios se sitúan en altitudes donde predominan los pastos, pero es de recibo pensar que los vettones, a pesar de su exacerbada afición por el chuletón de Ávila (al menos, entre las élites capaces de permitirse tales lujos gastronómicos), también consumían cereales, que se cultivaban en los valles y terruños controlados por cada *oppidum* estudiado.

Sea como fuere, y quizás influidos por los verracos que tanto abundan en la región, parece que las actividades de pastoreo tuvieron una supremacía económica, o mejor aún, social en la sociedad vettona, como ya quedó patente en el capítulo dedicado a este asunto. Es decir, debía estar mejor visto ser pastor que destripaterrones y que los padres vettones preferían que sus hijas se casaran con un buen pastor que con un famélico campesino. Aunque todos eran necesarios para el buen funcionamiento de la sociedad, no cabe duda.

En cuanto al asunto de la tan cacareada supremacía de una actividad económica básica sobre otra, no significa que la ganadería superase a la agricultura en las preferencias de todas las sociedades mesetarias de entonces, pues tradicionalmente se ha considerado que vacceos y carpetanos eran más aficionados a cultivar el terruño que a llevar pastando a sus ovejas y cabras.

¿Y cómo saben los investigadores que hubo más o menos ganado doméstico y dependiente de los habitantes de los poblados vettones? Pues lo saben porque la presencia de hongos coprófilos, o más bien, de lo que queda de ellos, nos indica que existieron reses en el mismo lugar donde se tomaron las muestras de polen, ya que estos simpáticos fungoides habitan sobre los detritos de los animales y son prueba fehaciente de que haberlos, haylos en el interior de los castros, como por ejemplo, el de Las Cogotas. En el interior de estos yacimientos existen variados recintos amurallados, algunos de ellos interiores, y que pudieron ser cercados para el ganado, al menos en invierno. Si bien esta circunstancia resulta más evidente en Las Cogotas, no lo es tanto ni en La Mesa de Miranda ni en Raso de Candeleda, y menos aún en castros de menor tamaño. Lo que sí nos señalan los investigadores es que en El Freíllo de Raso de Candeleda, la vegetación de fresnos desapareció paulatinamente, y que se debió, precisamente, a la presencia de ganado. Pero también al incremento de población humana. La mejora de las técnicas agrícolas tuvo mucho que ver con este aumento demográfico.

Fíjese el lector que estamos señalando la existencia de una amplia cabaña ganadera de un modo indirecto, a través del registro arqueobotánico, y no por los simples restos óseos de los animales. De todas formas, los vettones, aunque más ganaderos que agricultores, evidentemente también se ocuparon de tareas agrícolas, por muy serranos que fuesen algunos. Aunque sus castros estaban ubicados en alto y controlaban los pastos circundantes, en los fondos de los valles, en zonas de sedimentos aluviales, cultivaron la tierra.

Los estudios palinológicos indican dos fases de ocupación en gran parte de las comunidades indígenas, señalando un cambio organizativo interno, pues los investigadores sospechan del paso de una estructura tribal a una más compleja dentro de la propia II Edad del

Hierro. Las fases corresponden respectivamente, la primera a una etapa en la que el entorno apenas es alterado por la mano del hombre y una segunda en la que el paisaje sufre una deforestación gradual para dar paso a la formación de pastos y cultivos. Este cambio parece indicar a todas luces una nueva etapa sociopolítica y económica de las comunidades vettonas, que se traduce en el incremento demográfico apuntado más arriba.

LA BELLOTA Y LA CERVEZA

Los vettones obtuvieron de los abundantes bosques de sus dominios un alimento básico del que ya hemos hablado. Pues claro, la bellota, como así lo atestiguan numerosos hallazgos en poblados vettones. Complementaba la alimentación básica con cereales y leguminosas. Según Plinio el Viejo, en épocas de carestía por malas cosechas la recolección de bellota debía tratar, en la medida de lo posible, de sustituir tan importantes componentes de la dieta. Las bellotas eran transformadas en harina, gachas o tortas. Se panificaba. Pero también se fabricaba cerveza con ella. Eso sí, una cerveza espesorra que nada tenía que ver con las actuales, refinadas y filtradas. Y es que no se conoce el momento exacto de la invención de la cerveza. Posiblemente tenga un origen prehistórico. Mientras el hombre cazaba sin cuento bestias tremendas a fin de poder manducar proteína, la mujer recolectaba pacientemente frutos, que en ocasiones cocía en agua, obteniendo un producto que debía tener el aspecto de una sopa clara y fermentada de acentuado sabor, amargo y áspero. Cuando se domina la agricultura y se consiguen cosechas de cereales, los hombres se refinan y la sopa transparente y ácida se va transformando en un caldo espeso de sabor más suave. Casi con toda seguridad fue la mujer quien, aplicada a estos menesteres, aprende a dominar la fermentación alcohólica. Que el lector lo sepa de una vez: más que probablemente, una mujer inventó la cerveza. Y una vez que ya dispone de la sopa inicial, la va probando a medida que pasa el tiempo, dándose cuenta de que el sabor cambia, por efecto de la acción de las levaduras. Esos caldos primigenios son una especie de pan líquido y cerveza fermentada. Pero hubo que tantear, y mucho, hasta llegar a la textura y el sabor a gusto del consumidor.

Cada hogar fabricaba su propia cerveza. Entre las belicosas tribus europeas de la Edad del Hierro, como son nuestros protagonistas vettones, la cerveza era una bebida de guerreros. Las hay de varios tipos: de cereales tostados, y si no los tenían a mano, pues de bellota.

Pero exploremos un poco más la importancia de la mujer en la elaboración de la cerveza en los tiempos más oscuros de la humanidad. La mujer, como buena conocedora de los productos que la tierra proporciona, elabora la cerveza, que es el centro de rituales mágicos en los que participa el hombre. Básicamente, la mujer crea cerveza, y el hombre la engulle con entusiasmo en un rito alrededor de la cuba donde se almacena este néctar de los dioses. Y si la mujer no hace cerveza, los hombres no pueden reunirse a beberla colectivamente, con lo que los asuntos domésticos podían irse a pique. La elaboración de la cerveza exige múltiples cuidados, por lo que la mujer pide a los dioses que salga todo bien, ofreciendo incluso sacrificios. La competencia entre las mujeres por alcanzar el *estatus* de mejor maestra cervecera debió ser feroz en los poblados de la Edad del Hierro. La mujer con mejor mano para este sagrado encargo debía estar muy solicitada entre los guerreros más valerosos y más rudos. La cerveza formó parte de las libaciones sacrificiales. En esta misma época que estamos tratando, pero en un lugar muy alejado de la Vettonia, como la recóndita Dinamarca, los daneses elaboraban una cerveza y la utilizaban en rituales sangrientos. Lo demuestra el caldero de Gundestrup, datado en el siglo II a. C., una de cuyas imágenes muestra a una sacerdotisa en el momento de degollar a una víctima propiciatoria, un hombre, prisionero o voluntario (¿quién sabe?), bajo una cuba de cerveza. La sangre de la víctima, mezclada con el caldo cervecero era la libación ofrecida a los dioses y de la que participaban los guerreros reunidos a tal fin. Con la dominación romana, la cerveza abandona su condición colectiva y sacrificial y deviene en ordinaria bebida popular, en contraposición al vino, consumido por las clases más acomodadas o más romanizadas, que en ocasiones coincidían. Más aún, con el advenimiento del cristianismo, la mujer se ve definitivamente relegada al ambiente doméstico para fabricar la cerveza hogareña y cede el papel de sacerdotisa de tiempos paganos de alguna manera a los novedosos sacerdotes cristianos, representantes de una religión cuya bebida emblema es el vino, el cuerpo de Cristo. El prestigio de la cerveza había caído en picado.

Volvamos al consumo de la cerveza en la Hispania prerromana y romana. Estrabón aseguraba que los pueblos del norte y del occidente de la península ibérica bebían cerveza con fruición, a veces de bellota, y no vino, y que comían pan de bellota, y no de trigo, a diferencia de los civilizados griegos. La mayor parte de los sedimentos belloteros encontrados están carbonizados, resultado de tostar o asar las bellotas, uno de los métodos más sabrosos de consumir este fruto. Plinio el Viejo, como ya hemos dicho, se refiere al consumo de bellotas en Hispania en épocas de carestía y asegura que «asadas entre las cenizas, son más dulces». No sabemos si el aristocrático y refinado Plinio fue amante de las bellotas o no, pero al menos se refiere así a ellas. Según Pereira Sieso, esta forma de tratar la bellota, tostar o asar, permite eliminar fácilmente la cáscara, para posteriormente molerla, y además permite matar los posibles bichitos y parásitos que pueda contener. En la casa nº 2 de Raso de Candeleda aparecieron asociadas al hogar un buen número de bellotas carbonizadas junto a molinos circulares en una zona de la vivienda que bien podríamos describir como la cocina. Las bellotas se incorporaban dentro del mecanismo de una dieta diversificada que trataba de paliar las dolorosas consecuencias de las malas cosechas y así asegurar la subsistencia a partir del autoabastecimiento.

OTRO TIPO DE APROVECHAMIENTO DE LOS BOSQUES

Pero como no sólo de cerveza de bellota vive el vettón, también se recogieron otros frutos frescos, algunos secos y también miel. Así que la población de estas inmensas zonas boscosas utilizó como buenamente pudo los recursos que la naturaleza les brindaba. Tanto para ellos mismos como para su ganado. Además, se concluyó otro tipo de aprovechamiento de los bosques, obteniéndose corcho y madera, utilizados en la arquitectura y en el instrumental mueble, al menos hasta que el hierro logró sustituir a la madera y a la piedra en la elaboración de aperos de labranza. Pero muchos otros objetos cotidianos siguieron fabricándose utilizando madera como materia prima principal. Está claro que las hachas de hierro aceleraron los trabajos de obtención de la madera. Las especies vegetales más utilizadas en la techumbre y consolidación de las paredes de las viviendas vettonas fueron el pino, el enebro, el castaño, el roble y el fresno, a modo de vigas insertas entre los adobes.

EL BANDOLERISMO ENTRE LOS VETTONES

Carpetanos y olcades eran primos hermanos, y si me apuran, también lo eran de los celtíberos. Pues bien, como se ha hablado en alguna ocasión cuando ha salido a colación, los vettones eran los familiares más cercanos a los lusitanos, y como ocurría con el bandolerismo de estos últimos, el de los vettones también estaba originado por las desigualdades existentes, concretadas en la escasez (cuando no carencia absoluta) de tierras en las paupérrimas manos de la mayoría silenciosa. La vettona era una sociedad donde la aristocracia de sangre, que coincidía con la ecuestre, acaparaba la práctica totalidad de las tierras disponibles. Los vettones más desfavorecidos, se dedicaban al latrocinio o al mercenariado, como ya hemos visto en el capítulo correspondiente a las veleidades mercenarias vettónicas en tierras ibéricas. Por supuesto, ambas, bandolerismo y mercenariado eran actividades económicas de supervivencia con diferente grado de beneficio. En cualquier caso, siempre peligrosas. Y en ocasiones bastante lucrativas.

García y Bellido, añade al problema de la carencia de tierras la propia presión demográfica y el ansia de venganza propiciadas por las *salvajadas* cometidas por los romanos durante la conquista y romanización de la Meseta. Según Sánchez-Moreno, el bandolerismo sería la práctica lusitana por antonomasia, a juzgar por las crónicas clásicas (sobre todo las de Diodoro y Estrabón). Pero es que además los vettones no estaban exentos de participar en tales correrías, en solitario o acompañando a los lusitanos.

La solución aparente y temporal a este problema del bandolerismo, que llegaría algo tarde, fue el reparto de tierras entre los indígenas por los generales romanos. Apiano se explaya sobre este tema, aunque habla de pactos de este tipo con los lusitanos, dentro de cuya nómina habrían de estar otros pueblos, como los vettones. El hecho de que los vettones desaparezcan de repente de las fuentes clásicas puede deberse a dos factores: o que hayan sido pacificados definitivamente por los romanos y no quieren saber más de violencias insensatas (mira que me extraña) o lo dicho anteriormente, que son considerados miembros de los pueblos lusitanos. En ocasiones, lusitanos y vettones aparecen juntitos en buena compañía, por lo que sospecho que los autores clásicos tenían más de un problema para diferenciarlos étnicamente.

ARTESANÍA

Es más que probable que los artesanos vettones fuesen socialmente relevantes, sólo por debajo de las élites y los guerreros en la escala jerárquica de los poblados. ¿Por qué? Pues porque sus trabajos fijaban parte de la importancia social de las clases superiores, quienes necesitaban imperiosamente de sus servicios para diferenciarse de los demás. Las obras de algunos de los artesanos más especializados y, por tanto, muy apreciados por las élites, fueron símbolos de la aristocracia, como los mismísimos verracos o las armaduras y el armamento de los guerreros. No obstante, como pasa siempre, no todos los artesanos eran artistas reconocidos, sino que la mayoría realizaban tareas más sencillas, o incluso no eran ni siquiera artesanos especializados, sino que la gente, en las más de las ocasiones, fabricaba sus propios utensilios cotidianos para autoconsumo. Como las cerámicas.

La producción de cerámicas

Se ha encontrado un gran número de productos alfareros en territorio vettón que datan de época prerromana, lo que induce a especular con que esta actividad artesanal estuvo ampliamente extendida y fue popular dentro de los poblados, ocupando buena parte del tiempo libre de los vettones, que era mucho. Ya saben, cuando no sesteaban o guerreaban. En los núcleos urbanos existió un sector especializado de la población, los artesanos alfareros, que habitaban sus propios barrios, repletos de hornos cerámicos, separados del resto suponemos que para no molestar al vecindario con los molestos humos de la cocción. Esta era una producción de tipo industrial estándar muy específica y cuyos resultados cerámicos eran decorados individualmente, a gusto del consumidor. La otra forma de producir cerámicas era la artesanal propiamente dicha, dentro de cada unidad familiar para uso particular, y sobre todo confeccionadas a mano, al contrario que en el primer caso, donde los productos solían hacerse a torno. Los alfares manufacturados por las familias eran para uso doméstico y solían ser de pequeño tamaño: fusayolas, canicas, cajitas, pesas de telar, vasos, platos, pequeños envases variados, cocidos a baja temperatura y de forma desigual. Lógicamente los recipientes ejecutados por los alfareros *profesionales* eran de mejor calidad y elaborados para poder comerciar con ellos.

Se supone que llegó un momento en que uno o varios alfareros del poblado se alzaron con el monopolio de la producción de cerámica, liberando al resto de sus congéneres de tan penosa tarea, lo que permitió a estos sestear o guerrear más, según las naturales inclinaciones de cada uno, utilizándose cada vez más el torno cerámico. Eso en el caso de los hombres. Las mujeres continuarían con sus múltiples actividades cotidianas, de las que no suele quedar rastro en las fuentes, pero sí en la arqueología. La alfarería especializada de recipientes u objetos en general hechos en serie están documentados en la cultura vettona, como en el castro de Las Cogotas, donde se atestigua un *barrio alfarero* en la periferia del poblado que tuve ocasión de visitar, situado junto al río. Algo similar podemos encontrar en Raso de Candeleda. No obstante, la cerámica vetona más característica es la vajilla monocroma, manufacturada y fundamentalmente decorada a peine, entremezclada en ocasiones con otras ornamentaciones variadas: sogueados, zigzags y formas de cestería. Estos mismos motivos de ornato los encontramos en numerosas armas vettonas, señal de que los ceramistas pudieron influir en el gremio de los herreros o armeros o viceversa, que cualquiera sabe.

Las viejas vajillas monocromas a peine características del mundo vettón prerromano fueron progresivamente perdiendo la batalla en detrimento de cerámicas hechas a torno, de pastas claras y decoradas con pintura, que enlazan directamente con el luminoso mundo ibérico, cuyas producciones acabaron inundando los mercados de la península ibérica. Como la refinada vajilla ática.

Ruiz Zapatero y Álvarez-Sanchís han rastreado cuestiones tan interesantes como la etnicidad vettona a partir de la diversidad cerámica. Estos autores plantean tres tipos de categorías de motivos decorativos en los alfares: motivos comunes, otros predominan en determinadas regiones y algunos, en fin, son motivos exclusivos de un determinado asentamiento, muy localizados. Según su hipótesis, la identidad cerámica diferencial marca también diferencias étnicas a nivel de asentamiento. ¿Una etnia, una ciudad? Analizando las cerámicas a peine, aparecidas sobre todo en entornos funerarios, se pueden deducir varias cosas:

a) Hay motivos decorativos que se repiten en todos o casi todos los sitios.
b) Existen motivos y técnicas característicos de algunas comarcas o regiones.
c) Existen motivos predominantes y otros exclusivos de algunos asentamientos.

Las cerámicas poseen motivos diferentes, pero la técnica general de decoración, la conocida como «a peine» es similar, una manera de identificar a una etnia, junto con otros cachivaches materiales, la lengua, la religión, y elementos culturales desaparecidos y que no han dejado ni rastro, por ser perecederos o formar parte de las creencias e ideas inherentes al colectivo vettón, cuyos miembros interiorizaron con el transcurso de las generaciones, transmitidas de padres a hijos. En mi opinión, es posible que algunos de estos elementos inmateriales, pasados por el tamiz de los siglos, todavía se encuentren presentes en las poblaciones de la zona estudiada, en manifestaciones folklóricas o en festejos ancestrales.

Siguiendo de nuevo a Ruiz Zapatero y Álvarez-Sanchís, es muy posible que los vettones, los vacceos y los celtíberos quisiesen afianzar su identidad y etnicidad propia, independiente de los demás grupos, a través de la diferenciación de su cultura material, representada en este caso por las diferentes decoraciones y simbolismos transmitidos en las cerámicas, unas diferencias estilísticas que caracterizaban una comarca o un poblado concreto. Las decoraciones cerámicas pudieron inspirarse en las de los vestidos, o viceversa.

El trabajo de los metales

Los objetos metálicos vettones suelen estar suficientemente documentados en ambientes funerarios. Sobre todo, en las tumbas de las presuntas élites. En los ambientes de hábitat se han recuperado, pero en menor cuantía, aperos de labranza y cotidianos hechos en hierro. Pero, al contrario que en el caso de los artesanos alfareros, no conocemos, o al menos no hemos identificado como tales, barrios de herreros en los poblados vettones. Hay que suponer que los artesanos del hierro, sobre todo, debían de estar muy especializados y muy considerados, y que la venta o trueque de sus productos a las élites les debió proporcionar pingües beneficios económicos y cierto estatus y prestigio social. Estos artesanos fabricaban el armamento de los guerreros y sus elaborados complementos (fíbulas, broches de cinturón, brazaletes…) a gusto del consumidor, por lo que Blasco Bosqued es de la opinión que esa maestría les dio cierta posición social dentro de los poblados vettones. Entre los dioses de origen indoeuropeo había herreros divinos, como el olímpico Hefesto, dios del fuego y la forja, así como de los herreros, los artesanos, los escultores, los metales y la metalurgia. Todo un símbolo de la importancia que los secretos metalúrgicos poseían en todos los pueblos una vez descubiertos sus innegables beneficios.

Aunque apenas disponemos de datos sobre los procesos de extracción del mineral de hierro, sí es cierto que abunda en numerosas comarcas del solar vettón. La proximidad del mineral garantizaba suministro y distribución fácil y eficaz. Además, el producto forjado resultaba ser un material más duro y afilado que el bronce, por lo que se convirtió en el ingrediente imprescindible para la elaboración de herramientas y armas. Pero también los artesanos metálicos realizaron objetos en bronce. En este material se elaboraron fíbulas, pendientes, broches de cinturón, calderos, cascos o puntas de lanza. El hierro se utilizó para los elementos agropecuarios, herramientas de leñadores y carpinteros y para espadas, cuchillos, dagas y puntas de lanza y flecha. En cambio, los arreos de la caballería o los umbos[118]

118 Pieza, normalmente hecha de metal, que se coloca en la parte central externa de los escudos, para dar un carácter ofensivo a dicha arma diseñada inicialmente con fines defensivos.

de los escudos se han encontrado de material de hierro y de bronce. El bronce también se destinaba comúnmente a los objetos artísticos.

La tipología de los aperos del campo apenas ha cambiado formalmente desde aquellos tiempos hasta nuestros días. Los campesinos del siglo XX, hasta bien entrado dicho siglo, han utilizado hachas, azuelas, picos, martillos, gubias, cinceles, sierras, hoces o tijeras de esquilar similares a las que se han utilizado en estas tierras desde la noche de los tiempos. Y continúan utilizándose, adaptados a los nuevos tiempos.

Pero también existe cierta industria de orfebrería que utilizaba como materias primas metales preciosos. Oro para las piezas pequeñas, del tipo de las arracadas[119] y plata para los brazaletes. Según Blasco Bosqued, la presencia de estas joyas obedece a un proceso de tesaurización consecuencia de la inestabilidad política inherente al valle del Duero durante los siglos II y I a. C., coincidente con el avance romano en el área.

Por último, respecto a la orfebrería vettona, decir que no parece diferenciarse demasiado de la producción de otros pueblos mesetarios de la región, como celtíberos o vacceos, lo que nos lleva a sospechar en una cultura material bastante afín entre estas culturas, en una suerte de desarrollo material común de los pueblos de la meseta norte, por lo que según Blasco, no se puede hablar de metalurgias diferenciadas entre vacceos, celtíberos y vettones. La metalurgia es la propia del valle del Duero, con todo lo que ello conlleva. Con sus matices locales.

Artesanía de las materias orgánicas

Lógicamente, muchos de los enseres domésticos utilizados por los vettones eran realizados con materiales orgánicos, vegetales y animales. Aunque no han llegado vestigios directos de su uso hasta nuestros días, por su propio carácter perecedero, no significa que no existiesen. Todavía quedan restos de artesanía tradicional en

119 Tipo de pendiente para las orejas que, a diferencia de los aretes, cuenta con un adorno colgante.

numerosas poblaciones de la zona, costumbres enraizadas en los actuales habitantes de la antigua Vettonia desde fecha inmemorial. Esta artesanía tradicional puede ser un indicio plausible de una artesanía ancestral que hunde sus raíces no sólo en la Edad del Hierro que estamos tratando, sino incluso más atrás, posiblemente en aquella época remota en la que el hombre domesticó diversas especies vegetales y animales. Lo que llamamos Neolítico.

De la presencia de artesanía textil sí que tenemos datos indirectos, pues se han hallado en la mayoría de los yacimientos pesas de telar y fusayolas (topes de husos de telar), objetos que señalan la existencia de cardado, hilado y tejido en telar. Este tipo de actividades, debido a la división sexual del trabajo, solía corresponder al personal femenino de la familia, pues es una actividad destinada a satisfacer las necesidades familiares, careciendo hasta el momento de datos que nos permitan ir más allá. Los vestidos que hacemos en casa son para mí y mi familia, y no para el vecino, aunque en buena lógica, alguien podía intercambiar sus personales elaboraciones caseras por otras necesidades, dentro de la primitiva economía de trueque, tan característica de las sociedades primitivas. La monetización vino después. Incluso el peso de las pesas de telar nos permite suponer el material utilizado en esta actividad. Si son muy pesadas, el material utilizado sería la lana. También el lino fue un material muy usado en la confección textil. Las pesas están hechas en barro cocido para endurecerlo, y están perforadas de forma que sugiere la existencia del llamado «telar vertical», muy en boga entre los pueblos prerromanos de la Meseta.

En cuanto a las materias primas de origen animal, es seguro que los vettones, como todas las sociedades primitivas, que aprovechaban al máximo los recursos naturales, a su disposición, utilizaron cueros, pieles, huesos o astas. Según Blasco Bosqued, los artesanos que trabajaron estos materiales se ubicarían en posiciones marginales del poblado, como los alfareros, puesto que son actividades que generan mucha basura y fuertes olores. Como el hueso y el asta resisten mejor el paso del tiempo, su artesanía es mejor conocida en la actualidad, y se han utilizado como punzones, pero también para enmangar objetos metálicos. Esta es una técnica muy utilizada en muchos lugares. Esta actividad se ha prolongado en el tiempo y, de hecho, hasta hace pocos años, los pastores salmantinos trabajaban en hueso una especie de *navaja multiusos*, pero adaptada a sus necesidades.

El trabajo de la piedra

Los vettones nos han dejado numerosos rastros y huellas en los que la piedra es el material básico: murallas, verracos, zócalos de viviendas, altares rupestres, saunas, bastiones… Por ello el necesario conocimiento de sus técnicas de cantería nos aproxima un poco más a sus modos de vida. Jesús Rodríguez-Hernández ha tratado de reconstruir la técnica de la cantería, basada casi por completo en el trabajo de una roca tan dura como es el granito, presente por doquier en el solar que ocuparon los vettones.

A lo largo de la historia, se ha llamado cantero a la persona que extraía la piedra de una cantera, a quien la labraba o tallaba, pero también se les ha denominado así a los escultores, a los maestros de obras e incluso a los arquitectos. Los más famosos canteros son los que se ocuparon de la construcción de las grandes catedrales góticas medievales. En este epígrafe, el cantero es, ni más ni menos, que la persona «que trabaja la piedra», con todos los matices que ello conlleva. Que lo mismo también formaba parte de una cofradía de canteros a un nivel social equiparable a alfareros y herreros. Quién sabe. El caso es que el primer problema con el que se encuentran los canteros vettones es tratar con eficacia y provecho una piedra de la solidez del granito, que condiciona el tipo de herramientas a utilizar y el desgaste cuando se ataca un material de este calibre.

Para extraer el granito no es necesario excavar, ya que se encuentra al aire libre en afloramientos y berruecos. Hay muchos lugares, topónimos que se denominan así; El Berrueco, por ejemplo, cuyo nombre procede de las formas graníticas que proliferan en los alrededores. El término berroqueño también procede de este concepto. El granito presenta en su superficie las suficientes fracturas como para empezar a extraer bloques de un tamaño más adecuado para el trabajo. En Ulaca se han encontrado canteras de granito en el interior del recinto amurallado, de donde se extrajeron bloques de piedra listos para ser trabajados con detalle. Parece que los trabajos se hicieron *in situ* y que las viviendas se construyeron a partir de bloques de granito obtenidos de canteras muy cercanas, incluso en el mismo poblado. En el yacimiento de Las Cogotas, Cabré documentó una cantera de donde, presuntamente, se extraían las piedras que formaban las estelas de la necrópolis. De esta manera vemos cómo los cantos que se iban a utilizar en la construcción de viviendas o las lajas de sepulturas se obtenían junto al lugar donde se iba a alzar la estructura. No es de extrañar, pues el granito es una roca muy pesada, y siempre que se pudiese ahorrar el duro trabajo del transporte, pues mejor que mejor. Es ahorro de energía, ni más ni menos, pues el hombre, como la vida en general, tiende a un estado de mínima energía.

Lo que primero hacían los canteros era examinar detenidamente la roca y comprobar sus peculiaridades, antes de comenzar el duro trabajo en sí. Posteriormente, con un pico golpearían en la veta, para *rajar* la piedra en el sentido de dicha veta. En las aberturas o *cuñeras* así practicadas, se introducirían cuñas de hierro para terminar de abrir la roca. Las cuñas serían golpeadas con una pesada maza metálica para profundizar convenientemente en la fractura.

En ocasiones, había que trasladar los bloques a considerables distancias, posiblemente mediante un ingenioso sistema de rodillos cilíndricos de madera, encima de los cuales se ponía el bloque de granito, sobre los que el cantero hacía rodar la piedra con una palanca, según Azcónegui Morán y Castellanos Miguélez. Este sistema era eficaz en terrenos sin desniveles apreciables. Otro sistema de transporte era la *narria* o *rastrón*, una especie de trineo de madera tirado por bueyes mediante cuerdas. Si el terreno era cuesta abajo, había que frenar el trineo como se pudiese, procurando con gruesas cuerdas que no deslizase la piedra por efecto de la gravedad. Si era cuesta arriba, además se colocaban cuñas en la porción trasera.

Para trabajar el granito se han identificado dentro del territorio vettón hasta 21 herramientas de hierro, un número sorprendentemente bajo cuando sólo en Numancia se han descubierto más de 30 utensilios vinculados al trabajo de la piedra. Paso a describir brevemente la tipología de los instrumentos de trabajo descubiertos en la Vettonia:

- Barrena helicoidal: Es una larga varilla que se retuerce hacia la parte inferior en forma *torculada*[120]. Pudo ser utilizada para realizar los orificios de los cuernos, ojos y ano de algunos verracos. Se encontró un ejemplar en Las Cogotas.

120 En forma de tornillo.

- Cinceles: herramientas formadas por una varilla robusta de sección rectangular, más ancha que gruesa, instrumental ideal para trabajar materiales duros como el granito. Descubiertos en Las Cogotas, Las Paredejas y El Raso. Los cinceles, según su tamaño, se dedican a tareas variadas en el trabajo de la piedra: labrar atacaduras o entalladuras perimetrales, nivelar superficies, hacer ranuras, muescas, etc.
- Cincel enmangado: varilla con la cabeza enmangada y el extremo inferior cortante. En el granito se usaría muy poco, en concreto para trabajar los detalles más finos de las esculturas de los verracos. Documentado un ejemplar en Las Cogotas.
- Cuña: herramienta de sección triangular de cabeza plana y extremo inferior más estrecho y plano también, que sirve para partir la piedra. Documentado en Raso de Candeleda.
- Escoplo: instrumento formado por una gruesa barra de hierro de sección rectangular, que finaliza en un filo más ancho que el resto de la pieza. Se utilizó en la labra de los verracos. Documentado en El Raso.
- Gradinas: son recias varillas compuestas por una cabeza que se golpea directamente con una maza o martillo y un filo dentado. Se usa para desbastar la piedra o nivelar zonas que se han trabajado previamente con un puntero. Como el granito se come literalmente los dientes de este útil, debió ser poco usado. Documentadas en El Raso.
- Picos: herramientas muy características del cantero, formadas por dos puntas opuestas aguzadas de forma piramidal y una abertura central donde enmangar. Se utiliza para abrir las cuñeras en la roca, para desbastar e incluso para acabados toscos. Documentados en El Raso y Las Cogotas.
- Picos-martillo: herramientas formadas por una punta aguzada con aspecto piramidal, una sección cuadrada a un lado del ojo para enmangar, y un talón para remaches en el lado contrario. Se utilizó también para abrir cuñeras y golpear en las cuñas hasta romper la roca. Documentados en El Berrocalillo y Las Cogotas.
- Puntero: esta herramienta se compone de una robusta varilla de hierro de sección circular, cabeza plana donde golpear directamente y en el otro extremo, una punta piramidal. Se utilizó

para desbastar e incluso para acabados toscos. Documentado en Las Cogotas.

- Punteros enmangados: Este útil es simplemente una barra gruesa triangular con la punta aguzada. El otro extremo consiste en una corta espiga donde se engancha mediante una arandela el mango, posiblemente de madera. Se debió utilizar para acabados finos. Documentados en Las Cogotas.

Estos son los instrumentos de cantería encontrados en territorio vettón. Vemos que faltan otros tipos de útiles utilizados en el trabajo de la piedra, que sí se documentan en otros lugares de la península ibérica, como los objetos de medición, trazo y comprobación (compases, bigoteras...), o herramientas de abrasión, como la piedra pómez, el esmeril o el corindón. La rugosidad de las esculturas zoomorfas vettonas nos indican que no se utilizaron materiales de abrasión para pulir las superficies.

Además de la habilidad demostrada por los canteros vettones en la labra de verracos, que implicaba la creación de bloques independientes obtenidos de los berrocales graníticos, también trabajaron con eficacia los berruecos de superficie, como demuestran los altares y saunas rupestres de Ulaca.

GESTIÓN DE DESECHOS

Los vertederos, también denominados cenizales o basureros son simplemente fosas rellenas de tierra, cenizas, escorias, restos cerámicos y huesos de fauna. Es un fenómeno bien documentado en la meseta norte, meseta sur y el oriente de Extremadura durante la II Edad del Hierro, dentro de culturas como la vaccea y la vettona. Sirvan como botón de muestra los vertederos de Las Cogotas, Ulaca, Salamanca, Las Merchanas, Toro, Simancas, Cuéllar, Castrojeriz, Roa, Soto de Medinilla o Padilla.

Algunos de estos vertederos coinciden con un momento de limpieza y enrasado de la porción de un poblado para su posterior urbanización. Las fechas proporcionadas por los fragmentos cerámicos encontrados en los vertederos sirven para datar el periodo de ocupación de los poblados, de ahí su importancia arqueológica. En cambio, los materiales constructivos escasean en los basureros, posiblemente por haber sido reutilizados en otras construcciones. En el castro de Villaviejas del Tamuja, uno de estos vertederos rellena una zona de muralla, con el fin de edificar encima de ella.

Entre los restos faunísticos de los vertederos vettones se hallan huesos de bovinos y ovicápridos y de fauna cinegética, como venados, jabalíes, liebres, perdices e incluso osos. Estos vestigios nos dan una idea bastante exacta de la alimentación de los moradores y de los usuarios de estos basureros. Los restos de peces y moluscos de agua dulce revelan las prácticas de pesca de las gentes de algunos castros.

La otra interpretación de la existencia de estos vertederos se debe al conjunto de actividades de mercado, vinculadas con un incremento puntual de gente en un poblado, con el consiguiente aumento del consumo y la generación de basura *extra*, que explicaría el alto porcentaje de animales que se suelen encontrar junto a los restos cerámicos. Esta sería la explicación de la fosa de Las Cogotas, con sedimentos de hasta 3 m de espesor. Por otro lado, en las notas de Juan Cabré en 1930 durante la excavación de Las Cogotas, se puede leer que para nivelar el suelo sobre la roca madre donde se construían las viviendas, se introdujeron «piedras, tierras carbonizadas, gran cantidad de despojos de cocina y huesos en abundancia, algunos de ellos de mucho tamaño… con los que alternan numerosos fragmentos de cerámica».

Para Álvarez-Sanchís no está muy clara la razón del vertedero de Las Cogotas. El objetivo final es echar ahí las basuras. Pero, ¿por qué? Según este arqueólogo muchos castros ascendieron de nivel jerárquico hasta alcanzar la categoría de *oppida* porque su industria manufacturera incrementó su riqueza, motivo más que suficiente para atraer a gentes de otros lugares. Cuanto más rico se es, más porquería se genera. Como ahora, pero en los *oppida* vettones salvemos las distancias, por favor. ¿Por qué ese desarrollo manufacturero, artesanal, en suma? ¿Es que quizás las guerras que asolaban a gran escala la Península desde finales del siglo III a. C. permitían que algunos vivillos se diesen cuenta de que si abastecían por su cuenta y riesgo a los grandes ejércitos profesionales (romanos y cartagineses), podían mejorar su *modus vivendi*? Sea como fuere, cuantas más personas se concentraban en un poblado, más oportunidades encontraban los oriundos y los emprendedores foráneos de crear industrias, mejor dicho talleres artesanales, producir alimentos y construir viviendas. Por otro lado, la popularidad de la que disfrutaba el ganado por estos pagos hacía que surgiesen mercados de tales y cuales productos, en los que cada cierto tiempo se reunían las gentes para intercambiar sus productos, y, de paso, comer y beber. Siempre habría algún sacrificio (animal, si las cosas no se torcían) con el que celebrar los encuentros. En estas reuniones, en principio, cordiales y comerciales, se generaba un exceso de basura: restos de comida, cerámicas, huesos de animales y otros detritus. Esta concentración de porquería pudo ser el origen del vertedero de Las Cogotas (y de otros muchos). Ferias de ganados en emplazamientos cada vez más grandes y desarrollados. Pero en mi opinión, la mera actividad cotidiana a lo largo de decenios es más que suficiente para originar este tipo de depósitos. Hasta que se desbordaban y había que construir otros. También se pudieron incinerar los restos, al menos orgánicos, y dejar espacio suficiente para disipar más inmundicias que acababan por crear sedimento.

Cultura material

LAS CERÁMICAS CON DECORACIÓN A PEINE

Las características esenciales de las cerámicas con decoración a peine halladas en el solar vettón y fechadas en la I Edad del Hierro son las siguientes: decoración a base de motivos sencillos, bandas en zigzag y sogueadas; el interior de las vasijas también aparecen decoradas, una tradición cerámica que procede del Bronce Final; el tipo de peine es casi siempre inciso sobre la pasta tierna del vaso antes de cocer; la decoración ocupa la mayor parte de la superficie del alfar; la tipología alfarera se reduce a cuencos, platos y vasos de amplia carena.

Cerámicas de este tipo se encuentran en el sector centro-occidental de la Meseta a partir del siglo IV a. C., y su presencia es anterior a la fase final de los grandes *oppida* abulenses. La cerámica con decoración a peine de la II Edad del Hierro, que tratamos aquí, refleja una serie de cambios o avances respecto al período anterior, la I Edad del Hierro:

a) Mayor diversificación en las decoraciones: motivos de cestería, sogueados, series en zigzag, espigados, festones, aspas, semicírculos y bandas, que pueden aparecer simples o combinados.
b) Técnicas distintas asociadas al peine, como oquedades, gallones[121], estampillados y acanaladuras.

121 Un gallón es un elemento ornamental usado en arquitectura y artes decorativas. Tiene forma curva, correspondiente a un cuarto de huevo.

c) La distribución de los motivos, en general en la zona media-alta del vaso y reservando la base para las decoraciones radiales.
d) Aparece el peine impreso, sobre todo inciso.
e) Comienza a ser más difícil encontrar decoración en el interior de los vasos.
f) Se diversifica la morfología: urnas de perfil en S, vasos ovoides, globulares, copas y recipientes de cuello cilíndrico.

Entre los años 400 y 200 a. C., las cerámicas con decoración a peine cubrieron casi todo el valle del Duero. Este intervalo de tiempo constituye la época de máxima extensión geográfica de esta tipología alfarera tan vettónica.

OBJETOS SINGULARES, DE LUJO Y COTIDIANOS

Como en el ámbito vettón se han excavado más profusamente las necrópolis y los sistemas defensivos de los poblados, poco se conoce en cambio de los objetos de uso cotidiano, puesto que estos se han encontrado siempre en el espacio funerario y no en su contexto habitual, por lo que desconocemos la función del cachivache en cuestión en la vida cotidiana. Y no hablamos de momento de objetos lujosos, sino de los de uso doméstico y cotidiano, como los vasos cerámicos. Aunque hoy nos pueden sorprender gratamente a la vista las piezas con decoración estampillada, esta era en época vettona tan común que debía carecer de todo significado suntuario, según Francisco Javier González-Tablas. Estas piezas son vettonas autóctonas, por lo que carecen de valor intrínseco, ya que son características de la zona. En cambio, existen otras que sí que tienen gran valor, precisamente por ser raras en el mundo vettón, y por estar fabricadas fuera del solar vettón e importadas. Al menos eso parece desprenderse de la tipología ibérica de algunos barriletes o toneletes encontrados en Raso de Candeleda, La Mesa de Miranda o Villasviejas del Tamuja. Y eso que, aunque estéticamente no son nada del otro mundo, sí que difieren formalmente del resto de la vajilla vettona común. Ese es precisamente su valor y significado, pues de singular puede calificarse un alfar de cuerpo cilíndrico horizontal y con la boca en el centro del cuerpo. Estas pintorescas piezas se han encontrado en viviendas que posiblemente pertenecerían a personas de elevado nivel social. Como decía, a pesar de su escasa entidad artística (a decir verdad, nula, para qué negarlo), el verdadero interés de los ejemplares encontrados reside precisamente en su escasez, por lo que los expertos los han calificado de objetos de lujo en el ambiente doméstico.

Pero hay más piezas cerámicas singulares en el mundo vettón. Por ejemplo, los pebeteros[122] de superficie calada que proceden de espacios domésticos de los castros, y que brillan por su ausencia en los funerarios. Estos ejemplares de función desconocida son tan escasos que adquieren un valor significativo, de objeto de lujo incluso, en ambientes domésticos, de manera que algunos investigadores otorgan un carácter socialmente elevado a sus poseedores. Tampoco parecen estos pebeteros fabricados por alfareros locales, sino que su tipología nos recuerda al mundo mediterráneo oriental, según González-Tablas. Estas piezas cerámicas que acabamos de citar someramente, junto con otras como copas, vasos, jarros o platos ajenas a lo vettón, y de procedencia mediterránea, habría que calificarlas de *vajilla fina*.

No obstante, más allá de estos objetos más refinados, utilizados en casa *en día de fiesta*, existen otros que González-Tablas califica como «piezas de coleccionista». Son elementos curiosos que pertenecen a otras culturas o civilizaciones o incluso a otras épocas, y que el afortunado que las encuentra las guarda como objeto de valor bajo siete llaves. En el castro de Las Cogotas, se han encontrado en niveles de la II Edad del Hierro objetos de la Edad del Bronce, que alguien encontró y guardó como un tesoro personal, o la figurita etrusca encontrada en una vivienda de Raso de Candeleda, a la que ya hemos aludido en otra parte, ajena por completo al bagaje material del mundo vettón. Otro ejemplo de pieza extravettona es el conjunto de diferentes fíbulas anulares de bronce encontradas en sepulturas de La Osera y de Las Cogotas, prototipos por excelencia de la fíbula ibérica, que se fabricó entre el siglo VI a. C. y el cambio de era. Su origen último se encuentra en los broches anulares orientales, que llegaron a la Península de mano de comerciantes griegos y que se generalizaron y popularizaron en el área levantina.

---

122 Recipiente o utensilio para quemar velas aromáticas y otros perfumes.

Durante los siglos IV y III a. C., las exitosas fíbulas anulares procedentes de Levante se extendieron por las dos mesetas y causaron furor entre las poblaciones indígenas célticas del interior, que comenzaron a alternar su uso con las propiamente celtas, como las célebres fíbulas de caballito. Incluso estas producciones ibéricas se perfeccionaron en la Céltica peninsular, pues sus artesanos reelaboraron el producto, sacando al mercado modelos caracterizados por su gran tamaño, acorde con el mayor grosor de las telas que sujetaban, superior a las telas ibéricas, utilizadas estas por gentes que habitaban tierras con un clima bastante más suave que el mesetario. Fruto de esta reelaboración mesetaria, la decoración también se incrementó, fabricándose coquetos ejemplares repletos de dibujos de esferas y alambres enrollados. Pero hay más tipos formales de fíbulas características de los yacimientos vettones abulenses, como la fíbula en torrecilla o las fíbulas tipo La Tène, de origen celta centroeuropeo, y extendida a la península ibérica a través de dos vías: contactos

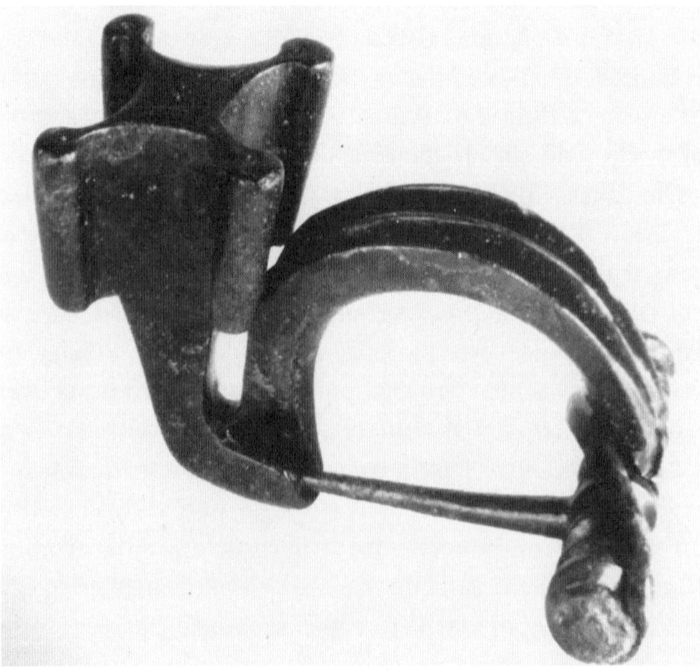

Fíbula en forma de torrecilla, típica de ambientes mesetarios. Necrópolis de La Osera. Museo Arqueológico Nacional. Foto del Museo.

comerciales marítimos en la zona catalana y desde la actual Francia por los pasos pirenaicos más accesibles. Los modelos de este origen que tuvieron más éxito entre los vettones se conocen como de La Tène II, importados desde zonas ibéricas.

Otros objetos cotidianos fueron las pinzas caladas, como las de La Osera, idéntica a ejemplares de la necrópolis de El Cigarralejo (Murcia). Estas pinzas son piezas de aseo personal, lo que pone una vez más de relevancia contactos entre los vettones y los iberos del levante y sureste de la Península.

En las necrópolis de Sanchorreja, La Osera y Pajares se han encontrado recipientes de bronce, los braserillos, también conocidos como patenas, aguamaniles o calderillos con asas. Su presencia en los cementerios está relacionada con una función ritual, como las libaciones o banquetes funerarios. Estos objetos aparecen en tumbas ricas, por lo que deben concordar con la identidad funcional de las élites vettonas, según Sánchez-Moreno.

ORFEBRERÍA

Las joyas descubiertas en tierra de vettones corresponden a dos grandes grupos, según Fernando Fernández Gómez y Germán Delibes de Castro. Uno de ellos sigue los modelos célticos centroeuropeos, y habrá que suponer que fueron realizados por orfebres vettones. El otro grupo se compone de piezas más refinadas. Dentro de este grupo, unas son de oro y tienen aspecto tartésico orientalizante; otras son joyas de plata y se les supone de origen ibérico. El incremento del material argentífero ex profeso para estas creaciones ibéricas posiblemente sea debido al aumento de las explotaciones mineras del mineral de plata, sobre todo en sierra Morena. Estas joyas forman tesorillos, seguramente para esconderlas más eficazmente de la depredación cartaginesa y posteriormente de la romana. A través del descubrimiento de estos tesorillos ocultos y las escasas joyas de los ajuares, podemos deducir que existió cierta comunicación, intensa en algunos momentos, entre estos pueblos de la meseta occidental y los del sur de la Península, y desde las tierras meridionales con las tierras de Levante. Lo más probable es que las joyas evidentemente foráneas pasaron a poder de los gerifaltes vettones a consecuencia de trueques por productos indígenas, posiblemente pieles, pues ya conocemos la querencia de los vettones por el ganado.

En una de las tumbas más ricas de La Osera se hallaron objetos que demuestran la conexión entre los vettones y los pueblos de cultura ibérica, sobre todo ese conjunto de placas de cinturón de plata decoradas con escenas, como las del águila atacando a una paloma, que ya hemos comentado en otra parte, y que son idénticas a las encontradas en la necrópolis ibérica del Cabecico del Tesoro (Verdolay, Murcia). La figura representada es un águila en actitud agresiva, con el pico abierto y las alas extendidas, en el momento de capturar a una presa, una paloma probablemente, a la que sujeta con una pata para que no se escape. La escena se completa con dos sencillos tallos verticales que sugieren un paisaje. Todo el conjunto aparece enmarcado en su parte inferior y superior por grecas, detalle que nos lleva a pensar en influencias helénicas. En monedas sicilianas del ámbito griego del siglo v a. C. aparecen piezas con el susodicho tema del águila cazadora. En concreto, esta placa de procedencia helénica pudo tratarse de un regalo diplomático o de un regalo

El tesorillo de El Freíllo (Raso de Candeleda).
Museo de Ávila. Foto de Rafael Delgado.

nupcial. Un producto importado desde la costa levantina a la tierra de los vettones.

En una tumba de El Freíllo (Raso de Candeleda) se hallaron un par de arracadas, pero que sólo conocemos por los detallados dibujos que un coleccionista de la zona realizó antes de que desaparecieran en el voraz mercado de antigüedades. Un destino, por otra parte, bastante común para este tipo de piezas. Una arracada similar se encontró en un yacimiento ibérico levantino, Castillejo de Peñarroya (Cheste, Valencia). Los temas principales de estos ejemplares son cabezas esquemáticas, dispuestas en círculo. También en este yacimiento de Raso de Candeleda se encontró un tesorillo muy completo, oculto en el subsuelo de una vivienda. Es un conjunto de piezas de plata que formaban parte de un ajuar de adorno personal, a juicio de Fernández y Delibes: torques, brazalete, pulsera, fíbula y cinco denarios republicanos de la época de Julio César, a mediados del siglo I a. C. En estos tiempos, siguiendo órdenes de César, numerosos indígenas se vieron obligados a destruir las murallas de sus castros y a trasladarse a poblados en campo abierto, para evitar, o mejor, dificultar posibles tentaciones de rebelión. Los dueños del tesorillo no debieron atreverse a llevarse las joyas y las escondieron con la esperanza de recuperarlas algún día. Algo que evidentemente, no sucedió. Pero atención a la pulsera y la fíbula de este ajuar, pues contienen una decoración muy singular, ya que el orfebre le dio una forma almendrada que recuerda a una cabeza de reptil, cuyos paralelos más cercanos se encuentran en brazaletes de cinta espiral, en forma de serpientes, en Guiaes (Vila-Real, Portugal) y Villanueva de Córdoba.

En una placa de plata de La Osera, se puede admirar cierta decoración que se concreta en figuras animales unidos por sus troncos, también dispuestos en forma circular, como las arracadas de El Freíllo y Castillejo de Peñarroya. Los animales parecen ser patos, un tema recurrente en la cultura céltica, pero también en la orientalizante. No abandonamos este prolífico cementerio, pues en algunas de sus tumbas se han encontrado pequeñas joyas también impregnadas de sabor ibérico, como los hilos de metal anudados por sus extremos, junto con otras de mayor grosor, en forma de *creciente*, muy frecuentes en el mundo ibérico, y correspondientes a modelos de indudable inspiración mediterránea.

Una vez estudiados estos ejemplos de orfebrería hallada en territorio vettón, al sur de la sierra de Gredos, muy imbuida de carácter ibérico y meridional, es poco probable que recibieran la influencia de la joyería vaccea y astur meridional, de carácter marcadamente céltico.

De armas tomar

Que el vettón era un pueblo guerrero, como todos sus recios convecinos mesetarios, en mayor o menor medida, lo demuestran textos clásicos como los de Diodoro de Sicilia:

> ... hay una costumbre muy propia de los iberos, más sobre todo de los lusitanos y es que cuando alcanzan la edad adulta aquellos que se encuentran más apurados de recursos, pero destacan por el vigor de sus cuerpos y su denuedo, proveyéndose de valor y de armas, van a reunirse en las asperezas de los montes; allí forman bandas considerables que recorren Iberia, acumulando riquezas con el robo, y ello lo hacen con el más completo desprecio a todo...

O esta noticia que proporciona Estrabón:

> ... las que habitan un suelo pobre y carente de lo más necesario, habían de desear los bienes de los otros [...] La mayor parte de estas tribus han renunciado a vivir de la tierra para medrar con el bandidaje, en luchas continuas mantenidas entre ellas mismas o, atravesando el Tajo, con las tribus vecinas [...] Como estas tenían que abandonar sus propias labores para rechazar a los de las montañas, hubieron de cambiar el cuidado de los campos por la milicia y, en consecuencia, la tierra no sólo dejó de producir incluso aquellos frutos que crecían espontáneos, sino que además se pobló de ladrones...

O son textos donde los cronistas justifican la intervención de los *civilizados* romanos o es que lo del robo y el saqueo estaba en el ADN de los vettones. Y en general, en el de todos los pueblos de la península ibérica. Pero profundicemos algo más sobre el material utilizado por estos pueblos para sus algaradas. La información más directa sobre el armamento vettón y, por ende, sobre los guerreros vettones, la proporcionan los hallazgos de armas en las necrópolis, que además suministran información sobre el estatus social del poseedor de tales armas. Todo esto revela la existencia de una sociedad jerarquizada donde los guerreros, que son, nunca mejor dicho, los de armas tomar, formaban parte de la élite vettona. Esto no es nuevo, pues igualmente ocurre en culturas vecinas, como las de los vacceos, los celtíberos y los lusitanos. Y, si me apuran, así debió pasar también en la sociedad carpetana. Polibio dice de estos últimos, que antes de la intervención de Aníbal en el centro peninsular, eran uno de los pueblos más poderosos. Pero se conoce, que se les acabó el fuelle con tanta lucha.

De todas formas, el estudio de las armas encontradas en los cementerios, no solamente vettones sino en general en los peninsulares prerromanos es complejo. Y esto es así puesto que los rituales funerarios se obstinan en destruir o al menos inutilizar el armamento. Dichos rituales implican la cremación del finado, en algunos casos junto con sus pertenencias y las ofrendas que le dejaban sus compañeros y familiares. Así desaparecen multitud de elementos perecederos, que forman parte estructural de las armas, cuando no la propia arma en sí. Ejemplos: la madera en lanzas o escudo, el cuero utilizado en la funda de espadas y cuchillos, para recubrir escudos y cascos, o para fabricar hondas. También es cierto que a veces, como he comentado antes, las armas aparecen dobladas. Como las espadas y los *soliferrea*, retorcidos y redoblados a conciencia.

Respecto a los restos funerarios vettones, la mayor parte de estos hallazgos se encuentran en la provincia de Ávila. Es posible que en otras zonas del solar vettón, la carencia en cuanto a vestigios arqueológicos de este tipo se pueda deber a rituales funerarios que han dejado pocos o ningún resto del muerto y sus objetos personales.

Los cementerios que más información han proporcionado sobre el armamento vettón desde los tiempos de Juan Cabré (antes de este investigador, son testimoniales), son fundamentalmente los de Las Cogotas y La Osera, y en segundo lugar las necrópolis de El Raso y El Romazal I. En cambio, los restos armamentísticos encontrados en ambientes domésticos, es decir, en el interior de los poblados, son prácticamente inexistentes, con alguna honrosa excepción, quizás porque la mayoría de ellas iban a parar a la tumba junto al dueño. Maluquer de Motes indica acertadamente que sería difícil señalar el carácter guerrero de las sociedades mesetarias prerromanas a partir de las armas encontradas en los asentamientos, cuando las fuentes grecorromanas nos transmiten justamente lo contrario. El carácter marcadamente guerrero de estos pueblos en cambio sí que coincide con las numerosas armas recuperadas en las necrópolis arriba mencionadas, aunque estén deterioradas o inutilizadas.

A pesar de todo, existen hallazgos de armas muy interesantes en algunos poblados como La Mesa de Miranda, donde la mayor parte de las armas en el castro fueron localizadas en las proximidades de un lugar que J. Cabré interpretó como un cuerpo de guardia anexo al acceso del tercer recinto. En el castro de Las Cogotas se ha recuperado también algún arma, entre ellas el único ejemplar en suelo vettón de espada de tipo Alcácer do Sal, un modelo de espada de hoja recta, empuñadura de espiga y de antenas atrofiadas encajadas en la empuñadura, que adopta una gran variedad de formas, y cuya guarda o funda es recta también con escotadura semicircular. En Raso de Candeleda se han encontrado algunos puñales biglobulares, lanzas, regatones[123] y arreos de caballo, pertenecientes a una fase avanzada de la cultura vettona, como son los inicios del siglo II a. C. y mediados del siglo I a. C. En ese territorio difuso entre lusitanos y vettones, en el Castro del Castillejo, en Santiago del Campo (Cáceres) se han encontrado algunas puntas de flecha en forma de arpón, que Esteban Ortega y Salas Martín sospechan de origen cimerio, nómadas a caballo que habitaban al norte del Cáucaso y el mar Negro.

Espada tipo Alcácer do Sal. Museo Arqueológico Nacional. Foto del Museo.

123 Pieza metálica que se coloca en el extremo de la lanza para darle mayor firmeza.

Pero los arqueólogos también estudian representaciones iconográficas de dichas armas. Veamos algunos ejemplos significativos. En la localidad cacereña de Segura de Toro se encontró una excepcional estela antropomorfa con una espada de antenas grabada sobre el pecho, una imagen que guarda relación con las estelas portuguesas, consideradas las precursoras de las célebres esculturas de guerreros lusitano-galaicos. En La Osera se encontró un broche de cinturón en el que aparecen representados dos guerreros enfrentados y armados con escudo y lanza. Estas imágenes tienen su correspondencia portuguesa en los maravillosos grabados de Foz Côa, estación muy próxima al mundo vettón. En este yacimiento se han encontrado representaciones de guerreros desnudos y despendolados armados con lanzas y escudos cóncavos similares a los de La Osera. Según Alberto J. Lorrio, la impúdica desnudez de los guerreros significa que estos personajes no eran personas reales, sino héroes míticos. Todas las imágenes hasta aquí descritas proceden de la II Edad del Hierro. En zona vettona aparecen otras iconografías sobre material cerámico, como jinetes portando armas. Un ejemplo lo encontramos en Las Cogotas, pero más interesante todavía que este, es el fragmento cerámico de La Coraja (Aldeacentera, Cáceres),

Placa de los guerreros de Foz Côa. Museo Vila Nova de Foz Côa (Portugal). Foto del autor.

que muestra un jinete armado con escudo y sujetando las riendas de un caballo. Además, el caballero porta una falcata cruzada en la cintura, que nos remite directamente a la iconografía ibérica, aunque de factura más tosca en este caso.

Pero todavía hay más, ya que en Ojos Albos (Ávila), en el paraje de Peña Mingubela aparecen unas pinturas rupestres que representan guerreros armados con espadas rectas, posiblemente de antenas, en actitud muy poco amistosa, también procedentes de la II Edad del Hierro, según Álvarez-Sanchís. Aunque no hay que excluir que la escena se sitúe en el ambiente bélico de la II Guerra Púnica o de la posterior conquista romana de la Meseta.

Todas estas representaciones de armas o de personajes con armas señalan que entre los vettones destaca el uso de lanzas y escudos, espadas rectas de antenas atrofiadas, falcatas, escudos cóncavos, algo que concuerda con los hallazgos de las necrópolis y en menor medida, de los poblados. Además, la presencia de estas imágenes insiste machaconamente en la importancia del caballo entre los guerreros vettones. Las efigies de héroes combatiendo sugieren la existencia de combates individuales para decidir la suerte de una batalla. Apiano cita cómo en el lamentable episodio de la ciudad vaccea de

Jinete armado de La Coraja (Aldeacentera). Museo Provincial de Cáceres. Foto del Museo.

Intercatia, un magnífico guerrero indígena armado reta a combate singular a los romanos del siniestro general Lúculo, que tiene asediada la ciudad. Por desgracia, el campeón vacceo se encontró con un joven Escipión Emiliano, también de armas tomar (posteriormente destruyó nada más y nada menos que Cartago y Numancia), quien venció y mató al vacceo.

En las fuentes literarias, la información sobre las armas indígenas no se refiere exclusivamente al mundo vettón, sino que se generaliza para todos los pueblos mesetarios, ya sean lusitanos, celtíberos, carpetanos o vacceos.

Fuera del ambiente doméstico de los poblados, es en las necrópolis donde podemos estudiar las diferentes combinaciones de los equipos militares. Hay tumbas con una panoplia bastante completa: espada y puñal, escudo y lanza. No obstante, es más habitual encontrar conjuntos que constan solamente de puntas de lanza y de jabalina. En cambio, otro grupo de ajuares funerarios sólo presenta un escuálido escudo. Lorrio piensa que estas anomalías en cuanto a la equipación incompleta del guerrero vettón están relacionadas con rituales funerarios desconocidos.

Aunque no hay demasiado conocimiento funerario de la I Edad del Hierro, lo poco que se conoce relativo a las armas en este período es la aparición en el castro de los Castillejos de Sanchorreja algunas puntas de lanza. Curiosamente este hecho coincide con lo descubierto en el suroeste peninsular, de dominio tartésico, donde el arma favorita de los guerreros de la época (según los hallazgos en los cementerios) parecen ser las lanzas, lo que denota cierta influencia de lo tartésico en el ámbito vettón. No olvidemos que Tartessos fue un poderoso centro de irradiación cultural.

La inmensa mayoría de las armas encontradas en ambientes vettones datan cronológicamente de la II Edad de Hierro, no de la I Edad de Hierro. Se presentan diferentes tipos de espadas, que indican distintas influencias sobre el solar vettón durante los siglos de la II Edad de Hierro, una época en la que se ha establecido por completo una nueva organización gentilicia sobre la sociedad vettona.

En las tumbas más antiguas de las necrópolis de la meseta occidental, como algunas de Raso de Candeleda, hallamos espadas del tipo Aguilar de Anguita, un modelo de espada de antenas de hoja recta con empuñadura de sección circular, así llamada por identificarse por primera vez en un cementerio celtíbero de este nombre, sito en la provincia de Guadalajara. Según Álvarez-Sanchís, los ejemplares más antiguos de la II Edad del Hierro, como los *soliferrea* y una punta de lanza, ejemplares también encontrados en El Freíllo (Raso de Candeleda), datarían del siglo v a. C. También de esta época remota son las denominadas espadas de frontón, de remate semicircular y oriundas del sur peninsular, algunos de cuyos ejemplares se han encontrado en La Osera y El Raso.

Las espadas tipo Alcacer do Sal, de ricas decoraciones damasquinadas, y ya documentadas por Juan Cabré en 1933, aparecen en el segundo cuarto del siglo iv a. C. en La Osera. Otro tipo de espada del siglo iv a. C. es el modelo Arcóbriga, de antenas atrofiadas por completo y con hojas pistiliformes[124], posiblemente originarias de la meseta oriental. Otra muestra de influencia celtíbera sobre los vettones. Además de estas armas características de la Céltica peninsular, también han aparecido falcatas ibéricas en La Osera y El Raso. Un ejemplar relativamente exótico es la espada tipo La Tène encontrada en La Osera, de origen transpirenaico y que llegó a su destino final vía meseta oriental a finales del siglo iv a. C., según Alberto Lorrio. También se han documentado ejemplares antiguos y característicos del mismo siglo iv a. C., como puntas de lanza de marcado nervio central y *soliferrea* en El Raso y La Osera.

Las armas ofensivas que hasta ahora hemos descrito de forma somera, se completan con las defensivas, los escudos, de los cuales

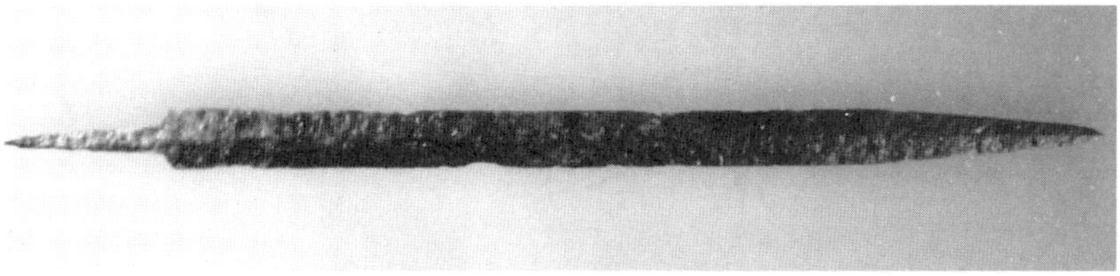

Espada tipo La Tène. Necrópolis de La Osera.
Museo Arqueológico Nacional (Madrid). Foto del Museo.

124 Espadas de hoja ancha en la base, que se estrecha para volver a ensancharse y luego cerrarse en la punta.

no se han encontrado, obviamente ningún ejemplar completo por estar hechos de material perecedero. Pero las crónicas nos hablan de escudos redondos, hechos en madera y cuero, excepto el umbo, las manillas y los elementos metálicos que anclan las correas de sujeción, de hierro y que son los que han llegado hasta nuestros días.

Como podemos comprobar, las armas vettonas correspondientes a la fase inicial del Hierro II, son el botón de muestra de las diversas influencias exteriores que son visibles en el trabajo de los excelentes artesanos vettones. Además, parece existir un lucrativo comercio importador de armas, armas procedentes sobre todo de la Meseta oriental y del mundo ibérico. Del ámbito celtibérico ya vimos que proceden las espadas tipo Aguilar de Anguita, los umbos de escudos radiados, quizás los *soliferrea*, las espadas Arcóbriga y las centroeuropeas de La Tène. En opinión de Lorrio, la presencia de este tipo de armas en el occidente peninsular, señalaría un proceso de

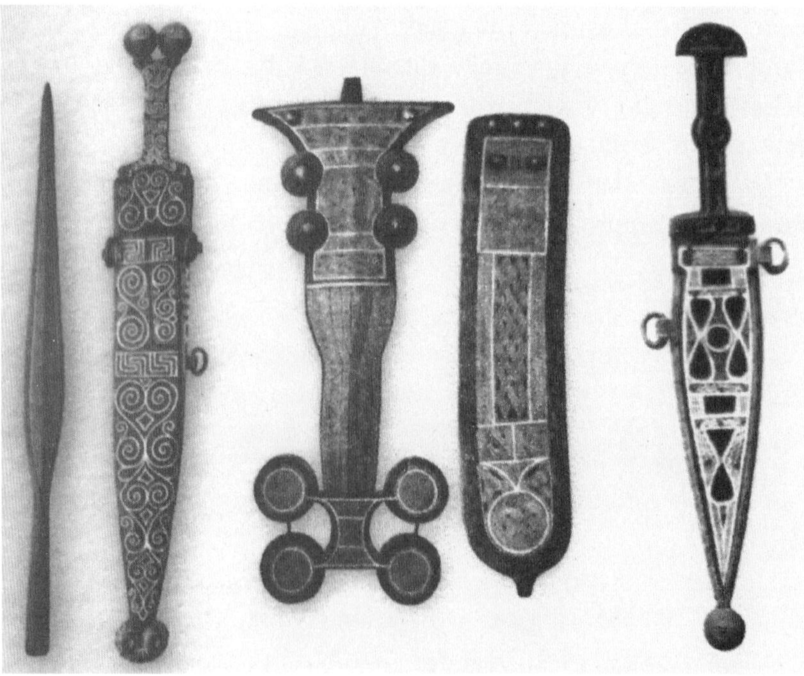

Armamento vettón. Necrópolis de Las Cogotas y La Osera. Fotos de Juan Cabré con reconstrucción de las decoraciones mediante dibujo a pincel superpuesto a las fotografías de Encarnación Cabré.

celtiberización desde sus bases de la Meseta Oriental. En cuanto a la influencia ibérica, parece puesta de manifiesto en las espadas de frontón, las inevitables falcatas y un tipo determinado de manillas de escudo, denominados «de aletas», muy numerosos en La Osera, pero también, aunque en menor medida, en Las Cogotas y El Raso. Otro elemento muy extendido en la cultura ibérica son los discos-coraza, también de hierro, encontrados de nuevo en La Osera. La gran cantidad de armas ibéricas que se manifiestan en la zona vettona, sobre todo en La Osera y El Raso, se relacionan según Álvarez-Sanchís con la existencia de mercenarios vettones al servicio de régulos ibéricos durante los siglos v y iv a. C. En cambio, Quesada enlaza con las guerras púnicas, alargando el período de movimientos de tropas mercenarias vettonas durante el siglo iii a. C. A mi juicio, puede suponer la presencia de mercenarios de regiones ajenas al mundo vettón, que portan sus propias armas.

A partir de finales del siglo iv a. C., y sobre todo en los inicios del siglo iii a. C., el armamento se enriquece en los confines de la meseta occidental, donde se desarrollan los tipos de armas ya vistos en etapas anteriores, apareciendo nuevos modelos. Además, encontramos puñales junto a espadas en los equipos militares, una combinación que anteriormente no se producía. Por ejemplo, la fabricación de espadas tipo Arcóbriga llega a su esplendor. Un arma provista de una magnífica decoración damasquinada en plata y cobre o bronce, tanto en la empuñadura como en la vaina. La decoración predominante en estas espadas son los motivos rectilíneos en bandas horizontales. Algo similar ocurre con las espadas tipo Alcácer do Sal, cuyas decoraciones ocupan la empuñadura del arma por completo. En cambio, las espadas tipo Atance, consideradas una evolución de las ya descritas espadas Aguilar de Anguita, tuvieron menos éxito entre los vettones. Al menos en apariencia, puesto que apenas se han encontrado ejemplares en las necrópolis. Al contrario que entre sus primos celtíberos, entre los vettones tampoco tuvieron demasiado éxito las largas espadas centroeuropeas de La Tène, quizás algo desfasadas o más difíciles de manejar. En La Osera se deja caer algún que otro ejemplar de estas últimas, pero también en la alta Extremadura, donde el hallazgo de un par de estas espadas en la necrópolis de El Romazal I se relaciona con la presencia de celtíberos en estas tierras. Los puñales, sobre todo los que tienen un engrosamiento discoidal en el centro de la empuñadura, revelan también la influencia celtíbera en el solar vettón. Además, se encuentran puñales de sabor local, y como no podía ser de otra manera, se ha encontrado un puñal de hoja pistiliforme de largas antenas en La Osera, un cementerio de lo más cosmopolita, que contiene un auténtico arsenal forjado en la II Edad del Hierro. Más puñales importados que aparecen en tierra de vettones son los que se conocen como puñales de tipo Monte Bernorio, magníficamente decorados con damasquinados, tanto en el pomo como en la vaina y el tahalí. Esta arma es originaria de la cuenca media del río Duero. El equipo militar de esta fase se completa con puntas de lanza y de jabalina.

¿Cómo explicar la presencia de tanto armamento de origen celtíbero en el occidente peninsular, bastante alejado de sus bases? Lorrio es de la opinión de que es una muestra más de la expansión celtibérica hacia occidente, pero que también se puede relacionar con botines procedentes de las guerras lusitanas. Hay que reconocer que los celtíberos estaban en solaz expansión en sus zonas fronterizas, justo cuando los romanos aparecen por primera vez en la Meseta en el siglo II a. C. Así pues, el desahogo celtíbero en la zona occidental peninsular está representado por objetos tan característicos de esta cultura como las fíbulas de caballito y los puñales biglobulares, que según Lorrio podrían pertenecer a las élites ecuestres celtibéricas establecidas en zonas como la alta Extremadura. Fuera de los lugares originarios de los celtíberos, como son estas tierras vettonas, aparecen textos en lengua celtibérica como, por ejemplo, téseras de hospitalidad o monedas procedentes de cecas celtíberas fuera de sus territorios clásicos, como la ceca de Tamusia. Como si de colonias celtíberas en otros territorios se tratase. Plinio habla sin tapujos de los Celtici de la Baeturia, una zona comprendida entre los ríos Guadiana y Guadalquivir, cuyos ritos, lengua y topónimos como Nertobriga o Segida coinciden con los de las ciudades celtibéricas de su territorio originario, el valle medio del Ebro.

La conquista púnica

No sé si ya lo he dicho, y si no lo digo ahora: Aníbal, el hijo del Barca quería emular a Alejandro Magno. Como todos los grandes, medianos y pequeños militares de la Antigüedad a partir de la irrupción del genial macedonio en la historia. No en vano, el cartaginés es uno de los mejores estrategas militares de la Antigüedad, aunque se encontró con la horma de su zapato en Zama, batalla que puso fin a la II Guerra Púnica con la derrota cartaginesa, cuando los púnicos habían estado en un tris de eliminar a su rival del tablero de juego mediterráneo. Pero finalmente Aníbal perdió su oportunidad. Algunos autores pretenden que le perdió su supuesta indecisión durante la prolongada estancia en Italia, venciendo a los romanos, pero sin atreverse a atacar a la propia ciudad de Roma. Debió pensar que Roma era un hueso demasiado duro de roer, más fuerte de lo que en aquel momento era realmente. Unos años antes, en la primavera del año 220 a. C., Aníbal dirigió en el interior de la península ibérica una expedición de prestigio. Aunque según Sánchez-Moreno, esta campaña tenía bastante más calado, como veremos más abajo. Según numerosas fuentes antiguas, este paseo militar, que al final no lo fue tanto, acabó en el asedio de Helmantiké (actual Salamanca). Durante la campaña, los cartagineses se topan, entre otros pueblos mesetarios, con los vettones, pero también con carpetanos, vacceos y olcades.

Antes de Aníbal, el anterior comandante en jefe de las tropas cartaginesas en Hispania, su cuñado Asdrúbal, y anteriormente, su padre Amílcar Barca, ya habían puesto en ocasiones, el pie dentro de la piel de toro, alejándose de sus bases costeras, la principal de las cuales era Carthago Nova (actual Cartagena). La actividad ibérica de la familia oligarca púnica de los Barca, a la que pertenecía

Aníbal, se prolongó entre los años 237 y 206 a. C. Pero, ¿qué hacían los cartagineses en la península ibérica? Para responder a esta pregunta tan peliaguda hay que hacer una pequeña introducción del asunto, que nos lleva hasta la Primera Guerra Púnica. Esta fue una de las primeras guerras mundiales, pues involucró a las dos potencias principales del Mediterráneo central, que comenzaron a dirimir quién era quién en el concierto internacional: una, muy veterana en estas lides, Cartago, y otra, advenediza y que pedía su sitio a gritos en el nuevo orden internacional; es decir, Roma. El caso es que la isla de Sicilia fue el oscuro objeto del deseo de ambas. Después de muchos años de guerras y matanzas sin cuento, al final, Cartago perdió la guerra, se firmó un tratado de paz por el que los púnicos se comprometieron, entre otras muchas cosas, a pagar a Roma una astronómica indemnización de guerra, que es lo que pasa cuando uno pierde: hay que pagar al que gana. Como los cartagineses estaban en bancarrota ya que, además de a los romanos debían dinero a sus mercenarios, que los tenían y en cantidades ingentes, se fueron a buscar oro y plata con qué pagar tan cuantiosa deuda. Y para colmo, debieron librar una cruelísima guerra contra los mercenarios que se alzaron en armas contra el patrón que ahora les pagaba poco y mal, como consecuencia de la derrota ante los romanos. Así que se fueron a buscar los dineros algo lejos de Cartago, ciudad que estaba muy cerca de la actual ciudad de Túnez. Recalaron en la península ibérica, donde fenicios (los predecesores de los púnicos) y griegos *hacían las Américas*, pues había en esta tierra oro y plata para dar y tomar. Y allí que se fueron los Barca, familia de potentados púnicos, para obtener metales preciosos no sólo para el Estado, sino también para ellos mismos.

Amílcar fue nombrado o se nombró a sí mismo, que para el caso da igual, pues por entonces se llevaba mucho la política de hechos consumados, comandante en jefe de los ejércitos cartagineses peninsulares entre los años 237 y 229 a. C. cuando, según Cornelio Nepote, pereció en combate ante los vettones. Eduardo Sánchez-Moreno concede más importancia a las noticias de Diodoro Sículo, un historiador mucho más fiable y serio, y otros sobre la muerte del caudillo púnico. Según todos ellos, Amílcar falleció en territorio oretano durante el sitio de Helike, muy posiblemente Elche de la Sierra, población situada al sur de Albacete. Según Sánchez-Moreno, es posible que hubiese mercenarios vettones luchando junto a los oretanos y a los turdetanos en el río Guadalquivir, su primer encuentro con la potencia norteafricana. Posiblemente en estos momentos, la presencia cartaginesa sólo alcanzaba hasta el Guadalquivir, pero pocos años después, su influencia se extendía hasta el Tajo.

Polibio[125] nos ha transmitido con detalle la expedición de Aníbal al valle del Duero, siendo la versión de este historiador y militar griego al servicio de los romanos, la más antigua que relata el episodio. En resumen, Aníbal somete a los olcades, conquistando su capital Althia. Las demás ciudades de alrededor, ante la fuerza del envite, se entregaron al poderoso Aníbal, que obtuvo un buen botín. Se retiró a sus cuarteles de invierno en Cartagena, pero al año siguiente volvió al Duero, atacó a los vacceos y conquistó Helmantiké y Arbucala. Cuando volvía triunfante de esta campaña, le salieron al paso los carpetanos, de quienes, dice Polibio, eran el pueblo más poderoso de la zona, junto con el resto de los olcades derrotados el año anterior y con los helmánticos huidos. Aníbal, prudente, se retiró hacia el río Tajo, y aquí venció a los bárbaros mientras lo cruzaban, muriendo muchos de ellos a manos de la caballería cartaginesa. Y aseguraba Polibio que «una vez derrotados los bárbaros, nadie de más allá del río Ebro se atrevió a enfrentársele, excepto Sagunto».

Posiblemente, explica Sánchez-Moreno, Aníbal llegó a Helmantiké y Arbucala[126], atravesando buena parte del territorio vettón. No está muy claro quiénes eran los fugitivos de Helmantiké, si vacceos o vettones, ya que Sánchez-Moreno considera esta ciudad un lugar fronterizo entre ambos pueblos, que podía cambiar de manos según soplase el viento.

¿Qué hacía Aníbal en esas remotas regiones tan lejos de sus bases? Las explicaciones tradicionales son variadas y ya las hemos esbozado: expedición de prestigio del caudillo cartaginés para consolidar su liderazgo entre los propios púnicos, dada su juventud, que

---

125 Tras ser enviado como rehén a Roma tras la batalla de Pidna en el año 168 a.C., Polibio se hizo a la vida romana y frecuentó los círculos de poder romanos. Entre sus mejores amigos se encontraba Publio Cornelio Escipión Emiliano, vencedor de Cartago en 146 a.C.

126 Tradicionalmente se ha pensado que era la actual población zamorana de Toro, pero en los últimos años gana enteros la hipótesis de que sea Villalazán, también en la provincia de Zamora.

no inexperiencia; poner orden entre los pueblos del interior, antes de emprender su proyectada conquista de Italia; y finalmente, para obtener botín, mercenarios y esclavos. A juicio de Sánchez-Moreno, la expedición de Aníbal en la Meseta buscaba fundamentalmente asegurar refuerzos militares, ya sea mediante levas forzosas entre los cautivos o mediante alianzas con los aguerridos pueblos mesetarios. Pero también por razones logísticas, controlando las cosechas de cereales del territorio vacceo. Según este investigador, Aníbal ya está pensando en la guerra con Roma cuando procede de este modo. Yo creo que Aníbal ya pensaba en dar sopas con hondas a los romanos desde su famoso juramento de odio a los mismos en su más tierna infancia.

Aníbal atraviesa los Alpes. Fresco de Jacopo Ripanda[127].
Sala de las Guerras Púnicas, Palacio de los Conservadores, Roma.

127 Pintor italiano renacentista. Nacido en Bolonia en fecha incierta y fallecido en Roma en 1516.

En esta campaña, los cartagineses pudieron seguir la Vía de la Plata, atravesando la tierra de los vettones, periplo durante el cual Aníbal pudo reclutar tropas entre los guerreros vettones, a través de pactos de buen grado o bajo presión militar. Parece lógico pensar que los asedios y asaltos de Helmantiké y Arbucala obedecen más bien a esto último. No todos los pueblos indígenas aceptaron pactar con el invasor ni fueron vapuleados de primeras. Es posible que dentro de cada pueblo hubiese una facción favorable a entenderse con los cartagineses y otra en cambio, más acorde con el enfrentamiento a muerte con el odiado invasor.

En concreto, de las posibles relaciones entre Aníbal y los vettones no sabemos nada de nada, ni por medio de las fuentes ni por la arqueología, con lo que entramos en el movedizo terreno de la controversia. Para Sánchez-Moreno, la Vía de la Plata y otros caminos secundarios que unían desde tiempo inmemorial los valles del Guadalquivir y del Duero a través de Extremadura, conformarían la senda por la que Aníbal y sus tropas llegaron al territorio vettón, pero también a las tierras de lusitanos y vacceos. Curiosamente, en este camino se han encontrado algunos ejemplares numismáticos

Moneda de plata encontrada en Cartagena con el posible retrato de Asdrúbal. Imagen en Julio Mangas. *Historia de España 3. De Aníbal al emperador Augusto. Hispania durante la República romana. Historia 16.*

hispanocartagineses en el occidente peninsular, monedas de bronce que datan de los años 221-215 a. C., justo la época en que supuestamente Aníbal se paseaba por tierras vettonas. Algunos autores piensan que el hallazgo de este tipo de monedas en la zona justificaría la presencia cartaginesa en Salamanca. La moneda se utilizaba para pagar a los soldados cartagineses, pero también a los mercenarios indígenas, que para eso se ponían a las órdenes de los norteafricanos, además de para obtener cuantioso botín.

Es posible que muchos de los tramos de muralla de los grandes *oppida* vettones coincidan cronológicamente con el paso de Aníbal, como las defensas de Raso de Candeleda. Cuando Helmantiké es asediada por Aníbal, era una fortaleza difícil de tomar, muy bien fortificada, y que además tenía arrabales extramuros, según Plutarco. Martín Valls calcula una superficie de aproximadamente 20 ha para la antigua Salamanca, germen de la posterior ciudad romana. A su vuelta de la campaña por el país vacceo, Aníbal se encuentra en los vados del río Tajo con los fugitivos de Helmantiké, que se les habían adelantado para soliviantar a los restos del pueblo olcade, derrotado en la campaña del año anterior, y a los carpetanos, antaño poderoso pueblo sudmesetario. Entre todos hacen frente como pueden al poderoso invasor norteafricano, pero son vapuleados sin misericordia. Suponemos que entre las huestes indígenas hubo algún que otro vettón, pero posiblemente también como mercenarios entre los púnicos. Unos luchaban por el botín y los otros por mantener sus formas de vida tradicionales y la propia vida.

Es posible que estos pueblos mesetarios que se conjuraron para atacar al común enemigo, estuviesen unidos por lazos de hospitalidad, parentesco y amistad, unos lazos que les hicieron proteger los vados del Tajo, ya fuese contra los púnicos o contra los romanos, varias décadas después. En opinión de Sánchez-Moreno, el control de estos pasos cerca de Toletum era necesario en la estrategia socioeconómica de estos pueblos. Posiblemente aseguraban desplazamientos de ganado trashumante y comercio entre las poblaciones indígenas. La presencia cartaginesa antes de la II Guerra Púnica es el primer acto de la insólita acometida contra la Meseta, un acto que provoca una inusitada unión entre los pueblos mesetarios, que ven al extraño como un enemigo común, un adversario temible que viene a destruir, o al menos, a transformar el *modus vivendi* tradicional, desde la noche de los tiempos, de estas gentes. Y después de los púnicos, vinieron los romanos, que fueron quienes acabaron definitivamente, con el transcurrir de los años, con la cultura mesetaria de la Edad del Hierro, tal y como se había conocido hasta entonces, incorporándola a sus cánones y parámetros propios, en ese proceso llamado romanización.

La conquista romana

Poco se sabe de la intervención de los vettones en la invasión romana del occidente de la Meseta, donde los que aparecen por activa y por pasiva son más bien los lusitanos. Pero en algún momento se manifestaron nuestros protagonistas, posiblemente formando parte de los lusitanos. O al menos, eso parece desprenderse de las fuentes clásicas que narran los hechos de dicha conquista.

El occidente de la Meseta Central fue conquistado por los romanos durante los dos primeros tercios del siglo II a. C. en dos etapas, según Manuel Salinas de Frías. La primera etapa tiene lugar desde la expulsión de los cartagineses, a fines del siglo III a. C., hasta el año 180 a. C., aproximadamente. En este período los romanos consolidan lentamente su dominio sobre el sur peninsular, sobre unas tierras conquistadas al enemigo púnico durante los cruentos acontecimientos de la II Guerra Púnica, y tratan de defenderlas a *sagum* y falcata de las incursiones de los lusitanos, pero también de los vettones. En una segunda etapa, ya de conquista propiamente dicha, los romanos se enfrentaron en dura lucha con los lusitanos, celtíberos, vettones y galaicos, entre los años 155 y 133 a. C. En este periodo se incluyen las guerras de Viriato y las guerras celtibéricas en la meseta oriental. Los romanos sustituyeron a los cartagineses como potencia imperialista, con serias apetencias por las tierras de la meseta occidental. Cuando se pacificó la zona, los romanos construyeron en época de Augusto una importante vía de comunicación, que coincidía casi milla por milla, punto por punto, con la vieja Vía de la Plata, el principal camino entre el sur y el norte peninsular, en su mitad occidental.

Ya vimos antes, en el capítulo dedicado a lo que decían los griegos y romanos sobre los vettones, que las fuentes clásicas relatan más bien poca cosa sobre ellos, totalmente diluidos por las noticias que los cronistas vierten sobre los lusitanos. También pudo ocurrir que a los vettones se les incluyese dentro de los lusitanos. O también pudo suceder que a los vettones les vapulearon tanto los romanos a comienzos del siglo II a. C., que dejaron de ser un peligro para los invasores. Pero no lo sabemos a ciencia cierta.

Solamente añadir que el mejor relato sobre las guerras lusitanas, en las que pudieron estar involucrados de alguna forma los vettones, es el que proporciona Apiano en su obra *Iberia*, escrita en el siglo II d. C., en la que el historiador alejandrino se explaya sobre la figura del caudillo lusitano Viriato, a quien ve, de alguna manera, como el «buen salvaje». Es posible que Viriato fuese un hombre más civilizado de lo que transmiten las fuentes, y conocedor de los modos de actuación romanos. En el texto de Apiano, apenas conocemos detalles geográficos y urbanos que nos ayuden a situarnos físicamente en las guerras contra vettones y lusitanos. Apiano menciona en su obra una ciudad denominada Oaxthraca, completamente desconocida y que presenta como la más importante de los lusitanos. Otra de las pocas ciudades de las que da noticia es Talabriga, que tampoco está identificada. En cambio, el mismo Apiano proporciona todo lujo

Muerte de Viriato. José de Madrazo. Museo del Prado.

de detalles en sus referencias a las guerras celtibéricas y numantinas, donde describe una extensa lista de ciudades del valle del Duero, que sí que nos permite identificar los lugares donde acaecieron los hechos relatados. Pero por desgracia, esto no ocurre en la descripción de las guerras lusitanas.

Los romanos se enfrentan a lusitanos, vettones, e incluso celtíberos para mantener el dominio sobre Andalucía y evitar las periódicas expediciones de saqueo de los pueblos mesetarios sobre el fértil y civilizado sur, regado por el río Betis y sus afluentes. Pero también porque los orgullosos oligarcas senatoriales romanos ven en las guerras de Hispania una forma rápida de ascender en el *cursus honorum*, acceder a las más altas magistraturas del Estado y enriquecerse a base de botín y esclavos. Salinas opina que en el siglo II a. C., las sociedades mesetarias ya habían evolucionado y eran capaces de desarrollar pujantes centros urbanos, dirigidos por una nueva aristocracia indígena, cuya existencia generaba gran inestabilidad en la región por su propia dinámica de expansión sobre los pueblos limítrofes. Otra de las causas de las guerras contra lusitanos y vettones es la que Diodoro Sículo y Estrabón definieron y nombraron como «bandolerismo» y que García Bellido y el propio Salinas apellidaron como «lusitano». Bandolerismo lusitano. Los autores clásicos hablan de un país lusitano pobre, motivo por el cual muchos de sus habitantes, en vez de cultivar la tierra se dedicaron a las más provechosas y lucrativas profesiones bélicas. Pero estas expediciones lusitanas no tenían la consistencia de pequeñas bandas de guerreros. No. Eran verdaderos ejércitos, más o menos organizados, y capaces en ocasiones de vencer en batalla campal a las legiones romanas y conquistar ciudades. Eran un problema bastante serio para la poderosa Roma. Su objetivo principal era la obtención de botín, sobre todo ganado. Seguramente el imperialismo romano quebró las formas de vida tradicionales de estas poblaciones, una de cuyas ocupaciones básicas era la trashumancia. Si los romanos interrumpieron las rutas tradicionales de ganado trashumante de estos pueblos hacia el sur, seguramente estos se organizaron para defenderlas y así chocaron con los romanos del valle del Guadalquivir, según Salinas. La necesidad de defender sus fuentes de riqueza provocó la mejora de sus habilidades militares, pues se trataba de vencer o morir. Y estos pueblos, con el tiempo, murieron apisonados por la bien engrasada maquinaria de matar romana. No olvidemos que Roma vivía por y para la guerra. Y si no fenecieron todos los miembros de estas comunidades mesetarias, sí al menos sus formas de vida tradicionales, engullidas por una implacable romanización. El cambio fue brusco, pero quizás un mayor porcentaje de personas comenzó a vivir mejor, eso sí, bajo la férula de un Estado cuyo objetivo primordial era la explotación milimétrica y eficaz de los territorios que conquistaba.

Pero vayamos a los inicios de las guerras de conquista del occidente de la Meseta, a comienzos del siglo II a. C. Ya hemos visto cómo los romanos habían arrebatado a los púnicos el fértil valle del río Betis (Guadalquivir). Tras el final de la II Guerra Púnica, la República romana había creado dos provincias en Hispania, para rentabilizar más y mejor su explotación económica: la Hispania Citerior y la Ulterior. Pues bien, fue en el año 197 a. C. cuando, debido a la desmedida rapacidad romana (la púnica no fue menor, desde luego, pero fueron los vencidos y ya se sabe que la historia la escriben los vencedores), provocó una sublevación generalizada en la península

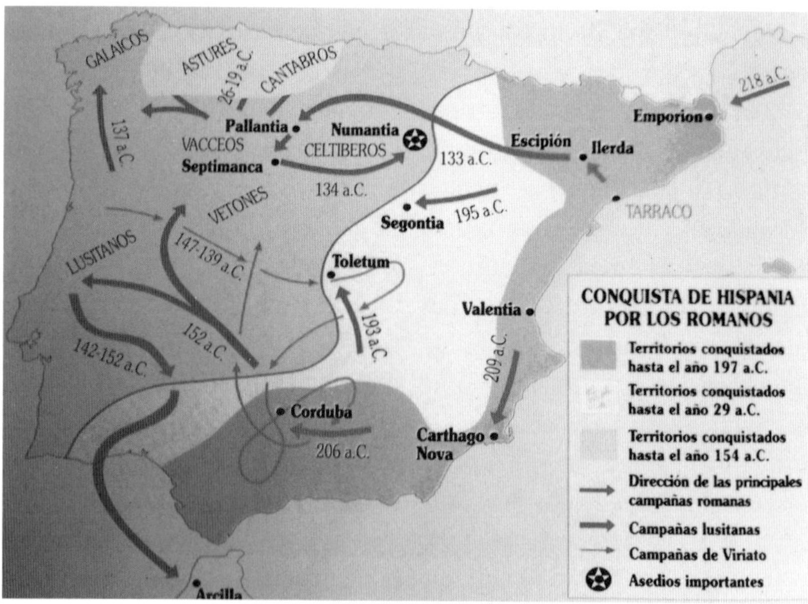

Conquista de Hispania por los romanos (según Julio Mangas. *Historia de España 3. De Aníbal al emperador Augusto. Hispania durante la República romana. Historia 16*).

ibérica, a la que se incorporaron civilizados pueblos meridionales como los turdetanos, varias ciudades de filiación fenicia y la Beturia. En la campaña de Catón el Censor de 195 a. C. contra los hispanos rebeldes encontramos mercenarios celtibéricos contratados por las ciudades turdetanas, y posiblemente también mercenarios lusitanos y vettones. Parece ser que estos pueblos mesetarios no eran extraños de ningún modo a los habitantes del sur peninsular. En el año 194 a. C., el pretor Publio Cornelio Escipión se hizo el encontradizo con los lusitanos, mientras estos saqueaban a gusto las tierras de la Hispania Ulterior, a la altura de Ilipa, la actual Alcalá del Río, Sevilla. Posiblemente los romanos decidieron guerrear contra los norteños para acabar de una vez por todas con el saqueo de las ricas ciudades del sur. Así que al año siguiente se dirigieron hacia el norte y sitiaron la carpetana Toletum, auxiliada por vacceos, vettones y celtíberos, que lograron evitar en esta ocasión la conquista romana de la plaza. Al año siguiente, volvió el mismo comandante romano que había sido derrotado, Marco Fulvio Nobilior, que se empeñó en atacar de nuevo Toletum, enfrentándose a un ejército de vettones que, en esta ocasión no pudieron impedir que la ciudad del Tajo cayese en manos romanas. En los años siguientes, los romanos no sólo combatieron contra estos pueblos mesetarios, sino además con los lusitanos y hasta con los turdetanos, a quienes apoyaban, lo que demuestra que la situación en Andalucía distaba mucho de ser tranquila.

Los romanos decidieron entonces unir los esfuerzos de las legiones de las dos provincias hispanas. Así en las campañas de 186-185 a. C., los pretores de ambas, Cayo Calpurnio Pisón y Tito Quincio Crispino, avanzaron hacia la Carpetania, donde, tras varios hechos de armas favorables a unos y otros, romanos e indígenas, se enfrentaron a un ejército conjunto de lusitanos y celtíberos en un vado del río Tajo, que evidentemente no conocemos, pero que no debía encontrarse muy lejos de la estratégica Toletum carpetana. La victoria sonrió en esta ocasión a las fuerzas romanas, y parece que fue bastante decisiva durante unos cuantos años, pues los lusitanos no se movieron durante largo tiempo. Entre los años 180 y 178 a. C., el pretor de la provincia Ulterior, Lucio Postumio Albino, atacó a los vacceos, contra quienes se dirigió atravesando la Lusitania. Según Salinas, si los romanos utilizaron este camino, debieron cruzar el territorio vettón, utilizando la ancestral vía que transcurría de sur a norte por la Lusitania oriental y que después dio origen a la calzada romana entre Emerita Augusta (Mérida) y Asturica Augusta (Astorga). Sí, otra vez la Vía de la Plata.

Entre estos hechos de armas y los comienzos del siguiente periodo de guerras, no hay noticias ni sobre lusitanos ni sobre vettones. Los cronistas de la época se limitaban a relatar hechos de armas. Apiano comienza su relato con hechos acontecidos en el año 155 a. C. Por estas fechas los lusitanos, dirigidos por un caudillo denominado curiosamente Púnico (¿de origen cartaginés?), se sublevaron y saquearon la Hispania Ulterior. Si se rebelaron contra el poder establecido, es decir, contra los romanos, significa que tras los acontecimientos acaecidos entre 180 y 178 a. C., los lusitanos habían sido temporalmente pacificados. El caso es que Púnico, envalentonado tras masacrar a las legiones de Manilio y Calpurnio Pisón, se dirigió hacia el sur, junto a grupos de vettones, atacando ciudades tan meridionales como las actuales Almuñecar y Málaga, de fundación fenicia, y que por entonces pertenecían a los blastofenicios. A la muerte de este jefe lusitano a causa de una pedrada en un combate, le sucedió Césaro al mando de la hueste lusitana, que volvió a vencer a los romanos en el año 153 a. C. Los romanos, una vez más, se recuperaron y el pretor Lucio Mumio recuperó algunas enseñas de las legiones que habían caído en poder de los lusitanos, algo que repateaba lo que no está escrito a los romanos, que no paraban hasta encontrarlas. Con el sucesor de Mumio, Marco Atilio, aparece la misteriosa ciudad lusitana de Oaxthraca, esa que aparece en el texto de Apiano, pero que no ha podido ser identificada. Según Salinas, la ciudad debía estar próxima a las provincias andaluzas occidentales, tal vez en la actual comarca portuguesa del Alentejo, a juzgar por el escenario de los combates que describe Apiano.

Tras la caída de esta población en manos romanas, los lusitanos, junto con algunos pueblos vettones, pidieron la paz al pretor. Oaxthraca debía ser vital para los lusitanos, como podemos ver. Pero una vez que los romanos se retiraron a sus cuarteles de invierno, los lusitanos volvieron a las andadas. El sucesor de Atilio, Servio Sulpicio Galba, tras varios enfrentamientos, terminó por recibir a los emisarios lusitanos, que pedían renovar los pactos con Atilio. Pero Galba debía ser de otra pasta diferente al anterior pretor, o es que tenía órdenes concretas del Senado romano. El nuevo pretor se comprometió a repartir tierras entre los lusitanos, pero puso una condición: debían entregar sus armas. Los lusitanos no desconfiaron y los que fueron al encuentro con Galba fueron exterminados en su mayoría por las tropas del pérfido[128] gobernador.

Viriato sobrevivió a la masacre y soliviantó al resto de lusitanos en contra de los romanos. Comienzan así las guerras de Viriato, que derrotó en múltiples ocasiones a los romanos. En el año 145 a. C., el cónsul Fabio Máximo Emiliano fue el primer general romano que consiguió poner en fuga a Viriato y logró recuperar las tierras del valle del Guadalquivir que habían caído en manos de los lusitanos. Pero Viriato se recuperó y logró vencer a los sucesores de Emiliano. Sólo con Fabio Máximo Serviliano, hermano del anterior, consiguieron los romanos hacer retroceder de nuevo a Viriato. Los hermanos Fabio habían hecho de Viriato y los lusitanos un asunto de familia. Pero de nuevo Viriato de nuevo logró acorralar a un ejército romano. En un significativo acto de generosidad, ofreció un pacto, aceptado por los sitiados y ratificado por Roma. Pero Servilio Cepión, hermano y sucesor de Serviliano, denunció el tratado y comenzó de nuevo la guerra contra Viriato, al que persiguió sin descanso hasta la Carpetania, tras lo cual saqueó las tierras de vettones y galaicos. Salinas opina que según esta noticia de Apiano, es posible que algunos castros vettones ayudasen a Viriato, por lo que sufrieron asedio, asalto y posterior destrucción. Viriato acabó de mala manera, pues fue asesinado por tres de sus capitanes[129], comprados por Cepión. Pero en contra de lo que supuso el general romano, el asesinato del caudillo lusitano no finalizó la enquistada guerra contra los lusitanos.

Fue Décimo Junio Bruto quien emprendió en 138 a. C. una campaña sistemática contra ellos, que Salinas describe como auténtico genocidio. La campaña de Bruto fue especialmente cruenta, alcanzó el río Nimis (posiblemente el Miño) y combatió a los brácaros, ejecutando a todo prisionero, hombre o mujer, que caía en sus manos. ¿Quién era el bárbaro ahora? Bruto trasladó desde el año 136 a. C. la frontera romana en occidente desde el río Tajo al Duero, pero la

128 Pérfido, de perfidia, que se refiere a la ruptura de la *fides*.

129 Audax, Ditalcos y Minuros eran los nombres de los que asesinaron al líder lusitano.

conquista de estos vastos territorios va a ser paulatina y de ningún modo homogénea, ya que la región ocupada es extensa y políticamente formada por comunidades inconexas, algo que, obviamente, dificultaba enormemente el avance romano. A pesar de la brutalidad (lógica, con este nombre) de Bruto[130], el occidente de la Península siguió ocasionando problemas a los romanos. Todavía en el año 112 a. C., el pretor del año moría en combate con los lusitanos. Los grupos y enclaves más cercanos a la Vía de la Plata parecen ser más receptivos al invasor y, por ello, los primeros en los que la presencia romana es efectiva de forma más temprana, como Salmantica. El cambio es perceptible: por ejemplo, en el yacimiento de Los Tejares, gran parte de la población parece trasladarse a zonas llanas y de menor altura, próximas a zonas de pastos y cultivos. Y esta modificación de costumbres tiene lugar a mediados del siglo II a. C. Entre los años 80 y 72 a. C. tuvieron lugar en Hispania las guerras sertorianas, una suerte de enfrentamientos civiles entre facciones romanas que terminaron por involucrar a numerosos pueblos indígenas. Quinto Sertorio, que da nombre al conflicto civil con el que aparece en los libros de historia, era un senador partidario de Cayo Mario. De hecho, era primo del siete veces cónsul y héroe entre los estratos más humildes del pueblo romano. Con la dictadura del aristocrático Lucio Cornelio Sila, Sertorio se desplazó a la Península para combatir desde sus sólidas bases hispanas al dictador. Expulsado por los silanos hacia el norte de África, Sertorio pactó con los emisarios lusitanos y, en la primavera del año 80 a. C., volvió a la Península poniéndose al mando de los indígenas descontentos con el gobierno de Roma. Como Viriato, fue asesinado por sus propios hombres, en un complot urdido por Marco Perpenna[131].

130 En realidad, el *cognomen* o sobrenombre de Bruto proviene del latín *brutus*, palabra utilizada por los romanos para referirse a los animales lentos o testarudos. Lo chistoso es que también se usó como sobrenombre de una de las familias más ilustres de la república. El propio fundador de la república Lucio Junio Bruto recibió el sobrenombre seguramente por tener un cuerpo pesado y no por otra cosa.

131 Proscrito por Sila, Perpenna se trasladó tras varias vicisitudes a Hispania, con el ánimo de apoyar a Sertorio. Pero mantuvo con él muy malas relaciones. Una vez asesinado Sertorio, Perpenna continuó la lucha contra los *optimates*, sólo para ser derrotado y muerto a su vez a los pocos meses por Pompeyo, el delfín de Sila.

Sólo el famoso Cayo Julio César fue capaz de poner fin a la enconada resistencia lusitana. Estuvo en el occidente de la Meseta como cuestor, y seguramente ya en esta época trabó conocimiento con los pueblos indígenas, estableciendo sólidas clientelas que le apoyaron durante su irresistible ascenso al poder en Roma. Fue durante su posterior pretura en Hispania Ulterior cuando acabó con los últimos rebeldes lusitanos, en una fecha tan tardía como los años 61-60 a. C. Posiblemente César inició esta campaña pues sospechaba que los habitantes de la zona del *mons Herminius* (sierra de la Estrella) no se trasladarían a la llanura de buen grado para ser sometidos a un control más eficaz por las tropas romanas, como era la intención del propio César. Empleó mano dura, pues César nunca fue una hermanita de la caridad, pero como brillante político que era, también uso medidas más sociales como fueron la creación de colonias y municipios, medidas pacíficas continuadas por Augusto. César, a pesar de su rancio abolengo (descendiente directo de la diosa Venus y de Eneas, fugitivo de Troya, nada menos, según decía él mismo), siempre andaba sin un mísero sextercio en el bolsillo, debido a la necesidad constante y acuciante de dinero para hacer frente a su carrera política. Así que, en esta campaña contra los lusitanos, se excedió un poco, pues exterminó y esclavizó a poblaciones enteras, ejecutando una severa política de confiscación de bienes y de latrocinio sin cuento de las riquezas indígenas. La actuación de César en la zona es el origen del preponderante *nomen Iulius* en lugares como Helmántica (Helmantiké o Salmantica), portado por indígenas que pasaron a engrosar por las buenas o por las malas la extensa clientela de César. La necesaria para hacer la competencia sobre el terreno a Pompeyo, que tenía la suya propia, resultado de su prolongada estancia en Hispania combatiendo a Sertorio.

Según Dión Casio, César combatió a los lusitanos debido a su envidia contra Pompeyo y para adquirir la gloria y experiencia necesarias que le aupasen al consulado, que consiguió poco después. Parece que la conquista del occidente peninsular por César le fue de gran utilidad durante las posteriores guerras civiles contra los partidarios de su antiguo yerno Pompeyo, pues alzó en armas contra los pompeyanos una buena cantidad de tropas integradas por clientes. Durante esta guerra civil, Hispania fue uno de los escenarios bélicos más importantes. El general pompeyano Petreyo atravesó el país de los vettones para unirse a su colega de facción Afranio, a fin de enfrentarse juntos al temible César en la batalla de Ilerda. Estos hechos nos dan a entender, según Salinas, que por entonces, los lusitanos y vettones combatían como pueblos implicados en la guerra civil romana, es decir, como miembros de pleno derecho del Estado romano, y no como indígenas bárbaros enfrentados a Roma. Cuando el ejército pompeyano fue definitivamente destruido en Munda, los lusitanos y posiblemente los vettones apoyaron al hijo de Pompeyo, Sexto que durante unos cuantos años siguió dando la tabarra a César, esta vez en el mar, hasta el año 44 a. C. César, asesinado en el Senado ese año, no vio el final del hijo de su aborrecido rival, que continuó sus actividades diríamos piráticas, durante una buena temporada, beneficiándose de los problemas personales entre Octavio y Marco Antonio. El primero, heredero de César, y mano derecha el segundo, que se quedó con un palmo de narices durante la lectura del testamento de su primo asesinado.

Visto lo visto, parece que los vettones no fueron espectadores tan pasivos en la conquista de la meseta occidental por los romanos, pero sí parece real que fueron los lusitanos quienes llevaron el mayor peso de la resistencia, apoyados en alguna ocasión por sus vecinos vettones. Al menos es lo que parece desprenderse de una lectura detenida de las fuentes. O es que, en realidad, los cronistas clásicos metieron en el mismo saco de los lusitanos a los vettones, como ya he dicho en otras ocasiones.

Durante las guerras civiles de fines de la República romana, donde Hispania fue un campo de batalla fundamental, los vettones tomaron el partido de los perdedores, no sabemos si de buen grado o no, pues apoyaron a Sertorio y a Pompeyo, prestándoles tanto recursos variados como guerreros. En el caso de Sertorio puede que tuviesen más afinidad por el popular que por los *optimates*. Y ya sabemos que Sertorio fue asesinado por sus propios hombres y su partido, el popular, derrotado por el de los *optimates* o senatorial, dirigidos en la península ibérica por Metelo Pío y Pompeyo. Es posible que Sertorio fuese capaz de atraer a vettones (y lusitanos, entre otros pueblos indígenas peninsulares) porque estos vieron en él una especie de caudillo mesiánico que les liberaría de la explotación a la que eran sometidos por la maquinaria estatal romana, que agravaba la ya de por sí penosa situación de base, expuestos como estaban a la escasez perenne de bienes al habitar tierras tan pobres. Aunque uno no sabe si en caso de haber vencido Sertorio las cosas hubiesen cambiado demasiado. Sertorio formaba parte, para bien o para mal, de la oligarquía senatorial romana, que, dividida en facciones luchaba por la supremacía del Estado romano, que se hacía demasiado grande para unas instituciones que se había quedado obsoletas y que fueron previstas para una ciudad pequeña cuando se convirtió en república y expulsó a los reyes. Pero en el fondo, el espíritu era el mismo que el de los demás jerarcas romanos: el imperialismo y la explotación minuciosa de las tierras y de los pueblos conquistados.

Posteriormente el propio Pompeyo fue aplastado en otras circunstancias por César[132] y acabó perdiendo literalmente la cabeza en Egipto, donde casi no le dieron tiempo ni a bajarse del barco, ante la atónita mirada de su esposa. Cuando los vettones apoyaron a los pompeyanos, es posible que se debiese más por su situación estratégica que por simpatías por los partidarios del antiguo yerno de César.

En el año 31 a. C., con la derrota de Marco Antonio y Cleopatra, finalizó la guerra civil con la victoria definitiva de Octavio Augusto, quien terminó de integrar el territorio vettón en el sistema provincial imperial.

En conclusión, los vettones se enfrentaron siempre a los que se oponían a Roma o los que luchaban por hacerse con el poder. Pero desde luego, no tuvieron demasiado ojo clínico para elegir sus alianzas. Y como perdieron, pues es de suponer que los vencedores tomaran sus medidas disuasorias con respecto a un pueblo levantisco, expulsándoles de sus castros fortificados y oprimiéndoles con onerosos impuestos. Al menos eso hizo César. Aunque Augusto comprendió que, si quería evitarse problemas con estos pueblos, lo mejor que podía hacer es integrarlos dentro de la estructura estatal romana. La alta tasa de concentración de castros de época imperial en el occidente de la provincia de Salamanca (Yecla, Merchanas, Saldeana...) podría responder a la política de Augusto, que de paso dejaba un amplio territorio para la implantación de veteranos licenciados de las legiones una vez cumplido su extenso período de servicio militar.

132 En la batalla de Farsalia, que supuso la derrota de Pompeyo ante su antiguo suegro, está atestiguada la presencia vettona. «His praeter Latias acies erat inpiger Astur/Vettonesque leves profugique a gente vetusta/Gallorum Celtae miscentes nomen Hiberis» (Lucano. Farsalia, IV).

Augusto modificó el sistema de obtención de tributos[133], cargándolo sobre un territorio determinado y no sobre las ciudades, de forma que centralizaba su cobro. Los poblados de una región colaboraban en la obtención eficaz del estipendio debido a los rapaces recaudadores imperiales. En cambio, los castros orientales abulenses no se romanizaron y desaparecieron como núcleos de población a lo largo de la ocupación romana. Las Cogotas y La Mesa de Miranda es posible que se despoblasen en el transcurso de las guerras celtibéricas. Raso de Candeleda se trasladó a la llanura por orden de Julio César. Y de Ulaca se sabe poco en este sentido. En todos ellos el traslado se debió realizar con rapidez, conocidos los objetos que los habitantes dejaron en el hábitat doméstico, como si hubiesen salido huyendo despavoridos. Poblados abandonados, sí. Pero no destruidos hasta los cimientos.

César y Pompeyo, suegro y yerno, respectivamente. Pareja bien avenida mientras vivió Julia, hija de César y esposa de Pompeyo, fallecida de parto. Imagen en Julio Mangas. *Historia de España 3. De Aníbal al emperador Augusto. Hispania durante la República romana. Historia 16.*

133 *Ager per extremitatem mensura comprehensus.*

Ya durante el siglo I a. C., los romanos estaban instaurando su propio sistema de gestión de la explotación de los territorios vettones. Ante la agresión sin vuelta atrás, a los indígenas no les quedó más remedio que cambiar sus estructuras sociales. El *modus vivendi* romano acaba por imponerse, a la fuerza, si era necesario. Ahora le tocaba a la Vettonia, como ya lo habían sufrido otras regiones de la península ibérica. A partir de ahora se transformarán en vettones-romanos, integrados en la superior civilización romana.

La romanización

La romanización supone un complejo proceso de aculturación de los indígenas a partir de los planteamientos culturales de los conquistadores. El ejército romano, durante sus desplazamientos fue un elemento romanizador[134] de primer orden, difusor de nuevas ideas y creencias en la Meseta. En ocasiones los legionarios tomaron esposa y engendraron hijos mestizos portadores de visiones del mundo tanto indígenas como romanas. Los visitantes itálicos también tenían necesidades mundanas, pues necesitaban aprovisionarse sobre el terreno de alimentos y todo tipo de productos: botas, cueros, odres, monturas, arneses, mercancías que adquirían por las buenas o por las malas entre las poblaciones indígenas. Muchas veces dependía del talante del comandante del ejército. En todo caso, en torno a los conquistadores se organizó todo un comercio que, en muchas ocasiones, fue lucrativo, sobre todo para las élites de poblados y ciudades.

Este proceso modificará sustancial y paulatinamente la manera de vivir de los pobladores del solar vettón. Y de los habitantes de toda la Península durante varios siglos. Los habitantes autóctonos van adquiriendo con mejor o peor humor formas de vida extrañas a ellos y las van incorporando con éxito variable a su experiencia cotidiana. En un alto porcentaje la romanización supone una mejora considerable en las condiciones de vida de los habitantes de los lugares conquistados. Por fin, los que han pasado por el aro romano, se dan cuenta de que viven mejor que antes, aunque eso sí, a costa de

134 Además de exterminador, no lo duden nunca.

pagar una serie de impuestos[135] a una entelequia estatal abstracta que está a una distancia inimaginable desde sus planteamientos vitales y cánones mentales. Pero como la gente se hace a todo, con el tiempo se terminó abandonando el *sagum* y aceptando la toga, como ejemplo de la mutación. En ocasiones ese cambio se inició después de una sangrienta guerra de conquista, y en otras se efectuó de manera más pacífica, aunque siempre de manera forzada.

La metamorfosis, que denominamos en conjunto romanización, alumbró una novedosa configuración social, política, económica y religiosa que halló su máxima expresión durante la época imperial de la Hispania romana.

En resumidas cuentas, la conquista romana del interior peninsular modificó las formas de vida en esas regiones. También la vida cotidiana de los vettones. Y aquello duró unos dos siglos, con sus resiliencias pertinentes, de algunos recalcitrantes más que otros. Pues unos se aferraron con uñas y dientes a sus tradiciones seculares y otros aceptaron con relativa facilidad las novedades incorporadas por los romanos. Abordemos ahora algunos aspectos de la romanización en territorio vettón de forma somera.

DESCOMPOSICIÓN DEL SISTEMA GENTILICIO

Durante el proceso romanizador se acentuó la descomposición del ancestral sistema gentilicio de los pueblos vettones, a pesar de la enconada resistencia por algunos elementos especialmente recalcitrantes que se opusieron a lo inevitable. Un proceso desintegrador que ya se había iniciado antes de los romanos. Es decir, que no es que tuviesen la culpa de todo, pero sí que aceleraron la evolución de los acontecimientos.

J. A. Redondo vincula en parte la progresiva descomposición del sistema gentilicio vettón con la aparición de cierto bandolerismo en dicha sociedad, pero bastante menos radical que el lusitano. El bandolerismo se origina a raíz de las desigualdades sociales y económicas

135 A través de rapaces recaudadores, cuyo negocio solía ser de carácter privado, denominados *publicani*.

que surgen en la sociedad gentilicia, de trasfondo más igualitario. Según este autor, la clase dirigente se hace con los medios de producción, cayendo en barrena la vieja teórica sociedad igualitaria de tiempos anteriores. Por ello, se crean grupos de desahuciados que caen en una miseria incluso superior a la que, hasta ese momento, estaban instalados, y tienen que luchar con uñas y dientes por su subsistencia. Y la forma que tienen más a mano es recurrir al robo y al saqueo. Al bandolerismo, en suma. Pero es de creer que estas actividades de latrocinio no estuvieron tan extendidas entre los pueblos vettones tanto como en sus primos lusitanos. La conquista romana acelera el proceso con actuaciones que tienen mucho que ver con los repartos de tierra, un acto que genera nuevas relaciones que nada tienen que ver con los vínculos gentilicios. El mercenariado también diluye las vetustas relaciones íntimas de las gentilidades, diluidas en la vorágine de una vida urbana que se extiende por la Meseta.

Los vettones, hasta estos momentos estaban inmersos en un sistema organizativo gentilicio, ya saben, aquella estructura social de personas que proceden de un antepasado común, con un determinado nombre común o gentilicio y relacionadas entre sí por lazos consanguíneos. Hasta ahora no se ha hallado vestigio alguno de escritura vettona, pero sí latina en inscripciones epigráficas que confirman la existencia de ancestral estructura social fosilizada y en proceso de mutación según avanza la romanización a través de los siglos. En Cáceres se han encontrado inscripciones epigráficas que son ejemplo de esta evolución con pervivencias de grado variable de la antigua sociedad vettona. Veamos si no la siguiente onomástica que nos indica el grado de romanización, y que pertenece a personas que vivieron entre los siglos I y III d. C.

Covtivs Cvocicorvm L.H., donde Covtivs es un antropónimo claramente indígena, y Cvocicorvm es el nombre de la gentilidad, pero en la forma de genitivo plural latino (en *-orvm*) y no en la forma céltica *-cvm*.

Caecilia Q.F. Tvscanvm, inscripción donde «Q.F.» parece significar «quinti filia», hija de Quinto, pues se trata de una mujer.

C. Norbanvs Tancivs Ablicv(m) es quizá la referencia más romanizada de estos tres ejemplos, pues aparece el *tria nomina* latino. Como contrapartida, presenta la gentilidad en genitivo céltico (Ablicv(m)) y posee un *cognomen* de raíz indígena, *Tanc.*

A pesar del caso de Caecilia, donde se da primero la filiación paterna y después la gentilicia, que es lo habitual, en numerosas epigrafías aparece primero el gentilicio y después la filiación. Según Redondo, entre los vettones, o al menos, entre algunos grupos sería más importante la relación de parentesco con un grupo amplio, la gentilidad, que el vínculo familiar reducido, representado por la referencia al padre, muchas veces omitido. Esta sería una evidente pervivencia de formas de vida indígenas en un mundo romanizado. A raíz de estos datos epigráficos podemos deducir que la presencia itálica, más que la meramente romana, se divide en tres fases, de las cuales, la primera es la de conquista, la segunda de colonización, que se incrementa sobre todo a partir del período de paz inaugurado con Augusto, y una tercera fase en la que la población indígena ha asimilado de forma total o casi total los modos de vida romanos.

EFECTOS DE LA ROMANIZACIÓN EN EL POBLAMIENTO VETTÓN

Para articular el territorio conquistado, los romanos crearon *civitates* partiendo de poblaciones preexistentes o creando ciudades *ex novo*, basadas en el cuadriculado urbanismo romano ya desde su fundación. Julio César en un momento de su *cursus honorum*[136], fue propretor (gobernador) de la provincia Ulterior hispana, y dio orden expresa de que los habitantes de las montañas fuesen a vivir al llano para controlarlos mejor.

Álvarez-Sanchís propone cinco razones que explican el abandono de los *oppida* por sus habitantes: vivir en una ciudad romana tenía sus ventajas, pues permitía el acceso a las redes de comunicación; las ciudades tenían un potencial demográfico y económico del que los toscos castros carecían; los romanos ordenaron el territorio según los usos del suelo; derrumbamiento de los vínculos clientelares indígenas, sustituidos por otro sistema de relaciones, inmersas

136 Ya saben, la carrera política del romano que podía permitírselo a base de gastar y gastar sin tiento un dinero que a veces no tenía y que pedía prestado o lo obtenía al casarse con una matrona con posibles.

en el interés comercial; la incorporación a un sistema económico monetario, que facilitaba los intercambios comerciales, aumentando la necesidad de excedentes agrícolas para su venta.

Muchas de las poblaciones de nuevo cuño o potenciadas por los romanos, lo eran por necesidades de explotación minera o por ser centros de producción industrial. Otros nuevos núcleos tuvieron su origen en campamentos militares o en *mansiones* de las vías o calzadas. Las mansiones eran sitios donde descansaban y se aprovisionaban los viajeros y sus animales, ya fuesen de tiro o monturas. Muchas de ellas se convirtieron en verdaderas ciudades al prosperar con el paso de los transeúntes y los buenos dineros o especies que se dejaban en ellas. Diferentes servicios de todo pelaje proliferaron en estos lugares de reunión de viajeros.

Cuando se afianza el imperio, se produce algo así como una *segunda romanización*, independiente de la que se produjo durante la vetusta II Edad del Hierro final indígena, que correspondía a la época republicana y tardorrepublicana romana. Durante la segunda mitad del siglo I a. C. y la primera del I d. C., se abandonan numerosos asentamientos, digamos tradicionales, a fin de dar paso a la nueva administración provincial imperial. Las calzadas pasan a articular el territorio, con lo que el nuevo poblamiento se hace más regular y homogéneo en la ocupación del terruño. En tiempos prerromanos la distribución de la población vettona era bastante irregular. Los grupos familiares y gentilicios se solían afincar en pequeños núcleos de población, incluso algunos de muy pocas viviendas. Como en el resto de la Península en líneas generales, con excepciones que se concretan en el Levante y el Mediodía, regiones más evolucionadas por el contacto con las altas civilizaciones mediterráneas: fenicios, griegos y cartagineses. Según progresó y se desarrolló el imperio, los asentamientos aumentaron de tamaño. Roma era en esos momentos una civilización urbana.

Llegados a este punto, podemos afirmar sin temor a equivocarnos que el término Vettonia, definido como la tierra que habitaban los vettones, es un concepto artificial, *inventado* a finales del siglo I a. C. por los agrimensores imperiales, dentro de la nueva administración augustea. Ya en el siglo III d. C., en la provincia Lusitania existían dos distritos fiscales, la propia Lusitania y la Vettonia. La Vettonia era la zona oriental de la provincia lusitana, a tenor de la epigrafía que se refiere a cargos administrativos en esta circunscripción, ya reseñados en el capítulo dedicado a las fuentes epigráficas, y que recuerda que los vettones fueron un pueblo que ya en época prerromana estaba plenamente individualizado e independiente de sus vecinos. Al menos a ojos de los cronistas grecorromanos.

Fuentes clásicas

APIANO. *Iberia.*
AVIENO. *Ora Marítima.*
CAYO JULIO CÉSAR. *Comentarios a las guerras civiles.*
CAYO JULIO CÉSAR. *La guerra de las Galias.*
CLAUDIO ELIANO. *Varia Historia.*
CORNELIO NEPOTE. *Sobre los más destacados generales de los pueblos extranjeros.*
DIODORO SICULO. *Biblioteca Histórica.*
DION CASIO. *Historia Romana.*
ÉFORO DE CIME. *Historia universal.*
ESTRABÓN. *Geografía.*
FILINO DE AGRIGENTO
FRONTINO. *Estrategias.*
HECATEO DE MILETO. *Viajes alrededor de la Tierra.*
HERODOTO DE HALICARNASO. *Historia.*
JUSTINIANO. *Instituciones.*
JUSTINO. *Historias Filípicas Libro XLIV.*
LUCANO. *Farsalia.*
MARCIAL. *Epigramas.*
MARCO TERENCIO VARRÓN. *Antigüedades.*
PLINIO EL VIEJO. *Historia Natural.*
POLIBIO. *Historia de Roma.*
POLIENO. *Estratagemas.*
POSIDONIO. *Historias.*
PRUDENCIO. *Peristéphanon (Libro de las coronas de los mártires).*
PTOLOMEO DE ALEJANDRÍA. *Geografía.*
SAN JERÓNIMO. *Contra Vigilancio.*
SILIO ITALICO. *Púnica.*
SÓSILO EL LACEDEMONIO
SUETONIO. *Vida de los Doce Césares.*

TÁCITO. *Anales.*
TITO LIVIO. *Desde la fundación de la ciudad.*

Bibliografía

ACERO PÉREZ, J., (2005): «Puentes de origen romano en torno a la ciudad de *Capera: el* puente de Cáparra y el pontón del Guijo». *Zephyrus,* 58, pp. 285-299.

ACERO PÉREZ, J., (2008): «Hallazgo e interpretación de una inscripción romana reencontrada en Cáceres», en Primitivo Javier Sanabria Marcos (ed.); Arqueología urbana en Cáceres. Investigaciones e intervenciones recientes en la ciudad de Cáceres y su entorno. Actas de las Jornadas de Arqueología del Museo de Cáceres. Memorias 7. Pp. 247-256.

ACSÁDI, G.; NEMÉRESKI, J., (1970): «History of Human Life Span and Mortality». *Annales de démographie historique.* Budapest.

ALFÖLDI, A., (1974): «*Die Struktur der vorrömischen Römerstaates*». Heidelberg.

ALMAGRO-GORBEA, M., (1992): «El origen de los celtas en la Península Ibérica: protoceltas y celtas», *POLIS, Revista de ideas y formas políticas de la Antigüedad clásica* [ISSN 1130-0728] 4, pp. 5-31.

ALMAGRO GORBEA, M., (2008): «Celtas y vettones», en Jesús Álvarez-Sanchís (ed.): Arqueología vettona. La Meseta Occidental en la Edad del Hierro, Zona arqueológica, 12. Museo Arqueológico Regional de la Comunidad de Madrid, pp. 44-60.

ALMAGRO GORBEA, M., (2009): «Lusitanos y vettones», en Primitivo Javier Sanabria Marcos (ed.): Lusitanos y vettones. Los pueblos prerromanos en la actual demarcación Beira Baixa-Alto Alentejo-Cáceres. Memorias 9. Museo de Cáceres, pp. 15-43.

ALMAGRO-GORBEA, M., ÁLVAREZ-SANCHÍS, J.R.: «La *sauna* de Ulaca: saunas y baños iniciáticos en el mundo céltico», Departamento de Prehistoria. Universidad Complutense pp: 177-231 en el recurso digital: dspace.unav.es/dspace/.../1/Almagro-Gorbea-Álvarez-Sanchís.pdf.

ALMAGRO-GORBEA, M., (2016): «*Lancea*, palabra lusitana, y la etnogénesis de los *lancienses*», *Complutum,* Vol. 27 (1): pp 131-168.

ALONSO-NUÑEZ, J. M., (1991): «Los vettones en Estrabón», *Studia Historica. Hª Antigua, Nº 9*, pp 85-88.

ALONSO PRIETO, B., (2007): «Los vettones».

http://www.celtiberia.net/es/biblioteca/?id=421&cadena=vettones#ixzz3XD4pO4jV

ÁLVAREZ-SANCHÍS, J. R. (1997): «Los vettones. Arqueología de un pueblo protohistórico». Tesis Doctoral. Universidad Complutense de Madrid.

ÁLVAREZ-SANCHÍS, J., (1999): «Los vettones». Real Academia de la Historia. Madrid.

ÁLVAREZ-SANCHÍS, J., (2008): «El descubrimiento de los vettones. Las Cogotas y la cultura de los Verracos», en Jesús Álvarez-Sanchís (ed.): Arqueología vettona. La Meseta Occidental en la Edad del Hierro, Zona arqueológica, 12. Museo Arqueológico Regional de la Comunidad de Madrid, pp. 14-42.

ÁLVAREZ-SANCHÍS, J., (2009): «Antes de los *oppida.* Los vettones y la Edad del Hierro», en Primitivo Javier Sanabria Marcos (ed.): Lusitanos y vettones. Los pueblos prerromanos en la actual demarcación Beira Baixa-Alto Alentejo-Cáceres. Memorias 9. Museo de Cáceres, pp. 45-64.

ÁLVAREZ-SANCHÍS, J., (2011): «Ciudades vetonas» en *Complutum* Volumen 22 (2). Pp. 147-183.

ÁLVAREZ-SANCHÍS, J., MARÍN, C., FALQUINA, A., RUIZ ZAPATERO, G., (2008): «El oppidum vettón de Ulaca (Solosancho, Ávila) y su necrópolis», en Álvarez-Sanchís,J. (ed.): Arqueología vetona. La Meseta occidental en la Edad del Hierro, Zona arqueológica, 12. Museo Arqueológico Regional de la Comunidad de Madrid, pp. 338-361.

AZCÓNEGUI MORÄN, F. y CASTELLANOS MIGUELEZ, A. (coords.) (1999, 3.a ed.): *Guía práctica de la cantería.* Editorial de los Oficios. León.

BAQUEDANO BELTRÁN I.; MARTÍN ESCORZA, C., (2001): «La necrópolis de La Osera», en Almagro Gorbea, M., Mariné, M. y Álvarez-Sanchís, M.J. (eds): *Celtas y Vettones*: pp 305-314. Ávila.

BAQUEDANO BELTRÁN I.; MARTÍN ESCORZA, C., (2008): «Sacerdotes vettones: el sol y las estrellas. Un mapa estelar en la necrópolis de La Osera», en Jesús Álvarez-Sanchís (ed.): Arqueología vettona. La Meseta Occidental en la Edad del Hierro, Zona arqueológica, 12. Museo Arqueológico Regional de la Comunidad de Madrid, pp. 14-42.

BARRACA RAMOS, P. (1996): «Ávila en la Antigüedad tardía». En Acta Antiqua Complutensia I. Complutum y las ciudades hispanas de la antigüedad tardía. Actas del I Encuentro Hispania en la Antigüedad tardía: pp. 181-192.

BARRIL VICENTE, M.; GALÁN DOMINGO, E., (eds.) (2007): «Ecos del Mediterráneo. El mundo ibérico y la cultura vetona», Catálogo de la exposición. Torreón de los Guzmanes (Ávila).

BARRIL VICENTE, M., (2008): «Los vettones y el Museo Arqueológico Nacional», en Álvarez-Sanchís,J. (ed.): Arqueología vetona. La Meseta occidental en la Edad del Hierro, Zona arqueológica, 12. Museo Arqueológico Regional de la Comunidad de Madrid, pp. 455-471.

BELTRÁN ORTEGA, A., (2016): «Epigrafía y territorio: las *civitates* de la *Asturia* meridional y la *Lusitania* nororiental». Tesis doctoral. Universidad Complutense Madrid.

BENDALA GALÁN, M., (1999): «Notas sobre Caesarobriga (Talavera de la Reina) y su problemática geopolítica en la Antigüedad». CuPAUAM 25.2, pp. 131-144.

BENET, N., LOPEZ JIMENEZ, O., (2008): «Investigaciones recientes en la Edad del Hierro en Salamanca y la Beira Alta: los castros del occidente», en Álvarez-Sanchís,J. (ed.): Arqueología vetona. La Meseta occidental en la Edad del Hierro, Zona arqueológica, 12. Museo Arqueológico Regional de la Comunidad de Madrid, pp. 163-181.

BENITEZ DE LUGO ENRICH, L., (2004): «Arqueología del culto ibérica en la Oretania Septentrional». *Arse 38*, pp 29-61.

BERROCAL-RANGEL, L., (2005): «Las *fortalezas de entrada*, un elemento de la poliorcética castreña desde el enfoque de la conquista romana». *Norba, Revista de Historia. Vol. 18*, pp. 11-31.

BLASCO BOSQUED, Mª. C., (2008): «Las actividades productivas en el mundo vettón», en Jesús Álvarez-Sanchís (ed.): Arqueología vettona. La Meseta Occidental en la Edad del Hierro, Zona arqueológica, 12. Museo Arqueológico Regional de la Comunidad de Madrid, pp. 128-139.

BLÁZQUEZ MARTÍNEZ, J. M., (1962): «Cabezas célticas inéditas del castro de Yecla. Salamanca», en VII Congreso Arqueológico Nacional. Barcelona 1961, Zaragoza 1962, pp. 217-226.

BLÁZQUEZ MARTÍNEZ, J. M., (1962): «Religiones primitivas de Hispania I. Fuentes literarias y epigráficas». CSIC. Madrid.

BLÁZQUEZ, J. M., (1975): «Diccionario de las religiones prerromanas de Hispania». Ed. ISTMO. Madrid.

BLÁZQUEZ, J. M., (1975): «Tartessos y los orígenes de la colonización fenicia en occidente». Universidad de Salamanca.

BLÁZQUEZ MARTÍNEZ, J. M.; GARCÍA-GELABERT, Mª. P., (1989): «El Castillo de Cardeñosa (Ávila). Primera campaña de excavación sistemática». *Espacio, Tiempo y Forma*, Serie II, H." Antigua, t. V, pp. 21-66.

BLÁZQUEZ MARTÍNEZ, J. M.; GARCÍA-GELABERT, Mª. P., (1992): «Recientes aportaciones a! culto de las aguas en la Híspanla romana».

Estudios sobre la Antigüedad en Homenaje al Prof. Santiago Montero Díaz. Anejos de Gerión 2, Madrid, pp. 307-315.

BLÁZQUEZ MARTÍNEZ, J. M., (1992): «Recientes aportaciones a las religiones prerromanas de Hispania II» en *Gerión*. núm. 10. Editorial Complutense. Madrid.

BLÁZQUEZ MARTÍNEZ, J. M., (2001): «Religiones, ritos y creencias funerarias de la Hispania prerromana». BIBLIOTECA NUEVA. Madrid, pp 119-131.

BRUNEAUX, J. L., (1993): «Les bois sacrés des Celtes et des Germains». *En Les bois sacrés*. Actes du Colloque International organicé par le Centre Jean Bérard et l'École Practique des hautes Études (V1 Section), Naples, 23-25 novembre 1989. Naples.

BURILLO MOZOTA, F., (2007): *Los Celtíberos*, Crítica, Barcelona.

CABALLERO ZOREDA, L.; ROSCO MADRUGA, J., (1988): «Iglesia visigoda de Santa Lucía del Trampal, Alcuéscar (Prov. Cáceres). Primera campaña de trabajos arqueológicos. 1983-1984», en *Extremadura Arqueológica I*. Junta de Extremadura, Consejería de Educación y Cultura. Editora Regional de Extremadura. Pp. 231-249.

CABRÉ, J., (1932): «Excavaciones en Las Cogotas (Cardeñosa, Ávila). II. La Necrópolis». Memoria de la Junta Superior de excavaciones y Antigüedades, 120. Madrid.

CABRÉ, J.; CABRÉ, E.; MOLINERO, A., (1950): «El castro y la necrópolis del Hierro Céltico de Chamartín de la Sierra (Ávila)». Acta Arqueológica Hispánica, V. Madrid.

CANTO, A.M., (2007): «Sobre la supuesta Silla de Felipe II en El Escorial (Madrid)». http://www.celtiberia.net/es/biblioteca/?id=1325&cadena=vettones#ixzz3XD1E7obA.

CANTO, A.M., (2007): «La Piedra Escrita de Diana en Cenicientos (Madrid) y la frontera oriental de Lusitania».

http://www.celtiberia.net/es/biblioteca/?id=1681&cadena=vettones#ixzz3XD2e2idF

CARO BAROJA, J., (1981): *Los pueblos de España*, Istmo, Madrid.

CARRASCO SERRANO, G., (1997): «Sobre el proceso de romanización del territorio provincial de Toledo», Annals de l'Institut d'Estudis Gironins (Ejemplar dedicado a: Homenatge al Dr. Pere de Palol/2), pp. 745-754.

CARRERO PLAZA, F., (2007): «El yacimiento vettón de El Gordo, en Oliva de Plasencia (Cáceres)». http://ab.dip-caceres.org/export/sites/default/...y.../04-066-004-el_yacimiento.pdf

CEÁN BERMUDEZ, J., (1832): «Sumario de las antigüedades romanas que hay en España». Imprenta de Miguel de Burgos. Madrid.

CELESTINO PÉREZ, S.; SALGADO CARMONA, J. A.; CAZORLA MARTÍN, R., (2009): «El s. v a. C. en la alta Extremadura», en Primitivo Javier Sanabria Marcos (ed.): Lusitanos y vettones. Los pueblos prerromanos en la actual demarcación Beira Baixa-Alto Alentejo-Cáceres. Memorias 9. Museo de Cáceres, pp. 197-211.

CERRILLO MARTÍN DE CACERES, E.; DE ALVARADO GONZALO, M.; CERRILLO MARTÍN DE CÁCERES, F. J.; HERRERA GARCÍA DE LA SANTA, G.; GONZÁLEZ LUCEÑO, Mª A., (1988): «Excavaciones en la villa romana de Monroy (Cáceres). 1981-1985», en *Extremadura Arqueológica I.* Junta de Extremadura, Conserjería de Educación y Cultura. Editora Regional de Extremadura. Pp. 167-186.

CERRILLO MARTÍN DE CACERES, E.; (1998): «Forum Municipii Flavii Caparensis». *Empuries,* 51, pp. 77-92.

CHAPA BRUNET, T. ***et alii,*** *(2013):* «Una fosa-vertedero de época vettona en el Cerro de la Mesa (Alcolea de Tajo, Toledo)». *TRABAJOS DE PREHISTORIA 70,* N.º 1, enero-junio 2013, pp 140-165.

CHARRO LOBATO, C.; CHAPA BRUNET, T.; PEREIRA SIESO, J., (2009): «Intervenciones arqueológicas en el Cerro de la Mesa (Alcolea de Tajo, Toledo). Campañas 2005-2007», en Primitivo Javier Sanabria Marcos (ed.): Lusitanos y vettones. Los pueblos prerromanos en la actual demarcación Beira Baixa-Alto Alentejo-Cáceres. Memorias 9. Museo de Cáceres, pp. 131-139.

CORDERO RUIZ, T., (2010): «El Cerro del Cogolludo. Lacimurga Constantia Iulia o Lacimurga/Lacinimurga». *Romula,* 9, pp. 7-18.

CORTÉS Y LÓPEZ, M., (1836): *Diccionario geográfico histórico de la España antigua Tarraconense, Bética y Lusitana.* Imprenta Real. Madrid.

CURCHIN, L. A., (2017); «Toponyms of Lusitania: a re-assessment of their origins». *Impactum.* Coimbra University Press.

DOMÍNGUEZ MONEDERO, A.J., (2008): «Los vettones en los textos clásicos», en Álvarez-Sanchís,J. (ed.): Arqueología vetona. La Meseta occidental en la Edad del Hierro, Zona arqueológica, 12. Museo Arqueológico Regional de la Comunidad de Madrid, pp. 365-379.

DUBOË, P., BERGER L.C., (1987): *El libro del amante de la cerveza.* Ed. El Cuerno de la Abundancia. Palma de Mallorca.

ESPARZA ARROYO, A.; BLANCO GONZALEZ, A., (2008): «El solar de Vettonia, antes de los vettones», en Jesús Álvarez-Sanchís (ed.): Arqueología vettona. La Meseta Occidental en la Edad del Hierro, Zona arqueológica, 12. Museo Arqueológico Regional de la Comunidad de Madrid, pp. 81-93.

ESTEBAN ORTEGA, J., (1988): «Iª Campaña de excavaciones en el castro de El Castillejo de Santiago del Campo (Cáceres)», en *Extremadura*

Arqueológica I. Junta de Extremadura, Conserjería de Educación y Cultura. Editora Regional de Extremadura. Pp. 129-142.

FABIÁN GARCÍA, J. F., (2005): «Castro de Las Paredejas, Medinilla, Ávila», *Cuadernos de Patrimonio Abulense*. Institución Gran Duque de Alba. Ávila.

FABIÁN GARCÍA, J. F., (2006): *Guía de los castros vettones de Ávila y su entorno*. Institución Gran Duque de Alba. Ávila.

FABIÁN GARCÍA, J. F., (2007): «Los orígenes de la ciudad de Ávila y la época antigua. Aportaciones de la Arqueología al esclarecimiento de las cuestiones históricas previas a la etapa medieval». *Ávila en el tiempo. Homenaje al profesor Ángel Barrios* 2: pp. 83-110.

FABIÁN GARCÍA, J. F., (2008): «La arqueología y el público en los yacimientos vettones de Ávila y Salamanca», en Álvarez-Sanchís, J. (ed.): Arqueología vetona. La Meseta occidental en la Edad del Hierro, Zona arqueológica, 12. Museo Arqueológico Regional de la Comunidad de Madrid, pp. 425-439.

FERNÁNDEZ GÓMEZ, F., (2005): «Castro de El Raso, Candeleda, Ávila», *Cuadernos de Patrimonio Abulense*. Institución Gran Duque de Alba. Ávila.

FERNÁNDEZ GÓMEZ, F., (2008): «Anatomía de un castro vettón: El Raso de Candeleda (Ávila)», en Álvarez-Sanchís, J. (ed.): Arqueología vetona. La Meseta occidental en la Edad del Hierro, Zona arqueológica, 12. Museo Arqueológico Regional de la Comunidad de Madrid, pp. 183-200.

GARCÍA ALONSO, J. L; (2006): «Vettones y layetanos. La etnonimia antigua de Hispania» *Paleohispanica, 6*, pp. 59-116.

GARCÍA-OSUNA RODRÍGUEZ, J. M. M., (2006). «Los vettones, el pueblo prerromano del Cáceres extremeño, la *Helmantika legionense* y la Ávila castellana». *Ars et Sapientia Año VII*.

GIL MONTES, J.; (2004): «Via delapidata. Identificación de una carretera romana a través de la procedencia de los materiales», Elementos de Ingeniería romana, Libro de Ponencias del Congreso Europeo Las Obras Públicas Romanas, Tarragona.

GILLANI, G.; (1995) «Revisión de los miliarios del tramo Caelionicco-Ad Lipposde la vía XXIV del *Itinerario de Antonino* (Calzada de la Plata)». Ediciones Universidad de Valladolid.

GÓMEZ FRAILE, J. M.; (1997): «La geografía de la Hispania Citerior en C. Tolomeo: análisis de sus elementos descriptivos y aproximación a su proceso de elaboración». *POLIS. Revista de ideas y formas políticas de la Antigüedad Clásica* 9, pp. 183-247.

GONZÁLEZ CONDE, M. P., (1986): «Elementos para una delimitación entre vettones y carpetanos en la provincia de Toledo» *Lucentum 5*. Alicante.

GONZÁLEZ SALGADO, J. A., (2009): «Toponimia de la comarca de Trujillo» *Revista de Estudios Extremeños*, Tomo LXV, nº II, pp. 1055-1104.

GONZÁLEZ-TABLAS SASTRE, F. J., (1989): «Los niveles superiores de Sanchorreja. La I Edad del Hierro en el borde meridional de la Meseta», *Trabajos de Prehistoria*, 46, pp. 117-128.

GONZÁLEZ-TABLAS SASTRE, F. J., (2006): *Guía castro de los Castillejos (Sanchorreja, Ávila)*. Institución Gran Duque de Alba. Ávila.

GONZÁLEZ-TABLAS SASTRE, F. J., (2008): «La casa vettona. Actuaciones recientes en el castro de La Mesa de Miranda (Chamartín de la Sierra, Ávila)», en Álvarez-Sanchís, J. (ed.): Arqueología vetona. La Meseta occidental en la Edad del Hierro, Zona arqueológica, 12. Museo Arqueológico Regional de la Comunidad de Madrid, pp. 203-211.

GONZÁLEZ-TABLAS SASTRE, F. J., (2008): «Los castros del occidente salmantino. Edad del Hierro y Romanización», *Zephyrus*, LXII, julio-diciembre 2008, pp. 139-149.

GRACIA ALONSO, F. (Coord.), (2008): *De Iberia a Hispania*, Ariel Prehistoria, Madrid.

GUERRA, A.; SCHATTNER, T.G., (2010): «El foro y el templo de Lancia Oppidana: nueva interpretación de Centum Celas (Belmonte)», en *Ciudad y foro en Lusitania Romana = Cidade e foro na Lusitânia Romana* / coord. por Trinidad Nogales Basarrate. Pp. 333-342.

HABA QUIRÓS, S.; RODRIGO LÓPEZ, V., (1990): «La Vía de la Plata entre las mansiones Rusticiana y Caecilius Vicus: la calzada en relación con el asentamiento», Publicado en las Actas del Simposio: La red viaria en la Hispania romana. Pp. 241-252.

HERNÁNDEZ HERNÁNDEZ, F.; GALÁN, E.; MARTÍN BRAVO, A. M., (2008): «La necrópolis prerromana de El Romazal I (Plasenzuela, Cáceres)», en Álvarez-Sanchís,J. (ed.): Arqueología vetona. La Meseta occidental en la Edad del Hierro, Zona arqueológica, 12. Museo Arqueológico Regional de la Comunidad de Madrid, pp. 324-336.

HERNÁNDEZ HERNÁNDEZ, F.; GALÁN, E.; MARTÍN BRAVO, A. M., (2009): «El proyecto Villasviejas del Tamuja. Análisis global de un asentamiento prerromano», en Primitivo Javier Sanabria Marcos (ed.): Lusitanos y vettones. Los pueblos prerromanos en la actual demarcación Beira Baixa-Alto Alentejo-Cáceres. Memorias 9. Museo de Cáceres, pp. 161-180.

HERNÁNDEZ HERNÁNDEZ, F.; MARTÍN BRAVO, A. M. GALÁN, E., (2009): «A la vista de las murallas: Análisis arqueológico del entorno del castro prerromano de Villasviejas del Tamuja (Cáceres)». *Complutum, Vol. 20 Núm. 1*, pp. 109-132.

HERNANDO SOBRINO, Mª del R. (2005): Epigrafía romana de Ávila. (ERAv). *Zephyrvs, 60*. Recuperado a partir de https://revistas.usal.es/uno/index.php/0514-7336/article/view/5594.

HERNANDO SOBRINO, Mª del R., (2007): «Los Toros de Guisando y las glorias ajenas». *Gerión, Vol. Extra*, pp. 341-362.

HÜBNER, E., *(1896): Corpus Inscriptiorum Latinarum Vol. II.* Apud Georgium Reimerum, Berolini. *Berlín.*

JIMÉNEZ DE GREGORIO, F., *(1958): «Hallazgos arqueológicos en La Jara VIII», en AEA XXXI, n.° 97 y 98, 199ss.*

LOPEZ SAEZ, J. A.; LOPEZ MERINO, L.; PEREZ DIAZ, S., (2008): «La fauna recuperada en Salmantica», en Jesús Álvarez-Sanchís (ed.): Arqueología vettona. La Meseta Occidental en la Edad del Hierro, Zona arqueológica, 12. Museo Arqueológico Regional de la Comunidad de Madrid, pp. 141-152.

LÓPEZ FRAILE, F. J.; URBINA MARTÍNEZ, D.; MORÍN DE PABLOS, J.; ESCOLÁ MARTÍNEZ, M; FERNÁNDEZ CALVO, C.; LÓPEZ RECIO, M.; URQUIJO ÁLVAREZ DE TOLEDO, C, (2009): «El castro de la Sierra de la Estrella (Toledo). Las reconstrucciones 3D, una herramienta para la investigación arqueológica», en Primitivo Javier Sanabria Marcos (ed.): Lusitanos y vettones. Los pueblos prerromanos en la actual demarcación Beira Baixa-Alto Alentejo-Cáceres. Memorias 9. Museo de Cáceres, pp. 83-93.

LÓPEZ JIMÉNEZ, O., *(2004):* «Las fuentes antiguas y la creación literaria de la Vetonia», *en Gerión*, 22, núm. 1 pp. 201-214.

LÓPEZ JIMÉNEZ, O.; MARTÍNEZ CALVO, V., (2009): «Nuevos resultados en la investigación de la II Edad del Hierro en el Cerro del Berrueco (Salamanca): el poblado y la necrópolis prerromana de Los Tejares», en Primitivo Javier Sanabria Marcos (ed.): Lusitanos y vettones. Los pueblos prerromanos en la actual demarcación Beira Baixa-Alto Alentejo-Cáceres. Memorias 9. Museo de Cáceres, pp. 117-130.

LÓPEZ MONTEAGUDO, G., (1989) *Esculturas zoomorfas celtas de la península ibérica.* Madrid, CSIC. Pág. 50, 87 y 145.

LORRIO, A.J., (2008): «El armamento vettón», en Jesús Álvarez-Sanchís (ed.): Arqueología vettona. La Meseta Occidental en la Edad del Hierro, Zona arqueológica, 12. Museo Arqueológico Regional de la Comunidad de Madrid, pp. 253-274.

MACARRO, C., (1999): «El primitivo asentamiento de Salmantica: aportaciones al conocimiento de la Cultura del Soto en el valle del Tormes», Memoria de grado. Departamento de Prehistoria, Historia Antigua y Arqueología, Universidad de Salamanca.

MADOZ, P., (1846-1850): *Diccionario Geográfico-Estadístico-Histórico de España y sus posesiones en Ultramar.* Madrid: [s.n.], 1846-1850 (Establecimiento tipográfico de P. Madoz y L. Sagasti).

MALUQUER DE MOTES, J. (1956): «Excavaciones arqueológicas en el castro de las Merchanas (Lumbrales, Salamanca)». www.raco.cat/index.php/Pyrenae/article/download/147876/260030

MANGAS, J., (1995): *De Aníbal al emperador Augusto. Hispania durante la República romana. Historia de España 3. Historia 16.* Madrid. Ed. Historia 16.

MARCO SIMÓN, F., (2008): «El horizonte simbólico: dioses y espacios de culto», en Jesús Álvarez-Sanchís (ed.): Arqueología vettona. La Meseta Occidental en la Edad del Hierro, Zona arqueológica, 12. Museo Arqueológico Regional de la Comunidad de Madrid, pp. 277-288.

MARINÉ, M., (2008): «Ávila, tierra de verracos», en Álvarez-Sanchís,J. (ed.): Arqueología vetona. La Meseta occidental en la Edad del Hierro, Zona arqueológica, 12. Museo Arqueológico Regional de la Comunidad de Madrid, pp. 441-453.

MARQUÉS, N.F., (2018): *Un año en la antigua Roma.* Espasa Calpe. Madrid.

MARTÍN BRAVO, A.Mª., *(1994): «Los castros del occidente de la provincia de Cáceres». Complutum Extra, nº 4, pp. 243-286.*

MARTÍN BRAVO, A.Mª., *(1998): «Los orígenes de la Lusitania: el Primer milenio a.C. en la Alta Extremadura». Real Academia de la Historia. Madrid.*

MARTÍN ESCORZA, C., *(2007):* «Geología y arqueología del castro de Chamartín de la Sierra y de la muralla de Ávila». *Senderos Geoarqueológicos, 4.* Sociedad de Amigos del Museo de Ciencias Naturales.

MARTÍN VALLS, R.; ROMERO CARNICERO, F., (2008): «Las insculturas del castro de Yecla de Yeltes. Nuevas perspectivas para su estudio», en Jesús Álvarez-Sanchís (ed.): Arqueología vettona. La Meseta Occidental en la Edad del Hierro, Zona arqueológica, 12. Museo Arqueológico Regional de la Comunidad de Madrid, pp. 233-251.

MARTÍN VALLS, R., *(1983):* «Las insculturas del castro salmantino de Yecla de Yeltes y sus relaciones con los petroglifos gallegos». Zephyrus, XXXVI, *pp. 217-231.*

MARTÍN VALLS, R. (1997): «La Edad de Hierro». En M. Salinas (coord.): *Historia de Salamanca, I: Prehistoria y Edad Antigua,* pág. 123-178. Centro de Estudios Salmantinos. Salamanca.

MELENA, J. L., *(1984): «Un ara votiva de El Gaitán (Cáceres)». Veleia, nº 1, pp. 233-260.*

MENÉNDEZ PIDAL, R., *(1968): Toponimia prerromana hispana. Ed. Gredos. Madrid.*

MILLER, K., *(1964): «Itineraria romana. Römische Reisewege ander Hand der Tabula Peutinger»*. Editorial: L'Erma di Bretschneider. *Roma.*

MONTENEGRO DUQUE, A., *(1981-1985):* «La *tessera hospitalis* del año 134 d.C. hallada en Montealegre y el municipio romano de Cauca». *Hispania Antiqua* 11-12, 1981-1985, 105-118 (también en Actas del I Congreso de Historia de Palencia, Palencia, Diputación Provincial, 1987, vol. 1, 517-529).

MONTERO VITORES, J., (1991): «Carpetanos y vettones en la Geografía dc Ptolomeo» [Tesis https://dialnet.unirioja.es/servlet/tesis?codigo=14401]

MORALES, A.; LIESAU, C., (2008): «Los vettones y sus paisajes: paleoambiente y paleoeconomía de los castros de Ávila», en Jesús Álvarez-Sanchís (ed.): Arqueología vettona. La Meseta Occidental en la Edad del Hierro, Zona arqueológica, 12. Museo Arqueológico Regional de la Comunidad de Madrid, pp. 155-161.

MORÁN SÁNCHEZ, C. J., (1996): «Augustóbriga: resurgimiento en la historiografía de los siglos XVIII y XIX». http://digital.csic.es/bitstream/10261/63022/1/Augustobriga1.pdf

MUÑOZ GARCÍA, J., *(1953): «El Jano de Candelario». Zephyrus, nº 6, pp. 69-73.*

OLIVARES PEDREÑO, J. C., (2000-2001): «Teónimos y fronteras étnicas: los *lusitani*». *LVCENTVM* XIX-XX. Anales de la Universidad de Alicante.

OLIVARES PEDREÑO, J. C., *(2001): «Teónimos y pueblos indígenas hispanos: los vettones», en Iberia: Revista de la Antigüedad, n.º 4, pp. 57-70.*

PALAO VICENTE, J. J., SALINAS DE FRÍAS, M., (2009): «Nuevas inscripciones latinas del castro de Yecla de Yeltes (Salamanca)». *HABIS* nº 40 pp 171-196.

PACHECO JIMÉNEZ, C.; MORALEDA OLIVARES, A., (2009): «Un nuevo ejemplar de escultura en la zona vettona toledana: el verraco de Lagartera», en Primitivo Javier Sanabria Marcos (ed.): Lusitanos y vettones. Los pueblos prerromanos en la actual demarcación Beira Baixa-Alto Alentejo-Cáceres. Memorias 9. Museo de Cáceres, pp. 141-145.

PEREIRA SIESO, J., (2008): «La tumba de Casa del Carpio y el comercio en el Valle del Tajo», en Jesús Álvarez-Sanchís (ed.): Arqueología vettona. La Meseta Occidental en la Edad del Hierro, Zona arqueológica, 12. Museo Arqueológico Regional de la Comunidad de Madrid, pp. 116-124.

PEREIRA SIESO, J.; GARCÍA GÓMEZ, E., (2002): «Bellotas, el alimento de la Edad de Oro». *pendientedemigracion.ucm.es/info/arqueoweb/pdf/4-2/pereira.pdf*

PÉREZ GUTIÉRREZ, M., (2010): *Astronomía en los castros celtas de la provincia de Ávila*. Institución Gran Duque de Alba, Diputación Provincial de Ávila.

PÉREZ MARTÍN, J., (2010): «Fuentes para el estudio de la romanización en la Meseta norte» en *El Futuro del Pasado,* nº 1, pp. 425-437.

PIRIS CHOZAS, J., (2011): «Vettones en la provincia de Ávila», en *ARQUEO_UCA* nº 1, pp. 41-49.

POUX, M., (2004): *L'age du vin. Rites de boisson, festins et libations en Gaule indépendante*. Montagnac. Éditions Monique Mergoil.

PRÓSPER PÉREZ, B. M., (2010): «El topónimo hispano-celta BLETISAMA: Una aproximación desde la lingüística». I. Sastre – F. J. Sánchez Palencia, eds., El bronce de Pino del Oro, Valladolid, pp 217-23.

PUERTA TORRES, C., (1995): «Los miliarios de la Vía de la Plata», Tesis Doctoral, Madrid.

RAMÍREZ SÁDABA, J. L., (2002): «La onomástica en la Antigüedad: antroponimia y toponimia. Su utilidad para la lingüística y para la historia». *Els substrats de la llengua catalana: una visió actual*, Barcelona: Societat Catalana de Llengua y Literatura, filial de l'Institut d'Estudis Catalans, pp. 103-129.

RAMÍREZ SÁNCHEZ, M., (2001): «Los grupos de parentesco en la epigrafía latina hispánica: genitivos de plural en *-on/-om*». Acta XII Congressvs Internationalis Epigraphiae Greacae et Latinae, pp. 1161-1168.

REDONDO RODRÍGUEZ, J. A., (1984): «Algunas consideraciones acerca de la romanización de los vettones en el sureste cacereño» en *Norba, Revista de Historia* nº 5, pp. 69-80.

REDONDO RODRÍGUEZ, J. A., GALÁN SÁNCHEZ, P. J.; (1987): «El topónimo cacereño Trujillo: origen y evolución fonética» en *Alcántara*, 12, pp. 105-113.

REHER DÍEZ, G-S., (2009): «Estrategias de asentamiento ante la romanización en la cuenca baja del Tajo» en P. J. Sanabria Marcos (ed.) (2009) Lusitanos y vettones. Los pueblos prerromanos en la actual demarcación Beira Baixa-Alto Alentejo-Cáceres. Cáceres: Museo de Cáceres (Memorias 9): 141-154 (pre-print, 10/2007).

RÍO-MIRANDA ALCÓN, J., IGLESIAS DOMÍNGUEZ, Mª Gª., (2003): «Hallazgo de un nuevo verraco en el término de Ahigal», Revista Cultural *AHIGAL,* nº 13, pp. 4-7. Cáceres.

RÍO-MIRANDA ALCÓN, J., IGLESIAS DOMÍNGUEZ, Mª Gª., (2003): «El castro vettón de El Berrocalillo (Plasencia)». Cáceres. http://www.caparra.es/archivospdf/16-2003.pdf.

RODRÍGUEZ ALMEIDA, E., (2003): «Ávila romana. Notas para la arqueología, la topografía y la epigrafía romanas de la ciudad y su territorio». Editores: Ávila: Caja de Ahorros de Ávila, Obra Social y Cultural.

RODRÍGUEZ-HERNÁNDEZ, J., (2012): «Los procesos técnicos de la cantería durante la II Edad del Hierro en el occidente de la Meseta» en *Zephyrus*, LXX, julio-diciembre 2012, pp. 113-130.

RODRÍGUEZ GARCÍA, G., (2013): «La figura del lobo y la tradición guerrera de la Hispania Céltica». Toledo. Extracto tesis doctoral.

RODRÍGUEZ PLAZA, M. A., (2005): «Epigrafía latina de Oliva de Plasencia». Revista de Estudios Extremeños, Vol. 61, nº 2, pp 385-422. Cáceres.

RODRÍGUEZ SERRANO, C., (2015): «Los caminos de Augusta Emerita a Sisapo», en XVI JORNADA DE HISTORIA DE FUENTE DE CANTOS. Asociación Cultural Lucerna/Sociedad Extremeña de Historia, 2015. Pp. 223-254.

ROLDÁN HERVÁS, J. M., (1968-69): «Fuentes antiguas para el estudio de los vettones», en *Zephyrus*, 19-20, 73-106.

ROLDÁN HERVÁS, J. M., (1975): «Itineraria hispana. Fuentes antiguas para el estudio de las vías romanas en la península ibérica». Editorial: Departamento de Historia Antigua, Universidad de Valladolid, [Valladolid].

ROLDÁN HERVÁS, J. M., (2007): «El Camino de la Plata: *iter* o *negotium*», en *Gerión*, Volumen Extra, pp. 323-340.

ROMERO SERRA, M., ROJO ARIZA, Mª. C., MARTINEZ GIL, T., (2013): «Modelos virtuales en torno al territorio vettón; hacia una visualización del pasado accesible para todos los públicos». *VAR*. Volumen 4 Número 8.

ROMERO CARNICERO, F., SANZ MÍNGUEZ, C., ÁLVAREZ-SANCHÍS, J., (2008): «El primer milenio a. C. en las tierras del interior peninsular» en Gracia Alonso, F. (coord.): *De Iberia a Hispania*, pp. 649-731.

RUIZ ENTRECANALES, R., (2005): «Castro de las Cogotas, Cardeñosa, Ávila», *Cuadernos de Patrimonio Abulense.* Institución Gran Duque de Alba. Ávila.

RUIZ ZAPATERO, G.; SALAS LOPES, N., (2008): «Los vettones hoy: arqueología, identidad moderna y divulgación», en Álvarez-Sanchís, J. (ed.): Arqueología vetona. La Meseta occidental en la Edad del Hierro, Zona arqueológica, 12. Museo Arqueológico Regional de la Comunidad de Madrid, pp. 409-423.

RUIZ ZAPATERO, G.; ÁLVAREZ-SANCHÍS, J., (2008): «Los verracos y los vettones», en Álvarez-Sanchís,J. (ed.): Arqueología vetona. La Meseta occidental en la Edad del Hierro, Zona arqueológica, 12. Museo Arqueológico Regional de la Comunidad de Madrid, pp. 215-231.

RUIZ ZAPATERO, G.; ÁLVAREZ-SANCHÍS, J., (2002): «Etnicidad y arqueología: tras las huellas de los vettones», en SPAL 11, pp. 253-275. http://dx.doi.org/10.12795/spal.2002.i11.13

SACRISTÁN, J.D.; SAN MIGUEL, L.C.; BARRIO, J.; CELIS, J., (1995): «El poblamiento de época celtibérica en la cuenca media del Duero». Poblamiento celtibérico. III Simposio sobre los celtíberos (F. Burillo Mozota, coord.), Institución Fernando el Católico, Zaragoza, pp. 337-367.

SAAVEDRA, E., (1862): «El *Itinerario de Antonino*». Discursos leídos ante la Real Academia de la Historia. Boletín de la Real Academia de la Historia. Madrid.

SALAS MARTÍN, J; BURGALETA MEZO, J., (1995): «Miraro Samaco Adualio, una nueva divinidad vetona». *Espacio, Tiempo y Forma,* Serie II, Historia Antigua, t. 9, pp. 281-288.

SALAS MARTÍN, J.; REDONDO RODRÍGUEZ, J. A.; SÁNCHEZ ABAL, J. L.; (1983): «Un sincretismo religioso en la península ibérica: Júpiter Solutorio-Eaeco». *Norba. Revista de Arte, Geografía e Historia,* 4, pp- 243-261.

SALINAS DE FRÍAS, M., (2001): «Los vettones. Indigenismo y romanización en el occidente de la meseta». Ediciones Universidad de Salamanca. Salamanca.

SALINAS DE FRÍAS, M., (2008): «La conquista romana de la Meseta occidental», en Álvarez-Sanchís,J. (ed.): Arqueología vetona. La Meseta occidental en la Edad del Hierro, Zona arqueológica, 12. Museo Arqueológico Regional de la Comunidad de Madrid, pp. 395-405.

SALINAS DE FRÍAS, M., (2008): «La jefatura de Viriato y las sociedades del occidente de la Península Ibérica» en *Palaeohispanica* 8, pp. 89-120.

SALINAS DE FRÍAS, M., (2016): «Las ciudades del poder de la provincia Lusitania. Capitales conventuales y ciudades principales». *Revista de Historiografía* 25, pp. 133-155.

SALVADOR CONEJO, D., *(2016): Tierra de Carpetanos, Ediciones La Librería, Madrid.*

SÁNCHEZ-MORENO, E., (1995-1996): «Organización y desarrollo sociopolítico en la Meseta Occidental prerromana: los vettones». *POLIS. Revista de ideas y formas políticas de la Antigüedad clásica* 8, pp. 247-273.

SÁNCHEZ-MORENO, E., (1996): «El caballo entre los pueblos prerromanos de la Meseta Occidental». *Stvd. hist., Hª antig.* 13-14, pp. 207-229.

SÁNCHEZ-MORENO, E., (1998): «De ganados, movimientos y contactos. Revisando la cuestión trashumante en la protohistoria hispana: la meseta occidental». *Stvd. hist., HªAntig.* 16, pp. 53-84.

SÁNCHEZ-MORENO, E., (2009): «Vetones y Vettonia: Etnicidad *versus ordenatio* romana», en Primitivo Javier Sanabria Marcos (ed.): Lusitanos y vettones. Los pueblos prerromanos en la actual demarcación Beira Baixa-Alto Alentejo-Cáceres. Memorias 9. Museo de Cáceres, pp. 65-81.

SÁNCHEZ-MORENO, E., (2008): «De Aníbal a César: la expedición cartaginesa de Salamanca y los vettones», en Álvarez-Sanchís, J. (ed.): Arqueología vetona. La Meseta occidental en la Edad del Hierro, Zona arqueológica, 12. Museo Arqueológico Regional de la Comunidad de Madrid, pp. 381-393.

SANTOS, M.J., (2009): «Lusitanos y vettones en la Beira Interior portuguesa: la cuestión étnica en la encrucijada de la arqueología y los textos clásicos», en Primitivo Javier Sanabria Marcos (ed.): Lusitanos y vettones. Los pueblos prerromanos en la actual demarcación Beira Baixa-Alto Alentejo-Cáceres. Memorias 9. Museo de Cáceres, pp. 181-196.

SCHULTEN, A., (1963): *Geografía y Etnografía de la península ibérica II.* CONSEJO SUPERIOR DE INVESTIGACIONES CIENTÍFICAS. INSTITUTO RODRIGO CARO DE ARQUEOLOGÍA. Madrid.

SEBASTIÁN, C., (2008): «La Cañada de Pajares (Villanueva de la Vera, Cáceres). El influjo orientalizante en territorio vettón», en Jesús Álvarez-Sanchís (ed.): Arqueología vettona. La Meseta Occidental en la Edad del Hierro, Zona arqueológica, 12. Museo Arqueológico Regional de la Comunidad de Madrid, pp. 96-112.

SIERRA MONTESINOS, M., (2001): «Espada tipo Alcacer do Sal de una colección particular». *ANTIQVITAS*, nº 13, pp 115-121.

SOLANA SÁINZ, J. M., (2001): «La red viaria de la submeseta septentrional de Hispania según los itinerarios y testimonios miliarios». *Memorias de Historia Antigua XV-XVI*, pp 275-289.

SOPEÑA GENZOR, G., (2006): «La rapaz y la paloma. Notas sobre iconografía funeraria en la Vettonia», en Erzsébet Jerem y Wolfgang Meid (ed.): Archaeolingua, 22. VI Coloquio Internacional de Antropología del Mundo Indoeuropeo y de Mitología Comparada. Casa de Velázquez, Madrid, 27-28 de noviembre de 2006, pp. 183-210.

SOPEÑA GENZOR, G., (2008): «Aspectos funerarios y religión en la Vettonia», en Jesús Álvarez-Sanchís (ed.): Arqueología vettona. La Meseta Occidental en la Edad del Hierro, Zona arqueológica, 12. Museo Arqueológico Regional de la Comunidad de Madrid, pp. 291-308.

TORRE MARTIN-ROMO, R. DE LA, (2006): «Técnicas pre-industriales de la talla en piedra». En *Retablos: técnicas, materiales y procedimientos.* Madrid: Grupo Espanol IIC, sin paginar.

TOVAR, A., (1950): «Sobre la complejidad de los invasores en nuestra Península» en *Zephyrus*, pp. 33-57.

VVAA. (1912): Boletín de la Real Academia de Historia Tomo LX.

VILLA VALDÉS, A. *(2000): «Saunas castreñas en Asturias», en II Coloquio Internacional sobre termas romanas en el Occidente del Imperio. Gijón, 97-114.*

VILLA VALDÉS, A., *(2012): «Santuarios urbanos en la Protohistórica cantábrica: algunas consideraciones sobre el significado y función de las saunas castreñas», en el Boletín del Real Instituto de Estudios Asturianos nº 177, 2011. Oviedo, 9-46.*

VILLARONGA, L., *(1994): CORPUS NVMMVM HISPANIAE ANTE AVGVSTI AETATEM.* Madrid. Varias ediciones.

VILLUGA, P. J., *(1951): Repertorio de todos los caminos de España.* Editorial: Reimpresiones Bibliográficas. *Madrid.*

Recursos digitales

http://lavozdemayorga.blogspot.com/2018/05/los-verracos-de-segura-de-toro-y-de.html
www.seguradetoro.es
https://arqueologiaygestionturistica.wordpress.com/2018/07/12/verraco-de-segura-del-toro-segura-del-toro/
http://www.fundacionpatrimoniocyl.es/textosRUT2.asp?id=363
http://www.ull.es/proyectos/aguarel/arned1.htm
http://www.enbuenasmanos.com/articulos/muestra.asp?art=1641
http://es.wikipedia.org/wiki/Hidroterapia
http://es.wikipedia.org/wiki/Aguas_termales
http://lumbrales.eu/merchanas.htm
http://www.mondarizbalneario.es/00/213.60.227.51/ot/index763f.html?q=node/15
http://terraeantiqvae.com/profiles/blog/show?id=2043782%3ABlogPost%3A62753&commentId=2043782%3AComment%3A62949
http://www.castrosdeasturias.es/castros/44/41/14/.-las-saunas-castreas
http://www.arqueomas.com/peninsula-iberica-galaicos-castro-da-punta-dos-prados.htm
http://www.celtiberia.net/es/poblamientos/?id=21
http://www.celtiberia.net/es/poblamientos/?id=29
http://www.celtiberia.net/es/biblioteca/?id=331&cadena=vettones#ixzz3XD25F0Fr
http://www.celtiberia.net/articulo.asp?id=1712&cadena=aguas termales
http://degeografia32.blogspot.com.es/p/los-vetones-vistos-por-estrabon.html
http://www.agapea.com/libros/Los-vettones-indigenismo-y-romanizacion-en-el-Occidente-de-la-Meseta-9788478008810-i.htm
http://www.yecladeyeltes.com
http://www.bloganavazquez.com/tag/caesarobriga/
http://intrahistoria.com/los-origenes-de-salamanca/
https://fundacion.usal.es/ced/salamanca/historia

Roldán, J. M. https://www.academia.edu/5693738/Salamanca_romana
http://www.historiainedita.es/joomla/index.php?option=com_content&view=article&id=23&Itemid=31
http://www.celtiberia.net/es/conocimientos/?idp=4047
http://www.celtiberia.net/es/conocimientos/?idp=8397
http://www.celtiberia.net/es/conocimientos/?idp=5939
www.elnuevomiliario.eu/
http://hesperia.ucm.es/consulta_hesperia/numismatica/general.php?id=9
http://www.tesorillo.com/hispania/2celtibericas.htm
http://www.celtiberia.net/es/conocimientos/?idp=2692
www.asociacionlossitios.com/baron_lejeune.htm
http://www2.uned.es/geo-1-historia-antigua-universal/TARTESSOS_AVIENO.htm